本书系国家社科基金一般项目“马克思主义经济伦理思想体系研究”(批准号：15BZX087)的结项成果。

马克思主义经济伦理思想体系研究

Research on Marxist Economic Ethics Ideological System

刘 琳 著

人民出版社

目　　录

导　论 …… 001
一、马克思主义经济伦理研究的价值 …… 001
二、马克思主义经济伦理研究的热点实践议题 …… 004
三、理解马克思主义经典理论家思想的经济伦理视角 …… 019

第一章　马克思经济伦理批判的多维透视 …… 023
一、以异化劳动为维度批判道德异化 …… 030
(一)剖析工人阶级的经济贫困和道德异化 …… 031
(二)论证经济人性与批判道德形而上学 …… 037
二、以剩余价值生产为中心的生产伦理批判 …… 042
(一)个人作为生产主体的社会性 …… 042
(二)劳动力的商品化 …… 045
(三)雇佣劳动制的极端异化 …… 049
(四)剥削的不道德性 …… 053
三、以市场经济为机制的交换伦理批判 …… 062
(一)交换中的自由与平等的虚伪性 …… 063

（二）竞争机制与利益冲突 …………………………………………… 068
（三）货币与信用主体异化 …………………………………………… 072
四、以物欲泛滥为表象的消费伦理批判 ………………………… 077
（一）节欲与奢侈的对立统一………………………………………… 078
（二）拜金主义与货币拜物教的历史进阶 ………………………… 081
（三）利己主义的社会价值准则……………………………………… 087
五、以劳动正义为基础的分配伦理批判 ………………………… 094
（一）资本占有权 ……………………………………………………… 095
（二）“三位一体”公式批判 …………………………………………… 098
（三）按劳分配作为资产阶级法权…………………………………… 101

第二章　恩格斯的经济伦理批判及其贡献 ………………………… 108
一、开拓性的经济伦理范畴批判视角 …………………………… 109
二、批判资本主义大工业的劳动伦理 …………………………… 118
三、晚年恩格斯的经济伦理批判…………………………………… 122
（一）恩格斯在《起源》中论证道德的唯物主义基础 ……………… 122
（二）恩格斯在《费尔巴哈论》中对伦理道德观的批判 …………… 134
（三）晚年恩格斯着重论证道德的经济基础和阶级基础问题 …… 141

第三章　列宁的经济伦理思想及其实践反思 ……………………… 147
一、列宁经济伦理批判的历史唯物主义基础 …………………… 154
二、列宁经济伦理思想的主要内容 ……………………………… 160
三、后列宁时代经济实践的伦理反思 …………………………… 202

第四章　中国马克思主义经济伦理思想的开拓生成 ………… 211

一、中国马克思主义经济伦理思想的奠基 ……………………… 212

（一）中国马克思主义经济伦理思想的方法论基础 ……………… 213

（二）中国马克思主义经济伦理思想的西学观照 ………………… 220

（三）中国马克思主义经济伦理思想的文化根基 ………………… 223

二、中国马克思主义经济伦理思想的开创生成 ………………… 224

（一）经济伦理的人性观转变 ……………………………………… 225

（二）为人民服务的经济伦理价值核心 …………………………… 239

（三）革命功利主义的经济伦理义利观 …………………………… 248

（四）集体主义的经济伦理实践准则 ……………………………… 254

三、中国马克思主义经济伦理思想的实践进展 ………………… 266

（一）劳动经济伦理观的形成 ……………………………………… 266

（二）农村经济工作伦理观 ………………………………………… 274

（三）计划与市场相协调的经济伦理观 …………………………… 302

第五章　中国马克思主义经济伦理思想的实践创新 ………… 312

一、中国特色社会主义经济伦理思想的理论基础 ……………… 313

二、中国特色社会主义经济伦理思想的主要内容 ……………… 317

（一）社会主义生产伦理 …………………………………………… 319

（二）社会主义交换伦理 …………………………………………… 323

（三）社会主义分配伦理 …………………………………………… 324

（四）社会主义消费伦理 …………………………………………… 326

三、中国特色社会主义经济伦理思想的理论特质 ……………… 327

（一）充分肯定经济自主权 ………………………………………… 327

(二)强调效率与公平的统一 …… 329
(三)肯定个人物质利益的正当合理性 …… 331
(四)先富带动后富而实现共同富裕 …… 333
四、中国特色社会主义市场经济伦理建设的实践探索 …… 336
(一)市场经济的伦理审视 …… 337
(二)政府与市场之间关系的伦理协调 …… 349
(三)美好生活视阈中的民生经济伦理建设 …… 359

参考文献 …… 369
后 记 …… 380

导　论

与中国改革开放进程相生相伴的中国经济伦理研究，为我国经济发展和社会建设贡献了独特的思想养料和实践论证。20 世纪 90 年代中期以后，我国以经济伦理学学科命名或者研究经济伦理主题的学术论文和著作开始产生，经过了这一初创阶段和 21 世纪初期的发展繁荣阶段，经济伦理研究学科雏形在我国已逐渐形成，随着中国特色社会主义道路、理论体系和制度的形成和日益完善，构建中国哲学社会科学话语体系成为我国哲学社会科学面临的时代课题，而从经济伦理学科视角透视我国发展道路、发展经验和发展趋势则成为经济伦理学科义不容辞的责任。开展马克思主义经济伦理思想体系研究，是在伦理道德价值判断视野中，归纳、总结和前瞻中国道路的经济制度和经济秩序之合理性、经济主体伦理关系之规范性、经济行为的伦理价值判断和经济范畴的伦理意义，探究以中国经济发展为根基的特殊性与普遍性结合的中国道路之正当性价值，论证现代性视野中的中国伦理话语体系的当代意义和未来前景。

一、马克思主义经济伦理研究的价值

经济伦理研究的发端始于经济学界的理论探讨。当然对一开始所使用的

“经济伦理”这个名词，最初并没有统一的概念界定，而是随着经济伦理研究实践推进和理论成果的完善，逐渐聚焦形成了经济伦理的概念范畴。

经济伦理研究从经济学界延伸到伦理学界主要源于市场经济体制的改革目标确立以来，在市场经济实践中产生的诸多道德问题逐渐凸显出来。20 世纪 80 年代中国尚处于突破计划经济束缚的阶段，所遇到的难题是要摆脱争论，加快思想解放的进程。1992 年党的十四大提出社会主义市场经济体制的改革目标之后，对于社会主义市场经济伦理精神的讨论，使理论界对经济伦理研究开始繁荣起来。而此时，由经济学界最早开始的经济伦理探讨逐渐延伸到伦理学界，诸多哲学伦理学者开始深入研究经济伦理问题，对经济伦理概念的界定和问题域的深入拓展作出了理论贡献。综合国内外对经济伦理问题及其实践的理解，我们认为经济伦理的研究对象包括：规范经济学对经济制度和平等、效率等经济范畴以及个人消费等经济行为的价值判断问题；经济活动、经济行为的道德前提和背景条件，人们之间经济利益关系的应该与不应该问题；经济制度、经济秩序的合理性，经济主体的伦理关系以及经济范畴的价值判断等。总的来看，经济伦理是道德价值判断视野中的对人类经济生活的伦理分析。作为应用伦理学研究的一个方向，经济伦理研究所用的方法是一般的社会科学研究方法，包括经济学和伦理学的研究方法，但迄今经济伦理学研究能够凸显其学科特性的方法论及其系统化仍在实践形成过程中。因此，我们认为应进一步推进构筑一个经济伦理学的学科研究方法系统。这个方法系统可以包容一般性的方法，同时又含有经济伦理学科自身的特殊方法，凸显应用伦理学科自身的特色。

经济伦理学作为一门学科从 20 世纪 70 年代的美国开始兴起，随后在西方发达资本主义国家稳步发展，如美国的一些大学开设了“经济、伦理与社会”“经济伦理学”“商业伦理学”等课程，许多案例教学教材也涌现出来。中国的经济伦理研究至今已经有 40 年的历程了，中国的社会主义建设和改革开放为我国经济伦理问题研究和学科的形成发展提供了丰厚的土壤，马克思主义经济伦理研究正是在这样的学科发展背景之下，伴随着中国特色社会主义经济实践而诞生并得到长足发展的。

中国经济伦理研究的初期发展阶段在1978年至1991年。这一时期的中国马克思主义经济伦理研究立足于改革开放初期的理论突破，提出了经济伦理概念，在思想历史的梳理上形成了少量的初步研究成果。1986年开始在学术研究话语中出现“经济伦理”①这个概念，围绕着儒家经济伦理、经济体制改革、职业道德、西方宗教伦理等各个视角，出现了最初的经济伦理研究探索性成果。20世纪90年代是我国经济伦理研究的突破发展阶段，这一阶段出现的研究成果呈现出爆发式增长的状态。这一时期改革开放加大步伐，邓小平南方谈话破除了改革的思想障碍，社会主义市场经济体制的改革目标确立之后，在经济改革领域破除体制机制弊端阻碍成为改革共识。在经济体制改革取得突破的实践基础上，经济伦理理论的创新、突破和发展也获得了丰富成果。

进入21世纪之后，2002年党的十六大提出我国全面建设小康社会的目标。其后科学发展观的提出，表明全面建设小康社会要逐步落实到政治、经济、社会、文化等建设工作的方方面面。随着我国社会主义市场经济体制建设逐步走向成熟，相关研究日益增多，目前国内出版的经济伦理研究的教材包括译著已经达到十多种。在这个过程中，经济伦理研究积极面向和回应我国经济发展过程中一度突出的假冒伪劣产品泛滥、经济诚信、唯增长论问题以及全球化经济危机等挑战，其理论与实践相结合的应用性特色显著。在服务我国全面建成小康社会的目标过程中，我国经济伦理研究进入到繁荣发展阶段。

随着我国在建设中国特色社会主义基础上形成中国道路，构建中国哲学社会科学话语体系成为中国故事理论表达的迫切需求，从经济伦理学科视角透视我国中国道路的发展经验和趋势成为必然。马克思主义经济伦理研究植

① 牛长有：《经济伦理漫谈》，《长白学刊》1986年第4期。

根于我国的社会主义经济建设实践，属于马克思主义伦理学基础理论研究。马克思主义经济伦理研究的主题归纳是在改革开放十多年以后逐渐提出的，经过了四十多年的改革开放，已经在中国特色社会主义市场经济建设历程中，逐渐凸显其在经济宏观政策、企业文化建设、经济行为选择等各方面的重要实践价值。

二、马克思主义经济伦理研究的热点实践议题

马克思主义与市场经济的理论视差问题在中国改革开放初期就已存在。这种理论视差首先在于二者是两个不同但是又同样重要的理论和实践视域。马克思列宁主义是我国居于指导地位的意识形态，市场经济是现实的经济实践，而长期以来由于计划经济模式，固化了人们对市场经济天然具有资本主义属性的认识，这使得我国在确立了社会主义经济体制建设的改革路向之后，理论界和社会意识中仍然存在着诸多的争论和思想冲突。从 20 世纪 90 年代以来的关于市场经济伦理问题的探讨，于思想交锋中促进了新的社会发展理念的破茧成蝶，在新旧更替和理论辩驳中深化了思考，促使人们逐渐摆脱了过去陈旧观念的束缚。

在经济伦理学 30 多年学术史的研究历程中，人们先后集中探讨过诸如公平、正义、效率、市场伦理等许多理论范畴，其中关涉马克思主义经济伦理的一些范畴，涵盖的是中国特色社会主义经济建设和生活领域的经济伦理问题领域。伴随着中国道路的探索实践过程，从一开始的观念突破，到现在的实践塑造，正是这些重要的伦理价值范畴的实践生成，使得我国在开拓中国特色社会主义经济建设道路的历史进程中，形成了中国马克思主义经济伦理思想的学术表达话语。这些重要的范畴所反映的经济伦理价值导向，在中国特色社会主义经济实践中发挥了重要作用。

1. 社会主义市场经济的伦理原则研究

在宏观经济伦理政策方面,计划经济与市场经济作为制度属性这一僵化固有观念的破除,为社会主义条件下探讨市场经济的伦理道德特性,提供了思想前提。经过了20世纪90年代出现的关于道德滑坡和爬坡问题的争论,理论界对于市场经济与道德建设的主题在经历了思想震荡之后,有了较为清晰的认识。

我国社会主义市场经济实践是前所未有的经济体制改革创新道路。正如历史上的任何经济变革都会有思想潮流方面的激荡,在社会主义市场经济的伦理原则问题上也有诸多讨论并且形成了共识。在确立社会主义集体主义这个主导性原则的同时,经历了从最初对市场经济功利原则的思想意识形态上的排斥,到合理论证社会主义功利原则的过程,反映了在市场经济实践基础上思想理论意识的逐步成熟。

多数学者认为,社会主义市场经济条件下个人利益和集体利益之间的新型关系呼唤一种更具有时代特点的集体主义,即市场集体主义①。有学者指出,社会主义市场经济价值观除了具备市场经济价值观的一般特点外,更看重社会生活中的义利统一和公平竞争,把利益取向上的个人与社会的统一看作社会主义价值观的内在的根本要求。社会主义市场经济呼唤着新型奉献伦理的发扬,呼唤着社会主义功利伦理的建构②。有学者指出,市场经济伦理原则要形成在对经济运行过程的科学批判基础上,植根于经济而又超越经济,凝炼为促使经济健康发展的具体指导原则③。西方资本主义国家是在资本主义市场经济发展过程中系统形成其独特的功利主义经济伦理原则的,该经济伦理

---

① 杨通进:《试论社会主义市场经济条件下的集体主义》,《中国人民大学学报》1997年第2期。

② 王岩:《试论社会主义市场经济条件下的集体主义重构》,《哲学研究》2003年第3期。

③ 侯惠勤、肖玲:《马克思主义经济伦理与当代市场经济实践》,《江海学刊》2003年第6期。

原则是建立在私有制和个人主义基础上并维护这种基础的。而以马克思主义经济伦理思想为核心,建构与我国社会主义市场经济实践相适应的经济伦理原则,是我国经济伦理研究的根本任务①。因此,“准确把握当代市场经济发展的价值取向,以此推动我国市场经济持续健康发展,是马克思主义经济伦理研究的根本任务”②。

总之,学者们通过对比西方社会的功利主义原则(这是资本主义市场经济伦理的根本原则)与集体主义原则,特别是我国社会主义制度下的集体主义原则的异同,认识到我国必须在社会主义集体主义原则的统领之下,整合眼前利益与长远利益、集体利益和个人利益的多层次矛盾,理顺市场经济建设中的政府与市场、权力与权利的相互关系,这是在我国社会主义市场经济发展实践的伦理原则上达成的共识。

对于市场经济的功利主义原则,多数学者给予了合理评价。有学者剖析了功利主义道德标准的实质及其缺陷,指出过去对功利主义有误解。在计划经济体制下,功利主义是被严厉批判的思想,功利主义伦理原则实质上是一种效率原则,能够激发效率,但是不注重解决分配的公平问题,在解决公平问题上所起的作用乏善可陈。当公平与效率一致时,功利主义实行起来没有什么问题,一旦二者出现不协调,功利主义就无法保证效率,而此时道义论就是比功利主义更有利的选择③。对功利主义原则的合理评价和科学认识,对于我国市场经济伦理精神的成长和成熟有良好的推进作用。当前,我国市场经济机制在经济运行中起决定性作用,我国经济发展还有不充分不平衡的方面,如何协调功利论与道义论的相互关系,以社会主义义利观引领市场经济伦理精

① 侯惠勤、肖玲:《马克思主义经济伦理与当代市场经济实践》,《江海学刊》2003 年第 6 期。

② 侯惠勤:《市场经济伦理的两种界划及其现实意义》,《南京大学学报》(哲学·人文科学·社会科学版)2003 年第 3 期。

③ 徐大建:《功利主义道德标准的实质及其缺陷》,《上海财经大学学报》(哲学社会科学版)2009 年第 2 期。

神，依然是个需要在实践中长期总结的议题。

2. 公平与效率综合平衡问题

公平与效率的权重与平衡是在改革开放实践中逐渐生成的一对经济伦理范畴。在公平与效率问题上存在着三种带有不同倾向性的认识，包括：主张效率优先于公平，主张公平优先于效率，主张公平与效率之间要进行综合平衡。这三种倾向伴随着改革开放的进程呈现出不同的阶段重要性。

改革开放以来，从计划经济体制向社会主义市场经济体制转变的过程中，效率是优先追求的改革目标。僵化的计划经济体制束缚了生产力的活力，效率低下是这种体制的必然结果。因此，经济体制改革把“效率优先，兼顾公平”确定为主要原则。随着对内搞活和对外开放的逐步并行推进，由计划经济与市场经济相结合，到建立和完善社会主义市场经济体制的目标确立，效率优先在改革实践中得到了充分体现。在这个过程中，我国在GDP总量快速增长的同时，由于社会再分配和道德分配的调整没有及时就位，社会贫富差距日益拉大。2000年国家统计局第一次公布了全国居民的基尼系数是0.412，但是此后直到2017年国家统计局才再次公布我国的基尼系数，此时基尼系数已经超过了0.46，属于贫富差距较大的国家。

进入21世纪以来，在收入和社会财富积累差距问题上，理论界较早的有学者诸如李强、赵人伟等，开始研究我国自改革开放以来日益增大的基尼系数问题。有学者认为公平与效率是一对矛盾，我国建设社会主义市场经济体制，是为了克服资本主义私人占有制基础上市场经济机制的社会不公平问题，但是，如果社会主义制度基础上无法创造出效率，也不会体现出这种制度的优越性，就更不用再提战胜资本主义制度的诉求了①。

著名经济学家厉以宁较早开始关注效率与公平的伦理问题。厉以宁认

① 焦国成：《关于公平与效率关系问题的伦理思考》，《江苏社会科学》2000年第5期。

为,效率与公平都有各自的伦理含义。尤其是"公平"这个概念,更不是纯粹的经济学概念,理解起来更加复杂。效率的伦理意义在于对效率的价值判断问题,对于公平的伦理含义问题同样涉及价值判断,即道义上的是非标准问题。厉以宁认为收入分配的均等或财产分配的均等并不意味着公平,或者说,不应当把分配均等当作公平的同义词①。把效率、公平同按效益分配原则联系在一起考察,能够从更深层次说明二者的伦理学含义。

对于公平与按效益分配问题之间的关系,厉以宁认为,由于市场存在的多轮竞争,实际生活中由于家庭、地域、天赋差异而存在的机会不均等,会在市场竞争一开始的机会均等的表面掩盖下,按效益分配出现分配差距;在市场多轮竞争之后,在按效益分配的机制下,就会形成分配差距持续扩大。那么,按效益分配到底是否公平呢?厉以宁认为:"在一般情况下,实施按效益分配,有利于公平的实现,但与此同时,按效益分配原则在公平的实现方面具有局限性,它很可能以表面上的机会均等掩盖了实际上的机会不均等。"②这个思想对于打破根深蒂固的结果平均主义分配思想是有重要意义的。他接着提出了公平与效率之间的先后次序问题,如果把公平理解为获取收入或财产的机会的均等,那么究竟是效率优先还是机会均等优先(即公平优先)呢?厉以宁指出,在当前我国大力发展社会主义市场经济的情况下,效率优先论的理由更为充足③。因此"效率优先,兼顾公平"被确立为我国在社会主义市场经济发展起始阶段政策目标的经济伦理原则。

理论界随之讨论社会主义经济体制改革中的效率与公平的平衡问题。有学者指出,马克思从经济上揭示了资本主义的不合理性,公平是马克思的政治经济学批判的内在价值之一,它在马克思主义经济伦理价值体系中居于核心地位。从经济伦理的角度看,马克思通过对资本主义生产体系的剖析,指出资

① 厉以宁:《经济学的伦理问题》,生活·读书·新知三联书店1995年版,第5页。
② 厉以宁:《经济学的伦理问题》,生活·读书·新知三联书店1995年版,第12页。
③ 厉以宁:《经济学的伦理问题》,生活·读书·新知三联书店1995年版,第17—19页。

本主义经济制度的不道德性就在于,经济制度的不公平成了每个人得以充分发展的最大障碍。现实中对市场神话的盲目信仰是我们处理公平问题的障碍,似乎市场机制会自动实现所谓公平、平等与自由,但事实并非如此。社会主义的建设实践在经历挫折的基础上,逐渐在效率问题上形成共同认识,但是对待公平问题却在"兼顾"的立场上逐渐失去了有效控制,使得"兼顾"出现了"不顾"。因此,邓小平强调"共富",强调社会主义公平原则的实现。经济伦理研究往往将效率置于讨论的中心,或者认为道德仅是提高效率的手段而已,这一研究偏向应当得到纠正①。有学者更进一步地指出,社会主义公平是经济公平与社会公平的统一,要努力实现机会公平与结果公平的结合、静态公平与动态公平的结合。在经济伦理领域,公平范畴具有两个层次:一是作为规范的公平原则,二是与效率联系在一起作为经济伦理的重要价值目标的公平原则。②

结合权利来论证效率与公正的综合平衡是另一种视角。在全面建成小康社会的历史新阶段,"在坚持效率与公正相辅相成基础地位的同时,要深刻认识权利与公正关系突出的客观趋势和重要意义,自觉地达到效率、权利和公正之间的平衡,以充分保障公民的经济自由得到平等对待"③。在全面建成小康社会的阶段,消灭绝对贫困是推动社会公平的关键所在,也是实现中国特色社会主义经济建设共同富裕目标的必经路途,而树立正确的公平与效率综合平衡的经济伦理观念应成为达成此目标的思想共识。

3. 对资本与劳动的道德性反思

改革开放以来,中国特色社会主义经济建设所取得的重要突破之一,就是

---

① 姜迎春:《公平:马克思主义经济伦理的核心价值及其实现》,《南京大学学报》(哲学·人文科学·社会科学版)2003 年第 3 期。

② 杨宗元:《论公平范畴》,《道德与文明》2003 年第 5 期。

③ 陈泽环:《效率、权利和公正之间——再论我国经济伦理的基本原则》,《浙江社会科学》2004 年第 1 期。

在理论和实践上正确认识和反思了资本和劳动的作用,尤其是对资本和劳动的道德性反思。在此反思基础上,中国在社会主义经济基础层面,构筑了同样是市场经济机制,但完全不同于西方资本主义经济发展道路的、独特的社会主义市场经济运行体制。

迄今对资本与劳动的道德性反思已经形成的共识是:这二者都不是与道德无涉的经济范畴。曾引起全国高度关注的富士康流水线工人不堪压力而连续跳楼事件,还有诸如“开胸验肺”“跳楼讨薪”“黑砖窑”等严重侵害劳动者权益的事件,不但催生了对于劳动权益保护的法律制定,更是从道德层面推动了理论界对资本无涉道德这种判断的反思和否定。2008 年,由于雷曼兄弟投资公司倒闭而引发的全球性金融危机爆发,从经济伦理学视角对这场金融危机的反思和研究,更多地集中在金融资本逐利的贪婪和无节制上。尤为引起争议的是,美国奥巴马政府为了救市动用纳税人的钱去挽救制造这场史无前例金融危机的华尔街金融资本大鳄。这些贪婪的资本大鳄用这些来自纳税人的救市资金,在全球金融危机仍在“高歌猛进”的同时,给自己的高管们发高薪。所有这些在当前经济全球化进程中出现的,在资本和劳动这两极所形成的贫富极端分化,为从伦理层面深刻反思新自由主义经济实践中出现的资本无节制逐利现象,提供了现实基础。

我国在资本伦理和劳动伦理这两个密切关联的问题上,在实践中经历了从过度放任资本逐利,到严格在法治轨道上治理资本逐利任性及加强劳动保护这样的发展阶段。在理论上,学者们较早从资本的伦理规约视角来审视日益增多的来自于资本一味逐利的违规经济行为。我国从 20 世纪 90 年代开始大力扩大开放引进外资,特别是加入世界贸易组织之后,大量资本投资我国各行各业,在带来外贸繁荣和就业增长的同时,也带来了资本逐利的不良后果。伴随着国企减员增效改革,大量的国企下岗失业职工带来了人力资本利用的伦理问题。此时,理论界开始针对资本逐利而忽视法律与道德的行为开展研究,力图解决资本的反伦理天性等难题。

理论界较早从资本逻辑批判的视角来审视从经济生活蔓延至社会日常生活的唯利是图倾向。进入21世纪以来,频繁发生的企业伦理事件使得理论界聚焦于事件原因剖析,大多数学者把原因归结于资本逻辑的泛滥,也就是现代资本伦理关系仍然服务于“利润至上”的资本理念。正是由于这种理念在现实中大量存在,才使得“资本非道德性”神话长期存在并且成为资本脱离伦理道德规约的所谓根据。有学者从正和负两种效应上来探讨该如何规约资本的负效应,社会主义市场经济下的道德建设该如何对资本的伦理效应进行抑负扬正,从而服务于整个社会的进步和协调发展①。

由此,在资本逻辑之外,但是又跟它密切相关的劳动伦理议题被提出。社会主义市场经济的发展是无法摆脱“资本逻辑”在市场机制发挥统摄作用的,无论从理论还是现实来看,一旦从属于资本的劳动成为协作劳动,这种管理、监督和调节的职能就成为资本的职能。日益加深的劳资关系的矛盾就成为资本逻辑无法回避的必然结果。因此,劳动伦理规范就成为我国在社会主义制度基础上,解决资本逻辑弊端的重要理论进路。

关于劳动伦理的研究并非是在资本逻辑大行其道的时代才开始出现的,而是在我国改革开放初期就已出现的议题。早在20世纪80年代后期,就有日本学者撰文就劳动伦理主题来比较中日两国青年工人在劳动实践中的思想意识。及至20世纪90年代,接续日本学者的调研论文,有学者基于放开市场条件,对中国青年工人劳动伦理衰退问题进行了理论分析②,这应是学界较早探讨劳动伦理的文章。作者对劳动伦理问题给出了界定,即劳动伦理问题是

---

① 参见吴宏洛:《资本逻辑与劳动伦理》,《当代经济研究》2011年第2期;田海平:《资本剥削的经济—伦理体系及其终结的命运——论马克思〈资本论〉中的伦理观》,《天津社会科学》2011第5期;余达淮、程广丽:《资本伦理及在中国经济伦理发展中的地位》,《理论探讨》2012年第6期;龚天平:《资本的伦理效应》,《北京大学学报》(哲学社会科学版)2014年第1期。

② 参见千石保、丁谦:《中国的劳动伦理——自日中青年工人意识调查》,《当代青年研究》1988年第6期;千石保:《中国的劳动伦理——自日中青年工人意识调查》(续),《当代青年研究》1988年第7期。

与劳动、工作相关的道德问题,它包括劳动者是否热爱劳动、劳动积极性的高低、责任心的强弱、劳动中的主动性创造性如何、与周围同事之间的协作关系怎样,以及从什么样的动机、目的出发对待劳动等问题①。至于中国青年工人劳动伦理衰退的原因,笔者认为这种衰退现象发生在“文化大革命”时期,但有些人认为的“大锅饭”并非根本原因,更不是唯一原因和重要原因,因为在“文化大革命”之前的“大锅饭”体制中,青年劳动伦理的衰退并不存在。“文化大革命”中的阶级斗争氛围造成企业生产工作的弱化,对走资派和右派设定的惩罚性劳动等是造成青年意识中贬低劳动等意识的现实原因。此外,还有生活水平的提升、父母溺爱和教育失误等原因②。

关于劳动伦理的探讨,除了对改革开放初期的计划经济体制的反思和剖析之外,还有多种研究路线。比如20世纪80年代我国理论界出现了对马克思《1844年经济学哲学手稿》的讨论热点。在这部马克思青年时代的手稿中,马克思对异化劳动的深入阐释,使得当时我国解放思想大讨论之后的理论界兴起了探讨热度,在关于人道主义和异化问题的热烈讨论中,关于马克思在手稿中提到的异化劳动四个层次③的论述,成为在马克思主义理论视阈中对劳动伦理的经典表述。随着我国改革开放在社会主义市场经济体制建设目标之下的深化,随着对公有资本提质增效的要求,我国的劳动力市场运行机制日益完善,从法治和道德的路径探索如何保障劳动者权益的问题,逐渐在理论界受到关注。20世纪90年代开始至今对劳动伦理的研究诞生了诸多专著和论文④,特别是在马克思主义理论视野中, 结合市场经济中日益凸显的资本逻

① 陈升:《关于中国青年工人劳动伦理衰退问题的分析》,《中国青年研究》1990年第1期。

② 陈升:《关于中国青年工人劳动伦理衰退问题的分析》,《中国青年研究》1990年第1期。

③ 即工人同自己的劳动产品相异化,工人同自己的劳动相异化,工人同自己的本质相异化,人同人相异化。

④ 参见著作和论文:王昕杰、乔法容:《劳动伦理学》,河南大学出版社1989年版;刘进才:《劳动伦理学》,华东理工大学出版社1994年版;王江松:《劳动哲学概论》,上海交通大学出版社2015年版;黄云明:《马克思劳动伦理思想的哲学研究》,人民出版社2015年版;贺汉魂:《回到马克思、培育和谐美——马克思劳动伦理思想现代解码》,光明日报出版社2016年版;陈爱华:《青

辑,来探讨和批判如何扬弃资本主义私有制基础上的异化劳动和畸形劳动形态,提出了体面劳动的未来社会生活逻辑。学者们普遍认为中国特色社会主义市场经济需要发挥制度优势,克服私有制基础上的异化劳动形态。

总而言之,资本与劳动这对范畴在中国特色社会主义市场经济机制中是无法回避的矛盾统一体,同时也是必须要在社会主义制度基础上妥善解决的现实问题。对这两个范畴的道德性反思还需要在马克思主义理论的指导下,在今后的经济实践中不断丰富和完善。

4. 经济正义与制度伦理问题

经济正义问题的剖析是马克思主义经济实践中带有宏观叙事特征的经济伦理议题。它的重要性是不言而喻的,社会主义经济制度的确立就是为了解决建立在私有制基础上的资本主义制度的经济不正义问题。但是长期高度集中的计划经济和平均主义思想的束缚,使得经济运行缺乏效率,走到了经济正义的反面。从我国确立社会主义市场经济体制的改革目标开始,经济正义问题就成为学界讨论的重要主题。当然,在市场经济发展的初期阶段,有的学者针对现实提出了不正义经济的诸种类型:择其大端、权力经济、分利经济、地下经济、霸道经济、投机经济、伪劣经济、野蛮经济、宗法经济,等等。以上这些就是经济不正义的突出表现。他们认为经济正义就是指建立在理性基础上的经济活动起点公平、竞争规则合理、收入分配适当;认为经济活动在追求利润最大化的同时必须兼顾经济活动的社会效益、环境效益并维护人的权益;经济活

年马克思劳动伦理观生成的三重思维向度——从〈巴黎手稿〉到〈1844 年经济学哲学手稿〉》,《苏州铁道师范学院学报》(社会科学版)2001 年第 3 期;刘诚:《劳动法与劳动伦理的调整机制及其相互关系》,《东南大学学报》(哲学社会科学版)2009 年第 4 期;唐茂华、黄少安:《劳动伦理与中国农村劳动力迁移——一个尝试性理论建构及解释框架》,《河南大学学报》(社会科学版)2011 年第 5 期;贺汉魂、王泽应:《马克思体面劳动观的伦理阐析》,《道德与文明》2012 年第 3 期;贺汉魂、王泽应:《马克思劳动伦理关系思想及其现实启示研究》,《理论探讨》2013 年第 4 期;谭泓:《马克思劳动伦理观的当代阐释》,《中共中央党校学报》2015 年第 1 期;谭泓:《社会转型期政府的"劳动伦理倡导者"角色探析》,《科学社会主义》2016 年第 1 期。

动的正义性质从层次上看,包括宏观、中观、微观各个经济层次的正义①。随着市场经济机制的完善,许多新产生的不正义经济的现象会逐步消除,这种确立经济正义意识和规则的过程,也是树立经济伦理观念的过程。

经济正义是我国经济伦理研究初始兴起时就引起学界关注和研究的主题。其研究内容除了改革开放初期由于市场经济秩序不完善导致的不正义现象,还出现了城乡公正、分配正义与贫富分化、资本剥削、公平与效率、全球经济正义等主题。在我国市场经济发展初期的 20 世纪 90 年代,探讨经济正义问题尚处于起步阶段,学者们大多从西方思想文化源流来梳理经济正义思想的内涵,廓清市场经济与社会正义的关系。彼时我国的市场经济机制刚开始运行,对于以国家与市场之关系为核心的经济正义问题还没有足够多的实践认识,但其中的交换正义、分配正义、消费正义、产权正义等问题已经初露端倪。总体来看,我国理论界能够借鉴西方发达市场经济国家的历史经验和有益的思想资源,为我国的市场经济体制建设提供合理建议。

随着我国社会主义市场经济体制改革的深化,经济正义问题在进入 21 世纪之后的讨论逐渐深入。有的学者侧重从制度、权利、整体的角度研究经济正义,以此把握人的经济行为的合理性和正当性,认为马克思主义经济正义思想的主线是积极扬弃私有财产即人的自我异化,使人成为全面占有自己本质的完整的人,在现实改革中要注重公有制新实现形式比如混合所有制和股份制中的权利正义实现问题,还要通过改革实现分配正义②。有的学者阐述了经济正义所蕴含的四重维度,即以平等对待经济需要、以秩序规范经济行为、以共生牵引经济生活、以自由看待经济发展,力图以全新的经济正义理念矫正人们将经济资本化的狭隘观念③。有学者简要梳理了马克思的经济正义思想,指出马克思认为经济正义是社会正义的基础,马克思强调生产正义对

---

① 孟宪忠、包霄林:《经济正义论》,《上海大学学报》(社会科学版)1994 年第 6 期。

② 刘可风:《略论经济正义》,《马克思主义与现实》2002 年第 4 期。

③ 毛勒堂:《论经济正义的四重内蕴》,《吉首大学学报》(社会科学版)2003 年第 4 期。

于分配正义和交换正义的前提作用,正是由于马克思的思想才使得人类对正义的认识由形式正义前进到实质正义①。这一时期的理论研究形成了研究经济正义主题的专著②,为我国改革开放的深化提供了有益的思想借鉴资源。此外,理论界沿着中西思想史的两条路线继续加深研究:一是关注西方学者中的哈耶克、罗尔斯、诺齐克等新自由主义思想代表人物,考察西方社会提出的解决经济不正义问题的制度设计方案以资借鉴③;二是从我国传统思想资源中,梳理出"富民""教民"的生产正义思想,"义以制利""诚实无欺"的交换正义思想,"礼以定分""贫富均平"的分配正义思想,"黜奢节用"的消费正义思想等传统经济正义思想④,为经济正义思想研究开拓了新思路。

伴随着我国所有制改革的深化和大量私有制经济成分的出现和壮大,新的经济正义问题也接踵而来,比如国有资产流失、血汗工厂、过度劳动、收入分配差距拉大、地区发展不平衡等与资本逻辑密切相关的现实问题。这些问题不仅与私有制和产权变革只以追求效率为目的有关,而且与改革开放应该坚持的四项基本原则有密切关联,对这些问题的研究推动了经济领域的公平正义理念在程序和实际决策上的落实。党的十八大以来,在反腐败工作深入推进的过程中,长期积累下来的以所谓实质正义为遮掩的程序非正义现象得到了大量纠正,同时也从制度建设上落实了经济实质正义,在劳动保护、分配公正、环境治理、社会和谐等方面都取得了经济正义建设实效。这是 21 世纪以

① 何建华:《论马克思的经济正义思想》,《中共福建省委党校学报》2003 年第 12 期。

② 何建华:《经济正义论》,上海人民出版社 2004 年版。

③ 参见古小明:《哈耶克经济伦理维度下的自由理念探析》,《井冈山学院学报》(社会科学版)2007 年第 1 期;李雨燕、黄波:《论休谟的经济正义思想及其现实意义》,《湘潭师范学院学报》(社会科学版)2007 年第 4 期;鞠巍:《无知之幕与经济公正——公平契约论对市场经济的方法论意义》,《江淮论坛》2007 年第 5 期;柳平生:《哈耶克的消极经济正义理论述评》,《集美大学学报》(哲学社会科学版)2008 年第 3 期;方以启:《罗尔斯和诺齐克经济正义论研究立场批判》,《现代经济探讨》2011 年第 5 期;乔洪武、师远志:《经济正义的空间转向——当代西方马克思主义的空间正义思想探析》,《哲学研究》2013 年第 12 期。

④ 唐迅、毛勒堂:《中国传统经济正义思想探析》,《江南社会学院学报》2010 年第 3 期。

来我国经济伦理研究的学者们聚焦经济正义取得的理论成果在社会发展实践中得到回应的成效。

5. 民生经济伦理问题

改革开放以来,中国特色社会主义建设中的一个重要议题是民生问题,这也是中国马克思主义经济伦理研究重点关注的问题。民生经济问题是解决社会主要矛盾的基础性工作,也是实现中国发展战略的落脚点。从解决温饱问题到全面建成小康社会,再到中华民族伟大复兴,贯穿着对民生经济问题的重视和落实,也形成了关涉民生经济问题的伦理思想凝结。

民生成为流行的政治话语应归功于近现代中国革命先驱孙中山。在孙中山的思想中,无论是平均地权、节制资本,还是他晚年借鉴苏俄社会主义思想中的资本公有学说,都丰富了他的三民主义中的民生思想,这是民族复兴所必需的社会基础。新中国的成立使得稳定的经济建设成为可能,人民生活水平得到了提高,尽管距离理想状态还有很大差距,但在历经长期战乱之后民生经济问题得到初步解决。如何快速推进社会主义现代化建设成为解决民生经济问题的宏观方向。虽然历经失误,但民生经济问题始终是党的基本决策依据。改革开放给我国民生经济改善提供了强大推动力,在改革开放40多年的实践经验基础上,在生存型民生到发展型民生的变迁过程中,社会主义的民生经济伦理思想得到了丰富和发展。

与民生相关的经济伦理关键词包括"人的自由全面发展""共同富裕""小康社会""以人为本""以人民为中心"等表述,其中渗透的伦理价值导向,构成了中国特色社会主义道路的经济伦理意蕴。归纳起来,改革开放40多年来民生经济伦理问题发展阶段主要包括追求共同富裕的价值目标阶段、分配正义目标下的权利完善阶段、共享发展理念涵摄下的美好生活建设阶段。不同阶段的主题凸显了我国经济改革实践不同时期的重点伦理议题。

改革开放开启之后,需要突破的是平均主义的生存型民生伦理观念。邓小平社会主义本质理论的提出,澄清了诸多思想交锋中的疑难阻碍,共同富裕被确认为是社会主义的本质内容和目标要求。中国共产党领导的民生建设在党的十一届三中全会之后进入了新阶段,邓小平同志提出要摒弃“贫穷是社会主义”的错误观念,消除贫困,最终达到共同富裕。以经济建设为中心是从物质层面提升人民生活水平,还需要从党的执政理念层面落实民生建设思想。社会主义市场经济体制改革目标的确立,使得共同富裕目标下的民生改善是通过先富带动后富最终实现共富而做到的。最初,由于世纪之交的中国还处于利益分化的初期阶段,民生经济伦理研究关注的是马克思主义大众化与民生的关系,特别是在社会转型期,是否关注民生问题以及能否为民生问题的解决提供理论支持和价值基础,就成为执政党能否获得人民支持的衡量尺度。因此,马克思主义的人的自由全面发展的思想及其人民主体的价值取向,是我国民生经济伦理思想的理论支柱。学者们普遍认为马克思主义大众化的推进实效必须落实在民生经济层面。有学者认为马克思主义的实践本性,就是强调理性向生活世界的回归,与民众的生存与发展息息相关的各种重要民生问题,应当是回归生活世界的理论探索特别关注的问题,必须有人文关怀和群众主体的视角,在关注物质生活内涵的同时,关注包括社会公正、人的尊严、人的自由和全面发展等伦理价值内涵①。

步入 21 世纪,改革开放面临着分配正义目标下的民生权利完善问题。党的十六大和十七大以来,民生问题特别是城乡差距、贫富悬殊、社会保障、环境治理等是社会建设的重点。长期以来缺乏民生价值维度的经济增长,已经在环境污染、社会利益冲突、人口老龄化等问题的凸显中难以为继。因此,发展

---

① 参见杨楹、卢坤:《大众化:马克思主义中国化的主体维度》,《马克思主义研究》2009 年第 12 期;衣俊卿:《马克思主义大众化的民生视角》,《求是》2010 年第 13 期;赵中源、梅园:《回顾与反思:理论界关于民生若干问题的研究》,《当代世界与社会主义》2010 年第 4 期;罗诗钿:《论马克思主义大众化的民生视角及人民主体性关照》,《湖北行政学院学报》2011 年第 1 期。

型民生建设的经济伦理维度成为学术界的关注点。对于实现民生价值目标的路径,除了继续坚持共同富裕的目标①,还需要在人民各方面的权利保障方面做好制度建设,其中包括对幸福、公正、美德等方面的价值维度的制度贯彻和文化渗透②。

随着中国特色社会主义进入新时代,面对复杂国内外形势,创新、协调、绿色、开放、共享五大发展理念的提出,是对民生经济伦理的极大丰富。特别是共享发展理念,在社会主要矛盾已经转变为人民对美好生活的向往与不平衡不充分的发展之间的矛盾的新时代,更是顺应了人民对美好生活的向往和需求。因此在共享发展理念涵摄之下解析和贯彻民生经济伦理原则和规范,就成为新时代马克思主义经济伦理思想丰富和发展的主题。有学者提出以尊重人性尊严和推进公众参与作为践行共享发展理念下的民生伦理的逻辑起点和行动表达,从而实现民生事业共建,建立公平正义的分配制度,推动民生红利共享③。“作为经济伦理观念的共享是经济社会和人的发展的一种预制性的伦理价值前提”,能促进经济繁荣,为增进社会道德水平创造条件;能增进人民团结,把社会凝聚为一个紧密的道德共同体;能拓展人们的道德交往;能确保人民的获得感,彰显人的尊严④。

改革开放以来,中国特色社会主义建设开辟了中华民族伟大复兴的实践道路。在此过程中,我国经济伦理学界去伪存真,去粗取精,总结经验并且借鉴国外发展的先进经验,既不盲从国外发达国家的所谓成功道路,又不妄自菲薄我国的薄弱经济基础,在千锤百炼中总结经济和社会发展的客观规律,形成我国马克思主义意识形态涵摄下的中国特色社会主义经济伦理话语范畴和典

① 卫兴华:《共同富裕是中国特色社会主义的根本原则》,《经济问题》2012 年第 12 期。

② 龙运杰:《民生幸福的四重维度》,《河南社会科学》2014 年第 4 期。

③ 邓鹏:《论共享发展理念的民生伦理意蕴》,《中国社会科学院研究生院学报》2016 年第 5 期。

④ 龚天平、周丹:《作为经济伦理的经济共享理念》,《华中科技大学学报》(社会科学版)2017 年第 1 期。

型议题,为新时代实现中华民族伟大复兴道路的伟大事业,开辟了新思路,拓宽和增强了思想基础。

三、理解马克思主义经典理论家思想的经济伦理视角

从20世纪90年代开始,由实践推进理论研究,学术界开始系统地重新解读马克思主义经典理论家的思想。其中,我国改革开放时代社会主义市场经济实践的突破,使得多维度和多视角透视马克思主义经典理论家思想,不断挖掘马列主义经典著作中的时代精神,推进理论创新,成为理论界呼应时代问题的重要任务。特别是以经济伦理视角阐释马克思主义经典理论家的思想,自进入21世纪以来逐步出现了较多研究成果。探索社会主义制度与市场经济运行机制的有效结合是前无古人的挑战,需要不断借鉴和汲取中外各种思想资源和实践经验。从20世纪90年代到21世纪,我国的社会主义市场经济机制的运行已经实现了跨越式发展。在这个过程中,如何面对未来的挑战和困难,如何论证过去走过的道路,就成为马克思主义经济伦理研究所要重点关注的议题,也成为讲好中国特色社会主义经济发展故事的重要理论支撑资源。

1. 马克思、恩格斯、列宁的经济伦理思想

不少学者从关注西方社会学家马克斯·韦伯关于资本主义与宗教伦理的思想开始,着重从西方社会思想资源中考察精神文化因素与经济社会发展的内在关联,探究其是否可以给当今我国社会主义市场经济伦理精神的培育提供借鉴。我国走的是中国特色社会主义发展道路,这就决定了要从马克思主义理论的思想资源中构造经济伦理思想基础。

在这方面,迄今已经出版了多部关于马克思、恩格斯、列宁的经济伦理思

想梳理方面的著作①。这些著作都比较全面地研究了马克思、恩格斯的经济伦理思想,其中对马克思的经济伦理思想研究得比较透彻,包括对基本范畴诸如自由、平等、信用等的研究。综合而言,这些研究使得马克思经济伦理思想的丰富内容得到更加全面的梳理,但是对恩格斯、列宁的经济伦理思想的研究比较欠缺。此外,还有不少学术论文就马克思主义经典作家的经济伦理思想中的个别主题进行研究,但仍然没有超出以上著作所涵盖的研究内容,其中主题重复性的研究比较多。对于马克思主义经济伦理思想的研究,由于时代局限,不少论文成果的研究主题较为狭窄,有的偏重于范畴分析,有的偏重于个别人物的思想梳理等。还有部分著作或是结合市场经济道德建设的主题,或是从理论史角度以人物为分类论述,提出了许多有价值的观点,拓宽了研究主题和理论视野,初步开拓了新的研究路径,但是仍然存在体系和主题方面的研究空白。

2. 毛泽东等革命家的经济伦理思想

在计划经济时代,毛泽东等革命家们,领导中国人民在一穷二白的经济基础上搞建设,提出了诸多有利于集中力量办大事的经济伦理思想。在改革开放时代,梳理毛泽东经济伦理思想的研究成果不断出现。多数学者认为虽然毛泽东没有系统的经济伦理学著作,但是在他关于经济建设的思想中却可以归纳出经济伦理思想。当前,在毛泽东经济伦理思想的形成、内容、特点、作用等方面都有相关著作和论文,研究的重点则集中在内容方面。

毛泽东的经济伦理思想体现在他的许多著作、讲话与读书批注中,有学者指出其思想基础是经济与道德的统一。毛泽东认为经济活动和经济利益是道

① 参见章海山:《经济伦理论——马克思主义经济伦理思想研究》,中山大学出版社 2001 年版;余达淮:《马克思经济伦理思想研究》,江苏人民出版社 2006 年版;胡贤鑫:《〈资本论〉经济伦理思想发微》,湖北人民出版社 2010 年版;吴兵:《马克思经济伦理思想及其当代价值》,四川大学出版社 2012 年版;徐强:《马克思主义经济伦理思想研究》,人民出版社 2012 年版;刘琳:《资本现代性的伦理批判》,人民出版社 2015 年版。

德的立足点；他批评那种将义与利、道德与经济利益绝对对立的观点①。特别是《论十大关系》这部著作，集中体现了毛泽东对社会主义经济发展的价值核心、经济制度的道德原则、宏观经济调控的伦理准则以及政府的道德责任等方面的深刻阐述②。也有学者把毛泽东与邓小平的经济伦理思想进行对比，从道德利益的价值目标、公平与效率的价值原则、功利的价值判断标准、经济自由的价值取向四个方面，说明邓小平对毛泽东经济伦理思想的继承和发展，指出毛泽东和邓小平都很注重功利价值的道德判断标准③。这些观点对于正确理解毛泽东的经济伦理思想有非常重要的参考价值。

与毛泽东并肩工作的刘少奇和陈云等中央领导人在经济伦理观念上具有同样的时代性。但是学术界对毛泽东之外的领导同志的经济伦理思想研究并不多，特别是对长期主管中央经济工作的陈云的经济伦理思想研究较少。这说明我们还需要进一步挖掘老一代革命家留下的思想宝库，丰富新时代国家建设可资借鉴的思想资源。

3. 邓小平的经济伦理思想

在改革开放时期，关于邓小平经济伦理思想研究的成果非常丰富，许多论著和论文都反映了研究视角的全面和内容梳理的细致④。邓小平推动的改革开放伟业突破了许多思想障碍，提出了中国特色社会主义命题，形成了关于社会主义建设的诸多创新论断，也开启了中国特色社会主义经济伦理思想的成长发展道路。

---

① 徐少锦：《论毛泽东的经济伦理思想》，《江海学刊》1993 年第 6 期。

② 周山东、徐建：《〈论十大关系〉中的经济伦理思想及其现实意义——纪念毛泽东〈论十大关系〉发表五十周年》，《广西经济管理干部学院学报》2006 年第 4 期。

③ 程荣尧、尹杰霖：《毛泽东、邓小平经济伦理思想比较研究》，《泸州医学院学报》1997 年第 6 期。

④ 参见肖君华、周爱国、龙兴海：《邓小平经济伦理思想研究》，湖南人民出版社 1998 年版；王小锡、郭建新：《邓小平经济伦理思想研究——兼论道德建设与社会主义市场经济》，南京师范大学出版社 2001 年版。

综观邓小平经济伦理思想的重要创新,在于带来了改革开放所需要的经济伦理观念变革,可称之为"系统性的变革"。尤其是在若干重要观念变革方面,邓小平开创的"系统性的变革"推动了当代中国经济伦理观念的发展。其一是经济自由观念。改革破除的是计划经济的僵化控制,允许私营经济活动,在法律和政策方面给予私人以经济自由,但是在思想观念和社会舆论方面还需要破除对私营经济的歧视,邓小平在关键时刻对改革开放之初出现的私营经济的肯定,是经济伦理思想观念的突破。其二是允许一部分人先富起来以及共同富裕的观念。在绝对平均主义思想长期盘踞人们头脑的思想环境中,允许一部分人先富起来要冲破思想禁锢的阻力可想而知。邓小平的许多论述为思想破冰开辟了思路。共同富裕是社会主义本质实现的结果,部分先富是手段,二者要在社会发展中,通过公平与效率的综合平衡才能实现辩证统一。其三是社会主义市场经济伦理精神论证。邓小平提倡的是社会主义新型义利观,该观念既坚持集体主义又鼓励个体创新精神。与资本主义制度结合的市场经济以私有制基础上的个人主义价值观为基础,这种市场经济导致社会两极分化和社会凝聚力弱化。而社会主义公有制基础上的市场经济伦理精神应该是国家、集体和个人根本利益一致基础上的集体主义精神,这是中国特色社会主义建设道路的经济伦理精神基础。

综合观之,马克思主义经济伦理话语反映了马克思主义政治经济学思想体系总体指导下的中国特色社会主义经济发展话语的在场状态。新时代的中国特色社会主义发展道路,需要在改革开放再出发的实践中继承、弘扬和创新时代精神,更要在文化自信的基础上,兼收并蓄、凝练精华、消化吸收,铸牢中国特色社会主义的精神文化基础。马克思主义经济伦理话语作为讲好中国特色社会主义经济发展故事中独具特色的部分,为奠定中国特色社会主义的精神文化基础能够作出独特的理论贡献,也可以为世界各国探索本国发展道路提供可资借鉴的思想资源。

第一章　马克思经济伦理批判的多维透视

马克思和恩格斯是马克思主义理论的创立者，他们的思想是马克思主义经济伦理思想体系的理论源头。马克思和恩格斯蕴含在其哲学变革中的经济伦理批判思想，是以他们青年时期创立的历史唯物主义理论为基础，在他们从事的政治经济学批判以及革命实践基础之上逐步成熟和完善的。

马克思和恩格斯合作完成的哲学变革即历史唯物主义理论的提出，是马克思经济伦理批判的理论前提和基础。19 世纪是自由资本主义制度在欧洲各国逐步确立和巩固的时期，虽然在经济制度方面日渐成熟，但是在意识形态领域仍然存在着由于不同国家的社会发展状况不同而呈现的不平衡。随着资产阶级革命之后资本主义制度的巩固，资产阶级意识形态日益呈现其维护资本阶级统治地位的特性和功能。在思想理论体系中表现出的一个方面是政治经济学理论日益显示其辩护性质，在社会发展层面，表现为由于资本主义市场经济竞争制度导致的阶级两极分化，使得社会阶级矛盾日益尖锐。在欧洲国家中，荷兰、英国和法国等这些国家是较早发生资产阶级革命的国家，这些国家的资产阶级社会发展得更早也更为完善，尤其是英国和法国的资产阶级意识形态也更为成熟。相比较而言，德国是欧洲大陆的后发资本主义国家，其资本主义制度落后于英法，在意识形态领域受到封建思想的束缚，即使是隐晦反映资产阶级利益诉求的哲学思想或其他思想都会受到统治阶级的压制。19世纪30年代和40年代,随着资本主义大工业的发展,资本主义制度下的财富和利润飞速增长,生产力空前发展。德国作为封建制度最顽固的国家之一,也在酝酿着资产阶级革命,在意识形态领域存在着各种新旧思想的斗争。19世纪20年代,由于得到当时德国的文教大臣阿尔滕施坦的大力支持,黑格尔哲学的影响力在德国达到了登峰造极的地步。1831年黑格尔去世之后,他的弟子们仍然组成了一个统一的捍卫黑格尔哲学的阵线,1832年在柏林组成的包括黑格尔七个弟子的协会宣传他的学说,并准备出版一部包括黑格尔全部讲演录在内的全集,认为黑格尔的哲学是最后的哲学,后人的任务就是把黑格尔哲学在各个方面所包含的意义发挥出来。但是这个协会内部存在着重要的意见分歧,即关于灵魂不死和上帝的个性的争论。此后1835年,随着施特劳斯《耶稣传》中对基督教本质的认识及阐发这一意见的分歧加剧,使得黑格尔的门徒们分裂为左中右等派别,其中就包括青年黑格尔派。

青年黑格尔派在早期是个内部存在着各种不同思想和政治倾向的并不紧密的学术组织,其中包括自由主义者、无政府主义者、革命民主主义者等成员,青年时期的马克思和恩格斯在思想上都受到这一派别的影响。促使青年黑格尔派这些不同政治倾向的成员聚合在一起的是对黑格尔辩证法、反宗教立场、反普鲁士国家立场等共同主张,但是后来其内部在理论上和政治上必然会产生的分歧,导致青年黑格尔派的分裂和解体。1840年普鲁士新国王登基,随后宣布大赦政治犯,放宽书报检查。但是好景不长,很快新任文教大臣聘请谢林担任柏林大学教授,从大学中驱除黑格尔主义者,对青年黑格尔派这个甚至不能称为一种运动的社会思潮现象开始一系列的镇压。1841年和1842年是青年黑格尔派在高压政策下逐渐走向分化的一段时期。一部分青年黑格尔分子组成了一个“自由人”团体,使用极端革命的词句批判一切,这种看似激进的批判却标志着青年黑格尔运动走向了蜕化,从黑格尔退回到费希特,这对于主张在实践中改变现存制度的马克思来说是无法忍受的,马克思与青年黑格尔中的"自由人"小团体分道扬镳了。马克思反对空谈革命,他主编的《莱茵报》拒绝了"自由人"的大多数文稿。马克思在 1842 年 11 月 30 日给卢格的信中说:"我要求他们:少发些不着边际的空论,少唱些高调,少来些自我欣赏,多说些明确的意见,多注意一些具体的事实,多提供一些实际的知识。我说,我认为在偶然写写的剧评之类的东西里塞进一些共产主义和社会主义的信条,即新的世界观,是不适当的,甚至是不道德的。我要求他们,如果真要讨论共产主义,那就要用另一种完全不同的方式,更切实地加以讨论。我还要求他们更多地在批判政治状况当中来批判宗教,而不是在宗教当中来批判政治状况,因为这样做才更符合报纸的本质和读者的教育水平,因为宗教本身是没有内容的,它的根源不是在天上,而是在人间,随着以宗教为理论的被歪曲了的现实的消失,宗教也将自行消灭。"①面对"自由人"成员梅因的质问信函,马克思说:"为了挽救一个政治刊物,是可以牺牲几个柏林的吹牛家的,而他所考虑的,只是他那个小集团的事情。"②马克思的思想已转变为共产主义者,甚至对于他当时大加赞赏的费尔巴哈的唯物主义哲学,马克思也直率地指出自己的思想与费尔巴哈是有区别的。1843 年初,马克思在《莱茵报》被查封之后,与卢格等人一起筹建《德法年鉴》,但是由于办刊过程中产生的根本分歧,马克思于 1844 年 3 月与卢格分道扬镳,这标志着马克思与青年黑格尔派的最终决裂。1844 年至 1846 年,马克思和恩格斯一起不断清算自己过去的哲学信仰,实现了哲学中的革命变革,创立了新世界观科学体系。

19 世纪 50 年代马克思移居伦敦后,开始系统而深入地研究和批判资产阶级政治经济学,其后马克思写了三部经济学手稿,即《政治经济学批判(1857—1858 年手稿)》《政治经济学批判(1861—1863 年手稿)》《经济学手稿(1863—1865 年)》,并且在这些手稿基础上于 1867 年 9 月出版了《资本论》第一卷。马克思逝世后,恩格斯整理出版了第二卷(1885 年出版)、第三卷

---

① 《马克思恩格斯全集》第 47 卷,人民出版社 2004 年版,第 42—43 页。

② 《马克思恩格斯全集》第 47 卷,人民出版社 2004 年版,第 43 页。

(1894年出版)。1905—1910年考茨基编辑出版了《剩余价值理论》,即《资本论》第四卷。在这些经济学著作中,马克思继续研究了资本主义经济关系的历史、现实及其未来,指出在两大社会阶级的矛盾斗争中,资本主义社会并非永恒的,而是必然要被更高级的社会形态所取代。在资本主义制度的演进过程中,其社会道德状况及其未来发展趋势,也在社会经济基础变革运动中,必然会发展到更为科学和先进的精神形态,这种精神意识形态是真正反映人的本质的,是人类真正的和谐共同体基础上的精神联结,是人类的自由而全面发展的真正体现。在经济学批判中,马克思从历史和资本主义生产方式中考察人与人的关系,为伦理道德理论提供基本原则和方法,进一步阐明了生产力包括科学技术进步所引起的社会关系和社会生活变更,由此改变了人类社会的道德观念等精神现象。因此,马克思经济学的批判性著作中包含着的丰富的伦理思想,形成了马克思主义经济伦理思想的理论源头。

马克思曾经设想在其政治经济学批判中论述伦理学问题。在《经济学手稿(1857—1858年)》中的一篇未完成手稿《导言》中,从他对政治经济学研究对象和方法的崭新见解出发,拟定了他的未来经济学批判性巨著结构的最初计划,并且列出了"应该在这里提到而不该忘记的各点"①,其中包括"历来的观念的历史叙述同现实的历史叙述的关系。特别是所谓的文化史,这所谓的文化史全部是宗教史和政治史。(顺便也可以说一下历来的历史叙述的各种不同方式。所谓客观的。主观的(伦理的等等)。哲学的。)"②甚至在《导言》的最后一节中,马克思从社会发展的经济基础出发,也研究了属于政治的和意识形态的上层建筑领域的某些过程,探究这些过程对经济基础的依赖关系和反作用,论述了艺术作为社会意识的一种形式的特点。他指出,物质生产在社会生活中的决定作用并不排除艺术和文学这样一些上层建筑要素的相对独立性。他以古希腊的艺术和莎士比亚的创作为例,说明艺术的兴盛并非必然同

① 《马克思恩格斯全集》第30卷,人民出版社1995年版,第50页。

② 《马克思恩格斯全集》第30卷,人民出版社1995年版,第50—51页。

经济和社会的发展完全一致的。“关于艺术,大家知道,它的一定的繁盛时期决不是同社会的一般发展成比例的,因而也决不是同仿佛是社会组织的骨骼的物质基础的一般发展成比例的。”①这是由错综复杂的情况决定的,也说明了上层建筑对经济基础的依赖关系,是不能简单化地加以阐述的。

对于马克思的经济学批判中蕴含的伦理道德等思想,恩格斯曾在《卡尔·马克思〈政治经济学批判(第一分册)〉》一文中评价马克思的政治经济学批判时说,“在这里我们立即得到一个贯穿着整个经济学并在资产阶级经济学家头脑中引起过可怕混乱的特殊事实的例子,这个事实就是:经济学研究的不是物,而是人和人之间的关系,归根到底是阶级和阶级之间的关系”②;进一步地,恩格斯在《资本论》第2卷序言中指出,“在前人认为已有答案的地方,他却认为只是问题所在……这里的问题不是在于要简单地确认一种经济事实,也不是在于这种事实与永恒公平和真正道德相冲突,而是在于这样一种事实,这种事实必定要使全部经济学发生革命,并且把理解全部资本主义生产的钥匙交给那个知道怎样使用它的人。”③这里,恩格斯精当地说明了马克思的政治经济学批判的革命性意义,指出马克思并非仅从道德上谴责资本主义社会,马克思是把政治经济学从一种关于物(商品、货币、工资、利润)的科学,转变为一种关于人在生产关系中的相互关系的分析,为探索未来共产主义社会中,既有物质极大丰富又有包括人类伦理道德发展的人的自由全面发展指出了现实路径。

科学的批判建立在科学的方法和原则的基础上。马克思的政治经济学批判是建立在科学的历史唯物主义哲学基础之上的,运用了辩证分析的方法,对社会经济制度的历史演进和现实复杂运动进行了深入剖析,得出了令人信服的结论。马克思在《政治经济学批判(第一分册)》序言中概要地叙述了其政

① 《马克思恩格斯全集》第30卷,人民出版社1995年版,第51页。
② 《马克思恩格斯文集》第2卷,人民出版社2009年版,第604页。
③ 《马克思恩格斯全集》第45卷,人民出版社2003年版,第21页。

治经济学研究的历史唯物主义哲学基础。他说:“我所得到的、并且一经得到就用于指导我的研究工作的总的结果,可以简要地表述如下:人们在自己生活的社会生产中发生一定的、必然的、不以他们的意志为转移的关系,即同他们的物质生产力的一定发展阶段相适合的生产关系。这些生产关系的总和构成社会的经济结构,即有法律的和政治的上层建筑竖立其上并有一定的社会意识形式与之相适应的现实基础。物质生活的生产方式制约着整个社会生活、政治生活和精神生活的过程。不是人们的意识决定人们的存在,相反,是人们的社会存在决定人们的意识。”①而这种关于社会演进的唯物史观指导着马克思在整个政治经济学批判中,科学地说明了资产阶级社会中人们的伦理道德意识形态的形成、发展及其未来前景。

马克思第一次指出了社会经济形态是一定的生产关系的总和,这种形态的发展是一个自然历史过程。马克思接着指出:“随着经济基础的变更,全部庞大的上层建筑也或慢或快地发生变革。在考察这些变革时,必须时刻把下面两者区别开来:一种是生产的经济条件方面所发生的物质的、可以用自然科学的精确性指明的变革,一种是人们借以意识到这个冲突并力求把它克服的那些法律的、政治的、宗教的、艺术的或哲学的,简言之,意识形态的形式。我们判断一个人不能以他对自己的看法为根据,同样,我们判断这样一个变革时代也不能以它的意识为根据;相反,这个意识必须从物质生活的矛盾中,从社会生产力和生产关系之间的现存冲突中去解释。”②这里说明了资产阶级的意识形态包括资产阶级的伦理道德观念根源于资本主义的生产关系总和,反映着资本主义的经济关系,同时也在竭力维护着资本主义的经济基础,不能从这种维护中得出资本主义的永恒性,它掩盖不了资本主义制度中的生产力和生产关系的基本矛盾。恰恰相反,我们要从资本主义经济形态的分析批判出发来完成对资产阶级意识形态包括伦理道德观念的由经济到社会的批判。同

① 《马克思恩格斯全集》第31卷,人民出版社1998年版,第412—413页。

② 《马克思恩格斯全集》第31卷,人民出版社1998年版,第413页。

样，在关于道德意识形态发展的时代性方面，马克思指明："无论哪一个社会形态，在它所能容纳的全部生产力发挥出来以前，是决不会灭亡的；而新的更高的生产关系，在它的物质存在条件在旧社会的胎胞里成熟以前，是决不会出现的。所以人类始终只提出自己能够解决的任务，因为只要仔细考察就可以发现，任务本身，只有在解决它的物质条件已经存在或者至少是在生成过程中的时候，才会产生。"①也就是说社会形态具有相对稳定性，道德意识形态同样也具有这个特点，在某个社会形态没有灭亡之前，适应该社会形态的道德仍然能够发挥作用，只有在解决社会任务的物质条件具备的时候，才能发挥新的道德意识的社会作用。代替旧的社会道德意识形态的新形态的提出和形成，必须是新的社会物质条件已经出现或者已经发展成熟。因此，对马克思政治经济学批判中的经济伦理思想的研究，不能就伦理道德而论伦理道德，必须运用历史唯物主义的方法，历史地阐明以资本关系为核心的资本主义社会的伦理道德一般和特殊，以及与其赖以依存的经济基础之间的作用与反作用联系，并且把其放到人类道德和伦理思想发展的历史进程中进行考察和研究。

在马克思于 1857 年 3 月至 8 月为其政治经济批判所写的一篇未完成的《导言》中，他比在此前任何著作中，都更加详细地阐述了自己对政治经济学研究对象和方法的批判性思想，还说明了关于社会的物质基础同意识形态这一上层建筑之间的关系的一系列极为重要的想法，因此这一著作可以说是确立马克思的经济伦理批判原则和方法的总的导言。在《导言》中，马克思对生产、分配、交换、消费这些经济运行环节之间的关系，在历史唯物主义的基础上进行了剖析，批判了资产阶级政治经济学家的经济伦理观点。

在剖析这四个环节的关系的基础上，马克思阐述了政治经济学从抽象上升到具体的方法，作为抽象一般的经济范畴，是理论分析的出发点的具体，在研究的结果中表现为多样性的统一、许多规定的综合。科学抽象是同作为它

① 《马克思恩格斯全集》第 31 卷，人民出版社 1998 年版，第 413 页。

们的前提的具体现实不可分割地联系在一起的，而从简单到复杂的这种抽象思维的进程，总的说来是同现实的历史过程相一致的。因此，以经济运行的四个环节为考察维度，通过对现代经济运行的四个环节即生产、分配、流通、消费等机制中的伦理精神价值进行解剖，梳理马克思的经济伦理批判思想，可以清晰地反映他从抽象一般到思维具体的批判逻辑和具体内容。

一、以异化劳动为维度批判道德异化

马克思由最初的要对物质利益发表意见，在1844年初进到了必须批判地研究政治经济学即当时称之为国民经济学的阶段。《1844年经济学哲学手稿》（以下简称《手稿》）是马克思第一次对资产阶级政治经济学和资本主义制度进行批判性研究并对共产主义作初步论证的一部未完成的早期文稿，其中在对资本主义经济制度剖析的基础上深入分析批判了黑格尔哲学。在手稿中，马克思还未找到分析复杂的资本主义经济制度的准确切入点，更多的是提出了问题，指明了现象并且从现象上进行了批判。理论界普遍认为《手稿》是创立马克思主义理论体系的伟大开端，但是不可避免地带有黑格尔以及费尔巴哈的思想对马克思的影响的痕迹，特别是费尔巴哈的人本主义思想的影响。如果从经济伦理的视角看，这部手稿虽然不是完全构筑在唯物史观基础上的著作，不是成熟的马克思思想的系统表达，但是其中蕴含的经济伦理批判思想无疑是能够体现马克思的思想发展阶段的关键性著作文本，从中可以窥见马克思经济伦理思想发展的部分脉络。

在《手稿》的序言中马克思写道："在本著作中谈到的国民经济学同国家、法、道德、市民生活等等的联系，只限于国民经济学本身专门涉及的这些题目的范围。"①"我用不着向熟悉国民经济学的读者保证，我的结论是通过完全

① 《马克思恩格斯全集》第3卷，人民出版社2002年版，第219页。

经验的、以对国民经济学进行认真的批判研究为基础的分析得出的。”①也即是这本手稿关于资产阶级国家的上层建筑各个领域的论述，是马克思根据客观的资本主义经济运动规律，重新检验和批判资产阶级经济学原理，并对其进行实事求是剖析的理论成果。《手稿》包括序言在内有四个部分，虽然目前是残缺不全的和片段性的手稿，但是表明马克思在巴黎开始的经济学研究为其哲学方面的巨大进步作出了基础性贡献。

（一）剖析工人阶级的经济贫困和道德异化

马克思在《手稿》中使用了黑格尔的异化概念来进一步剖析资本主义经济现实，并且对国民经济学为其辩护的带有迷惑性的观点进行了批判。在第一手稿的前三个部分中，马克思仿照了斯密的思路，通过分析以工资、利润、地租这三种分配结果为表现的“三位一体”的不同分配方式，揭示了工人、资本家、地主这三大社会阶级的社会地位，同时马克思也把工资、利润、地租这种分配结果，归结于异化劳动和私有制，论证资本主义社会产生、发展和灭亡以及被共产主义社会所取代的必然性，提出了宗教、法、道德和艺术等观念上层建筑取决于生产运动，指出随着共产主义代替私有财产将实现人性的复归。“私有财产的运动——生产和消费——是迄今为止全部生产的运动的感性展现，就是说，是人的实现或人的现实。宗教、家庭、国家、法、道德、科学、艺术等等，都不过是生产的一些特殊的方式，并且受生产的普遍规律的支配。”②马克思虽然没有使用经济基础和上层建筑的概念，但是已经明确说明了包括道德等观念的意识形态取决于生产的普遍规律。私有财产制度下的生产是异化的，因而道德现象也是异化的，道德不是真正的人的道德，而是以非人的标准衡量的道德，只有实现共产主义社会才能真正克服道德的异化，使道德真正

---

① 《马克思恩格斯全集》第3卷，人民出版社2002年版，第219页。

② 《马克思恩格斯全集》第3卷，人民出版社2002年版，第298页。

复归到反映人的本质的道德。

首先,马克思通过异化劳动分析了工人阶级的贫困和道德退步。马克思注意到,斯密曾经在《国富论》中指出,没有一个阶级像工人阶级那样因社会财富的衰落而遭受深重的苦难。但是,马克思指出,即使处于社会财富日益增长的状态,也即一个国家的资本和收入增加的时候,“工人自己的劳动却越来越作为别人的财产同他相对立,而他的生存资料和活动资料越来越多地积聚在资本家手中。”①其一,随着分工和资本积累,工人日益完全依赖于劳动,在精神和肉体上被贬低为机器。再加之工人之间竞争的加剧,使工人的工资下降,在现代工厂制度下,这种糟糕状况达到了顶点。也就是说,马克思通过对社会现实的观察发现,“即使在对工人最有利的社会状态中,工人的结局也必然是劳动过度和早死,沦为机器,沦为资本的奴隶(资本的积累危害着工人),发生新的竞争以及一部分工人饿死或行乞。”②“在社会的增长状态中,工人的毁灭和贫困化是他的劳动的产物和他生产的财富的产物。就是说,贫困从现代劳动本身的本质中产生出来。”③资产阶级及其国民经济学的理想目标是富裕的状态,它对于工人来讲却是持久不变的贫困。国民经济学只是把工人当作劳动的动物。

马克思指出资产阶级政治经济学在面对这种社会财富越多工人越贫穷的状况时,由于不考察工人(劳动)同产品的直接关系而掩盖劳动本质的异化。劳动的本质关系就是工人对生产的关系。马克思认为这种关系在资产阶级社会是异化的。如果从工人(劳动)同自己的劳动的产品的关系来看,也是工人(劳动)对一个异己的对象的关系。“工人在他的对象中的异化表现在:工人生产得越多,他能够消费的越少;他创造价值越多,他自己越没有价值、越低贱;工人的产品越完美,工人自己越畸形;工人创造的对象越文明,工人自己越

① 《马克思恩格斯全集》第3卷,人民出版社2002年版,第228页。
② 《马克思恩格斯全集》第3卷,人民出版社2002年版,第229页。
③ 《马克思恩格斯全集》第3卷,人民出版社2002年版,第232页。

野蛮；劳动越有力量，工人越无力；劳动越机巧，工人越愚笨，越成为自然界的奴隶。”①这种异化现象表现为劳动者本质的丧失，马克思称之为“劳动的外化”②，也就是工人在劳动中否定了自己，不是感到幸福，而是感到不幸，“不是自由地发挥自己的体力和智力，而是使自己的肉体受折磨、精神遭摧残。”③这“是一种自我牺牲、自我折磨的劳动”④，最后给工人的生活带来的只是感受到动物的机能，这是物的异化和自我异化两个方面的摧残，工人的生活异化成了生活的手段。异化劳动造成工人阶级中的野蛮、不文明、道德退步等等现象。

总之，异化劳动和私有制使得人的需要变为粗陋的动物的需要，人不再是目的，而是手段，造成工人的非人化生存状态和道德品质方面的堕落。马克思基于对资本主义制度下异化劳动的理论分析，从道德及其社会根源上揭示了这种私有财产制度必然造成道德异化的非人后果。

其二，导致工人非人化的异化劳动，也使资本家发生道德异化，也就是资本家不道德和非人化。马克思认为通过异化、外化的劳动，也会出现另外一个方面的关系，也就是“工人对劳动的关系，生产出资本家——或者不管人们给劳动的主人起个什么别的名字——对这个劳动的关系。”⑤也就是说与非人化的工人处于对立面的资本家，在异化劳动面前，也与工人同样非人化，只是非人化的内容与工人不同。马克思说：“生产不仅把人当作商品、当作商品人、当作具有商品的规定的人生产出来；它依照这个规定把人当作既在精神上又在肉体上非人化的存在物生产出来。——工人和资本家的不道德、退化、愚钝。”⑥私有财产是工人的外化劳动的产物，并且马克思认为异化的外化的劳

① 《马克思恩格斯全集》第 3 卷，人民出版社 2002 年版，第 269 页。
② 《马克思恩格斯全集》第 3 卷，人民出版社 2002 年版，第 270 页。
③ 《马克思恩格斯全集》第 3 卷，人民出版社 2002 年版，第 270 页。
④ 《马克思恩格斯全集》第 3 卷，人民出版社 2002 年版，第 271 页。
⑤ 《马克思恩格斯全集》第 3 卷，人民出版社 2002 年版，第 277 页。
⑥ 《马克思恩格斯全集》第 3 卷，人民出版社 2002 年版，第 282 页。

动与私有财产这两个因素的展开可以说明诸多的例如买卖、竞争、资本、货币等范畴。

私有财产是马克思在《手稿》中对资本家人格的指称。资本家和工人的关系是资本和劳动的对立统一的关系。资本家是被物化的私有财产承担者，资本家的重利盘剥的吝啬、节俭和发财欲在异化劳动中同样是道德异化的产物。一方面，资本家把工人的劳动看作是自己无节制的挥霍浪费的虏获物，另一方面，资本家享受赚取利润，服从资本。资本家在道德上不会同情工人的处境，所有一切都以利润为衡量标准。

其三，马克思用异化劳动来说明货币的本质，指出了货币作为非人的异己力量的统治，异化了真正的人与人的关系，控制并支配着人的思想、感情与道德，尤其是反映在人的道德异化中的货币作用，在资本主义制度中是私有财产的生产规律支配着人的道德异化。“货币的力量多大，我的力量就多大。货币的特性就是我的——货币占有者的——特性和本质力量。”①货币的特性决定了人的特性和品德，人的本质由拥有货币来决定。马克思形象地说：“我是丑的，但我能给我买到最美的女人。可见，我并不丑，因为丑的作用，丑的吓人的力量，被货币化为乌有了。我——就我的个人特征而言——是个跛子，可是货币使我获得二十四只脚；可见，我并不是跛子。我是一个邪恶的、不诚实的、没有良心的、没有头脑的人，可是货币是受尊敬的，因此，它的占有者也受尊敬。货币是最高的善，因此，它的占有者也是善的。”②人的道德品质上的善和恶，是货币决定的。这在资本主义社会造成金钱是决定道德的标准，拥有金钱就拥有道德，这是货币造成的道德异化现象。

其次，马克思在人的道德行为方面指出货币破坏了人与人之间真正合乎人性的关系，把人们的善行和恶行，甚至道德情感都颠倒混淆了。“对于个人和对于那些以独立本质自居的、社会的和其他的联系，货币也是作为这种颠倒

---

① 《马克思恩格斯全集》第 3 卷，人民出版社 2002 年版，第 361 页。

② 《马克思恩格斯全集》第 3 卷，人民出版社 2002 年版，第 362 页。

黑白的力量出现的。它把坚贞变成背叛，把爱变成恨，把恨变成爱，把德行变成恶行，把恶行变成德行，把奴隶变成主人，把主人变成奴隶，把愚蠢变成明智，把明智变成愚蠢。"①在真正的人的关系中，思想意识和道德情感不应以货币为中介来进行交换，付出爱就能得到爱的回报，付出信任就能得到同样的信任，因此，当一切人与人的关系都可以用金钱来衡量的时候，黑白颠倒和善恶倒错作为道德异化的表现，表明了异化劳动和私有制对人的本质的异化到了极端的程度。

当然，马克思批判异化劳动和私有制对道德异化产生的影响，并非只是在抽象意义上先界定了爱和信任等道德关系，而是要说明共产主义社会中的人所具有的道德品质和真正的人的本质。马克思所言的共产主义与欧文、圣西门、傅里叶等空想社会主义者的共产主义是不同的，马克思认为"共产主义的博爱则径直是现实的和直接追求实效的"②。而空想共产主义追求建立爱的道德，用所谓博爱来消灭社会中的阶级对立，实现社会和谐，这在马克思看来是抽象而无法实现的，欧文实验的失败事实也证明的确如此。马克思所言的共产主义社会中的道德关系要通过私有财产的扬弃才能真正成为现实。他说："对私有财产的扬弃，是人的一切感觉和特性的彻底解放；但这种扬弃之所以是这种解放，正是因为这些感觉和特性无论在主体上还是在客体上都成为人的。眼睛成为人的眼睛，正像眼睛的对象成为社会的、人的、由人并为了人创造出来的对象一样。因此，感觉在自己的实践中直接成为理论家。感觉为了物而同物发生关系，但物本身是对自身和对人的一种对象性的、人的关系，反过来也是这样。"③"当物按人的方式同人发生关系时，我才能在实践上按人的方式同物发生关系。因此，需要和享受失去了自己的利己主义性质，而

① 《马克思恩格斯全集》第3卷，人民出版社2002年版，第364页。
② 《马克思恩格斯全集》第3卷，人民出版社2002年版，第298页。
③ 《马克思恩格斯全集》第3卷，人民出版社2002年版，第303—304页。

自然界失去了自己的纯粹的有用性,因为效用成了人的效用。”①即马克思所讲的博爱是他描绘的扬弃了私有财产的共产主义的博爱,人与人的关系不是以货币为中介的金钱关系,而是公有制下的人与人的真正的反映社会本质的关系。马克思在《手稿》的序言中曾经说原本想用一系列的小册子批判各种社会的法、道德、政治等上层建筑,最后以一本专著总结批判,尽管最后没有实现这个计划,但是在手稿中对资产阶级的国民经济学所涉及的国家、法、道德等关系的批判,能够从现实的视角考察现代社会的精神生产的弊病,从而为未来共产主义社会的人类道德发展提供镜鉴。

针对资产阶级的国民经济学从道德视角为资本主义制度的辩护,马克思在第三手稿中指出,在国民经济学看来,劳动是私有财产的主体本质,这是人本身就具有的,劳动者的非人化是应当如此的,人只是生产和消费的机器,人是微不足道的,产品则是一切,人的一切包括道德是以符合私有财产的增值为标准,这些都是国民经济学违背人性的和不道德的辩护。资产阶级国民经济学是一门关于财富的学说,其中关于如何发财致富的思想只是对于资本家而言有用,对于工人,国民经济学则进行道德说教,认为工人的任何享受的需求都是不可饶恕的,工人要克制自己的需求,只要能够满足基本生存的需求就可以了,这种关于禁欲主义的道德说教,是以工人的非人化状况为前提的,尽管对资本家也提出禁欲主义,提出节俭的说辞,但是资本家的生命活动和人性需求都是与资本的增值捆绑在一起的,资本家的禁欲是为了更多地占有财富,要求资本家节俭,是为了更好地发财,更多地占有工人的异化劳动状态下的产品,这种看起来最道德的伪善恰恰反映了资产阶级的道德意识形态。

最后,马克思对粗陋的共产主义的道德要求也进行了批判。他指出 19 世纪的卡贝、德萨米、魏特林等人的所谓共产主义,尽管有现实意义,但是这种粗陋的共产主义否定私有财产,却没有说清私有财产的本质,只是用普遍的私有

① 《马克思恩格斯全集》第 3 卷,人民出版社 2002 年版,第 304 页。

财产即人人占有私有财产来反对现存的个别人占有私有财产的形式，这是对他们占有私有财产的妒忌和平均化的不道德欲望，这绝不是真正的共产主义所提倡的道德品质，也决不是共产主义道德的要求，这种粗陋的共产主义不是对私有财产的积极扬弃，不是推动社会向更高阶段迈进，反而是对整个人类文化以及文明世界的抽象否定，是向更加贫穷和非人化的没有需求的人的历史性倒退，其后果只能是马克思后来在《德意志意识形态》中言明的，"全部陈腐污浊的东西又要死灰复燃"①。因此，如果不吸取历史遗留给人类的现代文明的积极成果，积极扬弃私有财产，这是一种开历史倒车的空想理论，是不可能形成美好的共产主义社会共同体的。

（二）论证经济人性与批判道德形而上学

在对工人阶级运动产生影响的小资产阶级社会主义思想中，危害极大的是蒲鲁东主义，马克思也在反对蒲鲁东主义的论战中，第一次对自己的经济、政治观点作了科学的表达，也在批判蒲鲁东主义的基础上阐述了其经济伦理思想。蒲鲁东是法国小资产阶级社会主义者，在1846年10月出版的《贫困的哲学》中，系统论述了他的小资产阶级思想体系，反对共产主义，并且把自己的小资产阶级社会主义思想体系冒充为无产阶级思想，在工人阶级运动中有极大的迷惑性。马克思在《哲学的贫困》中对蒲鲁东的经济哲学、社会主义理论和道德观展开了全面的批判，这也是对既往批判"真正的社会主义"等小资产阶级社会思潮的继续。

首先，马克思批判了蒲鲁东的唯心主义基础上的观念论和人性论。蒲鲁东在政治经济学上也像黑格尔那样应用了形而上学的方法，把任何一种事物都归结为逻辑范畴，把任何一个运动、任何一种生产行为都归结为方法，马克思认为这种绝对的方法是运动的抽象，或者说是抽象形态的运动。抽象形态

① 《马克思恩格斯文集》第1卷，人民出版社2009年版，第538页。

的运动是什么？就是纯粹逻辑公式或者纯粹理性的运动。马克思指出这种理性是无人身的，理性只是在自身运动中无限循环和颠倒，以此来产生社会及社会的种种关系，马克思说："既然我们忽略了生产关系（范畴只是它在理论上的表现）的历史运动，既然我们只想把这些范畴看做是观念、不依赖现实关系而自生的思想，那么，我们就只能到纯粹理性的运动中去找寻这些思想的来历了。"①这是从思想的最根本处指出了蒲鲁东唯心主义人性论的理论来源和基础。

其次，马克思对蒲鲁东的原理创造历史观点进行了批判，指出了人性是社会历史的产物并且是随着历史运动而发展变化的，没有抽象的人性存在。"当蒲鲁东先生谈到理性中的系列即范畴的逻辑顺序的时候，他肯定地说，他不是想论述与时间次序相一致的历史，即蒲鲁东先生所认为的范畴在其中出现的历史顺序。他认为那时一切都在理性的纯粹以太中进行。"②蒲鲁东认为原理创造历史，他把历史现实看作是观念、范畴与原理在其中显现的那种历史顺序，蒲鲁东认为："每个原理都有其出现的世纪。例如，权威原理出现在11世纪，个人主义原理出现在18世纪。因而不是原理属于世纪，而是世纪属于原理。换句话说，不是历史创造原理，而是原理创造历史。"③马克思认为，什么世纪出现什么原理，为什么这些原理在这一世纪而不在另外一个世纪出现，要回答这些问题，"我们就必然要仔细研究一下：11世纪的人们是怎样的，18世纪的人们是怎样的，他们各自的需要、他们的生产力、生产方式以及生产中使用的原料是怎样的；最后，由这一切生存条件所产生的人与人之间的关系是怎样的。"④马克思在此处说明了人们的思想取决于该时代的生产力、生产方式等一切的生存条件，在此基础上产生的时代的原则，不是什么原理的产物，

---

① 《马克思恩格斯文集》第1卷，人民出版社2009年版，第599页。
② 《马克思恩格斯文集》第1卷，人民出版社2009年版，第607页。
③ 《马克思恩格斯文集》第1卷，人民出版社2009年版，第607页。
④ 《马克思恩格斯文集》第1卷，人民出版社2009年版，第607—608页。

而是人们头脑中反映的时代的生存条件所产生的人与人的关系。因此,人的需要、意志以及行为的选择,不是任意的,都是由人们在社会中的地位决定的,社会地位取决于整个社会组织,这是马克思主义经济伦理思想中的决定论。

在对人性变迁的理解问题上,蒲鲁东同样是用形而上学的思维方式来考察资本主义市场经济运行的竞争机制的。他机械地认为竞争有好的一面和坏的一面,认为要使平等到来,必须要有竞争,坏的一面在于竞争的后果是必然会有人失败,当然无论是好的或是坏的一面,都是永恒原理的产物。因此,蒲鲁东认为要想让工人们摆脱失败的竞争结果,不在于消灭竞争,而在于要找到一种平衡,这个平衡就是"警察"的作用,也就是国家机器颁布法令来废止竞争,就能消灭竞争的不利后果。马克思将这一理论的全部逻辑归纳如下:"竞争是我们现在借以在其中发展我们的生产力的一种社会关系。……竞争是工业竞赛,是自由的时髦形式,是劳动中的责任,是价值的构成,是平等到来的条件,是社会经济的原理,是命运的法规,是人类灵魂的必然要求,是永恒公平的启示,是划分中的自由,是自由中的划分,是一个经济范畴。"①蒲鲁东甚至认为"谈论竞争就已经以共同目标为前提。可见,竞争并不是利己主义",但是马克思认为"任何利己主义都是在社会中靠社会来进行活动的。"②在蒲鲁东看来,竞争的坏的一面是指它的破坏性,"竞争产生贫困,它酿成内战,'改变自然区域',混合各民族,制造家庭纠纷,败坏公德,'搞乱公平、正义的概念'和道德的概念,更坏的是,它还破坏诚实而自由的贸易,甚至也不拿综合价值、固定而诚实的价格来代替。"③这种非此即彼的形而上学思维使得蒲鲁东把人性通过竞争的永恒性而看作是永恒的抽象的,但是马克思批判说:"整个历史也无非是人类本性的不断改变而已。"④马克思通过对蒲鲁东形而上学地看待

① 《马克思恩格斯文集》第1卷,人民出版社2009年版,第633页。
② 《马克思恩格斯文集》第1卷,人民出版社2009年版,第634页。
③ 《马克思恩格斯文集》第1卷,人民出版社2009年版,第635页。
④ 《马克思恩格斯文集》第1卷,人民出版社2009年版,第632页。

资本主义市场竞争机制的批判，指出消灭竞争其实是在消灭竞争产生的社会条件，竞争是历史的产物，不是出自人的本性，恰恰相反，人的本性是由社会的整个生产方式所决定的。

最后，蒲鲁东歪曲了黑格尔的辩证法并用到政治经济学研究中去。马克思指出，蒲鲁东把黑格尔的辩证法应用于政治经济学，把它变成了形而上学二分对立的东西，认为任何经济范畴都有好坏两个方面，“好的方面和坏的方面，益处和害处加在一起就构成每个经济范畴所固有的矛盾。”①那么蒲鲁东解决这些矛盾的办法就是：“保存好的方面，消除坏的方面。”②例如奴隶制有好的方面和坏的方面，那用什么办法来挽救奴隶制这个经济范畴呢？在蒲鲁东看来就是保存这个经济范畴的好的方面，消除其坏的方面，这种机械地划分出好的坏的两方面，然后在范畴的两个方面中间“转动、挣扎和冲撞”的做法，其实只是对黑格尔辩证法的歪曲。

马克思指出蒲鲁东的错误在于：“一旦把辩证运动的过程归结为这样一个简单过程，即把好的方面和坏的方面加以对比，提出消除坏的方面的问题，并且把一个范畴用做另一个范畴的消毒剂，那么范畴就不再有自发的运动，观念就‘不再发生作用’，不再有内在的生命。”③比如，蒲鲁东认为根据经济范畴由好、坏或者善、恶二个方面组成，好的东西，最高的幸福，其目的就是平等，包括工厂、分工、信用等等一切经济关系，仅仅是为了平等的利益才被发明出来，“平等是原始的意向、神秘的趋势、天命的目的”④，总之，成了历史的动力。

马克思批判蒲鲁东的这种把历史运动归结为“平等”这个道德范畴的观点，他指出平等的趋势是资本主义生产方式取代封建主义生产方式之后才出现的，是资本主义经济关系出现的后果。他说：“平等趋势是我们这个世纪所

① 《马克思恩格斯文集》第1卷，人民出版社2009年版，第604页。
② 《马克思恩格斯文集》第1卷，人民出版社2009年版，第604页。
③ 《马克思恩格斯文集》第1卷，人民出版社2009年版，第606页。
④ 《马克思恩格斯文集》第1卷，人民出版社2009年版，第611页。

特有的。认为以往各世纪及其完全不同的需求、生产资料等等都是为实现平等而遵照天命行事，这首先就是用我们这个世纪的人和生产资料来代替过去各世纪的人和生产资料，否认后一代人改变前一代人所获得的成果的历史运动。"①因此，蒲鲁东所谓的追求平等的历史目的是建立在唯心主义基础上的历史目的论，平等绝不是好与坏、善与恶的问题，而是人类社会生产方式演进的结果，这实际上说明了历史中道德的善和恶都取决于社会经济关系，颠倒这种决定与被决定的关系只能带来荒谬的结论，即"经济学家就会给自己提出把历史一笔勾销的荒唐问题"②。同样，在分工这个经济范畴问题上，蒲鲁东也用抽象的道德善恶来说明社会经济现象及其改变，用永恒的分工范畴去说明不同历史时代的分工，宣扬有益和有害的方面，认为造成近代分工"损害灵魂"这种有害的方面的原因不是现实的社会生产方式，而是"普遍良心"的意志，马克思揭示的实质是："要证实降低了的工资与被损害的灵魂相适应，蒲鲁东先生为了不受良心责备，便说，这是普遍良心所希望的。请问，这种普遍良心包括不包括蒲鲁东先生的灵魂呢？"③这种倒果为因的做法只能误导工人阶级运动。蒲鲁东的所谓改变工人阶级贫困的做法是没有现实性的，马克思给蒲鲁东的理论定性为典型小资产者的理想。

综合观之，马克思在早期的政治经济学批判中，对英国古典政治经济学和各种社会主义学说进行了初步批判，也初步表达了生产力决定生产关系、经济基础决定上层建筑的历史唯物主义思想，其中马克思的经济伦理思想为其后续研究和批判资产阶级政治经济学，提供了初步的经济价值判断视野，为马克思的《资本论》及其手稿中的经济制度伦理批判的思想奠定了基础。

---

① 《马克思恩格斯文集》第 1 卷，人民出版社 2009 年版，第 611—612 页。

② 《马克思恩格斯文集》第 1 卷，人民出版社 2009 年版，第 613 页。

③ 《马克思恩格斯文集》第 1 卷，人民出版社 2009 年版，第 621 页。

二、以剩余价值生产为中心的生产伦理批判

物质资料的生产是马克思研究资产阶级社会的出发点,他从历史的视野出发,剖析物质资料生产的主体,科学说明社会经济系统的个人是并非抽象的个人,而是具有社会形式的个人。而资产阶级政治经济学家却是从脱离历史的抽象的自然人出发来研究生产。

(一)个人作为生产主体的社会性

马克思指出,生产总是某个一定的历史时代的生产,从中抽象出的生产的一般是经过比较而抽出来的共同点,是合理的抽象,生产是一定社会的主体在由各生产部门组成的总体中的活动。资产阶级政治经济学家一般是开篇即写生产,但是并非要真正地讲清楚一定社会的生产,而是要把生产描绘成与历史毫无关系的永恒自然规律之内的生产,“于是资产阶级关系就被乘机当做社会一般的颠扑不破的自然规律偷偷地塞了进来。”①他们甚至割裂生产与分配,分配成了随心所欲的事情。马克思认为,从生产要具备的“占有”这个条件,直接过渡到私有财产的占有是不符合历史事实的,历史表明,恰恰是共同财产即公社公有财产才是财产(占有)的原始形式。“每种生产形式都产生出它所特有的法的关系、统治形式等等。”②总之,马克思认为资产阶级政治经济学家认为的生产一般是存在的,但是仅仅从生产一般这些抽象要素出发,是不可能理解任何一个现实的历史的生产阶段的。

马克思剖析了资产阶级政治经济学关于生产、分配、交换和消费的肤浅的看法,即“生产是一般,分配和交换是特殊,消费是个别,全体由此结合在一

① 《马克思恩格斯全集》第30集,人民出版社1995年版,第28页。

② 《马克思恩格斯全集》第30集,人民出版社1995年版,第29页。

起。这当然是一种联系,然而是一种肤浅的联系。”①这种认识的肤浅在于把这四个部分割裂开来作为各自独立发挥作用的部分,甚至连反对这种肤浅联系的说法,都把分配当作与生产并列的独立自主的领域,当然,这种对肤浅联系的责备没有说到关键之处。

马克思特别指出自己并非认为生产、分配、交换和消费是同一的东西,这四个方面的关系是辩证统一和相互作用的,它们是社会经济总体的各个环节。他说:“生产既支配着与其他要素相对而言的生产自身,也支配着其他要素。过程总是从生产重新开始。交换和消费不能是起支配作用的东西,这是不言而喻的。分配,作为产品的分配,也是这样。而作为生产要素的分配,它本身就是生产的一个要素。因此,一定的生产决定一定的消费、分配、交换和这些不同要素相互间的一定关系。当然,生产就其单方面形式来说也决定于其他要素。例如,当市场扩大,即交换范围扩大时,生产的规模也就增大,生产也就分得更细。随着分配的变动,例如,随着资本的积聚,随着城乡人口的不同的分配等等,生产也就发生变动。最后,消费的需要决定着生产。不同要素之间存在着相互作用。每一个有机整体都是这样。”②他得出结论说,生产不仅是这种统一的出发点,而且是决定因素,而分配形式不过是生产形式的另一种表现。马克思认为生产是具有一定社会性质的生产,并把它当作自己的研究对象。

马克思考察社会经济机制是从生产总体出发的,是从物质资料的生产出发来研究资产阶级社会形态的产生及发展的。在《导言》中他首先指出:“摆在面前的对象,首先是物质生产。”③这里首先遇到的问题是生产主体是什么,毫无疑问应当是在社会中进行生产的个人,从事的是具有一定社会性质的生产。但是资产阶级的政治经济学家例如斯密和李嘉图,却把单个的孤立的个

① 《马克思恩格斯全集》第30集,人民出版社1995年版,第30—31页。
② 《马克思恩格斯全集》第30集,人民出版社1995年版,第40—41页。
③ 《马克思恩格斯全集》第30集,人民出版社1995年版,第22页。

人作为生产的主体和出发点。如果从抽象人性论出发,这种个人的人性合乎自然,但并不是从历史中产生,是由自然造成的。在马克思看来,这种孤立的个人的生产主体的认识,恰恰产生于在当时最发达的资产阶级社会关系的时代。马克思认为这种把孤立的抽象的个人作为生产主体的观点是缺乏历史维度的,是枯燥乏味、想入非非的陈词滥调。因此,“一切生产都是个人在一定社会形式中并借这种社会形式而进行的对自然的占有”①,只有在历史的和社会关系的意义上理解个人这个生产主体,才能真正理解历史上的各种财产占有关系以及资本主义私有财产关系。

古典政治经济学从抽象的人出发,仅仅关注人的物质利益,不去考察人的社会价值和精神价值。尽管约翰·密尔曾经修正过功利主义无法说明精神利益衡量的做法,但是其庸俗化的历程使得对资本主义生产伦理的意识形态辩护性日益固化和僵化。功利主义的价值观是资本主义的生产价值观,这种生产价值观是在以往历史的物质生产力和精神生产力的发展导致生产关系解体的历史过程中形成的,也是建立在资本主义生产关系的基础之上的。近代以来资本主义伦理价值观的特征表现为这样三个方面:第一是体现个体的觉醒和个人权利意识的增长的个体主义或个人主义;第二是世俗化即重视现世生活,肯定个体的物质欲望和功利追求,维护个人的权利和自由,实现个人的价值,等等;第三是以肯定个人的权利和自由,肯定个人对世俗利益的追求,以抽象的普遍的人性论为理论基础,力求将个人利益、个体自由同普遍的道德原则统一起来,实现社会和谐和公正。这就是普遍的个人主义,或者说以普遍主义为特征的个人主义②。总的来看,凸显了社会价值关系由人的依赖关系到物的依赖关系的演进历程。

---

① 《马克思恩格斯全集》第 30 集,人民出版社 1995 年版,第 28 页。

② 有学者这样总结这种普遍的个人主义:“它是近代各派思想家经过几个世纪的争论和探索,从不同途径达到的共同的价值观念,也是近代西方社会伦理价值导向的基本方针。”参见赵修义、童世骏:《马克思恩格斯同时代的西方哲学》,华东师范大学出版社 1994 年版,第 525—531 页。

马克思所生活的历史时代,是资本主义经济发展过程当中,生产方式的矛盾及由此造成的社会和阶级矛盾日益突出和显现的时代,资产阶级政治统治的稳固和产业革命的发展,使资本主义尽管还处于它的上升时期,但资本主义生产关系却已开始从生产力发展的推动力量转为生产力发展的桎梏。"从社会观点上看,产业革命取得了那样广泛、那样深远的后果,以致想把这些后果综合为一个简要的公式,那就有点过于自负了。即使产业革命不象政治革命那样改变了社会的法律形式,但在社会的物质本身上把社会更新了。它已使一些社会阶级诞生了,而这些阶级的发展和对抗正占满着我们时代的历史。"①产业革命在其发源地英国继续发展的同时,全世界的大工业也开始发展。反映资本主义生产方式特征的社会经济生活中渗透了资产阶级的经济价值观念,事实上,自文艺复兴以来,在西方的精神世界中逐渐形成了一套与资本主义商品经济相适应的伦理价值观念和相应的社会政治理想,它曾经为资本主义市场经济的确立和政治发展开辟了道路,并且随着资本主义经济的发展逐渐成为社会公认的传统。近代工业文明弊端的显露和资本主义社会矛盾的深化发展,使得伦理价值观念陷入日益尖锐的冲突之中。

(二)劳动力的商品化

剩余价值生产是资本主义生产关系的核心运行机制,劳动力的商品化是这个机制运行的枢纽。剩余价值理论是马克思经济学说的核心,是马克思的两个伟大发现之一,是他批判资产阶级政治经济学的基本理论工具。资产阶级古典政治经济学由于在劳动价值论上的混淆和错误,使得他们把剩余价值和利润混为一谈,成为他们对资本主义剥削制度进行辩护的工具,同时这也昭示了古典政治经济学作为资产阶级经济意识形态而庸俗化发展的历史必然。"所有经济学家都犯了一个错误:他们不是纯粹地就剩余价值本身,而是在利

① ［法］保尔·芒图:《十八世纪产业革命——英国近代大工业初期的概况》,杨人楩等译,商务印书馆1983年版,第388页。

润和地租这些特殊形式上来考察剩余价值。"①也就是说不是在一定经济制度的基础上从生产出发考察劳动者创造的价值的占有问题,而是从价值"分配"出发来考察生产,因此出现本末倒置的错误认识。

在政治经济学史上,马克思以前的所有经济学家,包括资产阶级古典经济学家在内,都没有研究过纯粹形式的剩余价值,而总是把剩余价值同它的各种特殊形式如地租、利息、利润等混为一谈。抛开剩余价值的各种特殊表现形式来研究剩余价值本身,是马克思政治经济学批判理论的最重大的成就之一。马克思把剩余价值分为剩余价值一般和剩余价值特殊两个方面来研究。在《政治经济学批判(1857—1858 年手稿)》中他第一次提出了剩余价值一般的概念。马克思在对资本主义生产过程的分析中,从利润、利息的具体形式中抽象出剩余价值这一内在的、本质的规定性,从而把剩余价值视为利润和利息的纯粹形式,把剩余价值一般与剩余价值特殊完全区分开了。

在《剩余价值理论》中,马克思从英国 18 世纪中叶的重商主义经济学家詹姆斯·斯图亚特开始,在写作过程中逐步扩展,沿着资产阶级经济学发展的轨迹,从它向上发展写到顶峰时期,再写到它变为庸俗经济学的衰落过程,具备了全部资产阶级政治经济学史的初稿性质。作为"货币主义和重商主义体系的合理的表达者"②的斯图亚特的剩余价值的观点并没有从流通领域进入生产领域,仍然延续着重农学派以前的观点,即剩余价值——即利润,利润形式的剩余价值——完全是用交换,用商品高于它的价值出卖来解释的。他的合理性在于认为"利润即剩余价值是相对的,并且归结为'财富的天平在有关双方之间的摆动'"。这个观点,"虽然丝毫没有触及剩余价值本身的性质和起源问题,但是对于考察剩余价值在不同阶级之间的分配,以及在按利润、利息、地租这些不同项目之间进行的分配,有重要的意义。"③马克思以比较大的

① 《马克思恩格斯全集》第 33 卷,人民出版社 2004 年版,第 7 页。

② 《马克思恩格斯全集》第 33 卷,人民出版社 2004 年版,第 13 页。

③ 《马克思恩格斯全集》第 33 卷,人民出版社 2004 年版,第 12 页。

篇幅分析了重农学派，重农学派是经济学史上第一批把剩余价值的起源和研究从流通领域转到生产领域的人，他们在解决劳动和资本在价值规律基础上的交换问题上作出了重要的贡献，马克思说："在资产阶级视野以内对资本进行分析，从本质上来说是重农学派的功绩。这个功绩使他们成为现代经济学的真正鼻祖。"①这就为资本主义生产奠定了基础。此外，重农学派的重要代表魁奈第一个尝试研究和表述了全国范围内资本的整个再生产和流通过程。但重农学派的致命弱点是天真地认为资产阶级社会是永恒的和不朽的，因而是人类共同生活的天然合理的自然形式，包括以后的亚当·斯密和李嘉图在内，始终不能克服对待资产阶级社会的这种严重阻碍他们的理论研究的反历史观点。重农学派最先试图用对于别人劳动的占有来解释剩余价值，但在它看来，价值不是社会劳动的形式，剩余价值不是剩余劳动，价值只是使用价值，只是物质，是自然的赐予，"一方面，地租，即土地所有权的实际经济形式，脱去了土地所有权的封建外壳，归结为超出工资之上的纯粹的剩余价值。另一方面，这个剩余价值又是按封建主义方式从自然而不是从社会，是从对土地的关系而不是从交往引申出来的。"②马克思指出，这一切都是资本主义生产初期矛盾的表现，那时资本主义生产正从封建社会内部挣脱出来，暂时还只能给这个封建社会本身以资产阶级的解释，还没有找到它本身的形式。

古典政治经济学家例如斯密等人，在劳动价值和劳动力价值问题上产生了混淆，作为资产阶级政治经济学家，出于为资本主义制度辩护的角度，斯密感到：从决定商品交换的规律中很难引申出建立在同这一规律完全对立和矛盾的原则上的资本和劳动之间的交换。但他并不是致力于解决这个矛盾，而是作出有利于资本主义制度的解释。斯密不明白，为什么从简单商品交换引出的等价交换的价值规律，一旦转到物化劳动同活劳动之间的交换，转到资本和雇佣劳动之间的交换，转到一般形式来考察利润和地租时会出现矛盾，总

---

① 《马克思恩格斯全集》第 33 卷，人民出版社 2004 年版，第 15 页。

② 《马克思恩格斯全集》第 33 卷，人民出版社 2004 年版，第 25 页。

之,转到剩余价值的起源问题上的时候,斯密就糊涂了。马克思指出,真正的原因在于,劳动力成为商品,劳动力的使用是一种创造交换价值的能力,在这一点上,李嘉图并不糊涂,但是他没有进一步的研究。与之相反,马克思分析货币转化为资本这个问题时,在劳动价值论基础上指出劳动力(而不是古典政治经济学家认为的劳动)成为商品是货币转化为资本的历史前提,从而揭示了剩余价值的真正源泉,也解开了资本剥削雇佣劳动的历史之谜。马克思论证了工人作为人格的经济化范畴——劳动——对资本的从属性质的雇佣劳动伦理关系,指出建立在这种从属关系上的资本所有制,最终将会崩溃并被"社会个人的所有制"代替。

劳动力作为商品以供买卖是历史演进结果。马克思在1857—1858年经济学手稿中就已明确了雇佣劳动的历史形成。他说:"决不是资本创造出劳动的客观条件。相反,资本的原始形成只不过是这样发生的:作为货币财富而存在的价值,由于旧的生产方式解体的历史过程,一方面能买到劳动的客观条件,另一方面也能用货币从已经自由的工人那里换到活劳动本身。"①正是由于历史演进中的劳动者与生产资料的分离,才让拥有劳动能力的劳动者自由得一无所有,必须靠出卖自身的劳动能力为生。马克思说:"有了商品流通和货币流通,决不是就具备了资本存在的历史条件。只有当生产资料和生活资料的占有者在市场上找到出卖自己劳动力的自由工人的时候,资本才产生;而单是这一历史条件就包含着一部世界史。"②劳动力成为商品也是资本主义时代的特点,此后人类社会的劳动形式演进到雇佣劳动的形式,在雇佣劳动占统治地位的生产阶段,工人只对自身的劳动能力拥有所有权。但是劳动力的价值不是工人能够自由决定的,马克思指出劳动力的价值是维持劳动力占有者所必要的生活资料的价值,其中存在着客观性,也就是说这是生活资料内容构成的客观性造成的,马克思认为决定其价值的历史因素中,其中多半取决于一

① 《马克思恩格斯全集》第30卷,人民出版社1995年版,第501页。

② 《马克思恩格斯全集》第44卷,人民出版社2001年版,第198页。

个国家的文化水平，更是主要取决于自由工人阶级是在什么条件下形成的，从而具有哪些习惯和生活要求。因此，劳动力的价值包括历史的和道德的要素。其中的道德的因素包括资本主义违背公共道德使用童工，甚至造成童工生活在道德堕落的社会环境中，影响儿童的道德发展，形成不良恶习；另外还有工人的精神发展中的道德文化素养需要休息时间来培育，这些都是工人作为社会成员必须有的精神需求和社会需要，这些需要的范围和数量由一般的文化状况决定。

在劳动力成为商品的生产阶段，其买和卖在流通领域是以天赋人权的名义，在自由、平等、所有权，以及利己主义为基础的功利主义意识形态掩盖之下，完成了看似互惠互利乃至实现社会全体利益的不平等交换。一旦这种不平等交易成为历史演进中的生产方式延续的基础，所谓自由的工人阶级只能作为被物化的人格而成为资本家控制的某种商品来驱动，成为创造资本家无偿占有的剩余价值的源泉。

（三）雇佣劳动制的极端异化

资本主义雇佣劳动关系是随着人类社会在生产力基础上的生产关系演变过程而出现的。从历史上来看，正是历史上不同的生产资料所有者本身从事劳动的各种不同形式发生了解体，才逐渐形成了雇佣劳动关系。马克思认为“这是一个由于劳动者与土地以及与生产条件的所有权（甚至也许是依附者的所有权）相分离而自然产生的过程。”①在前资本主义历史时期，劳动者是如何与赖以生存的生产条件解体的？马克思考察了不同类型共同体中的劳动者同各种生产资料类型分离的解体形式。首先是劳动者对土地资料之自然依附关系的解体，劳动者作为共同体的成员都是土地所有者，这是所有制的原始形式。其次是劳动者是工具所有者的那种关系的解体，这在中世纪城市中的行

① 《马克思恩格斯全集》第30卷，人民出版社1995年版，第508页。

会制度中得到体现。再次,在这两种所有制形式中,劳动者毕竟还是拥有一定的必需消费品的。最后,劳动者与劳动者自身即本身的劳动能力发生解体。劳动能力直接属于生产的客观条件,比如对于资本来说,工人的人身不是生产条件,只有劳动才是生产条件,解体是通过交换实现的。马克思认为这种解体形式的结果是产生奴隶或者农奴,在马克思看来,这种资本主义生产方式的实质即是现代奴隶制①。

此外,还有另外一方面,即占有生产资料的资本是如何历史地形成的?在资产阶级政治学家看来,"作为资本而出现的一方,必定拥有原料、劳动工具以及使工人在生产期间直到生产完成以前能够维持生活的生活资料。"②似乎占有生产资料的资本及其人格化范畴——资本家是天然出现的,或者是资本家在此之前就通过勤俭节约的原始积累过程拥有了可以驱使劳动的生产资料。马克思认为这种说法是完全不考察历史的臆测。马克思认为:"正是这种使大众作为自由工人来同劳动的客观条件相对立的过程,也使这些条件作为资本同自由工人相对立。……客观条件与这些变为自由工人的阶级的分离,必定同样会在相反的一极表现为这些条件本身的独立化。"③在生产关系演变的历史进程中,封建制度解体使得贵族地主阶级逐渐成为资本需要的土地等生产要素的占有者,城市行会制度垄断的手工业技术和工场手工业,也在科学技术革命的进程中逐渐被新的生产技术、机器大工业和现代工厂所取代,而这些变革进程中的各种要素包括旧社会各个等级的社会成员、财产制度、政治制度、意识形态、精神风貌等都在相互作用,共同汇聚成为生产方式变革的滚滚历史洪流。总而言之,马克思认为:"决不是资本创造出劳动的客观条件。相反,资本的原始形成只不过是这样发生的:作为货币财富而存在的价值,由于旧的生产方式解体的历史过程,一方面能买到劳动的客观条件,另一

① 《马克思恩格斯全集》第30卷,人民出版社1995年版,第490—491页。

② 《马克思恩格斯全集》第30卷,人民出版社1995年版,第498页。

③ 《马克思恩格斯全集》第30卷,人民出版社1995年版,第497—498页。

方面也能用货币从已经自由的工人那里换到活劳动本身。”①其中，货币本身作为最有力的分离手段在这个历史过程中也起到了促进作用，货币加速了工人与其生存客观条件的分离，即使得工人丧失财产。

马克思指出，如果不把资本和雇佣劳动的关系看作已经成为决定性的、支配整个生产的关系，就会出现许多混淆的看法。其一是资产阶级政治经济学家认为资本来自于节约和财物的积累，仿佛是由于资本家那里已经有了一种积累，这种积累是出现在劳动之前并且不是来自劳动的积累，这才能够使得资本家驱使工人劳动，维持他们的活动能力。这样的资本行为，原本是在资本的形成史当中发生的过程，被变成了现成的现实性以及自我形成的一种要素，而资本家无偿占有他人对象化劳动的事实，似乎表明资本对他人劳动的果实有永恒的占有权利，似乎是从简单而“公正的”等价交换规律引申出资本的赢利方式。

因此在雇佣劳动制度中，作为劳动者的人的价值的异化和丧失是历史的极端现象，极端异化指的是劳动与劳动的对象化即劳动产品的价值独立性绝对割裂。马克思认为这种极端异化形式是一个必然的过渡点：“在资本对雇佣劳动的关系中，劳动即生产活动对它本身的条件和对它本身的产品的关系所表现出来的极端异化形式，是一个必然的过渡点，因此，它已经自在地、但还只是以歪曲的头脚倒置的形式，包含着一切狭隘的生产前提的解体，而且它还创造和建立无条件的生产前提，从而为个人生产力的全面的、普遍的发展创造和建立充分的物质条件。”②也就是说，这种极端异化的雇佣劳动制度是资本主义生产方式下的人类劳动异化产生的共同体内部对立状态的极化现象，由此产生的阶级对立在一定条件下会发生严重的冲突和对抗，最终在生产力发展基础上出现资本共同体解体的历史演进后果。

① 《马克思恩格斯全集》第30卷，人民出版社1995年版，第501页。
② 《马克思恩格斯全集》第30卷，人民出版社1995年版，第511—512页。

马克思在《资本论》及其手稿中通过资本主义生产方式的历史演化以及所谓资本原始积累的历史,说明了人类社会的这种异化力量的发展,是如何把这种既表现为历史"善"又呈现为道德"恶"的残酷压迫性,体现在具体社会形态的个人身上的。因为资产阶级政治经济学家通常认为资本作为物是天然存在的,又或者是资本家的节俭和禁欲道德行为而积累形成的,所以掩盖了资本形成以及资本主义生产方式产生的真实历史。马克思通过对所谓原始积累历史的考察,说明了前资本主义时期发生的劳动主体极端异化前史。恩格斯曾经赞扬马克思对资本积累的批判非常出色,尤其是"关于剥夺者被剥夺的概括是非常光辉的"①。

马克思曾经高度评价过资本的"文明作用"和伟大的"历史方面",但马克思不是为资本歌功颂德,马克思是用科学的态度分析资本现代性的历史辩证法。这种资本的文明作用在以资本为基础的生产创造出普遍的产业劳动的同时,创造出社会成员对自然界和社会联系本身的普遍占有,以资本为基础的生产开辟了普遍的世界交往,资本现代性的世界历史之路塑造了以自由、平等、理性、功利为核心的现代性政治伦理特质,但是,当马克思说出资本的每个毛孔都滴着血和肮脏的东西的时候,实际上是说出了资本现代性内在蕴藏的历史与道德的二元悖论:一方面积累了巨额财富,另外一方面又积累了绝对贫困的阶级。

马克思除了对前资本主义时期的诸如"羊吃人"的带着血和肮脏的东西的原始积累历史进行了客观考察,还特别说明了从剩余价值转化而来的追加资本的资本积累实质。资本家通过资本主义所有权规律对劳动者创造的剩余价值无偿占有,但是呈现在社会层面的却是平等的交换和占有。一切的生产剩余价值的方法同时也是积累的方法,而积累又反过来成为发展这些手法的手段。马克思具体从四大方面说明了随着资本财富的积累而导致的工人的极

---

① 《马克思恩格斯〈资本论〉书信集》,人民出版社 1976 年版,第 232 页。

端异化，这些都反映了劳动主体异化的伦理生存状况。第一，个体在生产力发展中的极端牺牲。“在资本主义制度内部，一切提高社会劳动生产力的方法都是靠牺牲工人个人来实现的。”第二，工人成为生产进步的产物——机器的附属品。“一切发展生产的手段都转变为统治和剥削生产者的手段，都使工人畸形发展，成为局部的人，把工人贬低为机器的附属品，使工人受劳动的折磨，从而使劳动失去内容，并且随着科学作为独立的力量被并入劳动过程而使劳动过程的智力与工人相异化。”第三，伴随着资本财富积累的是工人的物质生活状况的恶化趋势。“这些手段使工人的劳动条件变得恶劣，使工人在劳动过程中屈服于最卑鄙的可恶的专制，把工人的生活时间转化为劳动时间，并且把工人的妻子儿女都抛到资本的札格纳特车轮下。但是，一切生产剩余价值的方法同时就是积累的方法，而积累的每一次扩大又反过来成为发展这些方法的手段。由此可见，不管工人的报酬高低如何，工人的状况必然随着资本的积累而恶化。”第四，工人在资本财富积累中的物质和精神的双重贫困化。“最后，使相对过剩人口或产业后备军同积累的规模和能力始终保持平衡的规律把工人钉在资本上，比赫斐斯塔司的楔子把普罗米修斯钉在岩石上钉得还要牢。这一规律制约着同资本积累相适应的贫困积累。因此，在一极是财富的积累，同时在另一极，即在把自己的产品作为资本来生产的阶级方面，是贫困、劳动折磨、受奴役、无知、粗野和道德堕落的积累。”①资本主义积累的规律揭示了其内在蕴含的社会主体的对抗性质，这种性质决定了无产阶级的生活状况和社会地位的不断恶化。因此无产阶级贫困的根源来自资本主义制度，无产阶级应当为消灭资本主义制度而斗争。

（四）剥削的不道德性

在剩余价值生产理论中，马克思是在资本主义生产方式的前提下剖析资

① 《马克思恩格斯全集》第44卷，人民出版社2001年版，第743—744页。

本剥削劳动的。剥削是在劳动主体的立场上谈的经济范畴,当劳动主体对创造的价值不拥有所有权,“所有权和劳动相分离表现为资本和劳动之间的这种交换的必然规律”①。当资本对劳动的绝对统治地位确立之后,劳动主体的外化和对象化体现的就是资本占有财富,而劳动主体是绝对的贫穷。在剩余价值生产过程中,工人充当劳动的承担者,这是工人的“经济性质”②,劳动也越来越成为“纯粹抽象的活动”③,资本家付给工人生产出的必要劳动的工资,剩余劳动创造的新价值被无偿占有。马克思把这种看似资本与劳动在简单流通交换基础上的生产过程称为价值自行增殖的过程,同时也是资本剥削劳动的过程。在深入剖析资本与劳动辩证关系的基础上,马克思对剥削的不道德性从工作日的历史和道德界限、未成熟劳动力的使用以及机器大工业对工人生存机会的挤压等方面进行了批判。

当然,马克思在1857—1858年经济学手稿中首先指出了资本这种生产关系出现的客观历史价值,这是一种历史“善”。马克思说:“资本的伟大的历史方面就是创造这种剩余劳动④。”一旦从使用价值的角度看,资本驱动的剩余劳动,创造出普遍需要的体系,财富的创造由于普遍的勤劳成为普遍财产,再加上资本无止境的致富欲望驱使劳动生产力向前发展,整个社会只需用极少的劳动时间,就能占有并保持普遍财富,并且“人不再从事那种可以让物来替人从事的劳动”⑤,这时候“资本的历史使命就完成了”⑥。在马克思看来,资本的致富欲“驱使劳动超过自己自然需要的界限,来为发展丰富的个性创造出物质要素,这种个性无论在生产上和消费上都是全面的,因而个性的劳动也不再表现为劳动,而表现为活动本身的充分发展”,“历史地形成的需要代替

① 《马克思恩格斯全集》第30卷,人民出版社1995年版,第253页。
② 《马克思恩格斯全集》第30卷,人民出版社1995年版,第254页。
③ 《马克思恩格斯全集》第30卷,人民出版社1995年版,第255页。
④ 《马克思恩格斯全集》第30卷,人民出版社1995年版,第286页。
⑤ 《马克思恩格斯全集》第30卷,人民出版社1995年版,第286页。
⑥ 《马克思恩格斯全集》第30卷,人民出版社1995年版,第286页。

了自然的需要”，也即劳动及其主体在资本驱动的生产力高度发达的基础上，无论是在个性和共性方面，都实现了全面而自由的发展，在这个意义上，马克思说：“资本是生产的，也就是说，是发展社会生产力的重要的关系。”①但另外一方面是资本驱动的劳动，却要经过“卡夫丁峡谷”式的苦难历程，实现凤凰涅槃一样的嬗变。

在资本主义的剩余价值生产中，资本家购买工人的劳动力是用工资这种形式支付的。资本家用工资这种形式交换到的是对工人劳动的支配权，工人把他的使用价值换成财富的一般形式，即货币，工人就在他得到的等价物的界限之内（以工资为名的货币的量的界限）成为一般财富的分享者，由于工人以货币形式得到了等价物，从外表上看是作为平等者与资本家相对立，实质上工人在这里已经处于不平等的交换地位上，这种平等的错觉却在工人的意识中一定程度地存在着。工人在不平等的资本主义经济关系下，本身已成为不拥有生产资料的自由工人，自由工人按照他的经济条件来说不过是活的劳动能力，他有生活的需要和一切方面的需要而没有客观条件来作为劳动能力实现自己。在这样的情况下马克思指出：“工人只能使交换价值成为他自己的产物，也就是说，工人要为了财富的形式而牺牲物质的满足，即通过禁欲、节约、紧缩自己的消费，做到从流通中取出的财物少于他提供给流通的财物。这就是通过流通本身唯一可能产生的致富形式。”②工人更多地放弃休息，放弃他作为工人的生活之外的一切生活，靠他的勤劳，来试图获得更多的货币这种财富的形式。马克思指出，勤劳、禁欲和节约的要求，不是对资本家提出的，而是对工人提出的，并且是由资本家向工人提出的，这是一种极其离奇的要求。这种最高程度的勤劳与最低限度的消费（即工人最高限度的禁欲和货币积蓄）产生的结果就是，工人付出最高程度的劳动而得到最低水平的工资，而这种得到一般财富即货币的幻想会激励工人具有产业进取精神。这里，马克思指出

① 《马克思恩格斯全集》第30卷，人民出版社1995年版，第286页。
② 《马克思恩格斯全集》第30卷，人民出版社1995年版，第244页。

了以工资的形式掩盖的资本家和工人的不平等的经济伦理关系，以及工人受资本控制并被剥削的形式。

首先，剥削的不道德性体现在资本致富欲导致工人工作日的延长突破道德界限。在无产阶级与资产阶级的经济斗争和政治斗争中，19 世纪 30 年代到 80 年代的 50 年间，“做一天公平的工作，得一天公平的工资”这句话成了英国工人运动的口号。这个口号在无产阶级作为联合的斗争力量初登上历史舞台之后，曾经在英国的工人阶级运动中为工人阶级争取更多的权益有过很大的贡献。1824 年英国议会废除了不准建立任何工人组织并进行活动的禁止结社法。但是 1825 年通过的结社法，或者说工人联合法，极其严格地限制了工会的活动。例如，仅仅是进行争取工人加入工会和参加罢工的鼓动，就被认为是“强迫”和“暴力”，并按刑事罪论处。在英国此后兴起的工联主义运动和宪章运动中，这个口号为改善工人阶级的生活状况有过更大的贡献。

资产阶级政治经济学家推崇自由竞争，认为工资和工作日都是由竞争决定的，竞争应该是双方都在平等的条件下，有同样公平的起点。而在资本主义雇佣劳动制度中，劳动对资本的从属使工人与资本家的地位从起点开始就不平等。我们在无产阶级斗争的历史上可以看到，伴随着争取提高工资斗争的是缩短工作日的斗争。在考察绝对剩余价值生产和相对剩余价值生产时，马克思已指出工人为资本家劳动的整个工作日有两个部分组成：一个是必要劳动时间，生产的价值用来补偿工人的维持生活的生活资料的价值；另一个是剩余劳动时间，生产的价值被资本家无偿占有，是剩余价值。在资本主义发展的早期，资本家主要是通过延长工作日的办法来获得更多的绝对剩余价值，随着机器、科学的应用，以及工厂内部的分工和社会分工的发展，在整个工作日内必要劳动时间缩短，从而剩余劳动时间相对延长，资本家得到更多的相对剩余价值。如果说在工资的形式上体现的是资本主义剥削的不平等的交换关系，那么在工作日问题上最能够体现工人受剥削的程度以及这种剥削既违背道德又违反法律的性质。

工作日是一个可变的量,但只能在一定的界限之内变动。最低界限是工人为维持自身生存而在一天当中必须从事必要劳动的那部分时间。马克思也指出:"工作日有一个最高界限。它不能延长到超出某个一定的界限。这个最高界限取决于两点。第一是劳动力的身体界限。……这种力每天必须有一部分时间休息、睡觉,人还必须有一部分时间满足身体的其他需要,如吃饭、盥洗、穿衣等等。除了这种纯粹身体的界限之外,工作日的延长还碰到道德界限。工人必须有时间满足精神需要和社会需要,这些需要的范围和数量由一般的文化状况决定。因此,工作日是在身体界限和社会界限之内变动的。但是这两个界限都有极大的弹性,有极大的变动余地。"①可见,工作日的道德界限是一个无法完全统一确定的标准,而工人作为一个阶级力量争取缩短工作日的斗争也从一个方面表明工人在现有的社会条件下,力图摆脱资本的奴役,摆脱自己作为人在劳动从属于资本的社会条件下仅仅作为人格化的劳动时间之经济性质的伦理生存状态,从某种意义上说,是争取自由自主的人格的独立性的经济斗争。尽管这种斗争还受到资产阶级社会经济条件的限制,还是处于"'把工厂法的奴隶制'写在自己的旗帜上"②的历史阶段,但是随着社会生产力的发展,自由劳动的自由时间必将成为衡量人的价值的尺度。

马克思指出资本的生产突破工作日的界限具有内在的驱动力。因此,对于资本主义生产的工作日,无论其有什么样的生理自然界限和道德界限,作为资本的量的限制,总是要被突破,这是资本生产的客观规律。因此,我们考察工作日的时候就不能单纯只是从单个工人的一个工作日的角度,这样无法理解工人阶级作为一个阶级整体争取缩短工作日的斗争的社会意义,只会陷于道德上的谴责和义愤,无产阶级寻求解放的运动从来就不缺少这种道德批判,而且在资产阶级阵营的内部,对这种资本主义生产中严重损害无产阶级工人的生命健康、人格尊严和道德发展的经济现象并非熟视无睹,英国历史上政府

① 《马克思恩格斯全集》第44卷,人民出版社2001年版,第268—269页。

② 《马克思恩格斯全集》第44卷,人民出版社2001年版,第346页。

派出的工厂视察员的报告对这些现象有着详细的描述，并且被马克思作为写作《资本论》的第一手引用资料。作为社会的和历史性质的运动最需要的，是建立在科学的理论基础上的，基于对历史发展的客观必然性认识基础上的联合斗争，以及建立在对资本主义客观经济伦理关系科学认识基础上的斗争。

马克思指出，资本一方面创造了剩余劳动，另一方面剩余劳动也是资本存在的前提，创造出可以自由支配的时间是整体社会财富发展的基础。资本突破剩余价值生产的量的限制的内在驱动，促使资本的发展趋势是既要使人的劳动过剩（相对来说），又要使人的劳动无限增加。资本必须不断地推动和增加必要劳动（即同时并存的工作日）。就单个工作日来看，这个量的限制的突破并且同时是道德界限的突破。资本的趋势就是要减少必要工作日数对全部对象化劳动时间的比例，也产生出了与无产阶级有本质区别的靠收入生活的那部分仆役阶级。这样，为不直接劳动的人口创造出一定的自由时间，也就能够发展智力，创造科学，从精神上掌握自然，从而为人的全面发展创造社会条件。随着资本主义生产方式在全世界的开疆辟土，日益壮大的无产阶级，作为一个与资本对立的阶级整体，呈现出其在生存的时间和空间方面同时且共同受资本挤压的伦理生存状态。因此，我们可以真正理解恩格斯在《做一天公平的工作，得一天公平的工资》一文的最后提出的，要永远埋葬这种“倒向资本一边的”公平，取而代之的是“劳动资料——原料、工厂、机器归工人自己所有”①的口号。

其次，剥削的不道德性还体现在资本的致富欲驱使未成熟劳动力即童工的使用。马克思认为在以资本为基础的生产中，必要劳动时间的存在以创造剩余劳动时间为条件，而从全社会的意义来看，产生剩余价值的剩余时间的增加是与工作日即劳动人口的增加并存的，其中增加的劳动人口包括了妇女和儿童，直到禁止使用妇女和儿童之后，资本才采用机器。马克思说：“剩余时

① 《马克思恩格斯全集》第 25 卷，人民出版社 2001 年版，第 491 页。

间的产生也可以通过强制地把工作日延长到超过其自然界限的办法；通过把妇女和儿童纳入劳动人口的办法。”①也就是说，除了缩短必要劳动时间，还通过对妇女和儿童的严重剥削来更多地占有剩余价值。在考察资本主义生产中工人的工作日长短对于剩余价值生产的意义时，马克思利用了英国的工厂调查报告等蓝皮书的实证材料，他发现在资本主义工场手工业和使用机器的工厂制度中，大量使用女工和童工，而且他们的工作时长甚至大大超过了成年男工，只是在马克思写作《资本论》的近几年，童工才逐渐减少，因为工厂法规定童工必须实行两班制，相当于半日工。马克思是从《资本论》中剖析“机器和大工业”对剩余价值生产的意义开始，多次批判资本主义工场手工业和工厂制度加重了对女工和童工的剥削。马克思认为：“机器是生产剩余价值的手段。”②同时他还指出：“生产方式的变革，在工场手工业中以劳动力为起点，在大工业中以劳动资料为起点。”③以机器体系为特征的大工业突破了工场手工业时期的以人身能力为基础的分工，代之以人身材料合并到机器体系中去。因为机器使肌肉力成为多余，机器使男劳动力贬值，因此，“资本主义使用机器的第一个口号是妇女劳动和儿童劳动！”④儿童为资本家进行的强制劳动，剥夺了儿童正常成长的游戏时间，更使得家庭本身失去了惯常具有的自由劳动的时间。贫困的家庭为了让不满 13 岁的孩子能够进入工厂而不违背工厂法，甚至迎合资本家的剥削欲望而谎报儿童的年龄！

马克思由此指出：“现代工业史上一种值得注意的现象，即机器消灭了工作日的一切道德界限和自然界限。由此产生了经济学上的悖论，即缩短劳动时间的最有力的手段，竟变为把工人及其家属的全部生活时间转化为受资本支配的增殖资本价值的劳动时间的最可靠的手段。”⑤儿童在机器体系运行的

① 《马克思恩格斯全集》第 30 卷，人民出版社 1995 年版，第 377 页。
② 《马克思恩格斯全集》第 44 卷，人民出版社 2001 年版，第 427 页。
③ 《马克思恩格斯全集》第 44 卷，人民出版社 2001 年版，第 427 页。
④ 《马克思恩格斯全集》第 44 卷，人民出版社 2001 年版，第 453 页。
⑤ 《马克思恩格斯全集》第 44 卷，人民出版社 2001 年版，第 469 页。

工厂中不但受资本直接的剥削,而且也使他们在所有其他工业部门内间接地受资本的剥削。马克思依据英国童工调查委员会的实证材料,指出儿童死亡率高,是由于父母对子女的照顾不周和虐待。此外,妇女儿童劳动被资本剥削导致过度劳动所造成的精神摧残,把未成年人变成单纯制造剩余价值的机器,人为地造成了其智力的荒废。

马克思在《资本论》中的"机器和大工业"一章中,专门用一个专题"大工业所引起的工场手工、手工业和家庭劳动的革命"来剖析资本剥削劳动在机器大工业时代是如何加重了工人特别是妇女和儿童的过度劳动的。马克思列举了现代工场手工业的例子,例如英国伯明翰及其近郊的金属手工工场除了雇佣 1 万个妇女之外,还雇佣了 3 万个儿童和少年,去做很重的活。甚至伦敦的各家书报印刷厂由于让成年和未成年的工人从事过度劳动而博得了"屠宰场"的名声,而订书业中的过度劳动的牺牲品主要是妇女、少女和儿童。① 马克思引证了《童工调查委员会》的报告,里面清楚地载明受机器侵蚀形成的制砖这种现代工场手工业,由于工作和生活环境的恶劣,从而对其所雇佣的少年儿童造成的道德败坏状况。随着机器体系的普及而形成的现代工场制度的普遍推行,工作日由于工厂法的立法而不得不减少,就会造成资本剥削劳动力的无政府式和不受限制的手段的改进,特别是实行计件工资制,"这种方法使成年工人变得野蛮,使他们的未成年的和女性的伙伴遭到毁灭。"②大工业导致工人成为局部工人,使得工人成为局部机器的有自我意识的附件,只是掌握局部职能,甚至在人的儿童时期被现代工厂和手工工场雇佣,导致从年幼时期开始就遭受多年的剥削,却无法学会和掌握任何一种完整的手艺,等到不再适于从事儿童劳动时,就被解雇,由于失业而沦为罪犯的补充队,更是因为无知、粗野、体力衰退和精神堕落而很难再找到其他职业。

马克思从家庭关系的瓦解来指明在机器大工业时代,资本变本加厉剥削

---

① 《马克思恩格斯全集》第 44 卷,人民出版社 2001 年版,第 533 页。

② 《马克思恩格斯全集》第 44 卷,人民出版社 2001 年版,第 549 页。

劳动特别是妇女儿童的劳动，根本不会因为机器的使用而降低他们的工作日时长，“大工业在瓦解旧家庭制度的经济基础以及与之相适应的家庭劳动的同时，也瓦解了旧的家庭关系本身。不得不为儿童的权利来呼吁了。”①但是，对于这种家庭关系的瓦解的现象，资产阶级政治经济学家反而认为是因为亲权的滥用，也就是说，是这些童工的父母要求自己家庭里的未成年人口早早进入工厂，接受资本的过度盘剥。恰恰相反，马克思说：“不是亲权的滥用造成了资本对未成熟劳动力的直接或间接的剥削，相反，正是资本主义的剥削方式通过消灭与亲权相适应的经济基础，造成了亲权的滥用。不论旧家庭制度在资本主义制度内部的解体表现得多么可怕和可厌，但是由于大工业使妇女、男女少年和儿童在家庭范围以外，在社会地组织起来的生产过程中起着决定性的作用，它也就为家庭和两性关系的更高级的形式创造了新的经济基础。”②当然马克思考察的是现代大工业造成家庭形式解体的深层经济根源，他也认为随着现代社会经济基础的演进，基于人类社会的生产组织形式的改变，家庭形式必然也会发生改变。马克思认为，在生产组织中，由各种年龄的男女个人组成的结合劳动人员这种情况，如果改变其“工人为生产过程而存在”③的这种以资本关系为基础的生产形式，变为“生产过程为工人而存在的那种形式”④，必然会在适当条件下转变为人道的发展的源泉，也就是说能够为未来社会人的自由而全面的发展创造更为丰富的条件。

最后，剥削的不道德性体现在机器大工业对工人生存机会和生活状况的挤压。马克思把这种采用机器生产之后出现的对劳动发挥作用的正常条件的剥夺，称之为现代工厂制度中的“对抗性的和杀人的一面”⑤。特别是机器体系的应用，立刻成了工人本身的竞争者，资本借助机器进行的自行增殖，同生

① 《马克思恩格斯全集》第44卷，人民出版社2001年版，第562页。
② 《马克思恩格斯全集》第44卷，人民出版社2001年版，第563页。
③ 《马克思恩格斯全集》第44卷，人民出版社2001年版，第563页。
④ 《马克思恩格斯全集》第44卷，人民出版社2001年版，第563页。
⑤ 《马克思恩格斯全集》第44卷，人民出版社2001年版，第532页。

存条件被破坏的工人的人数成正比。工人阶级的一部分就被机器转化为过剩人口,所谓过剩人口不是指人口数量的过剩,而是指不再为资本的自行增殖所直接需要的人口,其中很多工人涌向那些容易进去的工业部门的劳动力市场,由于激烈的就业竞争,使得劳动力的价格降低到它的价值之下。有的行业生产工具被机器代替是广泛的和急性的,但有的生产领域是逐渐被机器占领,由此带来的工人阶级的慢性贫困是一个缓慢的毁灭过程。马克思总结道:“随着机器的出现,才第一次发生工人对劳动资料的粗暴对抗。”①对于资产阶级来讲,“机器成了镇压工人反抗资本专制的周期性暴动和罢工等等的最强有力的武器。”②因此,马克思强调的是所有的矛盾和对抗都是机器的资本主义应用产生的。虽然机器应用后可以缩短劳动时间,但是其资本主义应用却是延长工作日;机器本身减轻劳动,但是却提高劳动强度;机器是人对自然力的胜利,但是其应用却使人受自然力奴役;机器提高的生产力增加了生产者的财富,但是其资本主义应用却使生产者变成需要救济的贫民等诸如此类的矛盾和对抗,却被资产阶级经济学家所忽略,他们指责工人阶级的反抗是反对机器本身,是阻碍社会进步。随着机器大工业带来的活跃、繁荣、生产过剩、危机、停滞这几个时期的不断转换,产业工人在危机时失业从而在生活上缺乏保障和不稳定成为正常的现象,即使在繁荣时期,激烈的市场竞争也会使资本家强制地把工资压低到劳动力价值之下。

三、以市场经济为机制的交换伦理批判

交换由生产决定,是作为生产的要素包含在生产之内的。③ 资本主义商

① 《马克思恩格斯全集》第44卷,人民出版社2001年版,第496—497页。
② 《马克思恩格斯全集》第44卷,人民出版社2001年版,第501页。
③ 《马克思恩格斯全集》第30卷,人民出版社1995年版,第40页。

品经济中的商品交换是以资产阶级生产的整个体系作为前提的①。马克思认为商品经济中交换的前提是分工,通过交换把私人劳动转化为社会劳动,交换的深度、广度和方式都是由生产的发展和结构决定的。随着社会分工的发达和商品经济基础上的社会需要体系的丰富,交换价值在整个社会生产的流通体系中的运动,越来越具有独立主体性,马克思甚至指出:"交换不会只限于在形式上设定交换价值,它必然会进一步使生产本身从属于交换价值。"②交换价值运动的过程被视为流通过程,如果从社会经济的行业领域来看,也可以视为是商业活动。在1857—1858年经济学手稿中,马克思考察了商业在建立资本主义生产方式过程中的作用。他在1861—1863年经济学手稿中强调指出:"我们从流通出发,是为了达到资本主义生产。"③那么流通是什么?马克思认为流通是市场交换行为的总体,"属于流通的本质的东西是:交换表现为一个过程,表现为买卖的流动的总体。"④只有通过流通这个总体,交换价值才能完成其实现过程。

(一)交换中的自由与平等的虚伪性

马克思认为流通中产生的联系是自发形成的客观联系,个人的相互冲突产生了独立的异己的社会权力,个人在面对社会联系时,看起来是自由的,实际上是不自由的。他说:"流通是这样一种运动,在这种运动中,普遍转让表现为普遍占有,普遍占有表现为普遍转让。"⑤"流通由于是社会过程的一种总体,所以它也是第一个这样的形式,在这个形式中,不仅像在一块货币或交换价值的场合那样,社会关系表现为某种不以个人为转移的东西,而且社会运动

① 《马克思恩格斯全集》第31卷,人民出版社1998年版,第353页。
② 《马克思恩格斯全集》第30卷,人民出版社1995年版,第215页。
③ 《马克思恩格斯全集》第32卷,人民出版社1998年版,第155页。
④ 《马克思恩格斯全集》第30卷,人民出版社1995年版,第147页。
⑤ 《马克思恩格斯全集》第30卷,人民出版社1995年版,第147页。

的总体本身也表现为这样的东西。个人相互间的社会联系作为凌驾于个人之上的独立权力，不论被想象为自然的权力，偶然现象，还是其他任何形式的东西，都是下述状况的必然结果，这就是：这里的出发点不是自由的社会的个人。”①也即流通过程中的交换无论是商品还是货币交换，都是相互制约的。买和卖是流通中构成一个整体的本质的两个要素，其中在货币作为中介的买和卖的交换行为中，已经蕴藏着产生危机的可能性，而且这种危机的发生，是不受个人的自由意志的制约的。正如布阿吉尔贝尔所说，货币从商业的奴仆变成商业的暴君。在资本主义生产关系的前提下，货币在流通中不再仅仅是流通中介，而成为流通的目的，而商品则是流通中的货币权力的肉身，真正驱动商品生产和交换的是流通中的货币权力。因此，虽然在流通中不创造剩余价值，但流通是实现剩余价值的必需的总体和过程。

流通的物质内容是商品流通，货币流通是这种使用价值流通最后产生的经济形式，这种形式也是资本的最初形式，复杂的流通形式是资本流通。若从流通的发展程度来看，包括简单流通和发达流通，简单流通通常是商品流通和货币流通，而资本流通是发达流通。商品流通是资本的起点。流通是以社会分工为基础的，在流通中随着交换价值规模的扩大，一般交换手段逐渐集中在一两种商品身上，最终出现了以金银为固定的交换价值承担者，出现了货币，在流通过程的不断循环往复中，货币充当周而复始地进行流通的永动机。

在《政治经济学批判（1857—1858年手稿）》中，马克思分析了建立在简单流通关系上的平等和自由观念的产生。在简单流通关系中，如果只考察形式的规定，作为单纯交换主体的个人之间没有任何差别，他们的关系是平等的关系，他们交换的商品是等价物。马克思强调指出，这里“考察的是纯粹形式，关系的经济方面”，即商品交换经济形态，不是以使用价值为内容的直接的物物交换形态。于是从形式上看，交换行为的“三种要素：关系的主体，交

① 《马克思恩格斯全集》第30卷，人民出版社1995年版，第148页。

换者,他们处在同一规定中;他们交换的对象,交换价值,等价物”,它们通过交换行为的中介彼此表现为相等的人、相等的物。“主体只有通过等价物才在交换中彼此作为价值相等的人,而且他们只是通过彼此借以为对方而存在的那种对象性的交换,才证明自己是价值相等的人。因为他们只有作为等价物的所有者,并作为在交换中这种相互等价的证明者,才是价值相等的人,所以他们作为价值相等的人同时是彼此漠不关心的人;他们在其他方面的个人差别与他们无关;他们不关心他们在其他方面的一切个人特点。”①这是指在纯粹经济关系的形式方面来说的。交换中的使用价值表现构成了交换的自然差别,但是,“这种自然差别是他们在交换行为中的社会平等的前提,而且也是他们相互作为生产者出现的那种关系的前提。从这种自然差别来看,个人A是个人B所需要的某种使用价值的所有者,B是A所需要的某种使用价值的所有者。从这方面说,自然差别又使他们互相发生平等的关系。但是,他们因此并不是彼此漠不关心的人,而是互为一体,互相需要,于是客体化在商品中的个人B就成为个人A的需要,反过来也一样;于是他们彼此不仅处在平等的关系中,而且也处在社会的关系中。”②这样,平等不仅是经济上的平等,而且是社会关系的平等。

除了交换价值的交换和生产所设定的平等以外,马克思指出,交换中的自然差别还设定了自由的规定。“尽管个人A需要个人B的商品,但他并不是用暴力去占有这个商品,反过来也一样,相反地他们互相承认对方是所有者,是把自己的意志渗透到商品中去的人格。因此,在这里第一次出现了人格这一法的因素以及其中包含的自由的因素。谁都不用暴力占有他人的财产。每个人都是自愿地转让财产。”③马克思指出,在交换价值的交换中,每个人既是目的又是手段,每个人为另一个人服务,目的是为自己服务;每个人都把另一

① 《马克思恩格斯全集》第30卷,人民出版社1995年版,第196页。
② 《马克思恩格斯全集》第30卷,人民出版社1995年版,第197页。
③ 《马克思恩格斯全集》第30卷,人民出版社1995年版,第197页。

个人当作自己的手段互相利用。"也就是说,每个人只有把自己当作自为的存在才把自己变成为他的存在,而他人只有把自己当作自为的存在才把自己变成为前一个人的存在"①,因此,在交换中达到了个人意志的完全自由,都是自愿的交易,在交换中形成了各方的共同利益。

因此马克思指出,如果说经济形式,交换,在所有方面确立了主体之间的平等,那么内容,即促使人们去交换的个人和物质材料,则确立了自由。"可见,平等和自由不仅在以交换价值为基础的交换中受到尊重,而且交换价值的交换是一切平等和自由的生产的、现实的基础。作为纯粹观念,平等和自由仅仅是交换价值的交换的一种理想化的表现;作为在法律的、政治的、社会的关系上发展了的东西,平等和自由不过是另一次方上的这种基础而已。而这种情况也已为历史所证实。"②资本主义生产关系的发展,创造了资产阶级的以个人主义为特征的平等和自由权利发展的经济基础。但马克思同时也从两个方面批判了这种实现在货币制度上的平等和自由的资产阶级法权。

首先,马克思指出这种平等和自由并非自足的完全的,也意味着某种强制。交换者之间的关系,"从一方面来看,本身只是表示另一个人对我的需要本身漠不关心,对我的自然个性漠不关心,也就是表示他同我平等和他有自由,但是他的自由同样也是我的自由的前提;另一方面,就我受到我的需要的决定和强制来说,对我施行强制的,不是异己的东西,只是作为需要和欲望的总体的我自己的自然(或者说,处在一般的反思形式上的我的利益)。但使我能强制另一个人,驱使他进入交换制度的,也正是这一方面。"③也就是说,交换者虽然有完全的人身自由,但人的自然和社会生存的需要关系仍然构成对自由权利的限制。

其次,建立在简单交换关系基础上的货币制度体现了交换的抽象形式上

① 《马克思恩格斯全集》第30卷,人民出版社1995年版,第198页。
② 《马克思恩格斯全集》第30卷,人民出版社1995年版,第199页。
③ 《马克思恩格斯全集》第30卷,人民出版社1995年版,第200页。

的、以物的形式表现出来的"自然的自由和平等",它不是从历史意义上提出的,是抽象的,因而是最早的和最贫乏的规定,甚至被一些社会主义者用来反驳"比较发达的经济关系",即资本主义的经济关系。它远远没有反映出资本主义私人占有制为前提的商品交换关系,在这种资本主义私有制的历史前提下,"个人之间这种表面上的平等和自由就消失了"①。

此后,马克思在创作《政治经济学批判(第一分册)》时对这个问题又进行了较为明晰的阐述,在"(5)简单流通中占有规律的表现"部分手稿中我们可以看到马克思怎样进一步批判资产阶级的自由和平等原则的。马克思在考察简单流通中占有规律的表现这个问题时,分析了为什么资产阶级政治经济学家都把个人自己的劳动说成是最初的所有权依据,因为如此可以把对自己劳动成果的所有权说成资产阶级社会的基本前提。而在马克思看来:"这种前提本身是建立在交换价值这种支配着生产关系和交往关系的总和的经济关系的前提上的,因而它本身是资产阶级社会即发达的交换价值的社会的历史产物。"②资产阶级社会是交换价值支配生产关系和交往关系总和的社会,所存在的只能是资本主义所有权,那种对自己劳动成果的所有权只是在还不存在所有权的时代才会存在。马克思指出的是资产阶级建立在这种对自己劳动成果的所有权的幻觉基础上的认识,是资产阶级社会自由和平等的理论来源,在资本主义发展的早期,也是资产阶级用来反对封建主义所有权的理论武器。马克思说:"既然通过自己的劳动进行占有的规律是前提,并且这个前提是从考察流通本身中显露出来的,而不是随意的假定,那么在流通中自然就会得出一个建立在这一规律基础上的资产阶级自由和平等的王国。"③同样基于对流通中的自由平等关系本质的认识,马克思对法国空想社会主义的错误和庸俗资本主义虚伪掩饰的做法,进行了深入的批判,揭露了资本主义交换经济关系

① 《马克思恩格斯全集》第30卷,人民出版社1995年版,第202页。
② 《马克思恩格斯全集》第31卷,人民出版社1995年版,第349页。
③ 《马克思恩格斯全集》第31卷,人民出版社1995年版,第350页。

中所谓自由和平等的阶级本质。

马克思在简单流通关系中对货币进行价值分析之后即指出:“在交换价值进一步的发展中,这种情况就会发生变化,并且最终表明,对自己劳动产品的私人所有权也就是劳动和所有权的分离;而这样一来,劳动=创造他人的所有权,所有权将支配他人的劳动。”①在分析简单商品交换的伦理关系中,马克思指出,在所有权关系中包含着“人格这一法的因素以及其中包含的自由的因素”②,建立在普遍的商品交换基础上的自由,恰好是古代的自由和平等的反面。“古代的自由和平等恰恰不是以发展了的交换价值为基础,相反地是由于交换价值的发展而毁灭。……古代世界的基础是直接的强制劳动;当时共同体就是建立在这种强制劳动的现成基础上;作为中世纪的基础的劳动,本身是一种特权,是尚处在特殊化状态的劳动,而不是生产一般交换价值的劳动。”③马克思同时指出,资本主义社会的劳动也包含着强制,但这种强制不是古代社会的人身上的强制,而是出于“作为需要和欲望的总体的我自己的自然(或者说,处在一般的反思形式上的我的利益)”④的强制。货币制度的进一步发展,打破了这种理想化的交换价值表现出的自由和平等伦理关系,在历史的发展进程中,并且是在土地所有权的发展中,资本逐步形成并取得胜利。

(二)竞争机制与利益冲突

资产阶级社会的自由与平等作为资本流通总的价值准则是如何维护资本关系运行的?自由竞争是资本主义经济发展运行的基础机制。在自由竞争机制中,价值规律才会发挥其应有的作用,资本主义的交换价值生产乃至于资本主义的一切社会关系才能得到充分的发展。自由竞争是建立在资本上的整个

① 《马克思恩格斯全集》第30卷,人民出版社1995年版,第192页。
② 《马克思恩格斯全集》第30卷,人民出版社1995年版,第198页。
③ 《马克思恩格斯全集》第30卷,人民出版社1995年版,第199—200页。
④ 《马克思恩格斯全集》第30卷,人民出版社1995年版,第200页。

资产阶级生产的基础，同时还是资本主义社会“看不见的手”对人们利益关系的协调机制。

正如马克思所指出的：“揭示什么是自由竞争，这是对于资产阶级先知们赞美自由竞争或对于社会主义者们诅咒自由竞争所作的唯一合理的回答。”①在揭示什么是自由竞争，以及自由竞争的历史意义的同时，马克思深刻地阐明了自由竞争的道德意义。马克思认为：“从概念来说，竞争不过是资本的内在本性，是作为许多资本彼此间的相互作用而表现出来并得到实现的资本的本质规定，不过是作为外在必然性表现出来的内在趋势。”②竞争即意味着强制，资本的价值增殖及不断创造利润的内在趋势在竞争中“表现为一种由他人的资本对它施加的强制”③，从而使资本的生产越过社会供需的比例平衡，导致生产过剩。

对于资本主义自由竞争的理解要从历史和社会两个方面来考察。马克思肯定了自由竞争的历史进步意义。没有竞争就没有商品经济的繁荣，商品生产者和经营者就会失去活动的积极性，财富的分配就会失去准则；竞争是资本追逐利润的动力源之一，是资本集中的杠杆之一，使资本经营规模扩大，社会生产得到发展；竞争在一定程度上巩固和发展了建立在资本主义的经济平等意义上的社会平等，它是对除了经济特权以外的其他一切特权的否定。但是从社会意义上看，假如抽象掉了一定的社会结构和社会关系，也抽掉了源自自由竞争的各种矛盾。例如资产阶级的功利论，认为自由竞争是实现合理性的个人利益的有效和根本的手段，甚至片面强调个人利益，他们的理论前提是先把社会整体利益分解为单个的个人利益，然后再用私有制下自私的个人利益代表社会利益，通过抽象的、没有历史内涵的、作为一种外在必然性的自由竞争，寻求社会的整体利益或者共同利益的实现。

---

① 《马克思恩格斯全集》第 31 卷，人民出版社 1998 年版，第 43 页。
② 《马克思恩格斯全集》第 30 卷，人民出版社 1995 年版，第 394 页。
③ 《马克思恩格斯全集》第 30 卷，人民出版社 1995 年版，第 394 页。

马克思从道德意义上揭示了自由竞争中个人与社会之间的经济伦理关系。其一，马克思首先指出，在自由竞争中自由的是资本，而不是个人。难道个人在自由竞争这个资本运动的机制中，就没有自由了吗？个人自由是何种意义上的自由呢？个人自由并非绝对意义上的自由，“只要以资本为基础的生产还是发展社会生产力所必需的、因而是最适当的形式，个人在资本的纯粹条件范围内的运动，就表现为个人的自由”①。在这一点上，恩格斯用黑格尔的说法精辟概述为“自由是对必然的认识”，他指出：“自由不在于幻想中摆脱自然规律而独立，而在于认识这些规律，从而能够有计划地使自然规律为一定的目的服务。……意志自由只是借助于对事物的认识来作出决定的能力。”②在资本主义产生和发展的历史中，由于对封建人身关系的突破，释放了人们在私有制下的求利动机，从而在个人的发展上，表现为自由的个人和个性的充分发展，这种自由仍然是适应资本主义的制度本性的发展的，是资本主义制度下的“自由”对“必然”认识的表现。马克思指出：“然而，人们又通过不断回顾被自由竞争所摧毁的那些限制来把这种自由教条地宣扬为自由。”③资产阶级出于巩固政治统治和经济发展的需要，把这种个人自由从绝对的意义上来加以宣扬，使对个人自由的理解脱离了它赖以产生和发展的历史“必然”。

另外一方面，从绝对的意义上来理解自由竞争，把自由竞争看作无限制的自由竞争，把它作为资本运动的外在必然性的表现绝对化，否定自由竞争的历史发展本质，就会产生一种荒谬的看法，即“把自由竞争看成是人类自由的终极发展”，甚至于“认为否定自由竞争就等于否定个人自由，等于否定以个人自由为基础的社会生产”。④ 马克思指出了资本主义自由竞争基础上的个人自由的消极意义，指出这种个人自由是在资本统治的基础上的自由发展，而这个基础

① 《马克思恩格斯全集》第31卷，人民出版社1998年版，第42页。
② 《马克思恩格斯全集》第26卷，人民出版社2014年版，第120—121页。
③ 《马克思恩格斯全集》第31卷，人民出版社1998年版，第42页。
④ 《马克思恩格斯全集》第31卷，人民出版社1998年版，第43页。

是有局限性的，它的自由发展受到生产关系的制约。“因此，这种个人自由同时也是最彻底地取消任何个人自由，而使个性完全屈从于这样的社会条件，这些社会条件采取物的权力的形式，而且是极其强大的物，离开彼此发生关系的个人本身而独立的物。”①人的自由个性表现在物上，而物又成为统治着人的社会权力。

其二，马克思揭示了资产阶级功利论的私恶达到公益的说法的实质。“如果说，在自由竞争的范围内，个人通过单纯追求他们的私人利益而实现公共的利益，或更确切些说，实现普遍的利益，那么，这无非就是说，在资本主义生产的条件下他们的相互压榨，因而他们的相互冲突本身也只不过是发生这种相互作用所依据的条件的再创造。”②马克思曾经指出过从功利论的私恶达到公益的说法中，可以得到的结论是每个人都妨碍别人利益的实现，他曾经用霍布斯的话“一切人反对一切人的战争”来形容其中的相互冲突，并指出这样的结果是“普遍的否定”，而不是如功利论者所认为的是达到“普遍利益”这样的普遍的肯定的结果。③ 在这里，马克思进一步指出了资本主义自由竞争条件下的互利与相互冲突的根源是同一的，所谓的普遍利益是无法实现的。随着社会生产的发展，自由竞争发展到垄断，在这个客观基础上，“一旦把竞争看作自由个性的所谓绝对形式这种错觉消失了，那么这种情况就证明，竞争的条件，即以资本为基础的生产的条件，已经被人们当作限制而感觉到和考虑到了，因而这些条件已经成为而且越来越成为这样的限制了”④。这种自由竞争下对个人自由的绝对形式理解错觉的消失，仍然需要客观的经济基础，到了这个阶段，也就意味着突破这些束缚个人自由的物权力的限制的历史阶段的到来，人的自由而全面发展的时代也就到来了。

---

① 《马克思恩格斯全集》第31卷，人民出版社1998年版，第43页。

② 《马克思恩格斯全集》第31卷，人民出版社1998年版，第43—44页。

③ 《马克思恩格斯全集》第30卷，人民出版社1995年版，第106页。

④ 《马克思恩格斯全集》第31卷，人民出版社1998年版，第44页。

（三）货币与信用主体异化

商品流通虽然解决了物物交换的矛盾，但是带来了新的矛盾。因为在以货币为媒介的商品流通中，物物交换的买与卖的直接同一性，被分割为两个相互独立的过程，买与卖在时间和空间上完全可以不一致。马克思在《资本论》第一卷第一章所揭示的商品的一系列内在矛盾，例如使用价值与价值的对立、私人劳动与社会劳动的对立、具体劳动与抽象劳动的对立，以及“物的人格化”（物与物的关系表现为人与人的关系）与“人格的物化”（人与人的关系表现为物与物的关系）的对立，都会在商品的形态变化中取得新的运动形式，发展成商品与货币、买与卖、买者与卖者之间的外部对立，这种外部对立已经包含着危机的可能性。当然，在简单商品生产阶段，危机还仅仅是可能性。要使这种可能性转化为现实性，必须有整整一系列的关系，如资本主义信用制度的充分发展，生产与消费的对抗性矛盾等等，特别是要出现生产的高度社会化与生产资料资本主义私有制之间的矛盾。

如果以交换价值为出发点来考察流通过程，“货币表现为交换价值的最适当的形式”①。货币作为流通的结果又作为流通的活的推动力，从流通过程中产生出来的独立化价值，是为了在流通中自行增殖的即倍增的价值，这种价值增殖表现在货币积累中。因此，马克思说：“流通本身不如说应被设定为价值自我保存和自行增殖的过程”②，这个过程是交换价值作为剩余价值而自我确立的过程。在流通中，货币成为了资本，当然是在劳动力成为商品的前提下成为了资本。在这个过程中，“流通同时是资本独立化的过程，资本作为独立化的东西从流通中生成。”③而信用是直接由资本设定的，是由资本的本性产生的特有的流通形式。

① 《马克思恩格斯全集》第 31 卷，人民出版社 1998 年版，第 380 页。
② 《马克思恩格斯全集》第 31 卷，人民出版社 1998 年版，第 382 页。
③ 《马克思恩格斯全集》第 31 卷，人民出版社 1998 年版，第 388 页。

资本主义的信用是在资本流通过程中形成的。资本逐利的本质是在流通中表现并完成的。因此，流通过程的稳定连续性，即价值毫无阻碍和顺畅地由一种形式转变为另外一种形式，由过程的一个阶段转变为另一个阶段，比如货币资本、生产资本和商品资本之间不同形态的循环和周转，对于资本主义生产来说是基本条件。但是这种稳定连续性由于资本形态的时间与空间的分隔，使各个不同的资本之间的各个不同的运动过程保持连续性就成为偶然的事情了。资本消除这种偶然性的办法就是信用，这种信用服从和服务于资本追求剩余价值或利润的目的。资本主义的信用是发达的信用形式，它产生的基础是资本主义的生产方式。

信用是调节资本流通速度的有效制度，同时又是资本关系中的人的社会关系的调节器。“资本的必然趋势是没有流通时间的流通，而这种趋势又是资本的信用和信用业务的基本规定。”①另一方面，“赋予流通时间本身以生产时间的价值，把这一切器官规定为货币，更进一步则规定为资本。”②也即信用使得资本积聚起来，增大资本的量，从而获得更多的剩余价值。信用制度节省资本流通时间，保持流通中资本在形态变化上的连续性，促进了利润率的平均化过程。平均利润率是通过部门之间的竞争和资本自由转移而形成的。信用使资本家有可能借助银行的大量贷款和投资，迅速将资本从利润率低的部门转移到利润率高的部门，即借助于媒介，实现资本转移，从而促成了资本在部门之间的再分配和利润率的平均化；银行信用在促进资本主义经济发展的同时，加速了资本的积聚和集中，是促进大资本兼并中小资本的有力杠杆。总而言之，信用制度促进了资本主义生产的盲目扩张，加剧了生产无政府状态和各生产部门发展的不平衡，加剧了生产的扩大和有支付能力的需求之间的矛盾，助长了各种商业和金融投机，造成市场的虚假繁荣，使生产和消费的矛盾更加尖锐化，从而促进和加深了资本主义的经济危机。

---

① 《马克思恩格斯全集》第 31 卷，人民出版社 1998 年版，第 51 页。

② 《马克思恩格斯全集》第 31 卷，人民出版社 1998 年版，第 52 页。

马克思在对资本主义信用制度的批判中指出了在这种资本运动的高级发展形式中人的经济伦理关系的极端异化。在资本主义信用制度的发展中，资本所有权是潜在的消极的扬弃。信用发展导致的资本集中是最大规模的剥夺。这种剥夺不仅仅局限在对直接生产者的剥夺，而且扩展到中小资本家自身。马克思指出这种剥夺是资本主义生产方式的出发点，成为资本主义生产方式的目的，其发展结果是剥夺一切个人的生产资料。马克思指出了以信用这种形式扬弃资本所有权的消极方面："这种剥夺在资本主义制度本身内，以对立的形态表现出来，即社会财产为少数人所占有；而信用使这少数人越来越具有纯粹冒险家的性质。因为财产在这里是以股票的形式存在的，所以它的运动和转移就纯粹变成了交易所赌博的结果；在这种赌博中，小鱼为鲨鱼所吞掉，羊为交易所的狼所吞掉。在股份制度内，已经存在着社会生产资料借以表现为个人财产的旧形式的对立面；但是，这种向股份形式的转化本身，还是局限在资本主义界限之内；因此，这种转化并没有克服财富作为社会财富的性质和作为私人财富的性质之间的对立，而只是在新的形态上发展了这种对立。"①资本主义信用是资产阶级社会工人和资本家的经济伦理关系对抗程度加深的新的表现形式。

马克思指出，资产阶级用信用制度的手段调节生产过剩和商业过度投机，但同时使再生产过程对资本主义基本矛盾的弹性调节作用发挥到了极限。因为信用导致的资本集中，使"很大一部分社会资本为社会资本的非所有者所使用，这种人办起事来和那种亲自执行职能、小心谨慎地权衡其私人资本的界限的所有者完全不同"。由于投机心理和赌徒心态，金融资本家逐利的贪婪本性使其操作可能导致信用制度的危机和崩溃。"信用加速了这种矛盾的暴力的爆发，即危机，因而促进了旧生产方式解体的各要素。"所以，马克思总结了信用制度的二重性质："一方面，把资本主义生产的动力——用剥削他人劳

① 《马克思恩格斯全集》第46卷，人民出版社2003年版，第498—499页。

动的办法来发财致富——发展成为最纯粹最巨大的赌博欺诈制度，并且使剥削社会财富的少数人的人数越来越减少；另一方面，造成转到一种新生产方式的过渡形式。”①

资本主义的信用形式作为资本运动的最高形式，具有极大的迷惑性，这个性质也来源于它的对资本主义生产方式的基本矛盾进一步掩盖的特点。马克思指出资本主义信用业中的经济伦理关系表现出的迷惑人的假象：“在信用业——它的完善的表现是银行业——中出现一种假象，似乎异己的物质力量的权力被打破了，自我异化的关系被扬弃了，人又重新处在人与人的关系之中。被这种假象所迷惑的圣西门主义者把货币的发展、汇票、纸币、纸的货币代表、信贷、银行业看作是逐渐扬弃人同物、资本同劳动、私有财产同货币、货币同人的分离的各个阶段。因此，他们的理想是组织起来的银行业。”②那么，这种表现为“扬弃异化、人向自己因而也向别人复归”的假象，其实质是什么？马克思指出是“卑劣的和极端的自我异化，非人化”，因为资本主义信用业和银行业当中表现出来的中介形式，“不再是商品、金属、纸币，而是道德的存在、社会的存在、人自己的内在生命，更可恶的是，在人对人的信任的假象下面隐藏着极端的不信任和完全的异化。”③这该怎样理解呢？难道在信用形式中表现出对人的信任而给以信贷不是一件很好的事情吗？马克思这里的意思是指，在资本主义信用形式中，这种极端异化是把人不当作人，而是当作类似于货币等媒介的物，它不是对人的信任，而是对物的信任。

人与人之间的交换关系表现在物上，是一种经济异化。而在资本主义信用业中，作为人们交换中介的是人，这是一种自我异化，是最高形式的极端的异化。“信贷是对一个人的道德作出的国民经济学的判断。在信贷中，人本身代替了金属或货币，成为交换的媒介，但这里人不是作为人，而是作为某种

① 《马克思恩格斯全集》第 46 卷，人民出版社 2003 年版，第 500 页。
② 《马克思恩格斯全集》第 42 卷，人民出版社 1979 年版，第 21 页。
③ 《马克思恩格斯全集》第 42 卷，人民出版社 1979 年版，第 21—22 页。

资本和利息的存在。这样,交换的媒介物的确从它的物质形式返回和复归到人,不过这只是因为人把自己移到自身之外并成了某种外在的物质形式。在信贷关系中,不是货币被人取消,而是人本身变成货币,或者是货币和人并为一体。人的个性本身、人的道德本身既成了买卖的物品,又成了货币存在于其中的物质。"①资本家对借贷者的信任是出于对他的归还能力或拥有财富的确信,而不是对他作为人的真正本质的确信。道德的衡量标准是财富,是物,即越有钱,越是拥有货币财富,就越有道德。

马克思在资本主义信用形式中列举了以下事实论证了社会关系表现出的极端异化。第一,信用使资本越来越集中,不仅是对工人的剥夺,就是对小资本家的剥夺程度也越来越加深,使整个社会的人与人之间分裂为穷人和富人,其对立日益尖锐化。信贷只提供给富人,穷人的信用由富人来决定。第二,人与人之间的伦理关系是尔虞我诈和假仁假义的关系,得不到信贷,"不仅简单地判决他是贫穷的,而且在道德上判决他不配得到信任,不配得到承认,因而是社会的贱民,坏人"。穷人不但生活穷困,还要遭受道德上的屈辱。第三,信用形式使货币可以脱离其实体材料成为观念性的存在,就使得资本主义社会中用丧失人格和道德沦丧的手段来骗取信用成为可能,形成人与人之间不信任,互相欺骗、拆台的经济伦理关系。第四,信用业最终在银行业中完成,银行家的银行控制了国家,财产集中在少数金融资本家手中,马克思说:"因为在信用业中,对一个人在道德上的承认,象对国家等的信任一样,采取了信贷的形式,所以隐藏在道德上的承认这种虚情假意之中的秘密,这种道德的不道德的卑鄙行为,以及对国家的信任中所包含的假仁假义和利己主义也就暴露了出来,并且显出了自己的真实的性质。"②

马克思从资本所有权即资本主义生产关系的扬弃,来批判资本主义信用形式。除了指出股份制度是以资本主义信用形式发展起来的资本所有权的消

---

① 《马克思恩格斯全集》第42卷,人民出版社1979年版,第22—23页。
② 《马克思恩格斯全集》第42卷,人民出版社1979年版,第23—24页。

极扬弃,还指出工人自己的合作工厂,是积极的扬弃。合作工厂需要的基础是资本主义生产方式中产生的并且已经成熟的工厂制度,还有资本主义生产方式中产生的发达完善的信用制度,这也意味着合作工厂虽然是在旧形式内对旧形式打开的第一个缺口,但在实际组织中,当然到处都再生产出并且必然会再生产出现存制度的一切缺点。马克思在1864年写的《国际工人协会成立宣言》中,曾经称赞过英国空想社会主义者欧文创办的合作工厂:"对这些伟大的社会试验的意义不论给予多么高的估价都是不算过分的。"但他同时也指出:"不管合作劳动在原则上多么卓越,在实际上多么有效,只要它仍然限于个别工人的偶然努力的狭隘范围,就始终既不能阻止垄断势力按照几何级数增长,也不能解放群众,甚至不能显著地减轻他们的贫困的重担。"①马克思认为合作工厂实际上还是改良式的,而不能从根本上改变工人阶级的地位,只有工人阶级联合起来完成社会革命,才能真正摆脱被资本剥削的地位。

四、以物欲泛滥为表象的消费伦理批判

消费是经济机制运行的重要环节。马克思在未完成的政治经济学批判《导言》中直接指出:"生产直接也是消费。双重的消费,主体的和客体的。"②这里的意思是指消费意义上的生产活动,例如人在生产行为中消耗自身的脑力和体力等等,还有就是生产资料或者原材料的被消耗和分解,这些都是所谓的"生产的消费",就如古典经济学家斯密的主张。马克思同时指出"原来意义上的消费","被理解为起消灭作用的与生产相对的对立面"③,马克思称之为"消费的生产"④,例如吃喝这种消费形式,人生产自己的身体,这是消费与

① 《马克思恩格斯选集》第3卷,人民出版社2012年版,第9页。
② 《马克思恩格斯全集》第30卷,人民出版社1995年版,第31页。
③ 《马克思恩格斯全集》第30卷,人民出版社1995年版,第31页。
④ 《马克思恩格斯全集》第30卷,人民出版社1995年版,第32页。

生产的直接同一。马克思认为,如果从消费方面来说是从两方面生产着生产:第一,产品只有在消费中才能证实自己是产品;第二,“消费创造出新的生产的需要,也就是创造出生产的观念上的内在动机”①,“消费在观念上提出生产的对象,把它作为内心的图象、作为需要、作为动力和目的提出来”②。在这里,马克思提出了作为主体的人的主观能动性对生产的影响作用。同时,马克思也强调了生产的决定作用。他指出:“生产不仅为主体生产对象,而且也为对象生产主体。”③也即消费和生产是一体的也是同一的,但这种同一性恰恰是以现实经济运行中的一些既统一又对立的经济范畴表现出来的,“在经济学中常常是以需求和供给、对象和需要、社会创造的需要和自然需要的关系来说明的。”④因此,基于生产和消费的辩证统一关系,在生产过程和日常生活消费中,呈现出社会成员共同创造出的消费伦理观念,影响和制约着社会经济运行的具体过程。

(一)节欲与奢侈的对立统一

在尚未有发达的现代贸易的历史时期,所出现的对以金银为代表的货币的积累和炫耀性消费,带来了节欲和奢侈这两种相互矛盾的消费现象,这反映了不同历史时期的消费伦理观念的社会经济基础。在简单商品经济时代,货币以金银为材料,此时的社会交换主要以金银等重金属为中介的材料进行,社会财富也体现在这种重金属为材料的货币中介身上,因此金银等货币贮藏就成为发财致富的象征,这种现象在殖民地时代开启并且在奉行重商主义经济观点的历史时期特别明显,这是一般财富集中地表现在一种特殊物质上的体现。个人如果要想积累财富,就会把金银从流通中取出并进行贮藏,因此这种

① 《马克思恩格斯全集》第30卷,人民出版社1995年版,第32页。
② 《马克思恩格斯全集》第30卷,人民出版社1995年版,第33页。
③ 《马克思恩格斯全集》第30卷,人民出版社1995年版,第33页。
④ 《马克思恩格斯全集》第30卷,人民出版社1995年版,第35页。

贮藏式节欲行为导致流通中需要越来越多的金银货币，同时社会中的剥削阶级因贮藏金银而奢侈享受炫耀性消费生活。

与此同时，这种与人的个性毫无关系的中介物，却由于货币这种物品的性质赋予了个人与社会对于整个享乐和劳动等世界的普遍支配权，使得货币成为致富欲望的唯一对象，马克思说这种欲望本质上就是万恶的求金欲。马克思指出："积累金银，即积累货币，是积集资本的最初的历史现象，并且是积集资本的最初的重要手段；但它本身还不是积累资本。为了积累资本，必须把积累起来的金银重新加入流通这种行为本身当作积累的因素和手段。"①资产阶级经济学笼统地把储蓄看作资本积累的源泉，储蓄是与消费相对而言的，容易被经济学家看成是消费的对立面，进而把资本积累理解为对消费欲望的节制，因此便产生了节欲论，马克思具体分析了节欲论中的一些观点。对于资本家的资本积累基础上的扩大再生产行为，马克思认为这是资本家在执行他作为资本家的使自己致富的职能。

如何理解作为资本家美德的"节欲"呢？马克思认为，资本家"本身的暂时必然性才包含在资本主义生产方式的暂时必然性中"。马克思首先指出的是，"资本家只有作为人格化的资本，他才有历史的价值"，这种"历史存在权"决定了资本家的发财致富的个人道德动机不是源于个人享受，而是交换价值的增殖。这种个人道德动机驱使资本家"肆无忌惮地迫使人类去为生产而生产，从而去发展社会生产力，去创造生产的物质条件"；这样做的客观后果是"只有这样的条件，才能为一个更高级的、以每一个个人的全面而自由的发展为基本原则的社会形式建立现实基础。"②也就是说，在资本家发财致富欲的推动下，这种看似个人的道德动机，起到的却是客观的推动社会前进的结果。但是资本家与单纯的货币贮藏者是截然不同的，尽管资本家也有绝对的发财致富欲，却受制于资本主义生产方式的社会机制，表现为具有致富欲的资本家

① 《马克思恩格斯全集》第30卷，人民出版社1995年版，第187页。

② 《马克思恩格斯全集》第44卷，人民出版社2001年版，第683页。

这个历史“主动轮”的作用。资本主义工业化大生产的增长需要,使得日益扩大的市场的竞争规律即优胜劣汰的规律作为资本主义生产方式的外在强制规律支配每一个资本家,迫使其不断扩大自己的资本来保证不被市场规律淘汰,而资本扩大再生产只能靠累进的积累。因此,甚至资本家的私人消费也会成为对其资本积累的损害。

马克思认为,资本积累是对社会财富世界的征服,在扩大被剥削的人身材料数量的同时,也扩大了资本家直接和间接的统治。庸俗经济学家西尼尔说:“我用节欲一词来代替被看作生产工具的资本一词。”马克思在《资本论》中驳斥说:“这真是庸俗经济学的‘发现’的不可超越的标本！它用阿谀的词句来替换经济学的范畴。如此而已。”[①]马克思批驳这种节欲论指出,资本主义生产的进步不仅促使享乐主义消费社会的形成,而且随着投机和信用事业的发展,使得财富的创造越来越离开生产领域,甚至于资本家的日常挥霍和炫耀富有成为取得银行信任获得贷款的手段,也就是说奢侈必须被列入资本的交际费用[②]。同时,资本家并不是严格的禁欲主义者。“资本家财富的增长,不是像货币贮藏者那样同自己的个人劳动和个人消费的节约成比例,而是同他榨取别人的劳动力的程度和强使工人放弃一切生活享受的程度成比例的。因此,虽然资本家的挥霍从来不像放荡的封建主的挥霍那样是直截了当的,相反地,在它的背后总是隐藏着最肮脏的贪欲和最小心的盘算;但是资本家的挥霍仍然和积累一同增加,一方决不会妨害另一方。”[③]因此,在马克思看来,节欲论是资产阶级经济学用来掩盖资本所有权的道德烟雾弹。用节欲论来说明资本的积累和扩大再生产,不但掩盖了利润的真实来源和资本关系,也掩盖了资本积累的本质。

因此,所谓节欲论是对工人阶级提出的要求,是为了把工人阶级的生产自

① 《马克思恩格斯全集》第44卷,人民出版社2001年版,第688—689页。
② 《马克思恩格斯全集》第44卷,人民出版社2001年版,第685页。
③ 《马克思恩格斯全集》第44卷,人民出版社2001年版,第685页。

身维持生存的价值的社会必要劳动时间减少到最低程度，从而降低劳动力价值，为更多地占有剩余价值提供条件。但是这种做法又与以资本关系为前提的追求致富欲的生产是矛盾的，因为为了追求剩余价值的提高而不断扩大的生产能力，使得维持劳动力价值的消费品价格降低，工人的工资水平长期维持在较低水平，又会导致其消费能力无法容纳日益增大的，在致富欲支配下的扩大再生产的产出，长此以往的矛盾积累，最终导致经济循环的链条在生产和消费之间发生断裂，出现以生产过剩为表现的经济危机和大萧条。总之，由于劳动对资本的从属关系，在以资本关系为前提的生产过程中，"文明的一切进步，或者换句话说，社会生产力的一切增长，也可以说劳动本身的生产力的一切增长，如科学、发明、劳动的分工和结合、交通工具的改善、世界市场的开辟、机器等等所产生的结果，都不会使工人致富，而只会使资本致富；也就是只会使支配劳动的权力更加增大；只会使资本的生产力增长。因为资本是工人的对立面，所以文明的进步只会增大支配劳动的客体的权力。"①由此也必然会导致工人阶级的过度劳动，加速了劳动力价值的"毁灭"，资本主义生产在节约物化劳动的同时又最大限度地浪费活劳动，"它不仅浪费人的血和肉，而且浪费人的智慧和神经。实际上，只有通过最大地损害个人的发展，才能在作为人类社会主义结构的序幕的历史时期，取得一般人的发展。"②因此，这种内在的节欲或节约，与致富欲和奢侈消费构成了资产阶级社会的浮士德式的内在道德价值冲突。

（二）拜金主义与货币拜物教的历史进阶

商品作为物品是一些偶然的存在物，货币却是"万物的结晶"。固定在金银材料上的货币是财富的个体化表现。在古代社会，对以金银为躯体的货币的盲目崇拜，导致人们哀叹货币是万恶之源，马克思指出货币欲或致富欲望必

---

① 《马克思恩格斯全集》第30卷，人民出版社1995年版，第267页。
② 《马克思恩格斯全集》第32卷，人民出版社1998年版，第405页。

然导致古代共同体的没落，但是在以交换价值充分发展为基础的社会，货币所代表的社会关系本身就是共同体。在马克思看来，货币在从 G—W—W—G 这种流通的第二种形式中，是直接的产物，也即货币不仅仅表现为手段，也不是表现为尺度，而是表现为目的本身，因而就像一旦完成自己的循环并从贸易品变成消费品的一定商品一样，离开了流通。在这种情况下，货币就不只是交换现存的实际财富的手段和工具了，而是“货币同样可以交换和购买劳动，也就是生产活动本身，潜在的财富”①，也即“货币同时直接是现实的共同体”②，在这个规定性上，货币已经潜在蕴含着成为资本的规定。

正是因为货币是财富的一般物质代表，“货币从它表现为单纯流通手段这样一种奴仆形象，一跃而成为商品世界中的统治者和上帝。”③在古代人那里，例如罗马人和希腊人等国家中，货币作为交换尺度和流通手段的规定，并不能导致共同体的瓦解，一旦到了经济发展的一定阶段，货币不可避免地成为如上所言的生产活动本身，就导致这些古代共同体的没落。马克思指出，只有在雇佣劳动存在的地方，“货币不但决不会使社会形式瓦解，反而是社会形式发展的条件和发展一切生产力即物质生产力和精神生产力的主动轮。”④

因此，以金银为躯体的货币，作为躯体化的财富，成为人们普遍崇拜的对象而被人追求。这种拜金主义，早期的重商主义者对货币的拜物教式的追求，为现代工业社会的以生产为基础的财富源泉的真正开辟，奠定了基础。马克思说：“在货币主义那里，货币就是出现在这种规定上。现代工业社会发展的预备时期，是以个人的和国家的普遍货币欲开始的。财富源泉的真正开辟，作为取得财富代表的手段，似乎是在具有货币欲的个人和国家的背后进行的。在货币不是来自流通而是在实体形式上被发现的地方，如在西班牙，国家变穷

---

① 《马克思恩格斯全集》第 30 卷，人民出版社 1995 年版，第 169 页。
② 《马克思恩格斯全集》第 30 卷，人民出版社 1995 年版，第 178 页。
③ 《马克思恩格斯全集》第 30 卷，人民出版社 1995 年版，第 173 页。
④ 《马克思恩格斯全集》第 30 卷，人民出版社 1995 年版，第 175—176 页。

了;可是为了从西班牙人那里取得货币而不得不进行劳动的那些国家,则开辟了财富的源泉,因而真正富裕起来了。因此,在新大陆和新的地区探求和发现金矿,在革命的历史上起了巨大的作用,因为在那里,殖民活动立即兴起,像在温室里生长起来一样。"①随着黄金被追逐,殖民地时代开启之后,资本主义生产方式被拓展到更多的国家和地区。

在对以拜金主义为最初表现的货币拜物教的批判中,马克思对资本主义社会的经济伦理关系从个人层面、制度层面进行了深刻的批判,并且对反映在空想社会主义者和资产阶级庸俗政治经济学家思想中的拜物教意识形态进行了批判。

首先,马克思指出货币作为交换价值表现的是一切个性、一切特性都已被否定和消灭的一种一般的东西。人们的"活动的社会性质","在这里表现为对于个人是异己的东西,物的东西;不是表现为个人的相互关系,而是表现为他们从属于这样一些关系,这些关系是不以个人为转移而存在的,并且是由毫不相干的个人互相的利害冲突而产生的。活动和产品的普遍交换已成为每一单个人的生存条件,这种普遍交换,他们的相互联系,表现为对他们本身来说是异己的、独立的东西,表现为一种物。在交换价值上,人的社会关系转化为物的社会关系;人的能力转化为物的能力。"②在资本主义发达的以交换价值为基础的生产关系中,个人受到经济关系的统治和制约。而在这种以货币关系为基础的发达的交换制度中,人的依赖纽带、血统差别、教养差别等表现为人的关系的人身纽带事实上都被打破了,被粉碎了,各个人自由地独立地互相接触并在这种自由中互相交换。但是,从历史发展进步的角度上看,这种物的联系比单个人没有联系要好,或者比只是以自然血缘关系和统治从属关系为基础的地方性联系要好。但马克思同时澄清了对于封建时代的"纯粹的人的关系"的误解,他指出,封建时代的"人的关系"本身在一定的范围和阶段上

① 《马克思恩格斯全集》第30卷,人民出版社1995年版,第177页。
② 《马克思恩格斯全集》第30卷,人民出版社1995年版,第107页。

也具有物的性质,但这种物的性质是由这些人的关系的没落而转变成的,并且具有狭隘的、为自然所决定的性质,“因而表现为人的关系,而在现代世界中,人的关系则表现为生产关系和交换关系的纯粹产物”①。

其次,马克思批判了货币拜物教的发展对封建社会伦理关系起到的瓦解作用,以及资产阶级享乐主义、拜金主义和个人主义的形成。由于货币是一般等价物、一般购买力,所以任何东西都可以购买,可以转化为货币,任何东西都是可以让渡的,在以货币为媒介的交换价值发展的历史过程中,封建社会中的“所谓不可让渡的、永恒的财产以及与之相适应的不动的、固定的财产关系,都在货币面前瓦解了”。这是一个方面,另外一个方面是这样的瓦解同时也是建立的过程,形成的是资产阶级的以享乐主义、拜金主义和个人主义为内容的伦理关系。由于货币本身只存在于流通中,它作为价值,可以与那些归根结底可以归结为纯粹个人享乐的种种价值相交换。物存在的价值和意义就是为了个人的享乐。“由此可见,物的价值只存在于该物的为他的存在中,只存在于该物的相对性,可交换性中,除此以外,物的独立价值,任何物和关系的绝对价值都被消灭了。一切都为利己主义的享乐而牺牲。”那么,为了这种享乐,人们可以不择手段,这导致了资产阶级社会的拜金主义道德败坏现象,“既然一切东西可以为换取货币而让渡,那么一切东西也可以通过货币而取得。一切都可以用‘现金’去获得,而现金作为存在于个人之外的东西,则可以通过诈骗、暴力等手段去夺取”。同时,由于个人通过货币可以占有任何东西,任何东西都可以为一切人所占有,能否占有和占有多少都取决于他个人占有的货币,“所以,个人本身被确立为一切的主宰”。② 这种资产阶级的个人主义,在资产阶级社会被奉为至上的社会原则。因此,马克思指出,在资产阶级的拜物教意识形态中,“没有任何绝对的价值,因为对货币来说,价值本身是相对的。没有任何东西是不可让渡的,因为一切东西都可以为换取货币而

① 《马克思恩格斯全集》第30卷,人民出版社1995年版,第115页。

② 以上引文均引自《马克思恩格斯全集》第31卷,人民出版社1998年版,第251页。

让渡。没有任何东西是高尚的、神圣的等等,因为一切东西都可以通过货币而占有。正如在上帝面前人人平等一样,在货币面前不存在'不能估价、不能抵押或转让的','处于人类商业之外的','谁也不能占有的','神圣的'和'宗教的东西'。"①

最后,马克思指出以资本主义生产关系为客观基础的货币拜物教的意识形态性质。个人受到抽象的统治,这个抽象一方面是指抽象的生产关系,另外一方面是指抽象的拜物教的观念,而"抽象或观念,无非是那些统治个人的物质关系的理论表现"。他说:"关系当然只能表现在观念中,因此哲学家们认为新时代的特征就是新时代受观念统治,从而把推翻这种观念统治同创造自由个性看成一回事。从意识形态角度来看更容易犯这种错误,因为上述关系的统治(上述物的依赖关系,不用说,又会转变为一定的,只不过除掉一切错觉的人的依赖关系)在个人本身的意识中表现为观念的统治,而关于这种观念的永恒性即上述物的依赖关系的永恒性的信念,统治阶级自然会千方百计地来加强、扶植和灌输。"②

货币形式是人们相互的社会关系的最抽象,因而是最无意义、最难捉摸的形式,马克思说:"这种表现既然是以自由的、不受任何约束的、只是由生产中的相互需要联系在一起的、原子般的各个私人为前提而生长起来的,它也就更加严酷"③。古代的哲学家如柏拉图,近代的如布阿吉尔贝尔都反对货币形式,布阿吉尔贝尔是法国古典政治经济学的创始者,是法国重农学派的代表,他提出了必须把农业放在优先地位的重农主义思想,是货币主义的最激烈的反对者之一,但他只注意到财富的物质内容、享受和使用价值,反对的是价值本身成为交换的目的并获得独立的形式。柏拉图维护的是奴隶主贵族的统治这种狭隘的、由自然所决定的、人的依赖关系。而资产阶级的庸俗政治经济学

① 《马克思恩格斯全集》第31卷,人民出版社1998年版,第252页。

② 本段引文均引自《马克思恩格斯全集》第30卷,人民出版社1995年版,第114页。

③ 《马克思恩格斯全集》第31卷,人民出版社1998年版,第377页。

家如巴师夏,为了掩盖资本主义制度下资本关系中的不平等和不自由,以及它与以简单流通规律为基础的理想状态之间的矛盾和差别,“通过抽掉社会生产过程比较发达的领域即比较发达的经济关系的特殊形式的办法来证明,一切经济关系都不过是简单交换即商品交换以及与之相适应的所有权、自由和平等这些规定的始终不变的关系的各种不同名称而已。”①对于巴师夏的《经济的和谐》,马克思用“经济学的神正论”来说明巴师夏的经济和谐论——把个人在生产过程的比较发达的领域中所处的那种经济关系当作是简单流通的关系的观点——本质上的客观唯心主义特征。马克思指出,巴师夏的观点来源于美国人凯里。凯里主张阶级矛盾调和论,掩盖资本主义生产方式的对抗性矛盾发展,他基于美国的生产关系,认为英国通过竞争在世界市场上到处都破坏这种经济关系中的工业和农业、城市和乡村的所谓“和谐”,主张利用国家的力量保护关税并反对贸易。马克思讽刺地指出,国家被自由资本主义最初斥为和谐的唯一破坏者,竟然又被当作“经济和谐的最后避难所”②,“结果是令人吃惊的:交换价值被当作和谐生产的基础来加以赞美,然后又说它被发达的交换形式即贸易依照交换价值的内在规律而消灭了!凯里正是用这种绝望的形式说出以下这个迟延的判断:和谐的交换价值的发展就是不和谐。”③

从分析交换价值过程发展的必然结果——货币形式当中的个人的从属关系,到这种关系的观念表现被意识形态所强化,从货币制度表现出的人的关系的自由和平等表象,到资产阶级把这种表象作为永恒的观念,作为货币制度的自然属性,作为“神圣化的和由现实本身从自身投射出来的反思映象”④,用来掩盖资本主义生产方式的内在对抗性矛盾,马克思对货币拜物教的经济伦理批判是层层递进的,也揭示了从货币形式发展到资本关系的历史必然性。

---

① 《马克思恩格斯全集》第31卷,人民出版社1998年版,第363页。
② 《马克思恩格斯全集》第30卷,人民出版社1995年版,第8页。
③ 《马克思恩格斯全集》第31卷,人民出版社1998年版,第365页。
④ 《马克思恩格斯全集》第31卷,人民出版社1998年版,第363页。

（三）利己主义的社会价值准则

马克思所生活的时代，产业革命在其发源地英国继续发展，同时全世界的大工业也开始发展。反映资本主义生产方式特征的社会经济生活中渗透了资产阶级的经济价值观念。近代以来，在资产阶级革命进程中，以目的论唯心主义为基础的价值哲学，在西方的精神世界中逐渐形成了一套与资本主义商品经济相适应的伦理价值观念和相应的社会政治理想，它曾经为资本主义市场经济的确立和政治发展开辟了道路，并且随着资本主义经济的发展逐渐成为社会公认的传统。它反映了近代要求思想和行动自由，反抗权威、专制主义和集权主义，个人在宗教和道德方面摆脱教会桎梏的要求。从文艺复兴、宗教改革，一直延续到 18 世纪和 19 世纪上半叶，世俗伦理和宗教伦理、经验论（感觉论、情感论）和理性论、效果论和动机论、功利论和道义论，都在为资本主义市场经济的发展寻求精神基础和合法性辩护，构成了西方社会近代以来的伦理价值导向和政治理想的理论基石。正如马克思剖析货币拜物教时所指出的，资产阶级伦理价值观的总特征是以普遍主义为特征的个人主义，这种价值观以肯定个人对世俗利益的追求为前提，以抽象的普遍的人性论为理论基础，力求将个人利益、个体自由同普遍的道德原则统一起来，实现社会和谐和公正，它是近代西方社会伦理价值导向的基本方针。

马克思在批判拜物教的社会联系的物化的过程中，对以资本主义物欲原则和利益原则为基础的资产阶级功利论伦理价值观进行了批判。资产阶级功利论的伦理学说在英国发展得最为典型和完善，这与英国较为成熟的资本主义发展状况有关。英国的霍布斯把快乐与痛苦、欲求与憎恶视为人的一切行为的原动力，并由此推论人的本性从根本上说是自私的情欲。趋乐避苦既是人的行为的原动力，又是道德观念产生的根源，“任何人的欲望的对象就他本人来说，他都称为善，而憎恶和嫌厌的对象则称之为恶；轻视的对象则称为无价值和无足轻重。"①不但在人性上肯定自私,而且在道德上把满足人性自私的权力和财富欲望视为善,把个人利益视为道德的基础,将经济利益与人的价值和人生目的直接联系在一起,这反映了资本主义发展以来商品拜物教的社会心理。

洛克、曼德维尔和边沁,都继承了霍布斯的这个人性自私的基本思想,形成了英国功利主义的传统。在约翰·穆勒的学说那里,功利论和政治经济学完全结合在一起,这也使功利论最终成为单纯替现存事物即资产阶级剥削制度进行辩护的理论。功利主义始终在探求把人性利己的出发点与普遍的道德原则结合起来的途径,曼德维尔曾经试图用以分工和交换为基础的经济活动中商品交换者的互利和社会财富总量的增长来说明"私恶即公益",但只能导致为资本主义的私恶进行辩护。

斯密用"看不见的手"即价值规律的作用从经济上肯定了利己的动机可以达到利他,并且借助人的情感提出"道德同感论"来协调利己与利他的矛盾。约翰·穆勒进一步修正了边沁提出的"最大多数人的最大幸福"的功利原则,更为注重人的内在道德生活、内在道德追求以及人的自我发展,将人的社会情感作为沟通个人幸福和他人幸福乃至最大多数人的最大幸福的手段。穆勒的学说也关注分配领域中的功利主义的正义原则,其目的是调和资本主义的阶级矛盾。

马克思评论说:"1848 年大陆的革命也在英国产生了反应。那些还要求有科学地位、不愿单纯充当统治阶级的诡辩家和献媚者的人,力图使资本的政治经济学同这时已不容忽视的无产阶级的要求调和起来。于是,以约翰·斯图亚特·穆勒为最著名代表的平淡无味的混合主义产生了。这宣告了'资产阶级'经济学的破产,关于这一点,俄国的伟大学者和批评家尼·车尔尼雪夫斯基在他的《穆勒政治经济学概述》中已作了出色的说明。"②对于穆勒的为

① [英]霍布斯:《利维坦》,商务印书馆 1985 年版,第 37 页。

② 《马克思恩格斯全集》第 44 卷,人民出版社 2001 年版,第 17—18 页。

资本主义制度进行辩护并力图调和阶级矛盾的功利主义政治经济学内容，马克思在《政治经济学批判（1861—1863 年手稿）》中进行过实质性内容的批判①。马克思指出，穆勒没有把剩余价值和利润区别开来，因循李嘉图的错误，想直接从李嘉图关于“利润取决于工资，工资下降则提高，工资提高则下降”的规律得出利润率的规律。马克思指出：“穆勒为李嘉图学说作的第一个辩护，就是他从一开始就推翻了这个学说，也就是说推翻了它的这样一个根本原理：利润只是商品价值的一部分，就是说，只是商品所包含的劳动时间中由资本家随着他的产品而卖出去但没有给工人付报酬的那一部分。穆勒却假定，资本家对工人的全部工作日付了报酬，但是仍然取得利润。”②正如马克思早在《德意志意识形态》中就对功利论下的断语那样，功利论反映资产阶级的经济基础上的一切现存关系，这是它唯一的“优点”，也是致命的缺陷。

可以看出，支撑功利论伦理价值观的有两大原则，分别是物欲原则和利益原则。马克思拜物教批判使用两个分析方法，一个是经济的人格化方法，另一个是人格的经济化方法。经济的人格化方法，是马克思在历史唯物主义科学基础上透过物的外观层次上辩证地分析人及人的关系的方法，从这个角度可以看到资本主义经济关系当中以物的形式掩盖的人的关系。而人格的经济化方法，是在资本主义私有制的人剥削人的阶级剥削历史前提下，考察这种反映人的关系的经济范畴（例如货币、资本等）的辩证运动过程。

关于这两个方法，马克思在《资本论》第一卷分析简单商品流通中的商品形态变化蕴涵的经济关系时即已指出，他说：“商品内在的使用价值和价值的对立，私人劳动同时必须表现为直接社会劳动的对立，特殊的具体的劳动同时只是当作抽象的一般的劳动的对立，物的人格化和人格的物化的对立，——这

① 参见马克思《政治经济学批判（1861—1863 年手稿）》第Ⅶ笔记本第 318—331 页和第Ⅷ笔记本第 332—345 页，分别见《马克思恩格斯全集》第 33 卷，人民出版社 2004 年版，第 168—189 页和第 191—217 页。

② 《马克思恩格斯全集》第 33 卷，人民出版社 2004 年版，第 180 页。

种内在的矛盾在商品形态变化的对立中取得发展了的运动形式。因此,这些形式包含着危机的可能性,但仅仅是可能性。这种可能性要发展为现实,必须有整整一系列的关系,从简单商品流通的观点来看,这些关系还根本不存在。"①在马克思本人所加的注释中指出,在"物的人格化和人格的物化的对立"问题上,资产阶级政治经济学家作为资本主义制度的辩护者,在这个问题上表现出两个特征,"第一,简单地抽去商品流通和直接的产品交换之间的区别,把二者等同起来。第二,企图把资本主义生产当事人之间的关系,归结为商品流通所产生的简单关系,从而否认资本主义生产过程的矛盾。但商品生产和商品流通是极不相同的生产方式都具有的现象,尽管它们在范围和作用方面各不相同。因此,只知道这些生产方式所共有的、抽象的商品流通的范畴,还是根本不能了解这些生产方式的本质区别,也不能对这些生产方式作出判断。任何一门科学都不像政治经济学那样,流行着拿浅显的普通道理来大肆吹嘘的风气。"②

关于经济的人格化方法,马克思在《资本论》第一卷第一版序言中说:"我决不用玫瑰色描绘资本家和地主的面貌。不过这里涉及的人,只是经济范畴的人格化,是一定的阶级关系和利益的承担者。我的观点是把经济的社会形态的发展理解为一种自然史的过程。不管个人在主观上怎样超脱各种关系,他在社会意义上总是这些关系的产物。"③在一定经济关系下的人必定带有这个经济关系的特征,具有反映这个经济关系的观念和意识,并且人们之间的社会关系受到所依赖的经济关系的制约,反映经济关系的要求。

在商品经济关系条件下,从事实际的商品生产和交换过程中的人,都是平等的、自由的,都是具有独立人格和自由意志者,每个人都有充分的独立的个性。马克思指出,商品所有者持有的商品都体现了自己的意志,通过商品这个

---

① 《马克思恩格斯全集》第 44 卷,人民出版社 2001 年版,第 135—136 页。
② 《马克思恩格斯全集》第 44 卷,人民出版社 2001 年版,第 136 页注释。
③ 《马克思恩格斯全集》第 44 卷,人民出版社 2001 年版,第 10 页。

物彼此发生关系，每一方只有通过双方共同一致的意志作为，才能发生商品的交换关系。商品私有者发生一种权利关系，也是一种反映经济关系的意志关系，这种权利关系或意志关系的内容是由商品这种经济关系本身决定的。“在这里，人们彼此只是作为商品的代表即商品占有者而存在。在研究进程中我们会看到，人们扮演的经济角色不过是经济关系的人格化，人们是作为这种关系的承担者而彼此对立着的。”①人作为商品所有者，其本性表现了商品交换的经济关系，是经济关系的人格化，人的意志作为人格化的经济关系的体现，必定取决于这种经济关系，只有在自己的商品与他人商品的交换行为中才能实现。只要作为商品所有者，那么他的本性、他的意志必定如此，这是由经济关系决定的。

人格、人性体现了一定的商品交换经济关系。“存在于进行交换的主体的意识中的是：每个人在交易中只有对自己来说才是自我目的；每个人对他人来说只是手段；最后，每个人是手段同时又是目的，而且只有成为他人的手段才能达到自己的目的，并且只有达到自己的目的才能成为他人的手段，——这种相互关联是一个必然的事实，它作为交换的自然条件是预先存在的，但是，这种相互关联本身对交换主体双方中的任何一方来说都是无关紧要的，它和他有利害关系，只是因为它成为他的利益。”②这样归结为简单交换关系的人格和人性表现必然是利己的，只为自己利益着想。这种人性上的看似自然本性的利己性质披上了经由简单交换经济关系产生的、以物的价值平等交换为外观的所谓自由平等的关系，就更被资产阶级政治经济学家以拜物教的意识形态奉作对资本主义经济关系进行辩护的圭臬。马克思指出，这种人性上的利己绝对不是自然意义上的，也不能如资产阶级政治经济学家出于辩护的目的仅仅归结为最简单的经济关系上；这种似乎自然的经济关系是纯粹的抽象，在资产阶级的意识形态中，把反映这种简单经济关系的商品、货币交换中的自

① 《马克思恩格斯全集》第44卷，人民出版社2001年版，第103—104页。
② 《马克思恩格斯全集》第31卷，人民出版社1998年版，第357—358页。

由平等关系看作永恒的经济关系。马克思指出:"交换价值作为整个生产制度的客观基础这一前提,从一开始就已经包含着对个人的强制,个人的直接产品不是为个人自己的产品,只有在社会过程中它才成为这样的产品,因而必须采取这种一般的并且诚然是外部的形式;个人只有作为交换价值的生产者才能存在,而这种情况就已经包含着对个人的自然存在的完全否定;因而个人完全是由社会所决定的;其次,这种情况又要以分工等等为前提,个人在分工中所处的关系已经不同于单纯交换者之间的关系,等等。也就是说,人们忘记了,交换价值这一前提决不是从个人的意志产生,也不是从个人的直接自然产生,它是一个历史的前提,它已经使个人成为由社会决定的人了。"①所以,从历史的意义上和资产阶级社会的总体上看,人的利己性所表达的物欲原则是资本主义私有制为代表的生产关系的性质。所以在商品拜物教和货币拜物教中人性表现出的是自私、贪欲和求金欲,即对现实货币材料代表的财富的崇拜和追求欲望。

对于以物欲的追求为表现形态的人们之间的互相依赖的社会关系,马克思指出,资产阶级政治经济学家即功利主义经济学家是这样表述的:每个人追求自己的私人利益,而且仅仅是自己的私人利益;这样,也就不知不觉地为一切人的私人利益服务,为普遍利益服务。马克思指出,关键并不在于,当每个人追求自己私人利益的时候,也就达到私人利益的总体即普遍利益。"从这种抽象的说法反而可以得出结论:每个人都互相妨碍别人利益的实现,这种一切人反对一切人的战争所造成的结果,不是普遍的肯定,而是普遍的否定。关键倒是在于:私人利益本身已经是社会所决定的利益,而且只有在社会所设定的条件下并使用社会所提供的手段,才能达到;也就是说,私人利益是与这些条件和手段的再生产相联系的。这是私人利益;但它的内容以及实现的形式和手段则是由不以任何人为转移的社会条件决定的。"②对私人利益的内容和

① 《马克思恩格斯全集》第30卷,人民出版社1995年版,第203页。
② 《马克思恩格斯全集》第30卷,人民出版社1995年版,第106页。

形式的客观的和历史的正确理解是正确理解私人利益和普遍利益的关键。不同的经济形态下，个人私利的内容和形式及实现手段也不同，在资本主义市场经济条件下，私人利益并不意味着可以为所欲为地得到实现，它取决于个人在资本关系中的地位，个人作为资本的人格化和作为雇佣劳动的人格化，其私利的内容、形式和实现手段皆不同。

资本主义市场经济的共同利益是以物的表现形式即共同的社会生产表现出来的，个人的生产只能在社会中进行，并且通过交换中的物（商品、货币）的中介表现为社会的生产，并非直接的社会生产，个人从属于社会生产，这决定了共同利益是被个人所承认的事实，但是，个人经济活动的动因并非共同利益，自身的个人利益才是动因，共同利益是通过个人利益同与之相对立的他人利益的交换才得到实现的，双方对立的不同的个人利益的交换成功，即表现为共同利益的实现。“他的对立的个别利益的满足，正好就是被扬弃的对立面即一般社会利益的实现。从交换行为本身出发，个人，每一个个人，都自身反映为排他的并占支配地位的（具有决定作用的）交换主体。因而这就确立了个人的完全自由：自愿的交易；任何一方都不使用暴力；把自己当作手段，或者说当作提供服务的人，只不过是当作使自己成为自我目的、使自己占支配地位和主宰地位的手段；最后，是自私利益，此外并没有更高的东西要去实现；另一个人也被承认并被理解为同样是实现其自私利益的人，因此双方都知道，共同利益恰恰只存在于双方、多方以及各方的独立之中，共同利益就是自私利益的交换。一般利益就是各种自私利益的一般性。”①在资本主义市场经济条件下，共同利益不过是个人私利的一种交换，也是个人私利的实现。在私有制的条件下，并不存在资产阶级功利主义政治经济学家所宣称的“普遍利益”，私人利益和共同利益的对立是永远存在的，用“爱的原则”即利他主义或者利己主义来实现所谓的普遍利益是不现实的，只有在生产力发展的基础上消灭私

---

① 《马克思恩格斯全集》第 30 卷，人民出版社 1995 年版，第 199 页。

有制,个人利益即私人利益与共同利益的对立的物质根源才可能消灭,从而实现二者的统一。

五、以劳动正义为基础的分配伦理批判

分配体现的是主体对其他个人的关系。社会产品一经完成,在生产者当事人之间立即出现了分配。针对资产阶级政治经济学的观点,马克思提出了“分配是否作为独立的领域,和生产并列,处于生产之外”①这样的疑问。当然,资产阶级政治经济学认为分配是与生产无关的独立的领域,甚至像李嘉图这样的只看到生产的经济学家,都专门把分配规定为经济学的对象。为何会出现如此浅薄的对分配的理解?马克思认为有两个方面从表象上给人们的观念造成了错误的认知,其一,是从单个人的视角看,分配自然是这单个人现有地位的生产前提,似乎是分配的社会规律指定了个人从事雇佣劳动的生产地位,但马克思指出,“指定”实际上本身就是资本、地产作为独立的生产要素存在的结果。其二,是从整个社会来看,似乎分配优先于生产甚至决定生产,是先于经济的事实,就像在历史上曾经出现过的情况一样,是分配安排和决定生产。

在马克思看来,生产决定了分配的结构包括对象和形式,“分配的结构完全决定于生产的结构。分配本身是生产的产物,不仅就对象说是如此,而且就形式说也是如此。”②生产实际上有它的条件和前提,通过生产过程本身,这些生产的要素就从自然发生的东西变成历史的东西,“对于这一时期表现为生产的自然前提,对于前一个时期就是生产的历史结果”③。分配“不仅是一般

① 《马克思恩格斯全集》第 30 卷,人民出版社 1995 年版,第 35 页。
② 《马克思恩格斯全集》第 30 卷,人民出版社 1995 年版,第 36 页。
③ 《马克思恩格斯全集》第 30 卷,人民出版社 1995 年版,第 8 页。

历史生产的产物，而且是一定历史生产的产物。"①因此，在资产阶级政治经济学的理论中，工资、利润、地租这三种分配结果实际上是资本关系基础上的资本占有权决定的结果。马克思指出："把资产阶级的生产关系和分配关系看作不是同类的关系，这是荒谬的。"②这种荒谬在于把生产关系看作是自然的永恒的规律，但是却把分配关系看作人为的、历史的和受人类社会控制等的关系。这种把生产和分配割裂，甚至颠倒地认为分配是生产的前提的看法，实质上是掩盖资本主义制度内在的、基本的和矛盾的资产阶级道德意识形态。

（一）资本占有权

资本占有方式与资本的社会自身所宣扬的所有权的一般规律是相矛盾的。剩余价值的不正义占有是建立在资本所有权和劳动力成为商品的基础上的。但是在资产阶级经济学家所描绘的交易世界中，始终存在着两种幻象，一个是把资本看作永恒的和自然的（不是历史的）生产形式，然后竭力为资本辩护，把资本生成的条件说成是资本现在实现的条件，例如把资本积累说成资本家的节约的结果，而看不到资本关系是资本积累的前提；另一个是他们自身宣扬的自由、平等的以劳动占有为前提的所有权的一般规律。马克思批判资产阶级经济学家把这个一般规律看作所谓天赋人权的伊甸园，在那里占统治地位的只是自由、平等、所有权和边沁，是在资产阶级经济学家的所有权幻象中，每一个人都只支配自己的东西。③ 当然这些所有权幻象除了出自辩护的企图之外，还表明了其哲学基础中的历史维度的匮乏，而这个历史维度就是资本与雇佣劳动的起源历史。

正是由于资本对劳动的绝对统治地位，导致了资产阶级所有权的幻象。马克思把表现为所有权幻象的资产阶级所有权的规律总结为两条规律。第一

① 《马克思恩格斯全集》第 30 卷，人民出版社 1995 年版，第 39 页。

② 《马克思恩格斯全集》第 32 卷，人民出版社 1998 年版，第 181 页。

③ 参看《马克思恩格斯全集》第 44 卷，人民出版社 2001 年版，第 204 页。

条规律是指对自己劳动的产品拥有所有权的规律，这是劳动和所有权的同一性；第二条是“劳动表现为被否定的所有权，或者说，所有权表现为对他人劳动的异己性的否定。”①马克思认为，“劳动是一个总体”②，这种总劳动的总体是不是单个工人的事情，工人在劳动过程中，不是孤立的个别的毫不相干的，而是服从于他人的意志和智力的支配，因此工人的劳动作为总体，就其物质统一性来说从属于机器，这是“固定资本的物的统一”③，这种统一不是同单个的工人发生关系的，相反，单个的工人反而是作为活的孤立的附属品从属于资本总体的。这样的共同劳动或结合劳动，“既表现为他人的客体性（他人的财产），也表现为他人的主体性（资本的主体性）。”④资本总体对劳动总体是绝对统治的，“表现为扩张着的主体和他人劳动的所有者”⑤，因此，资本和雇佣劳动的关系已经成为决定性的、支配整个生产关系的关系，由此在分配过程中，在资本所有权的涵摄之下，资本与劳动的交换在表面形式上是平等的交换，这种交换“必须属于与交换的形式规定不同的另一种经济形式规定，否则，资本就不可能作为资本，劳动就不可能作为与资本相对立的劳动”⑥。资本得到的是工人劳动的支配权，从而在剩余劳动时间创造出剩余价值，成为资本的增殖额。马克思指出，李嘉图的根本错误即在此，在李嘉图那里，“货币和交换本身（流通）在他的经济学中只表现为纯粹形式上的要素；虽然他认为经济学所涉及的只是交换价值，但利润等等在他那里只表现为分享产品的份额，这在奴隶制基础上同样也会发生。他从未研究过中介形式。”⑦

马克思分析了历史上的资产阶级政治经济学各学派在这个问题上表现

① 《马克思恩格斯全集》第30卷，人民出版社1995年版，第463页。
② 《马克思恩格斯全集》第30卷，人民出版社1995年版，第463页。
③ 《马克思恩格斯全集》第30卷，人民出版社1995年版，第464页。
④ 《马克思恩格斯全集》第30卷，人民出版社1995年版，第464页。
⑤ 《马克思恩格斯全集》第30卷，人民出版社1995年版，第464页。
⑥ 《马克思恩格斯全集》第30卷，人民出版社1995年版，第282页。
⑦ 《马克思恩格斯全集》第30卷，人民出版社1995年版，第288页。

出的资本拜物教意识形态内容，指出它们是同资本主义经济发展的不同历史阶段相联系的。马克思首先指出，无论是李嘉图还是重农学派和重商学派在理解资本的自行增殖或剩余价值的创造时，面临的困难"实质上是关于资本和雇佣劳动的概念的问题"，"因而是在现代社会制度的入口处出现的基本问题"①。

重商主义出现在工场手工业阶段，"雇佣劳动的形式之一即产业劳动，和资本的形式之一即产业资本，被承认是财富的源泉，但只是就它们创造货币这一点来说的。因而还没有在资本的形式上理解交换价值本身。"②重农学派虽然懂得"雇佣劳动创造剩余价值就是资本价值的自行增殖，即资本的实现。但是，资本即现有价值怎样借助于劳动来创造剩余价值呢？在这个问题上，重农学派完全抛弃了形式，仅仅考察单纯的生产过程。……因此，剩余价值不是来自劳动本身，而是来自劳动所利用和支配的自然力——农业。可见，农业是唯一的生产劳动，因为他们已经达到这样的认识：只有创造剩余价值的劳动才是生产劳动（认为剩余价值必然要表现在某种物质产品上，这种粗浅看法在亚·斯密那里也能见到。）……这种剩余价值在他们那里悄悄地变成了从生产中产生的使用价值量超过在生产中消费的使用价值量的余额。"③到了亚当·斯密的时代，劳动分工发展起来了，劳动创造剩余价值认识的出现，是因为余额在分工中表现为社会的自然赐予，表现为社会的自然力，正如在重农学派那里，这个余额表现为土地自然力的赐予一样。

但是，亚当·斯密把劳动理解为使用价值，理解为一般人类的自然力，他的资本概念中没有资本主义私有权的前提，而为了说明剩余价值怎样从资本的生产过程中产生，"他就以最粗暴的形式把利润和地租的存在作为前提"，资本家和土地所有者连同他们的要求就被作为无须加以说明的历史事实引进

① 《马克思恩格斯全集》第30卷，人民出版社1995年版，第288页。

② 《马克思恩格斯全集》第30卷，人民出版社1995年版，第289页。

③ 《马克思恩格斯全集》第30卷，人民出版社1995年版，第289—290页。

来,因此,“利润和地租只是工资的扣除,是在历史过程中被资本和土地所有权任意榨取的东西,因而是法律上的合理存在,而不是经济上的合理存在。”①

因此,马克思比喻说:“在宗教领域内也是这样,耶稣,即上帝与人之间的中介——两者之间的单纯流通工具——变成了二者的统一体,变成了神人,而且作为神人变得比上帝更重要;圣徒比耶稣更重要;牧师比圣徒更重要。”②把资本看作物,把资本的价值运动中的增殖看作自然物或社会自然力的产物并且倒果为因,看不到剩余价值的创造是工人的剩余劳动,在资产阶级政治经济学家那里完成了物统治人的拜物教的观念映现。

(二)“三位一体”公式批判

对资本主义三位一体公式的批判,进一步阐明了资本作为资本主义社会的总体,在其最富有拜物教的性质上,完成了在平等、自由等资产阶级口号下对无产阶级的政治及经济统治。马克思分析了资本流通过程的生产要素即固定资本和流动资本,认为对固定资本和流动资本的周转带来利润的计算形式加深了一种通常的偏见,似乎流动资本或固定资本通过某种神秘的天赋力量带来利润。由于资产阶级政治经济学家把剩余价值和利润混为一谈,把剩余收益归结为各种不同的资本分享一般利润率的份额,“作为阶级的资本家的利润或资本的利润,在它能够被分配以前,必须已经存在,想用它的分配去说明它的产生是极其荒谬的”③,同时也带来了极大的混乱和神秘性。

马克思分析在固定资本和流动资本划分上的错误观点时指出,资产阶级“经济学家把人们的社会生产关系和受这些关系支配的物所获得的规定性看作物的自然属性,这种粗俗的唯物主义,是一种同样粗俗的唯心主义,甚至是

① 《马克思恩格斯全集》第30卷,人民出版社1995年版,第292页。
② 《马克思恩格斯全集》第30卷,人民出版社1995年版,第293页。
③ 《马克思恩格斯全集》第31卷,人民出版社1998年版,第81页。

一种拜物教,它把社会关系作为物的内在规定归之于物,从而使物神秘化。"①这里,马克思进入了历史和社会的分析,在马克思看来,资本家和雇佣工人的产生是资本价值增殖过程中的主要产物。

资本作为价值的实体不仅是人类劳动的物化和对象化产物,而且包含着资本家,并且资本家不再单纯是资本的人格化表现,而是社会意义上作为阶级的资本家整体。资本家阶级作为受资本主义生产束缚的资本主义生产承担者,其观念和动机只反映资本主义生产的物的外观。"收入的形式和收入的源泉以最富有拜物教性质的形式表现了资本主义生产关系。这是资本主义生产关系在外表上表现出来的存在,它同潜在的联系以及中介环节是分离的。于是,土地成了地租的源泉,资本成了利润的源泉,劳动成了工资的源泉。现实的颠倒借以表现的歪曲形式,自然会在这种生产方式的当事人的观念中再现出来。"②

资产阶级庸俗政治经济学家是从作为社会统治阶级的资本家的立场出发反映资本主义生产关系的这种物的外观,是为资本主义的剥削制度而辩护的。不过,历史上的重农学派以及亚当·斯密和李嘉图的学说虽然受到阶级和时代的局限,但仍然试图理解资本主义生产关系现象的内部联系,对于这一点马克思是给予了充分的肯定的。

马克思指出在所有表现资本主义生产关系的形式中,最完善的物神是生息资本,它把资本流通的公式"G-W-G′"归结为它的两极"G-G′",即创造更多的货币的货币,被缩减成了没有意义的简化式的资本最初的一般公式;"在生息资本上,这个自动的物神,自行增殖的价值,创造货币的货币,达到了完善的程度,并且在这个形式上再也看不到它的起源的任何痕迹了";"社会关系最终成为物(货币、商品)同它自身的关系";在资产阶级意识形态的观念看

① 《马克思恩格斯全集》第31卷,人民出版社1998年版,第85页。
② 《马克思恩格斯全集》第26卷,人民出版社1974年版,第499页。

来,资本主要存在于这种形式中,“这就是真正意义上的资本”。①

马克思就此批判了肤浅的“社会主义”,指出“为什么肤浅的批判完全象它想要保存商品而反对货币那样,现在却要用它那改良派的智慧去反对生息资本,同时毫不触动现实的资本主义生产,而只是攻击这种生产的一个结果,这种从资本主义生产的立场出发对于生息资本的反驳,今天竟自诩为‘社会主义’,其实这种反驳,作为资本本身的发展因素,例如在十七世纪就已出现,那时,产业资本家还必须首先同当时还比自己强大的旧式高利贷者进行斗争,以夺取自己的地位。”马克思用充分的物化、颠倒和疯狂来形容作为生息资本的生“复利”的资本,“资本好象一个摩洛赫,他要求整个世界成为献给他的祭品”②。

早在马克思1857年8月底为计划中的政治经济学巨著写的未完成的《导言》中,马克思即指出:“在一切社会形式中都有一种一定的生产决定其他一切生产的地位和影响,因而它的关系也决定其他一切关系的地位和影响。这是一种普照的光,它掩盖了一切其他色彩,改变着它们的特点。”③也就是说,马克思指出了一定社会的生产关系对其他的社会关系是决定性质的,并且占支配地位,资本就是这种“普照的光”“特殊的以太”,就是资产阶级社会中支配一切的经济权力。“在土地所有制处于支配地位的一切社会形式中,自然联系还占优势。在资本处于支配地位的社会形式中,社会、历史所创造的因素占优势。不懂资本便不能懂地租。不懂地租却完全可以懂资本。资本是资产阶级社会的支配一切的经济权力。它必须成为起点又成为终点,必须放在土地所有制之前来说明。分别考察了两者之后,必须考察它们的相互关系。”④马克思对资本所有权和资本拜物教的批判,是对以资本关系为核心的资本主

① 《马克思恩格斯全集》第26卷,人民出版社1974年版,第503页。
② 《马克思恩格斯全集》第26卷,人民出版社1974年版,第505页。
③ 《马克思恩格斯全集》第30卷,人民出版社1995年版,第48页。
④ 《马克思恩格斯全集》第30卷,人民出版社1995年版,第49页。

义生产关系和被物与物的关系和物自身的关系遮蔽的人们客观伦理关系的物外观的层层剥离，是对资产阶级政治意识形态匮乏历史维度的深刻批判。

（三）按劳分配作为资产阶级法权

马克思曾经对未来社会的基于生产力水平的分配制度有过初步的设想，这些设想是以批判德国工人党纲领中的理论错误为契机而提出的，因而除了正面表述观点之外，也具有极强的批判性。这些内容集中在马克思的《哥达纲领批判》这部著作中。

19 世纪 60 年代末，德国工人运动由于在一系列问题上存在着原则的分歧，形成了两个对立的派别：一个是拉萨尔派，一个是爱森纳赫派。拉萨尔派是机会主义派别，其领导人拉萨尔宣扬通过“普选权”和“依靠国家帮助”建立生产合作社来实现社会主义的观点，暗中与德国宰相俾斯麦勾结，1863 年 5 月被选为“全德工人联合会”主席。爱森纳赫派是在马克思、恩格斯的亲切关怀和指导下成长起来的，1869 年在爱森纳赫城召开代表大会，成立了“德国社会民主工党”，并制定了社会民主党纲领。纲领以第一国际共同章程的精神为指导，提出坚决反对当时德国的政治制度和社会制度，提出政治自由是劳动阶级经济解放的必不可少的前提，宣布自己是“国际的一部分”，以国际的目的为自己党派的目的。拉萨尔派和爱森纳赫派，在一系列理论和政治问题上存在着原则性的分歧。德国统一以后，国内市场的形成和行政法律制度的划一，为资本主义的发展创造了前提，19 世纪 70 年代完成了工农业资本主义化。无产阶级队伍更加迅速壮大，资产阶级与无产阶级的阶级矛盾更加激化，面对敌人的镇压，工人群众越来越感到队伍团结的重要性。为此，两派别商议合并，并决定于 1875 年 5 月 22 日在哥达举行党的统一代表大会。爱森纳赫派的领导人李卜克内西热衷于合并，未听进马克思恩格斯关于党派合并要注意原则问题等劝告，背着马克思和恩格斯同拉萨尔派的头目哈森克莱维尔共同起草了渗透拉萨尔派机会主义观点的纲领草案，即德国社会主义工人党纲领。1875年4月至5月初，马克思抱病写了《德国工人党纲领批注》，并就此事于5月5日给爱森纳赫派的威·白拉克写了一封信，批注和信即后来的《哥达纲领批判》。马克思在批注中对纲领草案逐段作了详细分析，批判了其中的拉萨尔主义观点，尤其是针对拉萨尔主义关于共产主义社会的分配原则的观点，马克思提出了重要的批判性观点。

首先，马克思对拉萨尔主义"劳动是一切财富和一切文化的源泉"观点的批判，指出其实质是掩盖资本占有权的剥削本质。劳动是劳动力的使用过程，"是一种自然力即人的劳动力的表现"，但劳动必须有劳动资料和劳动对象，如工人劳动必须有机器、厂房、原料等。农民要劳动也必须有土地、农具、种子和肥料等，因此马克思说，劳动是创造财富的源泉这句话，只是"在劳动具备相应的对象和资料的前提下是正确的"。① 而纲领回避了劳动的物质条件而空谈劳动，是不符合实际的。劳动是一切财富和文化的源泉这句话的实质是回避生产资料所有制问题，企图掩盖资本主义制度下劳动人民受剥削的根源。在阶级社会里，劳动对象和劳动资料都是被一定的阶级占有，都离不开所有制问题。1875年的德国，生产资料是被容克地主阶级和资产阶级占有，劳动人民一无所有，劳动者为了生活才不得不忍受剥削者的剥削。生产条件被地主、资产阶级占有，这是劳动人民受剥削的根源。马克思指出，"一个除自己的劳动力以外没有任何其他财产的人在任何社会的和文化的状态中，都不得不为另一些已经成了劳动的物质条件的所有者的人做奴隶。他只有得到他们的允许才能劳动，因而只有得到他们的允许才能生存，"②无产阶级要摆脱剥削和贫困，就必须消灭生产资料私有制。作为一个无产阶级政党的纲领，应明确提出消灭生产资料私有制问题。但是纲领草案没有这样做，而是借助于"因而"这个转折词引出"有益的劳动只有在社会中和通过社会才是可能的，所以劳

① 《马克思恩格斯全集》第25卷，人民出版社2001年版，第8页。

② 《马克思恩格斯全集》第25卷，人民出版社2001年版，第8—13页。

动所得应当不折不扣和按照平等的权利属于社会一切成员"[1]这样的结论。这个"社会一切成员"当然包括劳动的剥削者。在阶级社会中,一边是劳动者方面贫穷、愚昧的积累,另一边是"非劳动者"的财富和文化的积累,"这是直到目前的全部历史的规律"。[2] 马克思再次指出了无产阶级起来进行革命的必要性和可能性。

其次,马克思批判了纲领草案中"不折不扣的劳动所得"这种错误的分配观,阐明了社会主义总产品分配原理和按劳分配原则。"公平的"分配,一切社会成员按照平等权利获得"不折不扣的劳动所得",这是拉萨尔的分配观。但关键是"在所谓分配问题上大做文章并把重点放在它上面那也是根本错误的"[3],因为它颠倒了经济基础与上层建筑、生产与分配的关系。拉萨尔主义认为资本主义制度分配不公平,改良分配制度,做到所谓公平分配就可以了,这种"公平"分配的鼓吹者的实质是维护资本主义剥削制度。马克思主义认为,经济基础决定上层建筑。所谓"公平"和"平等"都属于上层建筑的范畴,不仅决定不了经济基础,反而是由经济关系决定的。他说:"难道经济关系是由法的概念来调节,而不是相反地从经济关系中产生出法的关系吗?"[4]法权观念是有阶级性的,资本主义社会里,资本家认为按资分配是很公平的,但在无产阶级看来,在生产资料归资本家占有的条件下,是不可能实现公平分配的。因此,各种社会主义宗派分子关于"公平"分配的论调是在自欺欺人。

此外,纲领草案中"把劳动资料提高为社会的公共财产"这个观点意味着,所谓提高是在原有基础上的提高,而不触动资本主义私有制,剩下的只能是在分配问题上兜圈子。马克思在这里进一步阐明了生产决定分配的原理。

---

① 《马克思恩格斯全集》第 25 卷,人民出版社 2001 年版,第 13 页。
② 《马克思恩格斯全集》第 25 卷,人民出版社 2001 年版,第 14 页。
③ 《马克思恩格斯全集》第 25 卷,人民出版社 2001 年版,第 20 页。
④ 《马克思恩格斯全集》第 25 卷,人民出版社 2001 年版,第 16 页。

马克思指出："消费资料的任何一种分配，都不过是生产条件本身分配的结果，而生产条件的分配，则表现生产方式本身的性质。"①在资本主义条件下，生产资料掌握在地主和资本家手里，这就决定了产品的按资分配形式，由于资本追求利润的目的，劳动者只能占有维持劳动力再生产低水平的生活资料的价值。因此要改变资本主义的剥削性的分配关系，必须推翻资本主义制度，改变生产资料私有制。

再者，马克思第一次区分了共产主义社会发展的两个阶段，并阐明了两个阶段的基本特征和分配原则。纲领草案鼓吹在共产主义社会里，每个劳动者都应得到"不折不扣"的"劳动所得"。马克思阐明了社会主义条件下社会总产品的分配原理，他说："'劳动所得'这个用语首先理解为劳动的产品，那么集体的劳动所得就是社会总产品。"②"劳动所得"怎样进行分配呢？马克思指出，"不折不扣"的劳动所得是错误的，在未来社会里，社会总产品的分配是有折有扣的。社会总产品进入个人消费之前要进行六项扣除。其一，用来补偿消耗掉的生产资料的部分；其二，用来扩大生产的追加部分；其三，用来应付不幸事故、自然灾害等的后备基金或保险基金。以上三项扣除是用于生产的，在经济上是必要的，扣除多少应当根据现有的生产力状况来确定，部分的应根据概率论来确定，余下部分在进入个人消费之前，还得进行扣除。其一，和生产没有直接关系的一般管理费用。马克思指出，和"现代社会"比起来，这一部分将会立即极为显著地缩减，并将随着新社会的发展而日益减少。其二，用来满足共同需要的部分，如学校、保健设施，等等。马克思认为和"现代社会"比起来，这一部分将会立即显著增加，而且会随着新社会的发展而日益增加。其三，为丧失劳动能力的人等而设立的基金。值得注意的是马克思对于第一、第二两项扣除的说明。以上六项扣除是取之于民，用之于民。正如马克思所言："从一个处于私人地位的生产者身上扣除的一切，又会直接或间接地用来

① 《马克思恩格斯全集》第 25 卷，人民出版社 2001 年版，第 20 页。
② 《马克思恩格斯全集》第 25 卷，人民出版社 2001 年版，第 16 页。

为处于社会成员地位的这个生产者谋利益。”①

马克思着重阐明了共产主义社会的第一阶段,即社会主义社会,个人消费的按劳分配原则。马克思阐明了按劳分配的必然性,他认为在社会主义社会里,个人消费的按劳分配是由于社会主义社会是刚刚从旧社会脱胎出来,因而在经济、道德和精神等方面都不成熟所决定的。因此,社会主义社会的按劳分配具有历史进步性。从内容看,以私有制为基础的商品经济所通行的等价交换原则,反映的是私人生产者之间的经济关系。在资本主义制度下,劳动力是商品,劳动力买卖在等价背后是不同资本集团对雇佣劳动者的剥削关系。在社会主义条件下,人们除了自己的劳动,谁都不能提供其他任何东西。除了个人消费资料,没有任何东西可以成为个人财产。所以按劳分配所通行的等价交换原则,反映的是劳动者之间等量劳动与等量劳动相交换的内容,不再是不同所有者之间的关系。否定剥削,是分配制度上的巨大变革。从形式看,商品经济的等价交换需要通过市场,借助货币形式。而按劳分配的等价交换不再通过市场,也不采取货币形式,而是凭借从社会领得的凭证。

从原则和实践的关系看,在资本主义的商品交换所通行的等价交换原则,由于竞争和供求关系的影响,等价交换是个平均数,并不存在于每一个具体的交换场合。在实践上,有的场合价格高于价值,有的场合价格低于价值。所以,原则上是等价,其实在实践上并不都是等价的。但按劳分配所通行的等价交换原则,不受供求关系的影响,所以,每一个劳动者向社会提供的一定形式的劳动量,又以另一种形式全部领回来。在这里,等量劳动与等量劳动相交换,原则和实践不再相互矛盾。时代前进到今天,同现实生活相比,马克思设想的情况,有些已发生了变化,例如马克思设想的社会主义社会不存在商品和货币关系,按劳分配是通过凭证来实现的,等等,而当前的社会主义社会还存在商品货币关系,还是市场经济。因此,按劳分配的实现形式也发生了变化,

① 《马克思恩格斯全集》第25卷,人民出版社2001年版,第17页。

它只能通过商品、货币关系来实现。这是当前看待按劳分配实现形式时应当注意的。

当然，按劳分配是有局限性的。马克思指出："虽然有这种进步，但这个平等的权利总还是被限制在一个资产阶级的框框里。"①因为等量劳动与等量劳动相交换的平等权利仍然是有形式上平等、事实上不平等的特征。"它默认，劳动者的不同等的个人天赋，从而不同等的工作能力是天然特权。"②以个人能力的高低、劳动的强弱为条件分配消费品，必然会出现事实上的不平等。马克思指出，"一个人在体力或智力上胜过另一个人，因此在同一时间内提供较多的劳动，或者能够劳动较长的时间"③，得到的报酬就多一些，富裕一些；同样，"一个劳动者已经结婚，另一个则没有一个劳动者的子女较多，另一个的子女较少，如此等等。因此，在提供的劳动相同、从而由社会消费基金中分得的份额相同的条件下，某一个人事实上所得到的比另一个多些，也就比另一个人富些。如此等等。"④也即是说，等量劳动取得等量报酬的平等权利下，对不同劳动者会形成事实上的不平等，这就是马克思所说的"资产阶级的权利"，即按劳分配的平等权利的局限性。

该如何正确认识和对待这种"资产阶级权利"不平等呢？马克思指出："但是这些弊病，在经过长久阵痛刚刚从资本主义社会产生出来的共产主义社会第一阶段，是不可避免的。"⑤这就是说，实行按劳分配不承认阶级差别，但默认人的能力高低，劳动贡献大小的差别。"权利决不能超出社会的经济结构以及由经济结构制约的社会的文化发展。"⑥因此，就要承认每一个劳动者之间由于劳动能力和具体的生活条件的差异，所形成的实际生活的不平等。

---

① 《马克思恩格斯全集》第 25 卷，人民出版社 2001 年版，第 19 页。
② 《马克思恩格斯全集》第 25 卷，人民出版社 2001 年版，第 19 页。
③ 《马克思恩格斯全集》第 25 卷，人民出版社 2001 年版，第 19 页。
④ 《马克思恩格斯全集》第 25 卷，人民出版社 2001 年版，第 19 页。
⑤ 《马克思恩格斯全集》第 25 卷，人民出版社 2001 年版，第 19 页。
⑥ 《马克思恩格斯全集》第 25 卷，人民出版社 2001 年版，第 19 页。

这才是正确的认识。

在如上分析基础上,马克思提出共产主义社会高级阶段实行各尽所能、按需分配的原则。他说:“在共产主义社会高级阶段,在迫使个人奴隶般地服从分工的情形已经消失,从而脑力劳动和体力劳动的对立也随之消失之后;在劳动已经不仅仅是谋生的手段,而且本身成了生活的第一需要之后;在随着个人的全面发展,他们的生产力也增长起来,而集体财富的一切源泉都充分涌流之后,——只有在那个时候,才能完全超出资产阶级权利的狭隘眼界,社会才能在自己的旗帜上写上:各尽所能,按需分配!”①当前,我国仍然处于商品货币关系的历史发展阶段,因此要认清我国的生产力水平和社会主义建设所处的历史阶段,不能超越阶段盲目采取按需分配的方式,否则就会对生产力水平造成巨大的破坏。

时移世易,世界共产主义运动的理论与实践,同马克思所处的时代相比,已经发生了巨大的变化,例如马克思在《哥达纲领批判》中曾经设想:共产主义社会第一阶段,不存在商品货币。实践证明,社会主义阶段特别是初级阶段不能取消商品货币关系,商品经济的充分发展是社会发展不可逾越的阶段。尤其是对我国作为历史上商品经济很不发达的国家来说,大力发展社会主义市场经济,建立健全各项市场经济运行机制和管理制度,是实现社会主义现代化的必不可少的条件。今天我们深入研究马克思主义经济伦理的思想源头,探索中国特色社会主义经济建设的哲学根基及其方法论应用,是把握正确的社会主义建设方向,走好中国道路的有益路径。

---

① 《马克思恩格斯全集》第25卷,人民出版社2001年版,第20页。

第二章　恩格斯的经济伦理批判及其贡献

正如马克思评价恩格斯的《国民经济学大纲》对自己的政治经济学研究的启示所言，这一著作是“批判经济学范畴的天才大纲”①。恩格斯的这本著作对马克思的政治经济学研究有很大的启发，马克思对这篇著作作了详细摘录，指出它“已经表述了科学社会主义的某些一般原则”②。长期以来，我们对马克思恩格斯共同开创的马克思主义政治经济学研究的认识，多数情况下是聚焦在马克思的经济学思想和文献中，恩格斯往往被隐没在对马克思思想的阐述体系中。毋庸讳言，恩格斯在其一生中，对马克思的政治经济学批判思想不遗余力地推介和精准阐释，一定程度上使得后人对恩格斯自己的思想贡献有所忽略，这是我们对恩格斯经济伦理思想缺乏深入研究的重要原因。改革开放以来，随着对马克思恩格斯思想的深入研究，已经有学者注意到了马克思和恩格斯的思想之间存在的一些差异，在恩格斯关于经济史和农民合作经济理论的解读方面作了一些梳理。恩格斯的经济学文献中蕴含的经济伦理思想非常丰富并且独具特色。

恩格斯关于经济学的文献主要包括《国民经济学批判大纲》（写于 1843

① 《马克思恩格斯文集》第 2 卷，人民出版社 2009 年版，第 592 页。

② 《马克思恩格斯文集》第 3 卷，人民出版社 2009 年版，第 491 页。

年9月底或10月初)、《英国状况:十八世纪》(写于1844年1月初至2月初)、《英国工人阶级状况》(写于1844年9月至1845年3月)、《共产主义原理》(写于1847年10月底至11月)、《卡尔·马克思〈政治经济学批判(第一分册)〉》(写于1859年8月)、《卡·马克思〈资本论〉第一卷书评——为〈民主周报〉作》(写于1868年3月)、《论住宅问题》(写于1872年5月至1873年1月)、《反杜林论》(写于1876年9月至1878年6月)、《〈英国工人阶级状况〉1892年德文第二版序言》(写于1892年7月)等重要文献,另外还有大量与马克思就《资本论》的通信。这些文献无论是阐述恩格斯自己的观点还是介绍马克思的经济学观点,都体现了恩格斯的视角和独到见解,也包含有丰富的带有强烈批判意味的道德意蕴。

一、开拓性的经济伦理范畴批判视角

恩格斯早期文献的范围并没有明确的时间界定,从恩格斯文献体现的思想来看,笔者认为可以大约界定为1847年之前,主要是《国民经济学批判大纲》和《英国工人阶级状况》这两篇重要文献。在恩格斯的早期经济学文献中突出体现了恩格斯经济学研究的天才结论和伦理批判特色。

1.道德批判视角下的经济学剖析

相较于马克思的经济学文献,恩格斯的早期经济学批判带有强烈的道德批判色彩。但是带有道德批判色彩并不意味着恩格斯对当时的资本主义批判没有自己的科学研究依据。恩格斯是有着资本主义经商经验的哲学家,他所论述的对资本主义批判的关键之点,可以说也是他自身处于资本主义经济体系中的实践经验的反思性批判。从恩格斯的早期经济学批判文献中,我们能读出他对英国古典经济学和欧洲大陆的历史及哲学都有着精深和透彻的理解,可以说恩格斯的早期经济学批判是他的经济现象学批判的集中体现。

青年恩格斯对资本主义经济范畴的批判内在蕴含着历史性的道德维度。这种道德维度的批判虽然使得恩格斯的阐述带有价值导向，似乎在一定程度上减轻了他的理论批判力度和说服力，但是马克思却从中看到了恩格斯这些批判中蕴含的“天才”之处，那就是所有这些批判中隐含的历史唯物主义前提。虽然可能这是由于批判的对象所致，即以古典经济学为代表的近代资产阶级政治经济学，其哲学前提就是 17 和 18 世纪的机械唯物主义，但是恩格斯阐述的隐含前提却是恩格斯已经具备只是还没有系统论证的唯物主义历史观。

1842 年底，恩格斯早于马克思进行了政治经济学领域的研究，在英国经商期间，他于 1843 年 9 月底至 10 月初写的《国民经济学批判大纲》（以下简称《大纲》）成为马克思主义经济学奠基的开篇之作和“天才大纲”。在这本著作中，恩格斯站在无产阶级的立场，带着强烈道德批判色彩抨击了诸多资本主义经济范畴和资本主义以私有制为基础的经济运行机制问题。

私有制是青年恩格斯首先批判的经济学范畴。恩格斯对资产经济国民经济学的总的判断是“一个成熟的允许欺诈的体系”，实际上是被资产阶级垄断的“发财致富的科学”，是额角上“带有最令人厌恶的自私自利的烙印”的“私经济学”。① 当然，在恩格斯书写早期经济学批判的时候，英国已经过了 18 世纪的资产阶级革命，开启了第一次工业革命之后的资产阶级工业发展的新时代。这时的英国古典经济学思想已经摒弃了之前重商主义时代的以掠夺金银为代表的财富积累思想，有了历史进步，但也只是前进了半步，对于“私有制的合理性”这个问题，是不会去过问的。这种新经济学具有与重商主义体系的血腥恐怖不同的理论特点，那就是伪善和诡辩。他说：“经济学家离我们的时代越近，离诚实就越远，时代每前进一步，为把经济学保持在时代的水平上，诡辩术就必然提高一步。”②这段描述表达了恩格斯对资产阶级国民经济学用现象掩盖本质的道德批判。

---

① 《马克思恩格斯文集》第 1 卷，人民出版社 2009 年版，第 56、60 页。

② 《马克思恩格斯文集》第 1 卷，人民出版社 2009 年版，第 59 页。

恩格斯对自由主义经济学的态度总体来看，在早期经济学文献中体现出的是诸多的道德批判。尽管那时的自由主义经济学仍然是进步的，恩格斯甚至把亚当·斯密称为“经济学的路德”，而这个说法后来也被马克思在《1844年经济学哲学手稿》中借用①，但恩格斯仍然用“伪君子”“滥用道德以实现不道德的意图的伪善方式”“不道德的、利己的动机”②来形容斯密颂扬的所谓商业的人道精神。恩格斯同时也指出，这种“全部利己的论辩只不过构成人类普遍进步的链条中的一环。他不知道，他瓦解一切私人利益只不过替我们这个世纪面临的大转变，即人类与自然的和解以及人类本身的和解开辟道路。”③这段评判虽然没有马克思在1844年批判私有制时的强烈哲学思辨色彩，但是却从历史的意义上说出了资本主义制度发展的历史必然性，它终究要成为人类社会历史发展链条的一环。

其次，在恩格斯的《大纲》中，还分析和批判了资产阶级政治经济学的一些理论观点及方法，论及了资产阶级经济学的一些基本范畴，如价值、竞争关系、生产费用、资本和利润、土地所有权和地租、劳动等。在这些批判中恩格斯使用了“劳动价值”“劳动价格”“出卖劳动”等概念④。恩格斯指出由重商主义，接着由斯密、李嘉图、萨伊、麦克库洛赫及马尔萨斯等这些资产阶级政治经济学家确立的范畴所导致的种种矛盾，对这些“价值”“生产费用”“竞争关系”“地租”“利息”“资本”和“劳动”等范畴作了辩证的批判，他认为这些范畴在国民经济学的理论和现实中，都处于既对立又统一的状态，甚至是头足颠倒的状态；在资本主义周期性的商业危机中，这种全凭偶然性摆布的生产方式，在这种“把价值的抽象推崇为一种特殊存在物的制度”⑤条件下，是不可能

---

① 《马克思恩格斯全集》第3卷，人民出版社2009年，第289页。

② 《马克思恩格斯文集》第1卷，人民出版社2009年版，第61—62页。

③ 《马克思恩格斯文集》第1卷，人民出版社2009年版，第63页。

④ 马克思和恩格斯在19世纪40—50年代，即马克思提出剩余价值理论以前所写的著作中使用过这些概念。

⑤ 《马克思恩格斯文集》第1卷，人民出版社2009年版，第74—75页。

有建立在道德基础上的交换的,而不道德的顶点还是交易所中有价证券的投机。私有制基础上的那些国民经济学家所倡导的所谓"自由竞争"(青年恩格斯此时所讲的竞争,其实是指市场交换机制),"贯穿在我们的全部生活关系中,造成了人们今日所处的相互奴役状况"。① 恩格斯同时辩证地指出了"竞争也支配着人类在道德上的进步",他总结说:"竞争也扩展到了道德领域,并表明私有制使人堕落到多么严重的地步。"②恩格斯指出资本主义私有制是一切祸害的根源,提出了消灭私有制的主张,形成了马克思后来在《资本论》中的许多提法的雏形。由此,恩格斯把这些范畴中存在的内在矛盾,归结于私有制的罪恶,不得不说这是恩格斯对私有制的精神现象学批判,此时无论马克思还是恩格斯都还没有完成自身哲学基础的革命性变革。

在恩格斯的晚年,他对自己早年进行国民经济学范畴批判所使用的一些概念有过反思和评价,比如在 1891 年,恩格斯在为马克思的《雇佣劳动和资本》这本小册子所写的导言中指出,"用后来的著作中的观点来衡量",这些概念"是不妥当的,甚至是不正确的"③,在后来的著作中使用的是"劳动力价值""劳动力价格""出卖劳动力"等概念。

再次,青年恩格斯提出了一些被马克思后来称之为"天才"判断的经济伦理批判观点。其一,对"价值"的界定。马克思在《资本论》中明确地把价值界定为人类劳动的凝结,是抽象价值和交换价值,而不是使用价值。恩格斯在《大纲》中讲的"价值"虽然没有明确地界定其含义,但是他强调价值的社会属性,认为价值不是只由生产费用决定,还取决于商业中的竞争关系。这里恩格斯所说的竞争关系,是指市场交换基础上的竞争机制,首先是社会的需求决定是不是应该生产某种商品,其次是这种物品是不是能在商业交换和流通基础上的竞争机制中,完成生产费用的回收和利润的获取。他说:

① 《马克思恩格斯文集》第 1 卷,人民出版社 2009 年版,第 84 页。
② 《马克思恩格斯文集》第 1 卷,人民出版社 2009 年版,第 85 页。
③ 《马克思恩格斯文集》第 1 卷,人民出版社 2009 年版,第 701 页。

> 价值首先是用来决定某种物品是否应该生产，即这种物品的效用是否能抵偿生产费用。然后才谈得上运用价值来进行交换。如果两种物品的生产费用相等，那么效用就是确定它们的比较价值的决定性因素。①

恩格斯否认价值是单纯由主观效用来决定的说法。他认为："经济学中的一切就被本末倒置了：价值本来是原初的东西，是价格的源泉，倒要取决于价格，即它自己的产物。"②这时的恩格斯还没有完全在唯物辩证法基础上来剖析这些经济范畴，但这种对于价值规定的社会性本质的强调体现了马克思所指出的"天才"预见的特点。

其二，恩格斯肯定了科学技术创造等精神因素在经济生产中的作用。他指出在简单劳动这一肉体因素以外，还有发明和思想这一精神要素。在恩格斯写作《大纲》的时代，国民经济学家认为财富的条件就是土地、资本、劳动，除此之外什么也不需要，科学是与生产无关的。恩格斯却认为这些表明科学的进步超出了这些经济学家的计算。恩格斯说：

> 在一个超越利益的分裂——正如经济学家那里发生的那样——的合理状态下，精神要素自然会列入生产要素，并且会在经济学的生产费用项目中找到自己的位置。③

在恩格斯看来，经济生产包括两个要素即自然和人，其中自然包含着人的肉体活动和精神活动。这些对科学发明和技术等的看法，对马克思《资本论》中对机器体系的研究都有启发意义。

其三，恩格斯在《大纲》中批判了资本主义私有制使人成为商品，这种自我出让的不道德要远甚于被剥夺基本的生存条件。虽然这时恩格斯还没有像后来马克思在《资本论》中指出是劳动力成为商品使得货币成为资本，但是恩

① 《马克思恩格斯文集》第1卷，人民出版社2009年版，第65页。
② 《马克思恩格斯文集》第1卷，人民出版社2009年版，第66页。
③ 《马克思恩格斯文集》第1卷，人民出版社2009年版，第67页。

格斯此时的观点是有启发性的。他由此指出这种使人成为商品的制度带来的后果是严重的：

> 这种理论向我们指出，私有制如何最终使人变成了商品，使人的生产和消灭也仅仅依存于需求；它由此也指出竞争制度如何屠杀了并且每日还在屠杀着千百万人；这一切我们都看到了，这一切都促使我们要用消灭私有制、消灭竞争和利益对立的办法来消灭这种人类堕落。①

这些带有结论性的论述虽然从逻辑的角度不一定十分严密，但无疑闪耀着思辨光芒的理论，在无产阶级还处在探索自为道路的初始时期，无疑是带有启示性的理论入口。通过与后来马克思的经济学研究进行贯通和对比思考，恩格斯的这篇《大纲》与马克思的《1844 年经济学哲学手稿》有着密切的理论关联，这些理论闪光点给马克思带来的思考是值得用“天才”启发来形容的。

2. 批判当时流行的资产阶级经济伦理思想

恩格斯在《大纲》里虽然没有在唯物辩证法哲学基础上透彻地批判萨伊和马尔萨斯之流的资产阶级庸俗经济学学说，但也深入批判了他们在意识形态层面试图掩盖阶级剥削实质的经济伦理思想。

恩格斯和马克思一样，都在自由资本主义发展的早期阶段关注到了资本主义生产周期性的商业危机。恩格斯认为这种经济波动是一个产生革命的规律，是“一个以当事人的无意识活动为基础的自然规律”，最后必定引起一场社会革命；他说：“80 年来，这些商业危机像过去的大瘟疫一样定期来临，而且它们造成的不幸和不道德比大瘟疫所造成的更大”。② 在英国，长期以来，这种人们纯粹由于过剩而饿死的荒诞状况一直都存在。

马尔萨斯等资产阶级庸俗经济学家解释不了生产过剩和停滞的反复交替

---

① 《马克思恩格斯文集》第 1 卷，人民出版社 2009 年版，第 82 页。

② 《马克思恩格斯文集》第 1 卷，人民出版社 2009 年版，第 74 页。

这种长期存在的怪诞现象，而为了解释这种状况，比当时的贫富两极分化现象更加荒谬的人口论适时诞生了。马尔萨斯甚至提出用暴力来消灭所谓人口的过剩，对此恩格斯批判道：

> 简言之，要是我们愿意首尾一贯，那我们就得承认：当地球上只有一个人的时候，就已经人口过剩了。从这种阐述中得出的结论是：正因为穷人是过剩人口，所以，除了尽可能减轻他们饿死的痛苦，使他们相信这是无法改变的，他们整个阶级的唯一出路是尽量减少生育，此外就不应该为他们做任何事情……
>
> 我是否还需要更详尽地阐述这种卑鄙无耻的学说，这种对自然和人类的恶毒诬蔑，并进一步探究其结论呢？在这里我们终于看到，经济学家的不道德已经登峰造极。①

恩格斯认为这些国民经济学家不敢正视真理，否则他们的整个体系就会垮台。对于这种商业危机的成因，马克思在《资本论》中有过精当的剖析，这种由于私有制与社会化大生产之间的矛盾所导致的生产与消费的断裂，实质是随着资本主义剥削程度的加深而出现的社会消费的有效需求不足。而当时的庸俗经济学家却始终用各种片面的角度看待这种矛盾现实，特别是马尔萨斯固执地认为其原因在于人口的过度繁衍超过了可支配的生活资料，要用暴力把所谓过剩人口消灭。恩格斯批判说这些经济学家所说的需求不是现实的需求，所说的消费也只是人为的消费。

遗憾的是，青年恩格斯在没有完成自己的历史唯物主义思想基础革命的时期，还不能对马尔萨斯荒谬的人口论进行科学和彻底的批判，只是指出了这种荒谬理论的唯心主义本质。恩格斯认为："马尔萨斯的理论只不过是关于精神和自然之间存在着矛盾和由此而来的关于二者的堕落的宗教教条在经济学上的表现。"②他甚至认为可以从马尔萨斯的理论中为社会变革汲取到最有

---

① 《马克思恩格斯文集》第1卷，人民出版社2009年版，第78—79页。

② 《马克思恩格斯文集》第1卷，人民出版社2009年版，第81页。

利的经济论据。显然这种判断是早期恩格斯在无法科学和彻底地反驳马尔萨斯人口论时期的审慎所致。

青年恩格斯在批判国民经济学诸多范畴的同时,还特别剖析了他认为是典型的自由资本主义国家的英国的政治和哲学状况。他曾经于1843年至1844年撰写了三篇研究英国状况的文章①,其中有诸多对当时流行于资产阶级社会的经济伦理思想的批判,特别是以英国的边沁为代表的功利主义伦理意识形态。从这些批判中可以看出,青年恩格斯显然比同时期的青年马克思,更加高度关注经济基础之上的社会意识的历史发展。在《英国状况。十八世纪》中,他站在唯物主义和共产主义立场,不是从抽象的观念和人性出发,而是从社会经济发展的历史和现实出发来阐述历史前进的趋势。

从青年恩格斯的著作中可以看出他跟青年马克思的思考侧重面是有区别的。他特别注重从社会意识层面考察时代变化。在《英国状况。十八世纪》中,恩格斯梳理了英国作为最早发展起来的自由资本主义国家的社会意识变化,并且对比了德国和法国这两个典型的大陆国家的社会意识状况,对资产阶级意识形态中的经济伦理思想进行了早期批判。恩格斯的这篇著作可以视为他在青年时期基于资本主义社会产生、形成、发展而归纳的经济伦理发展小史。

资产阶级经济伦理思想的产生是有其历史前提和社会基础的。恩格斯特别注重从社会演变的真实历史进程中观察和总结这些社会意识现象。十八世纪是欧洲历史上的社会革命蓬勃发展的世纪,同时在宗教改革和自然科学方面都有长足的进步,其中也包括以政治学和国民经济学为突出表现的人文社会科学的发展等。但欧洲内部不同的国家有着不同的历史表现。恩格斯认为德国、法国和英国是当代史上的三个占主导地位的国家,这三个国家反映在哲学思想上的民族特性各不相同。德国人代表基督教唯灵论的原则即宗教和

① 分别是第一篇《英国状况。评托马斯·卡莱尔的〈过去和现在〉》,第二篇《英国状况。十八世纪》和第三篇《英国状况。英国宪法》。

教会占统治地位，法国人代表古典古代唯物主义的原则即政治和国家占统治地位，英国人虽然也类似法国的唯物主义原则，但是英国人的唯物主义原则是原子化的追求商业利益的个人占据统治地位。英国民族特性中对精神与物质、实体与实在、自由与必然等矛盾的感觉和体察，促使英国人转向了经验和怀疑论。

英国的这种经验主义哲学，成为英国人较早走上以个人利益追求为基础的资本主义社会发展道路的社会哲学根基。当然，欧洲大陆国家随着封建制度的废除，也开启了政治社会化的历史进程。利益，并且是主体的、利己的、单个的利益，不但被升格为普遍原则，而且更是被升格为人类的纽带，建立在私有制基础上的分散的、外在的、隔绝的、互相排斥的、原子式的纽带，私有财产这种外在化的利益表现，成了世界的统治者。恩格斯说："人已经不再是人的奴隶，而变成了物的奴隶；人的关系的颠倒完成了。"①青年恩格斯通过批判以英国为典型的资产阶级社会形成史，说明了所谓资产阶级社会实际上是以个人主义哲学为根基的社会。当然，英国之所以典型，是因为资本主义工业革命率先在英国发生和发展，按照恩格斯的理解：

> "英国工业的这一次革命化是现代英国各种关系的基础，是整个社会的运动的动力。""商业吞并了工业，因而变得无所不能，变成了人类的纽带；个人的或国家的一切交往，都被溶化在商业交往中，这就等于说，财产、物升格为世界的统治者。"②

正是在18世纪英国发生了工业革命，社会生产方式发生根本性的变化，在此基础上分化出土地贵族、金钱贵族和工人民主派等社会阶级，资产阶级为了推翻封建贵族而与工人阶级联合起来。同时英国资产阶级也在社会意识形态领域挖空封建制度的基础，功利原则无论在政治还是经济领域都成为替代封建制度思想根基的流行的社会意识。恩格斯特别指出英国边沁的功利主义

---

① 《马克思恩格斯文集》第1卷，人民出版社2009年版，第94—95页。

② 《马克思恩格斯文集》第1卷，人民出版社2009年版，第105页。

思想是当时资产阶级意识形态的典型,他说:“边沁使自由竞争成为伦理道德的实质,他根据财产的规律即物的规律,根据自然规律调整人类的关系。”①这种功利主义思想的普及使得社会原则代替了政治的原则,促使封建国家这种政治组织成为阻碍资产阶级获取政治权力的形式,最终导致政权更迭。

二、批判资本主义大工业的劳动伦理

青年恩格斯除了从资产阶级意识形态入手进行批判,还从资本的背面即劳动的层面,审视工人阶级经济状况,考察资本主义大工业的劳动伦理问题。恩格斯在 24 岁的时候写作了《英国工人阶级状况》这篇著作。恩格斯在 1892 年德文第二版序言中指出,随着资本主义殖民地的扩张,世界市场围绕着英国这个大的工业中心而运转,使得英国工业获得了巨大的和空前的发展。与此同时,随着工人运动在大工业发展中的作用,使得工人的生产和生活条件有了一定程度的改善。但是资本主义制度本身没有变,这种制度的内在矛盾随着资本主义危机程度的加重,使得工人阶级的精神贫困程度日益加深。

1. 资本主义机器大工业摧毁了旧生产方式体系中的淳朴道德

青年恩格斯曾经用了近两年的时间亲身观察和交往英国工人阶级这个无产阶级群体。他说:“工业革命同时又推动了整个市民社会的变革,它的世界历史意义只是现在才开始被认识。”②对于无产阶级真实生活状况的了解是搞清他们为什么会如此贫困的现实路径。无产阶级的贫困不仅是物质生活上的贫困,更为严重的是精神生活的贫困。这种精神贫困消磨掉了无产阶级的革命意识和革命自觉。资本主义机器大工业的发展,打破了之前本地市场主导的田园牧歌式的耕织生活,这种生活并不是后来机器大工业时代的一天工作

① 《马克思恩格斯文集》第 1 卷,人民出版社 2009 年版,第 106 页。
② 《马克思恩格斯文集》第 1 卷,人民出版社 2009 年版,第 388 页。

8小时或12小时的生活,而是类似自给自足的比上不足比下有余的自由生活,这种宗法关系下的生活闭关自守,与世隔绝,自私自利,甚至精神生活是死气沉沉的,却在道德层面仍然具有谦逊恭顺的品格。

随着英国的工业和整个市民社会运动的发展,机器劳动战胜了手工劳动,造成了商业和工业的日益繁荣,但是却使得资本与劳动的鸿沟越来越大,无产阶级的人数在迅速增长的同时,工人阶级失去一切财产,更是出现道德败坏的现象。青年恩格斯详细列举了棉纺织业、毛纺织业、蚕丝加工、机器制造业、矿产加工业等方面的数据,指出“一切都被卷入了运动的这个大漩涡”。不但是工业,还包括农业、交通、铁路、蒸汽等各方面,变革都是全方位的、前所未有的。

恩格斯从英国工人阶级的恶劣生活环境、各种严重疾病和传染病的频繁爆发,以及食物匮乏和严重酗酒等现实状况,指出工人阶级在日益对立的资本主义社会关系中,因为贫穷所承受的只能是要么酗酒而亡,要么是酗酒所带来的精神和肉体的毁灭性影响①。他依据当时议会工厂委员会的报告,指出所有这些摧毁都集中反映在工人阶级及其家庭成员平均寿命与其他较高阶层相比是缩短的。

2. 资产阶级对工人阶级施行愚昧的宗教道德教育并且任其精神毁坏

不仅如此,在受教育程度方面,无产阶级也是最低的。恩格斯指出,资产阶级害怕工人受教育,他们只让工人接受宗教教育,在当时工人阶级,这种宗教教育只能“激起教派的仇恨和狂热的迷信,而一切理性的、精神的和道德的教育却被严重地忽视了”②。工人阶级所接受的是“宗教观念的毒素”,几乎都不会读写。

特别突出的是工人阶级的子女教育问题,在缺乏纯世俗的公共教育制度

---

① 参看《马克思恩格斯文集》第1卷,人民出版社2009年版,第416页。

② 《马克思恩格斯文集》第1卷,人民出版社2009年版,第425页。

的情况下，孩子们被迫接受宗教教育，而这种宗教狂热给工人阶级子女带来的不是文明的素质和科学的观念，反而灌输给他们各种无法理解的神学教条，使他们即使在宗教方面也是极端无知的。恩格斯指出，孩子们"从很小的时候起就激起教派的仇恨和狂热的迷信，而一切理性的、精神的和道德的教育却被严重地忽视了。"①但是幸而工人阶级却从实际生活状况中清楚知道自身阶级乃至于全民族的利益，是实际的阶级斗争教育了工人阶级，让他们懂得了现实的政治和社会问题本质所在。

3. 审视工人阶级经济状况的道德视角

资产阶级的自私自利甚至使其都不肯把现代道德即资产阶级为了自身利益而炮制出来的道德灌输给工人阶级，对工人只使用暴力。恩格斯说："资产阶级对工人只有一种教育手段，那就是皮鞭，就是残忍的、不能服人而只能威吓人的暴力。""工人的整个状况和周围环境都强烈地促使他们道德堕落。他们穷，生活对于他们没有任何乐趣，几乎一切享受都与他们无缘，法律的惩罚对他们再也没有什么可怕的。"②在早期资本主义发展的阶段，这样的无产阶级普遍赤贫的状况是社会的普遍现象，青年恩格斯从这种社会极化的普遍性中看到了物质基础与精神生活的相互支撑和影响。英国工人日益沦为无产者，这种生活状况的不稳定，对他们道德所起的破坏作用比贫穷要厉害得多。贫穷、酗酒、纵欲、卖淫等道德堕落甚至犯罪都成为资产阶级眼里的无产阶级的标签。恩格斯指出所有这些加在工人头上的全部罪名其实源于这种资本主义制度。青年恩格斯在如实描述英国工人阶级状况时还没有与马克思一起共同完成历史唯物主义思想与方法的哲学革命，尽管对这些工人阶级道德堕落现象的批判是社会现象学意义上的批判，在当时仍然具有振聋发聩的意义。

青年恩格斯高度赞扬了英国工人阶级的反抗斗争和革命精神。工人阶级

① 《马克思恩格斯文集》第1卷，人民出版社2009年版，第425页。

② 《马克思恩格斯文集》第1卷，人民出版社2009年版，第428页。

用暴力来反对使用机器是在工业运动初期的第一次反抗，但是这种反抗是零散的和地区性的。后来随着工人自由结社合法化，工会的斗争和厂主的破坏交替发生，罢工激化了矛盾，也引起了工人阶级队伍的分化。随着资产阶级应对罢工而应用了更为先进的机器，工人阶级寻求工作和工资增加的难度不断加大，阶级冲突的决战已经迫近，全面的社会战争已经蔓延到社会各个层面。青年恩格斯看到了英国工人阶级“只有在任何反抗都已无济于事并已失去意义的时候才向暴力让步的那种顽强的、不可战胜的英勇气概。”①与此同时，恩格斯也抨击英国资产阶级的堕落和自私自利到了不可救药的地步。最典型的代表就是马尔萨斯的人口论以及由此产生的新济贫法。马尔萨斯把贫穷或失业成为“过剩人口”宣布为犯罪，提出社会应当用饿死来惩罚这种犯罪。当然在现实中这种饿死所谓“过剩人口”的做法是不可能的，但在资产阶级社会，统治阶级会用所谓法律比如济贫法驱赶那些被称之为“过剩人口”的工人阶级，迫使其进入所谓习艺所，大量失业无产阶级在习艺所遭受虐待，甚至因为疾病得不到及时救治而死亡。这些都激起了工人阶级对有产阶级的仇恨。恩格斯说：“新济贫法也大大促进了工人运动的发展，特别是促进了宪章运动的扩展；因为这个法律在农村中应用得最广，所以它将有利于农村地区无产阶级运动的发展。”②恩格斯在英国这些针对无产阶级的社会措施中，看到了不同于以往社会形态的资本主义社会日益发展的严重阶级对立。无产者在资产阶级眼里甚至都不值得被当人对待，这充分暴露了所谓资产阶级人道主义的虚伪性。恩格斯在这里通过对资本主义商业危机的社会现象学剖析，预言了社会革命发生的历史必然性，在革命发生发展的历史进程中，无产阶级的革命精神不是凭空产生的，而是在社会危机中不断得到千锤百炼。无产阶级战胜自身的阶级局限性，一方面需要革命实践的锤炼，另一方面需要在思想和精神方面的进步。当然，恩格斯认为随着阶级分化日益尖锐，反抗精神日益深入工人的

---

① 《马克思恩格斯文集》第1卷，人民出版社2009年版，第460页。

② 《马克思恩格斯文集》第1卷，人民出版社2009年版，第492页。

心中,他预言不久的将来就会有一场暴风骤雨式的无产阶级革命运动的发生。

三、晚年恩格斯的经济伦理批判

1883 年 3 月 14 日马克思逝世,此时的恩格斯也已步入晚年,他承担起整理和出版(再版)马克思的遗稿的艰巨任务,与此同时还要独自肩负起指导国际工人运动、捍卫和发展马克思的理论、培养年轻的社会主义活动家和理论家的重任。马克思去世后遗留了大量的手稿,恩格斯在 1883 年 4 月 11 日给纽文胡斯的信中谈到:"马克思留下了《资本论》第二卷的大量书稿;我必须先看一遍(它是用什么字迹写的啊!),然后才能说,它在多大程度上已经搞好可以付印,需要从比较后期的笔记本中选取多少东西作为补充。无论如何,主要的东西已经有了。"①事实上,除了遗留的经济学手稿,马克思有大量的遗稿在恩格斯逝世之后仍然没有整理问世。尽管并没有把马克思的经济学手稿全部整理出来并且出版,恩格斯晚年耗费巨大精力把马克思的《资本论》第二卷和第三卷整理出版,此外又写了几篇重要的著作来反击当时的资产阶级理论界对马克思思想的歪曲和攻击。

恩格斯的晚年所写的著作和书信等,详细论述了马克思和他共同创立的历史唯物主义思想在历史实践中的具体体现,而且更多地强调意识的独立性,反对把历史唯物主义简单化为"经济唯物主义""经济主义""经济决定论",等等。因此,从经济伦理的视野看,恩格斯更加注重科学地阐明我们该如何在具体的历史现象中看待经济实践这个问题,也更加详细地剖析意识形态各要素对于经济基础的相对独立性和反作用表现。

(一)恩格斯在《起源》中论证道德的唯物主义基础

恩格斯在《家庭、私有制和国家的起源》(以下简称《起源》)中集中论述

① 《马克思恩格斯全集》第 36 卷,人民出版社 1975 年版,第 6—7 页。

了私有制的产生如何使得专偶制家庭出现，探讨了西欧的各个国家是如何在私有制基础上诞生的。在《起源》中，恩格斯说明了私有财产的观念和制度基础，指出家庭随着私有财产的出现而逐渐演化成现代文明时代的形式和制度，国家的出现也是建立在私有财产的发达基础上的。

长期以来，资产阶级学者一直把个体家庭、私有财产和国家神圣化，攻击共产主义者要消灭家庭、财产和国家，就是要消灭人们之间最亲密的关系，剥夺个人一切活动和自由、个性的基础，制造社会的无政府状态。

恩格斯主要根据摩尔根的研究成果和马克思就该书所作的摘录笔记和评论，并且进一步阅读了泰罗的《人类原始历史和文明的产生研究》、巴霍芬的《母权论、根据古代世界的宗教和法权本质对古代世界的妇女统治的研究》等数十部著作，结合自己此前的研究成果，写了《起源》一书。恩格斯认为，非常有必要以马克思的笔记为基础，写一部专门的著作，进一步论证和发展唯物史观。写作《起源》更是为了系统研究原始社会史以丰富和发展唯物史观。研究人类社会发展的一般规律，必须研究原始社会规律。唯物史观是关于人类社会发展的一般规律的理论。缺少对原始社会的分析，历史唯物主义就是不全面的、仅仅限于阶级社会的历史；而且就阶级社会本身的历史来说也是不全面的，因为它无法揭示阶级和阶级社会的起源，从而也就没有揭示阶级社会发生、发展和灭亡的全过程。因此，将唯物史观拓展到原始社会史的研究，揭示原始社会的本质和规律，阐明私有制、阶级和国家的起源，是直接关系到唯物史观普遍性和科学性的重大课题。

1. 两种生产理论更有助于理解和把握作为其经济伦理思想基础的唯物史观的实质和方法论

虽然在此前更早的《德意志意识形态》和马克思的《经济学手稿（1857—1858 年）》也有过关于两种生产的理论，但都不像在恩格斯的《起源》中如此系统和详细。恩格斯在 1884 年序言中说：“根据唯物主义观点，历史中的决定性因素,归根结底是直接生活的生产和再生产。但是,生产本身又有两种。一方面是生活资料即食物、衣服、住房以及为此所必需的工具的生产;另一方面是人自身的生产,即种的繁衍。"①从人类漫长发展的历史进程看,两种生产都是历史中的决定性因素,即人类自身的生产也属于历史发展中的决定因素。但是两种生产的地位并不始终均等,而是随着人类文明的不断发展发生了重大变化。人自身生产的决定性地位由强变弱,物质生活资料生产的地位由弱变强,在整个阶级社会,物质生活资料的生产都处于支配地位。最后,社会制度和上层建筑的状况受到两种生产的制约,既受到劳动即物质生产的制约,又受到家庭即人口生产的制约,劳动越不发达,生产力状况越低下,社会制度就越是受到人自身生产即血族关系的制约,随着生产力水平的提高,劳动对社会制度的制约程度日益明显。

恩格斯指出,生产力的发展导致私有制的出现,最终出现了国家,国家的基层单位不是血族团体,而是地区团体,"在这种社会中,家庭制度完全受所有制的支配,阶级对立和阶级斗争从此自由开展起来,这种阶级对立和阶级斗争构成了直到今日的全部成文史的内容。"②劳动生产力在原始社会逐步发展起来,从而劳动产品的数量、社会财富的数量不断增加起来,于是物质生产的决定作用逐渐从次要的地位上升到主要的地位,生产力的发展成为历史发展的根本力量,而人自身生产的决定作用则逐渐从主要的地位降低到次要的地位。同时人自身的生产的影响,对历史发展起到的促进或延缓作用,是通过影响生产力发展而显示出来的。这两种生产地位的变化,也表明了原始社会和文明社会在社会结构方面的异质性,在生产力发展基础上进入文明社会以后,原来的原始社会中"以血族关系为基础"就变为以所有制为基础,恩格斯指出家庭制度完全受所有制支配,阶级社会的到来是有文字记载的人类历史的主要内容。

---

① 《马克思恩格斯选集》第4卷,人民出版社2012年版,第13页。
② 《马克思恩格斯选集》第4卷,人民出版社2012年版,第13页。

这两种生产一起可以称之为物质生活的生产，不能把二者割裂开来或对立起来。首先是物质资料的生产，人们必须为了生存和生活而从事衣食住行以及其他物品的生产活动，这是人类社会存在和发展的基本前提，因此物质资料的生产是根本性的生产活动。尽管如此，理解恩格斯的"两种生产"理论也要具体考察社会发展不同阶段的各种历史条件的制约，人类自身的生产在不同时代对社会发展是起促进还是延缓作用，要作具体的历史分析，不能一概而论，离开特定的历史发展阶段和条件，抽象地谈论两种生产在社会发展中的作用或者把二者相互对立都是错误的。恩格斯依据当时的考古文献，特别是摩尔根的《古代社会》一书的实证材料，考察了原始社会到阶级社会的所有制，婚姻家庭制度的变迁，文明时代国家的产生，以及道德风俗和法律制度等等与之相生相伴而逐渐产生的人类精神文明成果，奠定了历史唯物主义基础上的关于道德起源等问题的理论基础。

2. 婚姻家庭和氏族社会演化及其伦理风俗生成的历史唯物主义基础

恩格斯的婚姻家庭理论指出，随着人类社会的私有制的发展，作为经济单位的家庭，逐渐在历史长河中的两种生产进程中，演化为与各地生产方式相适应的个体家庭为单位的父权制家户经济，进而在氏族制度的废墟上产生了国家。

马克思和恩格斯对家庭的认识是有个深化的过程的。在《资本论》第一卷中，马克思在论述到"工场手工业内部的分工和社会内部的分工"的时候，认为"在家庭内部，随后在氏族内部，由于性别和年龄的差别，也就是在纯生理的基础上产生了一种自然的分工。"①此后，恩格斯在对马克思的《资本论》第一卷的第二版修订的时候，在这段论述后加了注释，指出："后来对人类原始状况的透彻的研究，使作者得出结论：最初不是家庭发展为氏族，相反地，氏

① 《马克思恩格斯全集》第44卷，人民出版社2001年版，第407页。

族是以血缘为基础的人类社会的自然形成的原始形式。由于氏族纽带的开始解体,各种各样家庭形式后来才发展起来。"①恩格斯的注释是依据马克思晚年所写的《路易斯·亨·摩尔根〈古代社会〉一书摘要》,恩格斯在《起源》中进一步完善了这些关于婚姻家庭和氏族社会的历史唯物主义认识。

恩格斯指出,过去在历史唯心主义思想的束缚下,对家庭史的研究出现诸多谬误,例如巴霍芬就认为"不是人们的现实生活条件的发展,而是这些条件在这些人们头脑中的宗教反映,引起了男女两性相互的社会地位的历史性的变化。"②而事实上,这是错误的认识。巴霍芬把宗教观念的形成发展视为家庭演化的决定力量,其实是本末倒置。恩格斯认为,"这种认为宗教是世界历史的决定性杠杆的观点,归根结底必然导致纯粹的神秘主义。"③虽然巴霍芬的《母权论》相对于以往的资产阶级学者观点来说已经能够从客观上观察到家庭演化的历史遗迹,但是无法科学地解释这些人类社会早期历史发展的风俗习惯遗迹的原因。恩格斯指出,只有摩尔根在其《古代社会》一书中认识到,在人类家庭演化史上,排除血缘关系的婚姻制度在自然选择的基础上促进了人类社会从母权制氏族向父权制氏族演化,这个过程也是随着人们生产力水平的提高,逐步由起初的自然选择起主要作用,前进到社会生产力发展起主要作用的历史过程。

恩格斯认为,氏族作为原始社会的社会组织和社会制度,是人类历史发展到一定阶段的产物,有其自身的发生、发展和消灭的历史过程。"氏族制度,在绝大多数情况下,都是从普那路亚家庭中直接发生的。"④严格禁止氏族集团内部通婚是氏族制度与血缘家庭的根本区别。最早出现的是母系氏族,包括胞族、部落和部落联盟组成的一整套组织结构。到了原始社会末期,随着生

---

① 《马克思恩格斯全集》第44卷,人民出版社2001年版,第407页注释50a。
② 《马克思恩格斯选集》第4卷,人民出版社2012年版,第17页。
③ 《马克思恩格斯选集》第4卷,人民出版社2012年版,第19页。
④ 《马克思恩格斯选集》第4卷,人民出版社2012年版,第49页。

产力的发展,氏族制度渐渐解体,其一是社会分工和商品交换的发展,导致各氏族、各部落、各民族间杂居,破坏了氏族共同居住的自然前提,其二是由于社会分工和私有制的发展,破坏了氏族制度原来的原始共产家户经济制,其三是贫富对立,破坏了氏族制度原来的议事规则等政治基础。

随着专偶制家庭在生产力发展基础上从对偶制家庭中产生出来,“它的最后胜利乃是文明时代开始的标志之一”①。恩格斯说:“专偶制是不以自然条件为基础,而以经济条件为基础,即以私有制对原始的自然产生的公有制的胜利为基础的第一个家庭形式。”②虽然这种以专偶制为代表的个体婚制在恩格斯看来是文明的进步,但是恩格斯也补充道:“个体婚制是一个伟大的历史的进步,但同时它同奴隶制和私有制一起,却开辟了一个一直继续到今天的时代,在这个时代中,任何进步同时也是相对的退步,因为在这种进步中,一些人的幸福和发展是通过另一些人的痛苦和受压抑而实现的。个体婚制是文明社会的细胞形态,根据这种形态,我们就可以研究文明社会内部充分发展着的对立和矛盾的本质。”③

正是在社会生产力发展的基础上,人类社会的家庭形式也随之演进和变化。在此基础上,形成了不同社会经济基础情况下的风俗和文明习惯,构成了文明社会的家庭伦理道德的内容。但是在最初的分化阶段,许多风俗的约束,“只是针对着妇女:她们被剥夺权利,被排斥在外,以便用这种方法再一次宣布男子对妇女的无条件统治乃是社会的根本法则。”④然而,在道德信念上无法确立的,就必须在法律制度上明文规定,恩格斯也指出,任何新事物的出现都有两面性,家庭成员的血缘传承此时就必须依靠强制性的制度约束。在社会的发展中,特别是阶级社会中,为了保存和继承财产,婚姻的缔结是一种需

① 《马克思恩格斯选集》第4卷,人民出版社2012年版,第71页。
② 《马克思恩格斯选集》第4卷,人民出版社2012年版,第75页。
③ 《马克思恩格斯选集》第4卷,人民出版社2012年版,第76页。
④ 《马克思恩格斯选集》第4卷,人民出版社2012年版,第77页。

要权衡利害的事情，男女双方的爱情是次要的，家庭幸福是偶然的。恩格斯指出，现代资产阶级社会中，这种家长制家庭随着家务料理逐渐失却公共性质，妇女被排除在社会生产之外。现代社会则是纯粹以个体家庭为分子而构成的一个总体，在家庭中，丈夫是资产者，妻子则相当于无产阶级。要想真正实现妇女解放，“第一个先决条件就是一切女性重新回到公共的事业中去；而要达到这一点，又要求消除个体家庭作为社会的经济单位的属性。”①也就是说，真正实现社会的男女平等，必须让女性摆脱在家庭中的经济地位上的束缚。

当然，恩格斯也没有回避人们普遍的疑问：“既然专偶制是由于经济的原因而产生的，那么当这种原因消失的时候，它是不是也要消失呢?”②也即是说，是不是随着社会生产力的发展，专偶制家庭乃至现代社会的家庭会消失呢?会不会出现社会男女关系的普遍崩坏和堕落？恩格斯的回答是否定的。他认为随着社会的发展，以男女在公共领域的经济平等为基础，会真正地解放男性和女性的不平等关系，婚姻才能摆脱经济上的考虑从而以真正的爱情为基础。恩格斯说：“结婚的充分自由，只有在消灭了资本主义生产和它所造成的财产关系，从而把今日对选择配偶还有巨大影响的一切附加的经济考虑消除以后，才能普遍实现。到那时，除了相互的爱慕以外，就再也不会有别的动机了。”③当然，以爱情为基础的婚姻是道德的，那么也只有继续保持爱情的婚姻才合乎道德，恩格斯指出不能排除爱情会在两性之间消失，但是现代社会允许爱情为基础的结婚自由，同样也会对爱情消失了的离婚自由抱有社会宽容。

恩格斯在历史唯物主义基础上指出了道德风俗的历史发展规律，人们的道德自由是随着社会生产力和经济基础的发展而不断实现的。但是在开辟人类的道德自由的历史进程中，呈现的却是矛盾的道德发展景象。如果回溯到十分单纯质朴的氏族制度时代，人们之间的关系反而看起来更自由更平等，甚

① 《马克思恩格斯选集》第4卷，人民出版社2012年版，第85页。
② 《马克思恩格斯选集》第4卷，人民出版社2012年版，第86页。
③ 《马克思恩格斯选集》第4卷，人民出版社2012年版，第93页。

至在部落冲突中所呈现的我们称之为野蛮人的表现是公正、刚强和勇敢的这些美好的道德品质。但是恩格斯指出这种组织是注定要灭亡的,这个时代的人们虽然使人感到值得赞叹,但是他们彼此依存于自然形成的共同体之中,这种共同体却是必然要被打破的,这种必然性存在于人类社会的生产力发展的必然性之中。这个解体和打破的过程,在道德现象上,呈现的恰如黑格尔曾经指出的:有人以为,当他说人本性是善的这句话时,是说出了一种很伟大的思想;但是他忘记了,当人们说人本性是恶的这句话时,是说出了一种更伟大得多的思想。恩格斯概括为:“在黑格尔那里,恶是历史发展的动力的表现形式。……自从阶级对立产生依赖,正是人的恶劣的情欲——贪欲和权势欲成了历史发展的杠杆。”恩格斯描绘这个过程是一种“退化”,“最卑下的利益——无耻的贪欲、狂暴的享受、卑劣的名利欲、对公共财产的自私自利的掠夺——揭开了新的、文明的阶级社会;最卑鄙的手段——偷盗、强制、欺诈、背信——毁坏了古老的没有阶级的氏族社会,把它引向崩溃。而这一新社会自身,在其整整两千五百余年的存在期间,只不过是一幅区区少数人靠牺牲被剥削和被压迫的大多数人而求得发展的图画罢了,而这种情形,现在比从前更加厉害了。”①恩格斯考察了古代希腊人氏族和罗马氏族的解体过程,从中可以看到随着私有财产的神圣化,国家这种机关在氏族制度基础上应运而生,以个人血缘关系为基础的古代社会制度,被新的以地区划分和财产差别为基础的真正的国家制度所取代。

恩格斯在考察罗马奴隶制国家解体的过程中,肯定了在这个解体以及地区制度和不同民族形成的过程中,古代氏族制度的某些风俗也对各个民族国家的封建制度的形成起到了影响作用。恩格斯认为,随着罗马奴隶制的崩解,欧洲各地逐渐形成了以现代民族为特征的地方封建制王权,比如德意志人自古流传下来的母权制遗风,恩格斯认为:“氏族制度不知不觉地变成了地区制

① 《马克思恩格斯选集》第4卷,人民出版社2012年版,第110—111页。

度,因此得以和国家相适应。但是,它仍保存了它那种自然形成而为整个氏族制度所特有的民主性质;甚至在它后来被迫蜕变的时候,也还留下了氏族制度的片断,从而在被压迫者手中留下了一种武器,直到现代还有其生命力。”①比如法兰克人的扈从队和采邑制造就的封建制度的贵族阶级基础,德意志民族中保留的马尔克公社的形式等都是造就封建制度的历史遗存。但是,尽管古代氏族给现代制度遗留了某些美好的风俗,这些风俗是在现有的生产力条件的基础上才能与现实结合,实现新的调节功能,但古代氏族制度是注定要灭亡的,这是生产力和经济基础发展的必然趋势。恩格斯从社会分工发展的视角考察了这个必然出现的历史进程。

3. 私有制基础上的阶级和国家的产生是文明时代形成伦理文明史的基础

从氏族解体到国家产生,是人类社会的一次重大演进,之所以会出现国家,恩格斯指出是由于私有制的产生和阶级的分化,瓦解了原始社会的家户制共产经济制度,也就是原始的土地公有制,随之破坏了血缘聚居的氏族共同体。恩格斯在《起源》第九章集中阐述了社会大分工、私有制、阶级、国家的产生及其社会演变后果。

第一,社会分工推动社会生产力进步从而催生了私有制。人类社会的第一次社会大分工是耕作农业与畜牧业的分离,专事畜牧的游牧部落分离出来,随着生产工具的改进,劳动生产率的提高,对劳动力的需求导致战争俘虏转变为奴隶,这样就产生了第一次社会大分裂,主人和奴隶、剥削和被剥削者开始出现。家庭革命随之产生,男子在家庭中确立实际统治地位。铁质工具的使用进一步推动了农业和手工业的发展,第二次大分工是手工业和农业的分离,这两大生产部门的分离和劳动生产率的增长,出现了直接以交换为目的的生

---

① 《马克思恩格斯选集》第4卷,人民出版社2012年版,第168页。

产即商品生产,随之而来的是贸易活动的频繁。随着新的分工,共产制家庭公社解体了,土地的共同耕作结束了,耕地向完全的私有财产过渡,个体家庭开始成为社会的经济单位,从而加速了氏族的崩解。氏族制度的机关就转变为压迫和统治自己的人民的机关了。在此基础上,过去氏族时代的意识和道德风俗观念改变了。恩格斯说:"如果不是对财富的贪欲把氏族成员分裂成富人和穷人,如果不是'同一氏族内部的财产差别把利益的一致变为氏族成员之间的对抗'(马克思语),如果不是奴隶制的盛行已经开始使人认为用劳动获取生活资料是只有奴隶才配做的、比掠夺更可耻的活动,那么这种情况是决不会发生的。"①私有制的产生不但在阶级出现的基础上改变了共同体制度,而且在此基础上产生了与奴隶制社会相适应的道德风俗观点,比如鄙视劳动这种观念,而这种道德风俗观念在恩格斯看来,也是罗马帝国灭亡的社会原因之一。

第二,阶级的形成与文明时代的演进。恩格斯认为阶级是与社会经济发展和私有制出现联系在一起的,生产力的发展以及剩余产品的出现是阶级产生的物质前提。阶级的实质就在于一个集团能够占有另一个集团的劳动,要使这种占有能够实现,必须有剩余产品。生产资料的私有制是阶级产生的直接原因,私有制的产生和发展使得剩余劳动的大规模占有成为现实,私有制造成了生产关系中的人们不同的地位,在刺激占有他人剩余劳动的贪欲的同时,为这种占有提供社会制度条件。人类社会的第三次社会大分工是商业与工农业的分离,产生了商人这个社会阶级,也就是说商品流通过程从生产过程中独立出来,这标志着人类社会进入了文明时代。铸币和商人的出现造成了新的剥削手段和剥削形式,进一步加剧了阶级分化,社会完全建立在奴隶劳动的基础上,人类的第一个文明社会——奴隶社会开始了。中世纪的农奴制和近代的雇佣劳动制度,这些都是在奴隶制文明开始之后的奴役形式,这是所谓文明

① 《马克思恩格斯选集》第4卷,人民出版社2012年版,第181页。

时代的特定的“三大奴役”。为什么说奴隶时代开启了文明时代？因为只有在生产力发展的基础上，出现了阶级和私有制，才会有具备闲暇时间的阶级从事文明成果的创造和积累。恩格斯说，“文明时代是社会发展的这样一个阶段”①，它以私有制为基础，以阶级对立为主要特征，以国家为主要标志。

第三，揭示了国家的产生、本质和发展趋势。恩格斯主要探讨了自古希腊罗马以来的在氏族制度解体基础上兴起的三种国家具体形式，雅典式、罗马式和德意志式的产生过程。恩格斯说：“国家是社会在一定发展阶段上的产物；国家是承认：这个社会陷入了不可解决的自我矛盾，分裂为不可调和的对立面而又无力摆脱这些对立面。而为了使这些对立面，这些经济利益互相冲突的阶级，不致在无谓的斗争中把自己和社会消灭，就需要有一种表面上凌驾于社会之上的力量，这种力量应当缓和冲突，把冲突保持在‘秩序’的范围以内；这种从社会中产生但又自居于社会之上并且日益同社会相异化的力量，就是国家。”②在此基础上，恩格斯揭示了国家的特征和实质，国家按照地区来划分国民的，是与社会想分离的特殊公共权力的设立，国家从居民中收取捐税和发行公债来维持这种公共权力，官吏作为社会机关的代表而凌驾于社会之上。国家的实质是经济上占统治地位的阶级的统治机关，是统治者用来镇压被压迫和被剥削阶级的工具。

国家同样是随着人类社会生产力的发展而演进的。在前资本主义时期，国家依照财产状况来限制国民权利，这表明国家是“有产阶级用来防御无产阶级的组织”③。当然现代代议制国家依然如此。资产阶级民主共和国这种国家形式中已经不再正式讲什么财产差别了。恩格斯说：

……这种民主共和国已经不再正式讲什么财产差别了。在这种国家中，财富是间接地但也是更可靠地运用它的权力的。其形式一

① 《马克思恩格斯选集》第4卷，人民出版社2012年版，第190页。

② 《马克思恩格斯选集》第4卷，人民出版社2012年版，第186—187页。

③ 《马克思恩格斯选集》第4卷，人民出版社2012年版，第189页。

方面是直接收买官吏（美国是这方面的典型例子），另一方面是政府和交易所结成联盟，而公债越增长，股份公司越是不仅把运输业而且把生产本身集中在自己手中，越是把交易所变成自己的中心，这一联盟就越容易实现。……只要被压迫阶级——在我们这里就是无产阶级——还没有成熟到能够自己解放自己，这个阶级的大多数人就仍将承认现存的社会秩序是唯一可行的秩序，而在政治上成为资本家阶级的尾巴，构成它的极左翼。但是，随着被压迫阶级成熟到能够自己解放自己，它就作为独立的党派结合起来，选举自己的代表，而不是选举资本家的代表了。因此，普选制是测量工人阶级成熟性的标尺。在现今的国家里，普选制不能而且永远不会提供更多的东西；不过，这也就足够了。在普选制的温度计标示出工人的沸点的那一天，他们以及资本家同样都知道该怎么办了。①

恩格斯也预言了国家的消失，指出阶级斗争最终必然导致无产阶级专政，并通过这一专政最后消灭私有制和阶级。他说："现在我们正在以迅速的步伐走向这样的生产发展阶段，在这个阶段上，这些阶级的存在不仅不再必要，而且成了生产的真正障碍。阶级不可避免地要消失，正如它们从前不可避免地产生一样。随着阶级的消失，国家也不可避免地要消失。在生产者自由平等的联合体的基础上按新方式来组织生产的社会，将把全部国家机器放到它应该去的地方，即放到古物陈列馆去，同纺车和青铜斧陈列在一起。"②这一重要论断指出了国家作为一个历史范畴，它的产生和最终消亡都是必然会在未来的历史进程中发生的。

虽然恩格斯着重论证的是国家等政治上层建筑机构的历史唯物主义基础。但是在具体剖析社会演进的叙述中，对人们的伦理道德风俗的形成和转变的经济基础也进行了论述。在伦理道德领域非常容易陷入历史唯心主义的泥沼。恩格斯强调的是人们的道德观念——包括看起来只是个人动机的道德

① 《马克思恩格斯选集》第4卷，人民出版社2012年版，第189—190页。
② 《马克思恩格斯选集》第4卷，人民出版社2012年版，第190页。

动机也有着历史唯物主义的现实基础。他说：

> 文明时代以这种基本制度完成了古代氏族社会完全做不到的事情。但是，它是用激起人们的最卑劣的冲动和情欲，并且以损害人们的其他一切秉赋为代价而使之变本加厉的办法来完成这些事情的。鄙俗的贪欲是文明时代从它存在的第一日起直至今日的起推动作用的灵魂；财富，财富，第三还是财富，——不是社会的财富，而是这个微不足道的单个的个人的财富，这就是文明时代唯一的、具有决定意义的目的。如果说在文明时代的怀抱中科学曾经日益发展，艺术高度繁荣的时期一再出现，那也不过是因为现代的一切积聚财富的成就不这样就不可能获得罢了。①

在私有制基础上追求个体财富的时候，如果没有恩格斯说的鄙俗的贪欲作为精神动力，私有制就无法继续存在下去，可以说自从人类社会出现了私有制，个体的贪欲和私利追求就是与之相辅相成的。直至资本主义私人占有制为基础的社会，在极端的阶级对立情况下，统治阶级当然要用自称为普遍的伦理道德来维护自身的利益，于是出现了恩格斯所说的给自身统治披上"爱的外衣"，实行"习惯性的伪善"，进一步强化意识形态包括伦理道德规则的巩固经济基础的作用，甚至标榜资本家是行善的人——如果被剥削阶级想要造反，那就是对行善的人即对剥削者的"一种最卑劣的忘恩负义行为"②，通过这样的包括诉诸道德评价的意识形态强化效应，维护统治阶级的经济基础。

（二）恩格斯在《费尔巴哈论》中对伦理道德观的批判

晚年恩格斯特别重视论证社会历史领域中的辩证唯物主义观点，其中对社会上层建筑领域的观念意识形态的批判阐述得较为充分。在反思过去没有过多关注意识形态的独立性问题的时候，恩格斯曾经指出这是由于他们过去

---

① 《马克思恩格斯选集》第4卷，人民出版社2012年版，第194页。

② 《马克思恩格斯选集》第4卷，人民出版社2012年版，第195页。

的批判对象所致,使得自己和马克思都集中于唯物主义基础的批判方面从而忽视了对意识形态独立性问题的批判。晚年的恩格斯针对自从马克思主义哲学诞生40多年来许多对马克思主义哲学的误解和故意歪曲,以及想全面完善马克思主义哲学中对费尔巴哈批判的部分缺失,写作了《路德维希费尔巴哈和德国古典哲学的终结》(简称《费尔巴哈论》),在实现自己和马克思多年来想回到费尔巴哈这个研究主题上来的心愿的同时,对马克思主义哲学与德国古典哲学之间的关系做一番透彻系统的研究。其中,恩格斯对费尔巴哈宗教观和道德观的批判,夯实了人类社会道德现象的历史唯物主义基础的认识,也为批判那些歪曲马克思主义哲学是"经济决定论"的错误认知奠定了基础。马克思主义经济伦理思想不是线性的"经济决定论",而是在历史唯物主义基础上丰富地和整体地反映经济社会发展规律认识的理论。

费尔巴哈在自然观上是唯物主义的,在社会历史领域,他虽然反对宗教,但是却不希望废除宗教,他希望使宗教完善化。费尔巴哈认为人类的各个历史时期彼此借以区别的,仅仅是宗教的变迁。宗教在费尔巴哈看来是社会发展的决定力量,这显然夸大了宗教这种社会意识形式在历史发展中的作用。他认为宗教的本质是人而不是神,不应当提倡人对神的崇拜,而应当提倡人与人之间的爱。恩格斯说:"费尔巴哈想以一种本质上是唯物主义的自然观为基础建立真正的宗教,这就等于把现代化学当做真正的炼金术。如果无神的宗教可以存在,那么没有哲人之石的炼金术也可以存在了。"①费尔巴哈把人与人之间的感情关系看作宗教,其唯心主义实质在于,他不是直截了当地按照本来面貌去看待人们之间的感情关系,不是从社会经济基础去解释感情关系,而是把人的感情关系神圣化,似乎只有如此,它才能获得自己的完整意义。这不仅割裂了人的思想感情同物质的经济关系之间的联系,而且也掩盖了宗教产生的社会经济根源。

---

① 《马克思恩格斯选集》第4卷,人民出版社2012年版,第241页。

恩格斯批判费尔巴哈把社会发展史说成是宗教变迁史，指出这是绝对错误的。恩格斯认为，在人类历史上发生伟大的社会转折时有宗教变迁相伴随，这只限于三大世界宗教，即佛教、基督教和伊斯兰教，那些原始的部落宗教和民族宗教随着部落和民族衰落，也会随之消失，根本谈不上什么变迁。宗教的变迁是由一定的社会经济条件和历史条件决定的。如果说存在着具有普遍意义的带有宗教色彩的革命运动，那只存在于资产阶级反对封建主义的最初阶段，等到18世纪，资产阶级的力量逐步强大，建立了自己的思想体系，此后就抛开了宗教的外衣，直接用资产阶级的法律观念和政治口号来动员群众和组织革命力量。但即使如此，资产阶级也并不想用某种新的宗教来代替被他们抛弃的宗教，否则在革命实践中一定会遭到失败，历史证明是社会历史的发展决定了宗教的变迁，而不是相反。恩格斯认为，在阶级社会，人的感情也是有阶级性。确实，正如《红楼梦》里焦大不会爱林妹妹一样，不同阶级的感情是不同的。如果把受阶级关系制约的“人类感情”尊崇为宗教，使之神圣化，不仅不符合阶级社会的实际情况，而且抹煞了阶级对立，只能起到维护剥削制度，更多地破坏表现纯粹人类感情的可能性的作用。费尔巴哈把阶级斗争历史说成是宗教变迁史，变为教会的单纯附属品，使得人们对阶级斗争的历史和现状无法从整体上加以理解，人们对阶级斗争的理解成为完全不可能。恩格斯晚年再次批判费尔巴哈的超阶级的社会变迁论，同时也指明早在19世纪40年代中期，马克思和自己就已经阐明了阶级和阶级斗争理论，早已经比费尔巴哈在社会历史领域走得更远了。

费尔巴哈的伦理学是抽象的、贫乏的和肤浅的。恩格斯认为在伦理思想方面，“同黑格尔比较起来，费尔巴哈的惊人的贫乏又使我们诧异。”①费尔巴哈的伦理思想是直观的，他把对感性的人的抽象理解应用到伦理道德领域，使得他的伦理思想简单化，无法解释任何社会的道德现象，在这个领域费尔巴哈

---

① 《马克思恩格斯选集》第4卷，人民出版社2012年版，第243页。

比黑格尔以客观唯心主义为基础的伦理学说要肤浅得多。

1. 费尔巴哈的伦理思想是肤浅的

恩格斯对比了黑格尔和费尔巴哈关于伦理的学说，指出黑格尔的伦理思想形式是唯心主义的，内容是实在论的，在黑格尔的法哲学思想中，把法、经济、政治的全部领域连同道德都包括进去了；在费尔巴哈那里情况是相反的，即"就形式讲，他是实在论的，他把人作为出发点；但是，关于这个人生活的世界却根本没有讲到，因而这个人始终是在宗教哲学中出现的那种抽象的人。"①这种作为费尔巴哈的伦理思想出发点的人甚至抽象到连男人和女人的差别也消失了。费尔巴哈把人与人之间的关系抽象化，在复杂的社会关系中，仅仅看到一个方面——道德，而没有看到人们之间更重要的经济、政治等关系。因此，他的伦理思想不仅是抽象的，而且是贫乏的。费尔巴哈有时也提出过一些正确的命题，如"皇宫中的人所想的，和茅屋中的人所想的是不同的"②，贫穷饥饿的人没有道德基础，宗教应当同政治斗争联系起来，等等，显然这里是涉及道德的经济基础和政治作用的，但是由于费尔巴哈脱离实践，轻视政治，这些也仅仅是一些空话而已，他也不能根据这些命题作出进一步的结论。

恩格斯认为费尔巴哈的善恶观与黑格尔相比也是肤浅的。善与恶是对立统一的道德范畴，费尔巴哈将二者形而上学地对立起来，认为"善就是人对于幸福的追求相适应的东西，恶就是显然和这种追求反对的东西。区别"只"在于对象的不同，只在于前者事情与自我有关，而后者与他我有关。道德也只在于我毫无犹豫地认为对于我自己可以允许的事，我也承认和允许适用于其他的人。"③也

① 《马克思恩格斯选集》第4卷，人民出版社2012年版，第243页。

② 《马克思恩格斯选集》第4卷，人民出版社2012年版，第243页。

③ ［德］路德维希·费尔巴哈著：《费尔巴哈哲学著作选集》上卷，荣震华、李金山等译，商务印书馆1984年版，第577页。

就是说善就是绝对好的东西,恶就是绝对坏的东西,费尔巴哈片面强调善的作用,这与黑格尔的思想相比是十分肤浅的。黑格尔认为人的本性有善与恶的两个方面,而恶是历史发展的动力借以表现出来的形式。黑格尔论恶的历史作用有双重演绎:一方面恶是一种否定的力量,是对传统的、习惯的、旧有的善的观念的否定,是对神圣东西的亵渎,但是,历史的进步正是通过这种恶——革命的、否定的因素,才得以实现的;另一方面,在阶级社会里,"正是人的恶劣的情欲——贪欲和权势欲成了历史发展的杠杆"①,也即是说,黑格尔认为人的恶劣的情欲对历史发展起推动作用,否则世界上任何伟大的事业都不会成功。恩格斯认为,在阶级对立社会中这个思想有其合理因素,"封建制度的和资产阶级的历史就是一个独一无二的持续不断的证明。"②所谓"情欲"实际是指从私人的利益、特殊的目的或者是利己的企图而产生的人类活动。黑格尔认为支配人的行动的主要是自私心,而爱的动机比较少,列宁曾经评价黑格尔的这种思想接近历史唯物主义,就是说,黑格尔接近于用经济的原因说明人的活动和历史的发展。而在费尔巴哈看来,人的本性生来就是善的,根本没有想到道德上的恶,不懂得善与恶的相对性,更不懂得恶对于传统的善的批判和否定在历史发展中所起的作用,所以费尔巴哈不了解人类历史的发展。

2. 费尔巴哈道德观的唯心主义的虚构

费尔巴哈伦理思想的道德基础和道德准则是极其贫乏的。他认为人应当有一个共同的道德基础和道德准则。共同的道德基础就是"追求幸福的欲望",因为这是任何人生下来就有的平等权利。人们共同的道德准则,就是施之于己的合理的自我节制,对人以爱。这种道德观看起来美好,实际上非常空洞和贫乏。这种道德准则对于没有物质手段的人来说一文不值,根本无法实现。首先,因为这种道德准则是利己主义的,在存在着阶级剥削和压迫的社会

---

① 《马克思恩格斯选集》第4卷,人民出版社2012年版,第244页。

② 《马克思恩格斯选集》第4卷,人民出版社2012年版,第244页。

中，一些人的幸福是建立在另一些人的痛苦之上的。因此，“如果一个人只同自己打交道，他追求幸福的欲望只有在非常罕见的情况下才能得到满足，而且决不会对己对人都有利。”①当一个人追求幸福时，他需要和外部世界来往，需要有满足这种欲望的手段，其中包括物质和精神的活动条件，如果在资本主义社会，一个人想要发财就得有资本有货币有文化技术条件，没有这些手段根本谈不上满足欲望。追求幸福的平等权利，在阶级社会里对于劳动人民来说，是根本不存在的。虽然资本主义社会里形式上承认了平等权利，但是事实上是不平等的，因为追求幸福的欲望只有极其微小的一部分可以靠观念上的权利来满足，绝大部分是要靠物质手段来实现。工人阶级既没有追求幸福的物质手段，也没有追求幸福的精神条件，所谓平等权利作为道德准则是空泛的和无力的。

3. 费尔巴哈的道德观是德国资产阶级本性的反映

恩格斯总结道：“费尔巴哈的道德是完全适合于现代资本主义社会的，不管他自己多么不愿意或想不到是这样。”②按照费尔巴哈的道德准则，资本主义的证券交易所是最高的道德殿堂，资本家的买空卖空的投机活动如果获利，就是道德上最高尚的人，因为这是完全自愿的行为，是为了追求幸福，不妨碍别人追求幸福。至于投机活动中的失败者，其行为不能说是道德的，因为他没有对自己行为的后果作出正确估计。每个人在证券交易所里，不仅是为了满足自己的愿望，而且也是为了满足别人的愿望，同样别人来，也是这样。这种“对人以爱”，在费尔巴哈看来，能帮助人们克服生活中的一切困难，消除现实生活中的一切冲突、矛盾、阶级和阶级斗争，但是真实的现实却是：现代社会是一个分成利益直接对立的阶级社会。在这种现实中鼓吹“爱”的哲学，是回避阶级斗争的严重存在，是阶级调和的论调。

---

① 《马克思恩格斯选集》第4卷，人民出版社2012年版，第245页。
② 《马克思恩格斯选集》第4卷，人民出版社2012年版，第246页。

4. 道德的历史性和阶级性

恩格斯不仅批判了费尔巴哈的道德思想，而且正面阐述了马克思的道德观，他指出世界上只有具体的、历史的、阶级的道德，没有抽象的、超历史的、超阶级的道德，而在阶级社会里，“每一个阶级，甚至每一个行业，都各有各的道德”①。费尔巴哈的道德伦理和一切资产阶级唯心主义道德观一样，“费尔巴哈的道德论是和它的一切前驱者一样的。它是为一切时代、一切民族、一切情况而设计出来的；正因为如此，它在任何时候和任何地方都是不适用的”②，因为没有抽象的、超历史的、超阶级的爱。

在黑格尔学派解体的历史过程中，费尔巴哈批判了长期占统治地位的极端抽象而又神秘的黑格尔哲学，推动了哲学的发展，但是，费尔巴哈所提供的强大的推动力，并没有使他本人克服旧唯物论的形而上学性。究其原因：一是费尔巴哈不能找到从神的世界和绝对观念，“通向活生生的现实世界的道路”③，虽然紧紧抓住了自然界和人，把自然界和人作为哲学的研究对象，但因为他看待自然界中的各种现象都是孤立的、静止的，没有辩证发展的丰富内容，自然界只是反映的对象，而不是实践改造的对象。费尔巴哈眼中的人，并不是“在历史中行动的人”④，而是脱离了社会经济、政治和阶级斗争的抽象的人，因此，恩格斯指出：“无论关于现实的自然界或关于现实的人，他都不能对我们说出任何确定的东西。”⑤再加上当时德国政府的反动和腐朽，迫使费尔巴哈脱离了社会实践，不了解欧洲 1848 年革命的伟大意义，因此他的世界观没有得到改造，对社会阶级状况和发展趋势都不能深入研究，最终在社会历史领域中陷入唯心主义。

---

① 《马克思恩格斯选集》第 4 卷，人民出版社 2012 年版，第 247 页。
② 《马克思恩格斯选集》第 4 卷，人民出版社 2012 年版，第 246—247 页。
③ 《马克思恩格斯选集》第 4 卷，人民出版社 2012 年版，第 247 页。
④ 《马克思恩格斯选集》第 4 卷，人民出版社 2012 年版，第 247 页。
⑤ 《马克思恩格斯选集》第 4 卷，人民出版社 2012 年版，第 247 页。

（三）晚年恩格斯着重论证道德的经济基础和阶级基础问题

恩格斯曾经在《反杜林论》中重申过道德的经济基础，他说："一切以往的道德论归根到底都是当时的社会经济状况的产物。而社会直到现在是在阶级对立中运动的，所以道德始终是阶级的道德；它或者为统治阶级的统治和利益辩护，或者当被压迫阶级变得足够强大时，代表被压迫者对这个统治的反抗和他们的未来利益。"①这段原理的表述，恩格斯并未进行详细论述，似乎只是恩格斯用来批驳杜林的永恒道德论的结论。但恩格斯此后又多次在其他著述中对这个观点进行了补充论证。在恩格斯为《路易·波拿巴的雾月十八日》一书写的德文版第三版序言中，他概括了马克思在纷繁复杂的政治生活现象中最先发现了重大的历史运动规律，同时又明确说明了道德等意识形态中的斗争是阶级斗争的反映，而阶级及阶级斗争又制约于经济状况。因此这是恩格斯进一步从唯物史观高度，从历史运动规律角度来说明道德这种意识形态的特点及其斗争的典范。

恩格斯在1894年写了《论原始基督教的历史》，其中对早期基督教中作为贫苦人和被压迫民族的基本道德信条以及弃世和禁欲的思想的社会经济根源和阶级根源做了深刻剖析。他指出在罗马帝国末期，虽然尖锐的阶级矛盾和民族矛盾如火药桶般一触即发，但是罗马帝国的巨大军事机器，使得被压迫者的任何反抗都没有胜利的希望，出路只能在宗教中。恩格斯说："基督教出现了。它认真地对待彼岸世界的报偿和惩罚，造出天国和地狱。一条把受苦受难的人从我们苦难的尘世引入永恒的天堂的出路找到了。事实上，也只有靠对彼岸世界获得报偿的希望，斯多亚—斐洛学说的弃世和禁欲才得以提升为能吸引被压迫人民群众的一种新的世界宗教的基本道德原则。"②这些信条在随后反对罗马帝国的压迫中作为被压迫阶级的革命意识的躯体，承担着发

① 《马克思恩格斯选集》第3卷，人民出版社2012年版，第471页。
② 《马克思恩格斯选集》第4卷，人民出版社2012年版，第344页。

动底层民众的思想动员作用。当然恩格斯也指出:“用来树立这种信仰的手段只是:进行积极的宣传,对内外敌人作不屈不挠的斗争,在异教徒的法庭上昂首承认自己的革命观点,决心随时为将来的胜利而殉道。”①随着教会的胜利和封建制度的逐步确立,基督教这种通过一神论犹太宗教的媒介作用,借助古希腊庸俗哲学的文明的一神论才能够取得吸引众多群众的宗教形式,继而继续伴随着封建政权的巩固而逐渐作为封建制度的思想意识形态继续发展,最终在欧洲封建时代及其之后的殖民地开拓进程中,成为世界宗教。

随着资本主义生产的发展和世界殖民地的开拓,恩格斯通过观察英国工人阶级新状况,进一步说明随着道德的经济基础的演变,资产阶级道德也在发生内容上的改变。在1892年写的《〈英国工人阶级状况〉1892年英国版序言》中,他分析了英国资产阶级的商业道德的变化和实施某些看似对工人阶级有利的道德准则的原因,指出并不是资本家发了善心对所剥削的阶级施行了正义和仁爱的让步,而是资本家为了更好地获取自身的阶级利益而采取的改良。在商业上,资本主义早期阶段资本家采取造假和欺诈的手段赚钱,但是在资本主义发展起来以后,这些骗人的伎俩带来的损失超过了收益,因此,恩格斯说:“玩弄这些狡猾手腕和花招在大市场上已经不合算了,那里时间就是金钱,那里商业道德必然发展到一定的水平,其所以如此,并不是出于伦理的狂热,而纯粹是为了不白费时间和辛劳。在英国,在工厂主对待工人的关系上也发生了同样的变化。”②恩格斯指出随着大工业和世界市场的发展,“大工业从表面看来也变得讲道德了。工厂主靠对工人进行琐细偷窃的办法来互相竞争已经不合算了。……于是,工厂区内的实物工资制被取消了,通过了十小时工作日法案,并且实行了一系列比较小的改良措施”③,甚至,“工厂主们,尤其是那些最大的工厂主,就渐渐产生了一种新的想法。他们学会了避免不必要的纷争,

① 《马克思恩格斯选集》第4卷,人民出版社2012年版,第352页。
② 《马克思恩格斯选集》第1卷,人民出版社2012年版,第65页。
③ 《马克思恩格斯选集》第1卷,人民出版社2012年版,第66页。

默认工联的存在和力量，最后甚至发现罢工——发生得适时的罢工——也是实现他们自己的目的的有效手段。”①那么默许工人争取自身利益的目的是什么呢？恩格斯说：“所有这些对正义和仁爱的让步，事实上只是一种手段，这种手段可以使资本加速积聚在少数人手中，并且压垮那些没有这种额外收入就活不下去的小竞争者。”②这都充分说明资产阶级道德的变化是由该阶级的利益决定的，道德的阶级性展露无遗。

因此，至少在主要的工业部门中，早年恶化工人阶级命运的困苦就被消除了。甚至工人阶级的生活条件，包括恩格斯早年在《英国工人阶级状况》中指出的，威胁工人阶级生存的普遍性的传染病，包括霍乱、伤寒、天花及其他流行病，都已经被消除或者不明显了。恩格斯特别强调指出的是，不能因为这些小弊病的消除就以为工人阶级的受剥削的地位就不存在了，他认为：“这样一来，下面这个重大的基本事实就越来越明显了：工人阶级处境悲惨的原因不应当到这些小的弊病中去寻找，而应当到资本主义制度本身中去寻找。”③资产阶级政治经济学家却用这些小弊病的消除来为资本主义辩护，把人们从经济领域带到道德领域，用道德说教来为资本主义制度辩护，一旦这种道德说教触碰到资本家的私人利益和竞争利益时，立刻就会消声，这也充分说明了资产阶级道德的阶级性和利益基础。

综合观之，恩格斯的经济伦理批判思想从青年时期关注工人阶级道德状况的社会根源和改善途径，到晚年注重意识形态包括伦理道德观念等等的独立性和反作用，从历史唯物主义基础出发，论证社会发展演进的客观历史规律，不断批驳各种对马克思和他自身思想进行歪曲的荒谬观点。晚年恩格斯强调指出，在马克思主义之前，在社会历史领域里是唯心主义占据统治地位，它们用理想、幻想、想象来代替历史领域中的现实联系，把社会历史发展仅仅

① 《马克思恩格斯选集》第 1 卷，人民出版社 2012 年版，第 66—67 页。
② 《马克思恩格斯选集》第 1 卷，人民出版社 2012 年版，第 67 页。
③ 《马克思恩格斯选集》第 1 卷，人民出版社 2012 年版，第 67 页。

看作是个别伟人的意志、上帝的意志或绝对精神的意志的实现，根本不了解社会发展的客观规律。人类社会离不开人的活动，在社会历史领域内进行活动的，全是具有一时的、经过思虑或凭激情行动的、追求某种目的的人，任何事情的发生都不是没有自觉的意图，没有预期的目的的，这是构成人类历史的主要特点所在。但是尽管人们有意识有目的的活动对历史的发展起重要作用，也不能改变这样的事实：历史进程是受内在的一般规律支配的。这是因为：在社会历史领域内，每个人都有自觉预期的目的，但他们所期望的东西很少能如愿以偿，许多目的在大多数场合下彼此冲突、互相矛盾，或者一开始就实现不了，或者缺乏实现的手段，这样就好像在社会历史领域内偶然性是支配着一切的。但是表面上是偶然性起作用的地方却受着内部隐藏的规律的支配。要想揭示历史的客观规律，就必须探索人们思想动机背后的物质动因，不能仅仅停留在思想动机上。对思想动机背后隐藏的动力的原因作出正确的回答，才能揭示历史运动变化发展的规律。

那么，关注谁的思想动机？是个别人物的还是广大人民群众的？有两个方面要注意的，一是广大人民群众的动机，二是要注意的不是短暂事件的偶然原因，而是在历史发展中长期起作用的、引起伟大历史变迁的原因。探讨那些作为自觉的动机反映在行动者的群众及其领袖人物头脑中的动机，是引导我们探索历史发展规律的唯一正确途径。但是在阶级社会中，人们的愿望和动机归根结底是由其所处的阶级地位决定的，阶级斗争是阶级社会发展的直接动力，可是在资本主义社会之前，由于生产规模的狭小限制了人们的眼界，宗法关系和等级制度掩盖了阶级关系，加上剥削阶级的意识形态偏见和歪曲，使得人们不可能清晰看到社会发展的动力和原因。随着资本主义社会的发展，社会的经济关系和阶级关系逐渐随着社会日益分裂为两大对立的阶级而简单化了，因此无产阶级作为独立的政治力量登上历史舞台后，作为直接动力的阶级斗争也日益能够为人们所明确认知。同时，承认阶级斗争的直接动力作用，并不是承认其是最终原因，马克思恩格斯共同创立的历史唯物主义学说认为，社会历史发展的最终原因是社会生产方式的内部矛盾运动，这才是阶级斗争的根源和实质内容。

晚年恩格斯除了多次强调社会历史演进中的经济基础的作用，他特别指出还要考察经济基础和上层建筑的辩证关系，以及上层建筑中的意识形态的独立性和反作用。在通常的政治现象中，经济基础的决定作用往往为国家的支配权力所掩盖，但是只要认真思索一下国家的意志包括什么内容，从哪里来且由什么决定这些问题，就会看到，包括近代以来市民社会的出现及资产阶级国家的出现，归根到底都是由生产力和交换的发展，才会由在经济上占据统治地位的阶级执掌国家政权。经济基础决定国家政治制度和法律，这是社会历史发展的客观规律。从历史上看，不同的观念上层建筑与国家力量相比，距离经济基础有的比较远，有的联系比较直接。比如经济基础决定国家政治制度和法律，是联系比较近的。那么哲学、宗教等社会意识形态，与其他意识形态相比，其抽象程度更高，离社会经济基础更远。社会经济条件同哲学的联系，需要通过国家和政治、法律等中间环节才能实现。由于这些中间环节日益变成独立于社会之上的力量，因此，哲学同社会经济条件的联系也就被弄得越来越混乱，越来越模糊了。但这种联系无疑始终是存在着的。任何哲学都是一定的经济关系和阶级关系的特殊形态世界观形式的表现，是身处一定社会阶级的人们所创造，表现一定社会经济的需要，反映着社会经济生产发展的水平，以及社会的经济关系、政治关系和人类认识自然的历史阶段。哲学的命运同样取决于它是否满足以及多大程度上满足社会的需要。

事实上，从近代哲学 15 世纪开始的发展历史就可以看出，哲学并不是抽象思维决定的，而是社会经济、政治的现实反映。对此，恩格斯在 1890 年 10 月 27 日致康·施米特的信中说，哲学的繁荣总是“经济高涨的结果”，恩格斯说：

> 经济发展对这些领域也具有最终的至上权力，这在我看来是确定无疑的，但是这种至上权力是发生在各该领域本身所规定的那些

条件的范围内:例如在哲学中,它是发生在这样一种作用所规定的条件的范围内,这种作用就是各种经济影响(这些经济影响多半又只是在它的政治等等的外衣下起作用)对先驱所提供的现有哲学材料发生的作用。经济在这里并不重新创造出任何东西,但是它决定着现有思想材料的改变和进一步发展的方式,而且多半也是间接决定的,因为对哲学发生最大的直接影响的,是政治的、法律的和道德的反映。①

经济是基础,哲学则是与经济基础相适应的上层建筑中的特殊意识形态。同时,恩格斯也指出"经济上落后的国家在哲学上仍然能够演奏第一小提琴",这是由于哲学作为"分工的一个特定的领域",其特殊在于"具有由它的先驱传给它而它便由此出发的特定的思想材料作为前提。"②但正如恩格斯所肯定的它仍然是经济基础的现实反映。恩格斯在论证经济基础的决定作用时更加强调了政治上层建筑的独立性和反作用,他举例指出马克思在《资本论》中就肯定了工人阶级采取政治行动迫使当局立法限制工作日长度,恩格斯说:"如果政治权力在经济上是无能为力的,那么我们何必要为无产阶级的政治专政而斗争呢?暴力(即国家权力)也是一种经济力量!"③而在实际的社会运动中,之所以会出现许多对于现实的上层建筑独立性和反作用的误解,一方面是由于思维方法的形而上学性,另一方面是藉由这种独立性来掩盖阶级统治的实质。总之,通过剖析恩格斯著作中的思想,我们可以清晰看到恩格斯经济伦理思想中贯穿的辩证唯物主义和历史唯物主义思想基础,恩格斯始终坚持并在指导无产阶级革命实践斗争中坚定地贯彻和捍卫了这个基本立场。

---

① 《马克思恩格斯选集》第4卷,人民出版社2012年版,第612—613页。
② 《马克思恩格斯选集》第4卷,人民出版社2012年版,第612页。
③ 《马克思恩格斯选集》第4卷,人民出版社2012年版,第613页。

第三章　列宁的经济伦理思想及其实践反思

列宁是首位把科学社会主义理论在革命实践中变成现实的马克思主义理论家和无产阶级革命家。列宁在革命和建设实践中，开拓和探索出了在经济落后国家如何实现经济发展的开创性的理论成果，为世界其他民族和国家探索社会主义革命和建设的道路提供了宝贵的经验和借鉴。尽管列宁开创的后来以“苏联”为国家名称的政治实体已经不复存在，但是这段历史不可抹去，仍然具有重要的历史意义和研究价值。今天我们研究这段历史中某个方面的思想沉淀，是为了更好地总结历史教训，为了走好中国特色社会主义经济建设道路。

19 世纪的俄罗斯相较于欧洲的几个最早发生资产阶级革命的国家是较为落后的。俄国从封建君主制向资本主义君主制转变的历史进程在 1800 年至 1825 年就已经自上而下地开始尝试启动①，当时的统治者也认识到了“消除农奴制对经济领域的必要性”②，但是在 1861 年沙皇亚历山大二世废除农奴制之前，沙皇俄国仍然是一个落后的封建制的农奴制农业国家。1861 年废除

① ［俄］谢·弗·米罗年科：《19 世纪初俄国专制制度与改革》，许金秋译，社会科学文献出版社 2017 年版，第 1—3 页。

② ［俄］谢·弗·米罗年科：《19 世纪初俄国专制制度与改革》，许金秋译，社会科学文献出版社 2017 年版，第 78 页。

农奴制的改革看似推动了沙俄资本主义经济的发展,但是却导致了阶级关系的急剧变化。一部分农民失去了生产资料,成为资本主义经济下的雇佣劳动者,也成为了依靠商品经济体系才能维持生存的城市消费者,在资本主义商品经济体系扩大的社会变革中,国内商品市场在这种农民转变为雇佣劳动力的历史演进中逐渐扩大,资本主义经济在落后的沙俄也得到了迅速的发展。但是废除农奴制并没有使沙皇俄国成为资本主义工业强国,顽固的封建制度及贵族仍然有强大的特权,农奴制度的残余仍然广泛存在,科学技术的落后同时制约了资本主义工业化和社会化大生产。正如列宁所言:“俄国当前的资本主义发展是缓慢的。它不能不是缓慢的,因为没有一个资本主义国家内残存着这样多的旧制度,这些旧制度是与资本主义不相容,阻碍资本主义发展,使生产者状况无限制地恶化,而生产者‘不仅苦于资本主义生产的发展,并且苦于资本主义生产的不发展’”。① 正因如此,沙皇俄国在第一次世界大战之前的经济发展特点是农业仍然占据主导地位,工业经济成分只占据不到一半,人口构成中大多数都是农民。在对外贸易中,工业品的出口额还不到全部出口额的10%,大量的出口都是初级农产品和原材料。这些与英法等资本主义先发展起来的国家相比有巨大的差距。因此,这样的经济发展状况决定了十九世纪的沙皇俄国在废除农奴制之后,逐渐演变成了二元经济制度的封建帝国。一方面,俄国资本主义发展给封建制的沙皇俄国带来了新的制度、组织形式、技术等现代社会的要素,现代运输业、邮电通讯事业、银行业等推动了俄国的高速经济增长,采矿、采煤和钢产量都上升到了世界前列。甚至农村中的一些地主和富农都在生产中采用机器耕作,这种机器大工业的发展直接推动了商品粮的生产。另一方面,顽固的封建农奴制在农业生产方式中残存下来,农村成了封建主义势力的顽固堡垒。地主富农有实力采用机器进行农业生产,但是广大的农户却没有财力去应用机器,而是仍然采用落后的手工制作的

---

① 《列宁全集》第3卷,人民出版社1984年版,第552页。

农业生产工具。这样的经济制度的两极分化,同时导致了仍然保留农奴制残余的农村社会中的农民大量破产。再加上有利于培植和加强农村富农经济的1906年斯托雷平的改革,允许以往作为公用地的份地私有,加速了农民无产阶级化,贫农失去土地后,流入雇农阶级和城市无产阶级队伍。这种情况激化了地主富农和农民的阶级矛盾。

19世纪末,沙皇俄国的工业增长特别是重工业相比于其他资本主义国家的增长速度是很快的,形成了冶金、煤炭和石油等工业部门的生产中心,比如巴库这个石油中心生产了绝大多数的沙俄国内石油。虽然个别工业中心发展起来了,但是地区之间发展很不平衡,少数民族地区和乌拉尔地区以及西伯利亚等地区非常落后。即使已经是当时沙俄工业比较发达的地区,技术装备也是落后的,关键技术必须依靠资本主义经济发达的西欧国家来提供。在交通运输方面,铁路铺设也比西欧其他国家的里程要少得多,并且公路的建设投资没有太大进展。致使当时沙俄的交通运输能力处于落后状态,严重影响了商品流通和统一的商品市场的形成。

此时沙俄的农业经济仍然非常落后。由于技术落后,导致农业生产技术无法改善,手工和人力劳作比较常见。农业生产率低,导致无法对工业的高速增长提供支撑。第一次世界大战前,美国和德国已经使用了农用拖拉机,而俄国近一半的耕作还在使用传统的木制农具索哈和人力耕作技术。这样的农业生产率再加上封建地主阶级贪得无厌的压榨盘剥,跟西欧那些先发展起来的英法德等资本主义国家相比,农民遭受的劳动苦难是非常严重的。在19世纪末20世纪初,沙俄每年都有500多万破产农民逃离农村。这些破产农民作为雇佣劳动力资源进入资本主义工业劳动体系,造成了充沛的劳动力蓄水池,进一步压低了工人的工资,这样依靠大量雇佣劳动力,资本家无须改善生产中的科学技术水平就可以获取大量绝对剩余价值,使得沙俄的工业水平始终处于低水平从而无法进步。急剧拉大的普遍贫穷基础上的贫富差距,广大农民和农奴大多数根本没有接受过任何的国民教育,特别是少数民族地区的文盲人数达到九成以上,再加上多年来沙皇对外连年不断进行战争,不断增加人民的税赋,使得工人阶级和农村贫农日益陷入赤贫的生活境地。第一次世界大战爆发后,为了进行战争,沙皇俄国政府面对巨额的战争赤字,不得不靠印发纸币和大举借债来填补亏空,据统计,借债总额竟然达到425亿卢布,内外债务达到800亿卢布,相当于当时沙俄国民财富的三分之二。因此,沙皇政府对内横征暴敛,对外卷入争霸欧洲,充当欧洲宪兵,俄国人民的生活异常艰难,阶级矛盾日益激化和对外战争导致的内外交困,爆发革命导致沙俄政府全面崩溃不可避免。

俄国的资产阶级民主革命从19世纪初就在酝酿,19世纪20年代爆发过十二月党人革命,被沙皇镇压后一度陷于沉寂。1861年俄国不成功的农奴制改革和资本主义的发展,以及频繁发生的工人阶级罢工和暴动,使俄国又开始酝酿一场新的革命。俄国的资本主义发展虽然比西欧主要资本主义国家晚,但是也在19世纪末20世纪初发展到垄断资本主义阶段,列宁称之为帝国主义阶段。资本主义世界1900年到1903年的经济危机,使得落后的俄国经济雪上加霜,工人、农民和学生运动此起彼伏,沙俄1905年在与日本的战争中失败,更加激化了统治阶级内部的矛盾,加速了革命的进程,导致1905年革命的爆发。

1905年革命仍然是资产阶级民主革命,但是在这场革命中,工人阶级发挥了巨大的作用。列宁总结道:“1905年的俄国资产阶级革命显示了世界历史上的一个异常独特的转变:在一个最落后的资本主义国家里,罢工运动范围之广和力量之大在世界上第一次达到了空前未有的程度。”①俄国在19世纪70年代就出现了群众性的工人罢工运动,随后陆续出现了工人团体,并且提出了工人政治斗争的要求,俄国的第一批工人团体的出现,为后来马克思主义的传播和建立组织准备了条件和奠定了基础。俄国1905年革命是工人阶级

① 《列宁全集》第39卷,人民出版社1986年版,第69页。

领导的资产阶级民主革命，目的是推翻沙皇专制制度，建立资产阶级共和国，虽然最后被残酷镇压，但提高了工人阶级和农民的革命觉悟，列宁指出这次革命的历史意义在于它是十月革命的“总演习”。

马克思主义在俄国的传播在19世纪中叶就已经开始。俄国的民族主义者和民粹主义者曾经多次给马克思写信，研讨俄国民主革命的可能性以及革命道路问题。早在1846年马克思开始进行政治经济学研究时，俄国的进步人士安年柯夫就与马克思通信往来，马克思在1846年12月28日给安年柯夫的信中，最早阐述了批判蒲鲁东的观点。后来马克思恩格斯的早期著作包括《共产党宣言》《哲学的贫困》等通过这些俄国民粹主义者的翻译介绍工作传入了俄国。1867年马克思出版了《资本论》第1卷，科学论证了资本主义制度的必然趋势是被社会主义所代替。列宁在《什么是“人民之友”以及他们如何攻击社会民主主义者?》一文中说：“《资本论》一出现，‘俄国资本主义的命运’问题就成了俄国社会主义者的主要理论问题，最热烈的争论都集中在这个问题上，最重要的纲领性原理的解决都以这个问题为转移。”①《资本论》第1卷很快被巴枯宁、洛帕廷、丹尼尔逊等人翻译成俄文，1872年3月底在彼得堡公开出版。马克思在1872年5月28日给丹尼尔逊的信中说：“这本书装订得很美观。翻译得很出色。我还想要一本平装本，以便送给英国博物馆。”②在俄国，马克思的《资本论》引起了上层知识分子的关注和评论，有的评论马克思是认可的，比如马克思就曾经在《资本论》第1卷德文第二版跋中引用过俄国经济学家、圣彼得堡大学考夫曼教授的评论。当然马克思也对考夫曼的《银行业的理论和实践》这本著作进行了坦率的评论，在1879年4月10日给丹尼尔逊的信中，他指出这本著作的观点从专业角度看没有什么独到之处③。马克思在与俄国资产阶级知识分子的思想交流中，也试图去深入全面了解俄

① 《列宁全集》第1卷，人民出版社1984年版，第232页。
② 《马克思恩格斯〈资本论〉书信集》，人民出版社1976年版，第324页。
③ 《马克思恩格斯〈资本论〉书信集》，人民出版社1976年版，第364页。

国的经济与社会状况，来丰富和完善科学社会主义学说。

从马克思和恩格斯关于《资本论》的书信里可以看出，俄国资产阶级民主革命的进步人士一直都与马克思和恩格斯有着书信往来，正如列宁在《共产主义运动中的“左派”幼稚病》中所言：“在将近半个世纪里，大约从上一世纪40年代至90年代，俄国进步的思想界在空前野蛮和反动的沙皇制度的压迫之下，曾如饥似渴地寻求正确的革命理论，专心致志地、密切地注视着欧美在这方面的每一种‘最新成就’”。① 马克思也获得了许多关于俄国土地问题的文献资料②，潜心研究，但遗憾的是马克思在生前并没有在《资本论》第三卷中把他研究俄国农村的村社土地制度的研究成果，加入到关于地租的研究内容中去。在没有完全对问题研究透彻的时期，马克思不愿意轻易出版《资本论》后两卷。但是对于那些跟他保持联系的俄国民粹主义者，他们所持有的幼稚的革命观点，得到了马克思的科学而严谨的对待。比如在1881年3月8日回复给俄国《祖国纪事》杂志社编辑查苏利奇的信中，马克思指出他在《资本论》中分析资本主义生产的起源的“历史必然性”明确地限于西欧各国，造成这种限制的原因在于“靠自己劳动挣得的私有制，即以各个独立劳动者与其劳动条件相结合为基础的私有制，被资本主义私有制，即以剥削他人的但形式上是自由的劳动为基础的私有制所排挤。”③马克思在信中指出：

> 在这种西方的运动中，问题是把一种私有制形式变为另一种私有制形式。相反地，在俄国农民中，则是要把他们的公有制变为私有制。

① 《列宁全集》第39卷，人民出版社1986年版，第5—6页。

② 在1869—1873年期间，马克思和尼·弗·丹尼尔逊经常通信。丹尼尔逊经常把论述俄国土地问题的书籍和杂志上的文章，其中包括尼·加·车尔尼雪夫斯基的著作寄给马克思。丹尼尔逊在1885年5月6日（俄历4月24日）的信中问恩格斯，关于俄国经济问题方面的材料是否收入了《资本论》第三卷。引自《马克思恩格斯〈资本论〉书信集》，人民出版社1976年版，第630页注释。

③ 参见《资本论》第一卷，《马克思恩格斯全集》第44卷，人民出版社2001年版，第873页。

> 由此可见，在《资本论》中所作的分析，既不包括赞成俄国农村公社有生命力的论据，也不包括反对农村公社有生命力的论据。但是，从我根据自己找到的原始材料所进行的专门研究中，我深信：这种农村公社是俄国社会新生的支点；可是要使它能发挥这种作用，首先必须肃清从各方面向它袭来的破坏性影响，然后保证它具备自由发展所必需的正常条件。①

马克思主义在俄国知识界中的传播启发了俄国工人阶级和进步人士的思想，引起了关于俄国民主革命道路的讨论。有一部分人认为马克思总结的西欧各国发展的经验和经济规律不适应于俄国，另一部分人认为马克思的理论是可以在俄国资产阶级革命中发挥作用的，特别是民粹派知识分子，比如致力于把马克思的《资本论》译介到俄国的丹尼尔逊认为马克思思想的创造性可以和达尔文媲美。所有这些都对俄国资产阶级民主革命和无产阶级革命发挥了思想启蒙作用。

列宁从青年时期接触到马克思主义并最终在实践中领导无产阶级革命，与19世纪80年代和90年代在俄国传播马克思主义的进步知识分子的工作有着密切关系。列宁在《面目全非的布尔什维主义》中说："俄国的马克思主义是在上一世纪80年代初期的一个侨民团体（'劳动解放社'）的著作中产生的。"②普列汉诺夫和"劳动解放社"的成员起了巨大的作用，为俄国工人运动与马克思主义相结合作出了重要贡献。在与自由主义民粹派的争论和斗争中，以普列汉诺夫为首的"劳动解放社"带领进步知识分子形成了马克思主义的思想团体和派别。

经过长期的马克思主义思想启蒙和革命洗礼，列宁在深刻领会马克思主义思想精髓和灵活运用革命斗争策略的基础上，领导布尔什维克为建立新型马克思主义政党进行了不懈斗争，最终领导1917年十月革命取得胜利。在此

---

① 《马克思恩格斯〈资本论〉书信集》，人民出版社1976年版，第379页。
② 《列宁全集》第17卷，人民出版社1988年版，第378页。

过程中,列宁经济伦理思想发展经历了三个阶段:十月革命前的酝酿和奠定基础时期,十月革命后的内战和战时共产主义时期,新经济政策之后的理论创新时期。列宁的经济伦理思想反映了列宁如何运用马克思主义的历史唯物主义方法批判资本主义制度,如何应对无产阶级革命打破旧的经济制度后的经济重建,如何在经过严重挫折后进行经济政策调整和理论创新等重大理论和实践问题。这些问题的解决都对后来世界无产阶级革命和其他民族国家的民主革命运动,提供了重要经验。当然,列宁的思想遗产在其后的继任者斯大林那里,并没有得到完全地继承和发展,在经济建设方面逐渐形成了僵化的斯大林模式,最终积重难返,成为苏联解体的病根。

一、列宁经济伦理批判的历史唯物主义基础

列宁的经济伦理思想是列宁在无产阶级革命道路探索过程中,以分析资本主义经济事实为基础,对帝国主义的资本主义的历史命运进行理论批判,由此形成的关于实现无产阶级的阶级利益的伦理道德观念,以及在建设社会主义的历史过程中产生的关于在消灭阶级和剥削的条件下协调各阶层利益关系、明确善恶价值取向、建设共产主义道德以促进社会主义社会经济发展的道德观念和道德规范的总结①。

19 世纪 80 年代末,作为青年学生的列宁结识了一批具有革命思想的志同道合的学生。列宁于 1887 年秋进入喀山大学,加入了费多谢耶夫组织的马克思主义小组,并且开始研究马克思的《资本论》第 1 卷和阅读劳动解放社的出版物。1889 年列宁移居萨马拉,居住了四年半,埋头阅读马克思恩格斯的著作,并且于 1891 年在彼得堡通过考试,得到大学文凭。1893 年秋,列宁移居彼得堡,开始同秘密的马克思主义小组建立了联系,积极把当时的马克思主

① 刘琳:《列宁经济伦理思想发展的历史逻辑》,《江苏省社会主义学院学报》2006 年第 5 期。

义小组的工作与工人运动结合在一起。1895年，列宁把彼得堡的马克思主义小组统一成了“工人阶级解放斗争协会”。列宁领导的斗争协会开始在广大工人群众中进行政治鼓动工作，把改善工人的劳动条件、减少工作时间和增加工资的经济要求与反对沙皇政府的政治斗争结合起来，俄国其他城市和地区的工人小组也相继成立了同样的工人协会，从而为建立马克思主义的工人政党准备了条件。1895年底，列宁和斗争协会的主要成员被捕入狱，在狱中列宁继续通过书信等与外界联系并指导工人阶级的革命斗争。1897年2月，列宁被流放到西伯利亚，他利用2年时间研究了大量统计资料，写成了《俄国资本主义的发展》一书，批判了俄国民粹主义的经济思想。1899年，列宁在流放中为了批判“经济派”①的纲领，起草了《俄国社会民主党人抗议书》，列宁指出社会民主党的基本目的是“组织一个同无产阶级阶级斗争密切联系的、以争取政治自由为当前任务的独立的工人政党”②。列宁在1899年所写的《我们的纲领》《我们当前的任务》《迫切的问题》中，驳斥了第二国际以伯恩施坦为代表的修正主义，阐明了马克思主义基本原理应与各国具体情况相结合的学说。列宁在《我们的纲领》中说：

> 我们决不把马克思的理论看作某种一成不变的和神圣不可侵犯的东西；恰恰相反，我们深信：它只是给一种科学奠定了基础，社会党人如果不愿落后于实际生活，就应当在各方面把这门科学推向前进。我们认为，对于俄国社会党人来说，尤其需要独立地探讨马克思的理论，因为它所提供的只是总的指导原理，而这些原理的应用具体地说，在英国不同于法国，在法国不同于德国，在德国又不同于俄国。③

---

① “经济派”鼓吹修正马克思主义，反对建立独立的工人阶级政党，否认反沙皇政府的政治斗争，而把斗争局限于经济斗争和罢工。

② 《列宁全集》第4卷，人民出版社1984年版，第150页。

③ 《列宁全集》第4卷，人民出版社1984年版，第161页。

这段话说明,列宁真正领会了马克思主义的精髓,把革命理论不是看作教条,而是看作实践基础上的认识论。统观列宁19世纪90年代的著作,处处表现出了马克思主义与俄国实践相结合的精神,是马克思主义普遍原理与具体实践相结合并且创新发展的典范。这些真正贯彻了辩证唯物主义和历史唯物主义方法的理论发展,是列宁在批判资本主义和建设社会主义实践的历史进程中一贯坚持的方法论,也是列宁经济伦理批判的方法论基础。

1. 列宁彻底贯彻了唯物史观的认识论,阐明了经济基础决定人的道德观念

列宁既是革命实践者,同时更是造诣深厚的马克思主义理论家。只有在深刻理解了马克思和恩格斯开创的唯物史观思想精髓的基础上,才能正确把握历史运动的规律和革命实践的方向。列宁是运用历史唯物主义的理论和方法来剖析俄国社会的杰出理论家。他对唯物史观的深刻理解使得列宁在批判俄国自由主义民粹派时能够做到鞭辟入里和深入骨髓。

列宁在批判自由主义民粹派的代表人物米海洛夫斯基时曾经对《资本论》中马克思运用的唯物史观进行了剖析,他说:“马克思关于社会经济形态发展的自然历史过程这一基本思想,从根本上摧毁了这种以社会学自命的幼稚说教。马克思究竟是怎样得出这个基本思想的呢?他做到这一点所用的方法,就是从社会生活的各种领域中划分出经济领域,从一切社会关系中划分出生产关系,即决定其余一切关系的基本的原始的关系。”①列宁进一步地认为:“马克思也推翻了那种把社会看作可按长官意志(或者说按社会意志和政府意志,反正都一样)随便改变的、偶然产生和变化的、机械的个人结合体的观点,探明了作为一定生产关系总和的社会经济形态这个概念,探明了这种形态的发展是自然历史过程,从而第一次把社会学放在科学的基础之上。现在,自

---

① 《列宁全集》第1卷,人民出版社1984年版,第107页。

从《资本论》问世以来,唯物主义历史观已经不是假设,而是科学地证明了的原理。"①米氏却在读了《资本论》后,"看不出这是用唯物主义方法科学地分析一个(而且是最复杂的一个)社会形态的范例"②。米海洛夫斯基把马克思的唯物主义历史观称为"经济唯物主义",认为马克思的学说不愿意考虑社会生活的全部总和,但是又用经济"很好地"说明了社会生活的全部总和,这样的说法看似客观,却把马克思的唯物史观庸俗化了。

列宁指出马克思把社会视为处在不断发展中的活的机体,要研究这个机体,就必须客观地分析组成该社会形态的生产关系,研究该社会形态的活动规律和发展规律。米氏大谈社会生活的"复杂性",说马克思的"经济唯物主义"学说也不能捉摸这种"复杂性",说马克思的辩证法是黑格尔式的三段式辩证法,意思是唯物主义不是依据有关事实,而是借三段式来研究现实过程,进而否定了马克思恩格斯学说的唯物主义基础。列宁指出,恩格斯在写作《反杜林论》时就已经对这种把马克思的辩证法归结为黑格尔辩证法的观点进行了批判,米氏这里是老调重弹,借以否定马克思的历史唯物主义。列宁用一大段阐述正面批驳了这种歪曲和否定,他说:"马克思把社会运动看作受一定规律支配的自然历史过程,这些规律不仅不以人的意志、意识和意图为转移,反而决定人的意志、意识和意图。(请那些因为人抱有自觉的'目的',遵循一定的理想,而主张把社会演进从自然历史演进中划分出来的主观主义者先生们注意。)既然意识要素在文化史上只起着这样从属的作用,那么不言而喻,以这个文化为对象的批判,比任何事情更不能以意识的某种形式或某种结果为依据。换句话说,作为这种批判的出发点的不能是观念,而只能是外部客观现象。"③列宁指出,针对黑格尔的唯心辩证法,马克思早已指出了观念的东西不过是物质的东西的反映。

---

① 《列宁全集》第1卷,人民出版社1984年版,第111—112页。
② 《列宁全集》第1卷,人民出版社1984年版,第112页。
③ 《列宁全集》第1卷,人民出版社1984年版,第136页。

列宁关于唯物史观的这些深刻理解,澄清了当时对马克思和恩格斯创立的历史唯物主义学说的歪曲理解。作为俄国无产阶级政党的主要创立者和领导者,列宁的澄清和列宁坚定的历史唯物主义理论素养,无疑为俄国无产阶级革命和苏维埃俄国政权稳定后的经济建设指导提供了思想保障。

2. 列宁批判了决定论和道德观念之间的冲突、历史必然性和个人作用之间的冲突的思想

这两类冲突,是主观哲学家非常感兴趣的。作为自由民粹主义者的米海洛夫斯基同样在这个问题上也不例外,他认为马克思的"经济唯物主义"忽视或者不正确地阐述英雄和大众的问题,继而认为"经济唯物主义在科学上是站不住脚的"①。列宁认为这种看法是米海洛夫斯基故意否定了马克思是从社会生活的各个方面的总和来剖析全部社会形态的。

列宁指出:"其实,这里并没有什么冲突,冲突完全是米海洛夫斯基先生因担心(而且是不无根据的)决定论会推翻他所如此酷爱的小市民道德而捏造出来的。决定论思想确认人的行为的必然性,摒弃所谓意志自由的荒唐的神话,但丝毫不消灭人的理性、人的良心以及对人的行动的评价。恰巧相反,只有根据决定论的观点,才能作出严格正确的评价,而不致把什么都推到自由意志上去。同样,历史必然性的思想也丝毫不损害个人在历史上的作用:全部历史正是由那些无疑是活动家的个人的行动构成的。"②这里列宁实际上指出了历史必然性即决定论和道德的统一,说明了人的道德、良心等意识产生的现实基础,同时说明了决定论思想并不是把一切都推到必然性身上,并不否定人类行为的道德价值,并不是为一切不道德行为辩护。人应该为自己的行为负有社会责任和道德责任。理解列宁的这一点思想非常重要,如果只是看到了历史的必然性,那么就会产生形而上学的观点,看不到人们的道德等意识形态

① 《列宁全集》第1卷,人民出版社1984年版,第131页。

② 《列宁全集》第1卷,人民出版社1984年版,第129页。

观念的能动作用，也就无法对人们的道德行为的选择作出评价，人就不再需要为自己的道德行为承担责任。同样，看到当时的俄国现实的经济关系，是了解历史必然性，但需要人们运用主观能动性对其作出正确的评价，推翻不合理的经济制度和政治制度。

列宁指出俄国的民粹主义者把决定论和宿命论混在一起，既不想否认规律性，又断言意志自由是我们意识的事实，以此作为伦理学的基础，列宁认为这是脚踏两只船的做法，列宁说："把这种思想运用于社会学，除了造成忽视社会中发生的阶级斗争的空想或空洞道德外，显然不会有任何结果。"①在列宁看来，伦理道德思想实际上是建立在经济基础上的，由经济地位决定的社会阶级具有不同的阶级道德，阶级斗争在意识形态斗争领域中也会体现为道德意识的冲突。民粹主义者否认了道德的阶级基础，无法认识到道德的阶级性和现实冲突性，无法引导农民阶级认识到俄国资本主义的发展已经破坏了传统的村社组织和制度，使得农民日益分化破产，更不能正确地引导农民参加革命。

正如列宁的判断，民粹主义者代表的是小资产阶级和小生产者的利益，阶级的地位和软弱性使得他们表现为"是从'现代科学和现代道德观念'的角度提出问题的；照他们看来，似乎这类改革的不能实现，没有什么深刻的、潜藏在生产关系本身中的原因，而只是由于情感粗暴方面的阻碍，如'理智的光芒'微弱等等，似乎俄国是一块白板，现在只是需要在上面正确地规划正确的道路而已。"②列宁指出民粹派这样立足于所谓现代道德观念而提出革命问题，使得民粹派的论断最后将沦为书斋里的空谈。以历史唯物主义为基础的马克思主义者却相反，"他们必须到生产关系中间去探求社会现象的根源，必须把这些现象归结为一定阶级的利益，因而应当把同样的愿望表述为某某社会成分

① 《列宁全集》第 1 卷，人民出版社 1984 年版，第 382 页。
② 《列宁全集》第 1 卷，人民出版社 1984 年版，第 464 页。

的‘愿望’,遭到其他某某成分和阶级反对的‘愿望’。”[①]与民粹派相比,马克思主义者就能够避免学究式的、超阶级的议论,而民粹主义却会堕入机会主义的泥潭。因此,是否具有历史唯物主义的思想认识基础,决定了该如何选择改变现实的道路。在这方面,民粹主义从最初的追求民主主义革命的进步性,逐渐走向阻碍民主主义革命和俄国无产阶级革命的机会主义道路。

二、列宁经济伦理思想的主要内容

列宁是第一个实际探索经济落后的社会主义国家如何谋求经济发展的无产阶级革命家和理论家。列宁一生的著述中关于经济批判和经济建设的思想是非常重要的内容。列宁关于经济批判和经济建设的思想的历史可以分为三个阶段:第一阶段是在十月革命之前,这一时期列宁主要集中探索落后的俄国的经济状况以及如何发动革命;第二阶段是在十月革命之后以及最初的经济建设时期,这一时期主要集中在战时共产主义政策和社会主义改造的具体实践上,即如何用社会主义制度取代旧制度的问题;第三阶段是新经济政策的探索时期,新经济政策开辟的道路为社会主义经济建设积累了实践经验。这三个阶段综合起来以经济伦理为视角进行剖析,可以总结出许多社会主义建设的历史经验。

1. 列宁批判俄国民粹派的“经济浪漫主义”的道德批判立场

在十月革命之前的这一阶段,列宁关于经济批判的思想主要集中在对自由民粹主义经济思想、“合法马克思主义”、西欧修正主义以及孟什维克主义等各种思潮的批判上。列宁写了许多经济思想的著作,批判错误思潮并且捍卫和发展了马克思主义的经济学说。

---

① 《列宁全集》第1卷,人民出版社1984年版,第464页。

在经济问题上批判民粹主义的思想集中体现了列宁在十月革命前的经济伦理思想，对民粹主义者经济思想的批判也是列宁在唯物史观基础上批判俄国现实和阐明革命规律的重要方面。1896 年，列宁写作了学术性专著《评经济浪漫主义（西斯蒙第和我国的西斯蒙第主义者）》一书，批判民粹派否认俄国资本主义发展可能性的小资产阶级理论，其中蕴涵着丰富的经济伦理思想。西斯蒙第在政治经济学史上是小资产阶级经济学的奠基人，他不理解资本主义生产代替小生产的历史必然性，并且美化小商品生产方式和希望回到小生产时代，这是逆历史潮流而动的。这些方面跟俄国民粹派观点非常接近，在俄国，这种小生产者的经济思想更加理想化，宗法式的小农经济和行会手工业被美化为俄国经济的“独特的”发展道路。

列宁批判了俄国民粹派的“经济浪漫主义”观点只是立足于道德的观点来看待俄国资本主义的发展，无法正确剖析俄国现实。列宁在《评经济浪漫主义》中以自问自答的形式，回应了民粹主义者在对待俄国经济问题上的错误观点，指出资本主义的发展特别是农场经济的发展不是缩小国内市场而是造成国内市场，这种照搬于西斯蒙第的小生产者的观点，使得俄国的民粹派看不到农村中的资本主义发展导致的农民阶级的两极分化，从而无法深入剖析俄国现实生产关系，制定正确革命策略。列宁说：“浪漫主义者对研究和说明实际过程毫无兴趣，他们需要的只是反对这一过程的道德。”①列宁说，假如用“经济浪漫主义”这种小生产者视角的理论来解释资本主义生产关系的发展，只会否认资本主义在历史上起到的推动社会进步的作用，无法找到一条真正能够建立在科学认识社会发展客观规律基础上的无产阶级革命道路。

19 世纪 80 年代到 90 年代，自由主义民粹派的主张成了俄国传播马克思主义和建立马克思主义政党的主要障碍，围绕着俄国资本主义的现状和命运

① 《列宁全集》第 2 卷，人民出版社 1984 年版，第 135 页。

问题引起了马克思主义者和自由主义民粹派的争论,这个问题关系到俄国革命的道路和前途问题,以及政党的领导权问题。自由主义民粹派认为,俄国并不存在资本主义发展的根基,他们认为可以避开资本主义,在俄国农村不存在资本主义的生产关系,因此俄国可以通过自己独特的农村村社制度,走独特的道路达到社会主义的目标,即使俄国有资本主义的发展,也是偶然的现象,是人为的结果,村社才是俄国社会主义的基础,村社农民是社会进步的主要力量。

在《评经济浪漫主义》中,列宁针对自由主义民粹派承袭自西斯蒙第经济思想的错误观点进行了批判。西斯蒙第的小生产者经济思想中有一个错误的观点,那就是在国内市场,无法实现资本主义生产的产品的所谓"额外价值",从而必须有国外市场。西斯蒙第不懂得产品的实现,把全部社会生产只归结为个人消费,这是对资本主义社会的社会收入和社会产品的错误认识。俄国的自由主义民粹派同样没有搞清楚这个问题,他们认为,归资本家所有的剩余价值是无法实现的,因为体现剩余价值的产品既不可能为资本家全部消费掉,也不可能在市场上销售掉,俄国国内市场由于小生产者的破产和购买力的降低而日益缩小,唯一的出路是寻求国外市场,但是,对俄国这样一个资本主义发展较晚的国家来说,是可望不可即的,他们由此得出结论:资本主义不可能在俄国得到发展。列宁认为国外市场问题和产品实现问题绝对没有任何共同之点,"不仅如此,把国外市场和整个社会产品的实现问题纠缠在一起的理论,不仅表明它对这种实现毫不了解,而且也说明它对这种实现所特有的矛盾的理解极其肤浅。"①列宁指出:"现在我们也就接触到了为什么资本主义国家需要国外市场这一问题。这完全不是因为产品根本不能在资本主义制度下实现。这是胡说。国外市场所以需要,是因为与一切受村社、世袭领地、部落、地域或国家的范围所限制的旧的生产方式相反,资本主义生产具有无限扩大的趋

① 《列宁全集》第2卷,人民出版社1984年版,第133页。

向。同时,在一切旧的经济制度下,每次生产更新的形式和规模都和从前一样,而在资本主义制度下,同一形式的更新是不可能的,无限扩大和不断前进成为生产的规律。"①对于俄国的民粹主义者而言,这种扩张给社会发展造成了困难,而不是给其消除困难。除此之外,在关于危机、人口以及资本主义社会中的机器、保护关税等的理论方面,民粹主义都和小生产者的浪漫主义局限性极其相同,这些都导致俄国这些民粹主义者根本无法清楚把握俄国资本主义的发展状况,无法准确判断社会发展的历史阶段,更无法正确制定革命的策略。

列宁不仅批判了民粹派局限于道德批判的视野,而且剖析了这些思想的根源,对其经济伦理思想进行了深入批判。无论是经济浪漫主义还是俄国的民粹派,他们都把小农经济理想化了,列宁认为这种理想化导致的道德认知是:"(1)斥责货币经济破坏了小生产者的有保障的生活和他们的相互接近(不管手艺人接近消费者,还是农夫接近与他一样的农夫);(2)颂扬小生产保证生产者的独立性和消除资本主义的矛盾。"②"浪漫派和民粹派对货币经济的批评可以归结为:认为货币经济产生了个人主义和对抗(竞争),使得生产者的生活没有保障,社会经济不稳固。"③虽然民粹派认为货币经济产生个人主义是正确的,但是却以此反对资本主义的组织,认为这是对村社共同体或者某一行业手工业者联合的破坏。列宁认为这种观点是不正确的。资本主义生产基础上建立起来的市场联系虽然具有对抗性、充满波动和矛盾,但正是如此,才会迫使社会各个分子和各个阶级力求联合起来,这种联合不是狭隘的范围内的联合,而是扩散到全国,"是全国甚至各国某一阶级的一切代表的联合"④。这种联系是以在国民经济中的作用的共同性为基础,而不是以地区、职业、宗教等的利益为基础的。

---

① 《列宁全集》第2卷,人民出版社1984年版,第133—134页。
② 《列宁全集》第2卷,人民出版社1984年版,第181页。
③ 《列宁全集》第2卷,人民出版社1984年版,第181页。
④ 《列宁全集》第2卷,人民出版社1984年版,第182页。

列宁批判了俄国自由主义民粹派这种小资产阶级性质的肤浅且感伤的浪漫主义的经济伦理特性。在列宁看来,民粹派对这种"没有保障""不稳固"的历史认知是完全错误的,资本主义的出现尽管存在种种弊端,但却是人类社会发展的历史进步,他说:"资本主义的'不稳固'正是巨大的进步因素,它加速社会的发展,把越来越多的居民群众卷入社会生活的旋涡,迫使他们考虑社会生活制度,迫使他们自己'缔造自己的幸福'。"①对于资本主义生产关系的历史性和暂时性的认识,俄国的民粹派是同时缺乏的,列宁指出马克思在批判蒲鲁东主义的《哲学的贫困》中就言明了这种进步因素和灾难丛生同时并存的现代资本主义制度特征。特别是在对"进步因素"的了解方面,生产力的发展、全社会范围内劳动的社会化、人口流动性的增强和居民悟性的提高等等,这是历史的必然,但是俄国的民粹派却根本不了解这些,陷入了空想,并且荒谬到要把恢复古代宗法式环境的条件移到充满疯狂竞争和利益斗争的大机器工业时代,这就使他们的理论成了反动的理论。

为了正确地剖析俄国现实,列宁认为,仅是批判自由主义民粹派的观点,只是分析他们的错误和举出国内市场形成和发展的事实是不够的,还必须考察俄国资本主义的全部发展过程,分析俄国的经济和社会阶级结构。《俄国资本主义的发展》就是为了完成这个困难任务而写的一部巨著。在这本巨著中,列宁研究了大量俄国经济的历史文献,仅在书中提到和引用的著作就有近600种,此外还查阅和引用了大量的统计资料。所有书籍和资料都是列宁在被监禁和流放的困难条件下通过各种渠道,首先是通过亲友的协助收集到的。列宁1898年8月写完初稿,然后又进一步加工,1899年1月完成全书的定稿,书的每一章都经当时流放在米努辛斯克专区的社会民主党人的阅读和讨论,1899年3月在彼得堡出版并很快就销售一空。这本书当时主要是在社会民主党的知识分子和青年学生中传播,也通过宣传员在工人小组中传播。

① 《列宁全集》第2卷,人民出版社1984年版,第183页。

革命前的俄国经济状况已经处于迅速变化的时期，各阶级为了自身利益进行政治斗争，封建地主和贵族阶级为了维护自身利益勾结起来，对小资产阶级的改革要求极力压制，对农民残酷压榨，在沙俄的农村已经出现了严重的阶级分化。但是19世纪八九十年代的自由民粹派的主要观点仍然罔顾事实地否认俄国资本主义的现实发展，特别是在农村的发展。列宁针对这些改良主义的言论，利用地方统计数据进行了系统的实证性批判。列宁剖析了俄国资本主义的发展在农村中造成的阶级分化，商业性农业的发展加剧了农业资本主义当中的基本矛盾的激化，劳动力国内市场的形成造成了人口的流动，促进了国内市场的形成等，发展了马克思主义的市场理论。

关于农民的阶级分化和农业资本主义中的经济伦理问题，列宁利用地方自治局大量丰富的统计资料①，从实证材料方面驳斥了民粹派的诸多观点，首先就是关于农民有没有发生经济分化的问题，其次是关于农村阶级结构变化的问题。民粹派经济学家丹尼尔逊曾经提出："在村社土地占有制占优势的地区，建立在资本主义原则上的农民几乎完全没有，只有在村社联系完全破裂或正在崩溃的地区，这种农业才可能存在。"②列宁指出这种说法是建立在按份地分类的错误的统计方法之上的。列宁指出："事实表明：资本主义农业恰恰是在'村社社员'中间发展起来的，而所谓的'村社联系'完全适应于大耕作者的雇用雇农经济。"③列宁在分析萨拉托夫省地方自治局的统计材料时，批评了这种带有很大局限性的做法，份地占有带有平均性，转让也受到限制，但是实际上农民的分化过程就在于实际上超出了这种受限制的范围，如果罔顾事实，还是按照份地分类，就把贫苦农民和富裕农民加到了一起，但是事实上却是贫苦农民出租土地，抛弃土地，而且牲畜极少，经营极差，富裕农户却购买土地，牲畜很多，而且对土地施肥和进行改良，等等。列宁提出经济统计必须把

① 这些统计资料包括新罗西亚、萨马拉、萨拉托夫、彼尔姆、下诺夫哥罗德等省。

② 《列宁全集》第3卷，人民出版社1984年版，第72页。

③ 《列宁全集》第3卷，人民出版社1984年版，第72页。

经营的规模和类型作为分类的依据,应该按照当地的农业条件和形式来决定这些类型的划分。例如在粗放种植业的条件下,按照播种面积或者牲畜来分类,在其他条件下,就要考虑到技术作物的种植,农产品的技术加工,牛奶业,蔬菜业,等等。运用这种方法,列宁分别考察了一些典型农业省份的材料之后,又对 7 个省 21 个县 55 万多农户和 3523418 人口作综合分析,制成了图表,描绘出农民分化的总的趋向。

在此基础上列宁指出,农民的分化“这个过程意味着旧的宗法式农民的彻底瓦解和新型农村居民的形成。”①实际上在民粹派的著作中就已经提出了农民“分解”这个词,这种“分解”的原因在民粹派看来是由于财产不平均造成的。但列宁认为,旧的农民不在于用财产多少来划分等级,而在于旧式农民的彻底瓦解和消亡,被完全新型的农村居民所排挤。这种新型农民是农村资产阶级和农村无产阶级也即农村中的商品生产者阶级和农业雇佣工人阶级。这种分化使得中等农民的数量减少,逐渐形成两种新式农民:贫苦农民和富裕农民,都是以商品经济为基础的。“商业性农业和工商企业相结合,是这种农民特有的一种‘农业同手工业相结合’的形式。在这种富裕农民中,正在形成农场主阶级。②”富裕农民包括经营各种形式的商业性农业的独立的业主和工商业企业主。在农村这些富农占据优势地位。农村无产阶级即有份地的雇佣工人阶级,包括雇农、日工、小工、建筑工人和其他工人。这些人靠出卖劳动力和兼营小块的份地维持生计,生活水平极其低下,甚至不如无份地的工人的生活水平。列宁认为有份地的农村无产者在俄国资本主义发展进程中比较突出。还有一类是中等农民,位于上述两种农民之间,靠自己的独立农业劳动和出卖一部分劳动力维持生存,会受到富农的排挤。列宁认为农村资产阶级的存在造成了国内的生产资料市场和个人消费品市场。

与此同时,列宁认为农村商业的发展将为资本主义的发展铺平道路,并且

① 《列宁全集》第 3 卷,人民出版社 1984 年版,第 146 页。

② 《列宁全集》第 3 卷,人民出版社 1984 年版,第 149 页。

加速农民的分化，而且这种分化还在加剧。除了农民分化的那些因素，还有阻碍农民分化的因素，列宁指出阻碍农民分化的重要现象就是工役制，因为它是建立在用实物偿付劳动的基础上的，因而也是建立在商品经济不发达的基础上的。而工役制需要和要求的是中等农民，列宁认为："盘剥、高利贷、工役制等等受到的排挤愈彻底，农民的分化就愈深。"①与此相对应，俄国在农奴制改革后的地主经济逐渐向资本主义经济演进，农业机器的使用，农村雇佣劳动的发展都使得俄国的农村经济过渡成为带有旧的农奴制经济特点的资本主义化的商品经济生产。由于农村有份地的存在，它们掌握在地主手中，农民离开这些份地的极其重要的部分比如割地、森林、草地、马场、牧场等等无法独立经营，因此地主就可以通过工役制这种实物经济的形式继续对农民的剥削，"所谓工役制度就是用附近农民的农具和牲畜来耕种土地，其偿付形式并不改变这一制度的实质。这一制度乃是徭役经济的直接残余，徭役经济的上述经济特点几乎完全适用于工役制度。"②而所谓资本主义制度就是雇佣工人用私有主的农具和牲畜来耕种土地，在俄国改革后的年代中，工役制和资本主义这两种彼此对立的经济制度奇妙地结合在俄国农村经济向资本主义过渡的进程中。

工役制是旧制度的残余，劳动生产率低下，存在着人身依附关系和超经济强制，"在现代地主经济中，旧制度只意味着生产方式的停滞和亚洲式制度的统治"③，是终归要被历史淘汰的。这个淘汰的过程与机器等先进工具的使用密切相关。农村商品经济和商业性农业的发展破坏了工役制存在的条件。特别是那种没有任何农具的农村无产者承担的工役制，是向资本主义的直接过渡。有农具的农民也有可能失去工具从而成为一无所有只能出卖劳动力的极为贫困的农民无产者。列宁认为："纯粹资本主义雇佣劳动的发展从根本上

① 《列宁全集》第3卷，人民出版社1984年版，第159页。

② 《列宁全集》第3卷，人民出版社1984年版，第165—166页。

③ 《列宁全集》第3卷，人民出版社1984年版，第177页。

破坏着工役制度。"①自然经济和中等农民越是衰落,工役制就越是受到资本主义的有力排挤。列宁在批判民粹派对待农村资本主义发展的状况时指出:"俄国资本主义正在创造一种必然要求农业合理化和废除盘剥的社会条件,相反,工役制却排除农业合理化的可能性,使技术的停滞和生产者的受盘剥永远保留下去。民粹派看到我国农业中资本主义微弱的情形总是欣喜若狂,这是再轻率不过的了。正是资本主义微弱,事情才更糟糕,因为这只能说明使生产者遭到更加无比痛苦的前资本主义的剥削形式的强大。"②相反,民粹派把工役制理想化,已经走到了维护地主经济演进论的道路上。当民粹派在赞扬农民拥有份地的时候,这样的论调显然既符合事实,忘记了农民分得土地是以服从徭役经济或工役经济为前提条件的,也掩盖了农民日益分化和剥削加重的阶级矛盾。

俄国地主经济向资本主义经济的演进过程进一步造成了那些分化为流动雇佣工人阶层的农民的生存状况的恶化。这个过程伴随着农村地主阶级广泛使用机器而形成。列宁在《俄国资本主义》中依据统计数据详细考察了机器在农业中的使用及其意义③。他认为:"一方面,资本主义正是引起并扩大在农业中使用机器的因素;另一方面,在农业中使用机器带有资本主义的性质,即导致资本主义关系的形成和进一步的发展。"④"广泛使用农业机器,意味着资本主义对工役制的排挤"⑤,"机器在农业中的经常使用,毫不留情地排挤宗法式的'中等'农民,正象蒸汽织布机排挤手工业织工一样"⑥。机器的使用将会导致农业生产的积聚、资本主义协作以及机器排挤工人的后果。在 19 世纪 90 年代,俄国农业的积聚大致表现为下列两种形式:首先是农业生产的积

① 《列宁全集》第 3 卷,人民出版社 1984 年版,第 180 页。
② 《列宁全集》第 3 卷,人民出版社 1984 年版,第 186—187 页。
③ 《列宁全集》第 3 卷,人民出版社 1984 年版,第 191—194 页。
④ 《列宁全集》第 3 卷,人民出版社 1984 年版,第 199 页。
⑤ 《列宁全集》第 3 卷,人民出版社 1984 年版,第 200 页。
⑥ 《列宁全集》第 3 卷,人民出版社 1984 年版,第 201 页。

聚，表现为收割机、蒸汽脱粒机的广泛使用；其次还表现为商业性农业的各种形式，而且它还与工人在农场中的广泛协作有密切的联系。“资本主义已经把村社分化为许多彼此利益冲突的经济集团，建立了以雇佣工人广泛协作为基础的大农场。”①列宁认为，以使用机器为标志的资本主义在农业中的发展，造成“机器排挤雇佣工人，并在农业中造成资本主义的后备军”②，“一方面，农民资产阶级的形成和地主从工役制向资本主义的过渡，造成对雇佣工人的需求，另一方面，在那些经营早已建立在雇佣劳动基础上的地方，机器却在排挤雇佣工人”③。列宁依据统计资料指出，农业中的雇佣劳动的流向多数是从俄罗斯中部黑土地各省移出的，工人的流动方向是从人口最稠密的地区移向人口最稀少的地区，是从过去农奴制最发展的地区移向过去农奴制最薄弱的地区，是从工役制最发达的地区移向工役制不发展但资本主义比较发展的地区，“土地的被剥夺在飞快进行着，同时，农村无产阶级的人数也在不断增加”④。列宁科学阐明了移民劳动的意义并对其进行道德批判，他指出工人的大批流动造成了高度发达的资本主义所固有的独特雇佣形式。在俄国南部和东南部形成了许多劳动力市场，成千上万的人聚集在这种同城市、工业中心、商业村和市集结合在一起的市场中，甚至在俄罗斯边疆地区却创造了“农业和手工业结合”的新形式，即农业雇佣劳动和非农业雇佣劳动的结合，而这种形式只有在大机器工业阶段才有可能得到广泛的采用。列宁认为，工人的移民运动一方面对工人有好处，比如工资提高和脱离工役制的盘剥和束缚，但另一方面工人阶级的状况十分恶化，比如劳动时间超长，住在极不卫生的环境里，同时许多工人还受到中小农业主的不择手段地剥削。

列宁还研究了工业化资本主义道路及其产生的工人受剥削程度加深的问

① 《列宁全集》第3卷，人民出版社1984年版，第202页。

② 《列宁全集》第3卷，人民出版社1984年版，第203页。

③ 《列宁全集》第3卷，人民出版社1984年版，第202—203页。

④ 《列宁全集》第3卷，人民出版社1984年版，第212页。

题。列宁详细研究了俄国工业资本主义发展的阶段问题,将其概括为三个阶段:第一是小商品生产的简短协作;第二是资本主义的工场手工业;第三是工厂和机器大工业阶段。资本生产关系是在小手工业中萌发的,由于自发的分工,使农民变成工匠,变为“局部工人”;随着小作坊变成大作坊,逐渐形成了资本主义生产关系,工场手工业的发展逐渐加深了生产资料占有者和工人之间的鸿沟;随着富裕市镇的出现,大批居民是没有任何财产的工人,过着朝不保夕的生活。列宁认为,只有到了大机器工业阶段,才能抛弃手工技术,改造生产,应用科学成就系统地改变生产的组织形式,才能在未来社会为有计划地调节生产和实行社会监督创造客观基础。大机器工业必然会造成人口流动,扩展商业交往,改善交通条件,加速工人的流动。

列宁从俄国资本主义的发展历史中丰富和发展了马克思主义的资本主义批判理论,为开创俄国无产阶级革命和建设的道路奠定了理论基础。资本主义的简单协作是从小生产中发展出来的,之后出现较大的作坊是向较为高级的工业形式的过渡。列宁说:“在我国农民(‘手工业者’)的小手工业中出现的也正是这种资本主义的起点。”①俄国和西欧的差别,只是因为没有行会手工业或者行会手工业不发展而在资本主义关系的表现形式上不同而已。理论上看,简单形态的协作是同规模较大的生产结合在一起的,从俄国的历史上看,有雇佣工人的“手工业”小作坊同发达得多和普遍得多的资本主义形式有着密切的联系,因为这种作坊创立了相当广泛的资本主义协作来代替以前生产上的分散性,大大提高了劳动生产率。对于工场手工业,列宁说:“工场手工业是一种以分工为基础的协作。”②对于民粹派而言,他们对地区分工意义的认识不足,把工业和手工业的特点混淆起来,“地区的分工并不是我国工业的特点,而是工场手工业的特点”③。列宁指出工场手工业的特点是农业同工

① 《列宁全集》第3卷,人民出版社1984年版,第321页。
② 《列宁全集》第3卷,人民出版社1984年版,第346页。
③ 《列宁全集》第3卷,人民出版社1984年版,第392页。

业分离的特殊形式，最典型的手工业者已不是农民，而是工匠，另一端则是商人和作坊主。技术把工人束缚在某种专业技能上，使得这种工人不能继续从事农业，另一方面要不间断地和长期地从事一种手艺。“工场手工业经济结构的特征，是手工业者的分化比小手工业中的分化深刻得多，而我们看到，在小手工业中，工业中的分化同农业中的分化是同时并进的。”①在工场手工业阶段中的商业资本和产业资本有着最密切的不可分割的联系，这是工场手工业最有代表性的特点之一。小作坊有时是手工工场的场外部分，大作坊是从这些小作坊中成长起来的，分工促进了小业主对大业主的依附关系。

在俄国的工场手工业阶段，统计资料表明，把工作分到家里去做的办法得到了广泛采用，资本主义的家庭劳动虽然在工业资本主义发展的各个阶段都有，但却是工场手工业最大的特征。在家庭劳动中，资本家和工人之间会产生出很多中间人，整批取得材料然后零星分配出去，这样就产生了榨取血汗的制度，在小手工业的家庭劳动中，往往是实物工资制和榨取血汗制度并列，成为一种主要的剥削形式。在家庭劳动条件极差和环境极其不卫生的情况下，工人往往一贫如洗，工作日过长和女工、童工占工人的多数也是它的体征之一。这种资本主义家庭劳动迫使工人的需求水平降低。而企业可能回到偏僻的地方挑选工人，因为工钱非常便宜，家庭工人的分散性以及中间人的众多，自然要使盘剥盛行，造成各种形式的人身依附，而且在农村中偏僻的地方还保留着宗法式的关系，工人不仅是雇佣制下的奴隶，还是家庭债务的奴隶。资本主义家庭劳动这种制度存在的条件，跟农民被束缚在份地上有密切关系，由于抛弃份地会损失钱财，使得农民无法迁徙，农民村社处于与外界隔绝的状态，这样就导致采用资本主义家庭劳动的范围扩大，人为地把农民束缚在这种剥削状态中。马克思在《资本论》中指出，这种家庭劳动的性质是资本主义的，也是相对过剩人口的形式之一，列宁认为这是俄国无产阶级在农民分化进程中形

① 《列宁全集》第3卷，人民出版社1984年版，第393页。

成的过程。从家庭经济(自然经济)活动中解放出来的人口,一方面去了大资本家的工厂,另一方面则从事大规模的家庭生产劳动,为大作坊提供生产配套。当时的民粹派看不到手工业和工场手工业以及大工业之间的联系,他们把手工业看作是某种经济上单一的自身稳定的东西,把它同资本主义对立起来,在此基础上形成的偏见是手工业和工厂是对立的,二者是相分离的,工厂工业是"人为的",这样的认识就造成了民粹派完全回避了俄国各种工业发展的形式和阶段问题,进而否认了俄国社会的资本主义性质以及无产阶级在这种社会性质下所遭受的剥削现状。

事实上,列宁依据统计资料揭示了俄国资本主义的机器大工业的发展现状。依据欧俄、波兰和高加索地区的重工业的统计资料,列宁列出表格说明当时俄国资本主义大企业中的工人人数在 25 年中增加了 1 倍以上,不仅比一般人口增长快得多,而且比城市人口的增加也快。反映出当时俄国的工人的队伍壮大是由于人口日益从农业和小手工业被吸引到大工业企业中去。造成了生产和社会日益社会化,在技术上取得了巨大进步,也破坏了宗法传统和陈腐的生活方式,同时带来了大量流动人口,生活需求水平和文化水平的提高,等等。综合起来分析,列宁揭示了这些资本主义性质的发展带给俄国社会的影响包括历史进步作用和社会矛盾的加剧两大方面。在历史进步作用方面,主要在于俄国资本主义的发展打破了自然经济的分散性,排挤了人身依附形式,相较而言,自由雇佣工人这种劳动形式与之相比,是一种社会进步。俄国资本主义社会的发展扩大了居民对联盟联合的需求,这种联合与农村村社等级制的联合具有不同的特殊性质,也加剧了社会的阶级分化,促使各种利益基础上的集团内部的联合。综观列宁的俄国资本主义理论,粉碎了自由主义民粹派小资产阶级的道德说教。在经济伦理批判方面,列宁把批判俄国资本主义经济的唯物主义基础阐述得清晰明了,彻底贯彻了辩证法,指出资本主义既有历史进步的方面,也有使得社会阶级矛盾尖锐化的一面,因此,未来社会的发展前景一定是用更高的生产方式来取代资本主义。

2. 列宁的帝国主义经济伦理批判

19世纪末和20世纪初，资本主义发展到垄断阶段，即帝国主义阶段，与之相适应的是帝国主义的意识形态，即帝国主义理论。列宁对帝国主义的批判较早即已开始，在19世纪90年代到1913年，列宁在反对修正主义的时候就对垄断和垄断组织以及经济危机问题进行过探讨和论述。随后从1914年第一次帝国主义战争开始到1915年，列宁在论述战争的性质与根源、批判社会沙文主义的斗争中阐述了帝国主义理论的基本观点。此后，列宁又借鉴和吸收了希法亭和布哈林等人关于金融资本和垄断组织等的思想，丰富和完善了关于帝国主义的经济理论体系。

从列宁于1915年至1916年写的20本关于帝国主义问题的笔记，以及列宁1912年至1916年就同一问题作的一些单独的札记中可以看出，列宁大量摘录和评述了148本著作，还有49种刊物上的232篇文章。在这些笔记中，蕴含了他关于帝国主义理论体系的构思过程。其中最具有现实意义的包括：其一，关于现代垄断资本主义的生产和周期问题；其二，关于国际垄断组织的发展趋势问题；其三，关于帝国主义国家之间的经济、贸易关系问题；其四，关于帝国主义与殖民地经济、贸易问题，等等。在笔记的基础上，列宁总结了国际共产主义运动和工人运动的新经验，写出了《帝国主义是资本主义的最高阶段》等著作，创立了帝国主义经济理论，在这些理论中都蕴含着列宁从制度到规则，从国家到个人的经济伦理批判和评断。

列宁的帝国主义批判是对马克思和恩格斯对垄断资本主义批判的继承和发展。马克思在《资本论》中就论证过生产集中、信用和股份公司对促进联合和垄断的作用。特别是在论述积累时，马克思认为通过积累和小资本逐渐扩大再生产来增大资本是非常缓慢的，但是通过资本集中的股份公司的形式转瞬之间就能完成。恩格斯晚年撰写《交易所》一文，指出随着资本主义生产和竞争的发展，私人资本经营已经逐渐由交易所、联合公司和托拉斯企业所取代。恩格斯这篇文章虽然只是研究垄断资本主义的一个纲要，但是他从方法和理论上为后人研究垄断资本主义和帝国主义理论提供了一些思考并形成了初步的思想。

恩格斯之后，有的第二国际理论家在剖析垄断资本主义的基础上，对金融资本和帝国主义进行了有价值的探索和研究，列宁也吸收了这些理论成果。英国的社会和平主义者霍布森的著作《帝国主义》是20世纪初较早系统地研究帝国主义问题的著作。霍布森试图探讨帝国主义存在和发展的一般原则。他从两个方面来研究帝国主义，第一方面是从贸易和投资以及财政方面来研究帝国主义国家的扩张，第二方面是从政治和道德上分析帝国主义的动机。霍布森认为帝国主义是近代资本主义的产物，“主要来自英帝国主义最近三十年来的发展”①；“帝国主义的经济根源，即是强大的有组织的工业和金融势力，意图以公众的钱财和依靠公众的力量，来为它们的过剩商品和过剩资本取得并发展私人市场。”②霍布森指出，普通投资者只是充当大金融公司手中的工具，这些大金融公司利用有价证券和股票，来操纵金融市场的投机行为，在投机盛行的时代，在投资中的主导者们即金融家的特殊利益就有更大的危险性。金融资本领导着工业、商业和其他行业，资本家们是以金融家为中心来领导整个资本主义经济的③。从自由竞争发展到垄断是帝国主义形成的经济基础，在这个过程中大资产阶级政权采取保护关税的政策，既保护自己的国内市场，又用武力强制开拓国外市场。

除了霍布森以外，列宁还吸收和借鉴了奥地利马克思主义者希法亭《金融资本》一书中对帝国主义的经济理论进行的系统研究。特别是该书的副标题《资本主义发展的最新阶段》这一提法为列宁所接受，并被列宁用于自己关于帝国主义问题的专著的最初书名中。希法亭试图从流通、银行信用和股份

---

① ［英］霍布森：《帝国主义》，上海人民出版社1960年版，第17页。
② ［英］霍布森：《帝国主义》，上海人民出版社1960年版，第85—86页。
③ 参看《列宁全集》第54卷，人民出版社1990年版，第456页。

公司,也就是从马克思的《资本论》第2卷和第3卷出发去研究垄断资本的新经济情况。列宁认为希法亭对金融资本的研究对资本主义发展的最新阶段作了一个极有价值的理论分析。希法亭把资本形态的演进分为三个阶段:高利贷资本,银行资本,金融资本。他强调的是银行资本对工业资本的渗透作用,例如希法亭把金融资本视为"统治着工业的银行资本"①。希法亭对金融资本做了如下表述:"愈来愈多的工业资本不属于使用这种资本的工业家了。工业家只有通过银行才能取得对资本的支配权,对于工业家来说,银行代表这种资本的所有者。另一方面,银行也必须把自己愈来愈多的资本固定在工业上。因此,银行愈来愈变成工业资本家。通过这种方式实际上变成了工业资本的银行资本,即货币形式的资本,我把它叫作金融资本。""金融资本就是由银行支配而由工业家运用的资本。"②对于这种金融资本的经济现实,希法亭说:"无产阶级对金融资本的经济政策的回答,对帝国主义的回答,不可能是贸易自由,而只能是社会主义。"列宁在这段摘抄后加了"注意"两个字。希法亭虽然在方法论上有片面性,但是对金融资本的分析进一步发展了马克思的经济观点,列宁对此也加以肯定。列宁在对《金融资本》一书摘抄笔记时记录了希法亭对金融资本政策的观点:"金融资本的政策追求三种目的:第一,建立尽可能广大的经济领土;第二,用关税壁垒挡住外国的竞争;从而,第三,使这些地区变成民族垄断同盟经营的地区……"③希法亭虽然也提到了金融资本在殖民地扩张的现象,但是列宁认为他的理论有如下缺点:其一是关于货币的理论错误,其二是忽视世界的瓜分,其三是忽视金融资本与寄生性的关系,其四是忽视帝国主义与机会主义的关系。既然忽视了帝国主义瓜分世界和寄生性以及腐朽性的研究,就更看不到帝国主义与第二国际工人运动中的机会主义之间关系的实质,在列宁看来这是相比于英国霍布森理论的后退。列宁批评

---

① 转引自《列宁全集》第54卷,人民出版社1990年版,第375页。
② 转引自《列宁全集》第54卷,人民出版社1984年版,第612页。
③ 《列宁全集》第54卷,人民出版社1990年版,第374页。

希法亭没有看到帝国主义国家从殖民地榨取的超额利润中拿出一部分来收买工人中的上层分子,瓦解工人运动,造成社会主义内部的分裂,这些都说明希法亭批判帝国主义立场的不坚定和思想上的不彻底。

在关于帝国主义的笔记中,列宁对布哈林的帝国主义理论有不少摘编和评述。从马克思主义的立场、观点出发,对帝国主义作出系统的分析,布哈林是开端。他从世界经济入手考察帝国主义,分析了帝国主义的产生、形成和基本特征。布哈林认为"世界经济是全世界范围的生产关系和与之相适应的交换关系的体系"①。世界经济的特征表现在世界性的工业危机和战争这两大方面。布哈林从辩证的观点强调指出了世界经济的有机统一性。金融资本是高于工业资本的一种新的资本形态,其特征是渗透性的无孔不入的资本形态,银行资本通过投资托拉斯、投资公司、控股公司达到对工业企业的控制和实际支配权②。如此一来,银行资本就转变为金融资本,金融资本是一种高度组织化的体系,其特征是卡特尔、银行、国家企业日益结合起来,随着资本主义集中的发展,卡特尔和联合企业与银行结成共同利益体,银行间达成协议,有助于消灭竞争,使得各工业集团结合起来。布哈林的金融资本的定义来源于希法亭,他对金融寡头的分析较为清晰,认为"金融寡头掌握着国家政权,管理着由银行联为一体的生产。这个生产的组织过程,是自下开始的,并在现代国家的机构里加强起来。""现代国家已经成为金融资本的利益的充分体现。"③希法亭把帝国主义定义为金融资本的一种要素和意识形态,布哈林吸收其观点,认为帝国主义作为一种政策,支撑了金融资本,使得全世界服从于金融资本,但帝国主义是一个特定的历史范畴。列宁认为布哈林把帝国主义看成一个整体,看成极其发达的资本主义的一定的发展阶段,是非常有价值的。布哈林在《世界经济和帝国主义》著作中,论证了帝国主义是资本主义发展的一定阶

---

① [俄]布哈林:《世界经济和帝国主义》,中国社会科学出版社 1983 年版,第 8 页。
② [俄]布哈林:《世界经济和帝国主义》,中国社会科学出版社 1983 年版,第 28—29 页。
③ [俄]布哈林:《世界经济和帝国主义》,中国社会科学出版社 1983 年版,第 82 页。

段,这个思想为列宁所吸收和借鉴。列宁说:“布哈林这本书的科学意义特别在于:他考察了世界经济中有关帝国主义的基本事实,他把帝国主义看成一个整体,看成极其发达的资本主义的一定的发展阶段。”①从列宁关于帝国主义的笔记中可以看出,他对布哈林关于帝国主义的思想是非常赞赏的。

列宁对垄断资本主义和国家垄断资本主义经济伦理问题的理论和实践批判方法有创新。列宁在《帝国主义论》的序言中言明了此书的宗旨,即“本书的主要任务,无论过去或现在,都是根据无可争辩的资产阶级统计的综合材料和各国资产阶级学者的自白,来说明 20 世纪初期,即第一次世界帝国主义大战前夜,全世界资本主义经济在其国际相互关系上的总的情况。”②列宁说这本书“能有助于理解帝国主义的经济实质这个基本经济问题”③。从研究对象来看,《帝国主义论》的主要研究对象在于揭示帝国主义各主要国家的经济和政治,即国际经济关系,力图以揭示这些帝国主义国家的经济、政治、外交、意识形态等方面的关系和特点来说明资本主义制度的发展趋势和客观运动规律,列宁的著作丰富和发展了马克思开创的资本主义批判的经济学说,他把马克思没有完成的关于国家、对外贸易、世界市场的理论计划进行了发展和推进。

列宁继承了马克思在批判资本主义制度中所开创的辩证唯物主义和历史唯物主义方法,在对资本主义社会基本矛盾的分析方面更为契合当时的帝国主义各国的现实状况。随着资本主义社会基本矛盾的发展和日益尖锐,资产阶级和无产阶级的矛盾、帝国主义国家之间的矛盾和帝国主义国家与殖民地的矛盾日益尖锐化。这种矛盾分析法立足于深刻剖析矛盾的对立统一和发展过程,并不是绝对地看待矛盾的对立或者统一。比如帝国主义国家发展到垄断资本主义阶段,虽然出现了占据统治地位的垄断,但是竞争并没有消失,垄

① [俄]布哈林:《世界经济和帝国主义》,中国社会科学出版社 1983 年版,第 2 页。
② 《列宁全集》第 27 卷,人民出版社 1990 年版,第 325 页。
③ 《列宁全集》第 27 卷,人民出版社 1990 年版,第 324 页。

断和竞争之间相互对立统一。帝国主义国家出现的垄断导致了经济停滞和社会腐朽,但是并不排除个别国家在一定的时期内在个别领域得到发展。这种对立统一关系是不能割裂的。但是第二国际例如考茨基等人对帝国主义国家的认识却割裂了政治和经济的关系,导致了国际社会主义运动中的机会主义倾向。列宁在研究帝国主义的著作中,非常注重运用搜集到的实证资料和数据,尽管资产阶级和第二国际的机会主义者同样运用丰富的实证资料来剖析现实,但是结论却是错的,是为改良主义和机会主义制造借口。列宁运用的是唯物辩证法,他运用大量的统计资料和数据来说明随着金融资本的发展,量变到质变,发达资本主义最终要转化为体现其政治和经济本质统一的帝国主义国家。在列宁的这些对帝国主义的创新性的综合分析中,他在继承马克思和恩格斯的基本原理和方法的基础上,运用了崭新的理论范畴体系,如垄断、金融资本、资本输出等概念范畴,推动了马克思主义的资本主义批判理论在实践基础上的创新发展,其中所蕴藏的对帝国主义的整体性的经济伦理批判同样是开创性的。

列宁对资本帝国主义基本矛盾激化及其战争必然性的经济伦理批判具有时代特色。列宁论证了生产集中发展到垄断的规律性和必然性,这是对马克思和恩格斯关于竞争和信用是集中的两个强有力杠杆这个观点的继承和发展。竞争容易导致几十个大型企业之间达成协定或者进行联合,共同制定价格,对一个部门或者几个部门的生产和销售进行垄断和控制。这些垄断企业掌握了大量先进的生产技术设备,拥有熟练劳动力和工程技术人员,可以对生产和流通领域中的大部分产品、信用和资本进行操纵,这样就产生了垄断的趋势,限制自由竞争,使得垄断企业对部分市场进行独占来攫取高额垄断利润。列宁指出,当马克思写作《资本论》的时候,大家都认为自由竞争是一种“自然规律”,资产阶级学者还用这种“自然规律”来否定马克思对资本主义制度的历史分析。但是到了20世纪初,垄断已经成了事实。列宁通过一系列欧洲大陆国家的实证材料的研究指出,资本主义的基本矛盾——生产的社会性和资本主义私人占有的矛盾更加尖锐化了,他说:“竞争转化为垄断。生产的社会化有了巨大的进展。就连技术发明和技术改进的过程也社会化了。”①在垄断阶段,由于生产资料更加集中在少数垄断资本家手中,斗争更加剧烈和残酷,并且更加具有扼杀性和破坏性。

在垄断和危机的关系方面,列宁说:“危机(各种各样的危机,最常见的是经济危机,但不是只有经济危机)又大大加强了集中和垄断的趋势。”②列宁驳斥了资产阶级和第二国际修正主义者所鼓吹的通过垄断组织形式,如卡特尔、托拉斯,可以消灭经济危机的谬论。卡特尔把生产联合起来,但是却使资本主义制度固有的矛盾更加尖锐,显然垄断组织可以利用先进的技术优势占领新兴工业部门,引起工业布局、结构的变化,淘汰落后的旧企业,使其破产。这样加剧了社会生产的无政府状态。列宁认为垄断资本主义的基本矛盾的发展必然会激化,也导致阶级矛盾的尖锐化,导致经济、政治、社会危机的全面爆发,正是在这种危机中,垄断和社会化的大生产为社会主义革命创造了条件,也为社会主义奠定了物质基础和革命前提。

在帝国主义时代垄断的最突出特点是银行垄断。列宁说:“随着银行业的发展及其集中于少数机构,银行就由中介人的普通角色发展成为势力极大的垄断者,……为数众多的普通中介人成为极少数垄断者的这种转变,是资本主义发展成为资本帝国主义的基本过程之一。”③随着银行业垄断的发展,银行资本和工业资本日益融合,通过参与制控制全国的工业企业的生产,拥有亿万巨资的大银行企业,能用过去远不能比的投入和办法来推动技术的进步。列宁认为1900年的危机“大大加速了工业和银行业的集中过程”,“第一次把同工业的关系变成大银行的真正垄断”④,20世纪是从旧资本主义到新资本

① 《列宁全集》第27卷,人民出版社1990年版,第340页。
② 《列宁全集》第27卷,人民出版社1990年版,第344页。
③ 《列宁全集》第27卷,人民出版社1990年版,第346页。
④ 《列宁全集》第27卷,人民出版社1990年版,第361页。

主义,从一般资本统治到金融资本统治的转折点。

列宁吸收了前人对金融资本的定义,界定金融资本为:"生产的集中;从集中生长起来的垄断;银行和工业日益融合或者说长合在一起,——这就是金融资本产生的历史和这一概念的内容。"①这个定义,从生产力和生产关系、经济基础和上层建筑的基本矛盾观点,深刻揭示了金融资本的基础和前提,同时还揭示了这一范畴的本质特征即工业资本和银行资本的融合,金融资本是帝国主义经济的中心范畴。金融寡头是指掌握金融资本的少数最大的垄断资本家或垄断集团的领袖。列宁描述说:"集中在少数人手里并且享有实际垄断权的金融资本,由于创办企业、发行有价证券、办理公债等等而获得大量的、愈来愈多的利润,巩固了金融寡头的统治,替垄断者向整个社会征收贡赋。"②金融寡头通过"参与制"等方式来控制企业,所谓"参与制"是指利用掌握一定股权的方式对企业加以层层控制。以资本的股份形式为前提,金融寡头只要掌握某一企业的"股票控制额"就能对它实行控制。因此,股票票面价值越小,股票发行越分散,"股票控制额"就可以越小。资产阶级学者和第二国际修正主义者鼓吹这种股票分散化是股份资本民主化,列宁指出,这种发行小额股票的做法,实际上是加强金融寡头实力的一种手段而已。此外,通过在经济危机时期低价收购和改组小企业和破产企业,发行有价证券,办理公债,在城郊进行土地投机生意,也是金融资本获取高额利润的业务,这种业务使得银行的垄断同地租的垄断以及交通运输业的垄断结合起来。地价是否上涨取决于土地分块出售,首先取决于是否有便利的交通通向市中心,而掌握交通运输业的则是通过参与制和担任经理职务同这些银行有联系的大公司。因此,在大银行的支配下,土地投机盛行,地价上涨,利润惊人,使社会经济更加混乱。而这些都加剧了社会矛盾和阶级矛盾的激化,无产阶级在社会危机中的生存更加处于朝不保夕的境地。

---

① 《列宁全集》第 27 卷,人民出版社 1990 年版,第 362 页。

② 《列宁全集》第 27 卷,人民出版社 1990 年版,第 368 页。

列宁还对资本主义的寄生性和腐朽性开展了经济伦理批判。列宁研究了帝国主义的寄生性和腐朽性的各种主要表现,阐明了在帝国主义这个资本主义演进阶段出现的食利者阶层的形成和机会主义的经济根源。在《帝国主义和社会主义运动中的分裂》中,列宁列举了五种表现:趋势性,腐朽性,输出性,反动性,殖民性①。这些剖析促进无产阶级认识到资本主义制度在精神文化发展上的倒退,意识到反对资本主义的斗争的道德意义和正义性,这对于工人阶级为建立新社会而进行的斗争具有巨大的动员作用,昭示了资本主义制度注定要为社会主义取代的历史必然性。

列宁认为资本主义的寄生性和腐朽性在帝国主义阶段呈现出特有的方面,其根源就在于垄断。垄断必然使经济产生停滞和腐朽的趋向,垄断价格使技术进步的动因在一定程度上消失了,在经济上有可能人为地阻碍技术的进步,但是垄断不能长久地排除世界市场的竞争,改良技术的可能性也可以提高利润,对此列宁指出:"垄断所固有的停滞和腐朽的趋势仍旧在发生作用,而且在某些工业部门,在某些国家,在一定的时期,这种趋势还占上风。"②这种情况同样发生在帝国主义国家占据的殖民地。

帝国主义国家聚集了大量货币资本,在其国家内产生了以"剪息票"为生的食利者阶级。这些食利者阶级根本不参与任何企业经营,终日游手好闲,列宁说:"帝国主义最重要的经济基础之一——资本输出,更加使食利者阶层完完全全脱离了生产,给那种靠剥削几个海外国家和殖民地的劳动为生的整个国家打上了寄生性的烙印。"③"在世界上'贸易'最发达的国家,食利者的收入竟比对外贸易的收入高 4 倍! 这就是帝国主义和帝国主义寄生性的实质。因此,'食利国'(Rentnerstaat)或高利贷国这一概念,就成了论述帝国主义的

① 《列宁全集》第 27 卷,人民出版社 1990 年版,第 69—85 页。

② 《列宁全集》第 27 卷,人民出版社 1990 年版,第 411 页。

③ 《列宁全集》第 27 卷,人民出版社 1990 年版,第 412 页。

经济著作中通用的概念。”①帝国主义国家这样的食利者阶层的出现，必须以帝国主义国家控制着广袤的殖民地为条件，以便源源不断地取得稳定的垄断利润。帝国主义国家的统治者再用高额垄断利润收买国内无产阶级的上层，排挤下层无产阶级，巩固国内统治，为发动对外的帝国主义战争制造有利的国内舆论环境，把国内阶级矛盾转嫁到国外，在殖民地则收买殖民地人民中的一部分来扩充军队，镇压殖民地人民的武装反抗，从而维持其殖民地统治。列宁认为，帝国主义寄生和腐朽的趋势必然会腐蚀工人政党和它的领导阶层。资本主义统治者为了瓦解工人运动，往往收买工人上层、工会官僚和不坚定分子。例如英国上层工人中就有大批人加入合作社、工会、体育团体和各种教派。现代资本主义的政治宣传机构，例如报刊、议会、各种团体和代表大会等等，也替那些改良主义笼罩下的工人们创造一种同他们经济上的特权和小恩小惠相适应的条件和气氛。再加上大批外籍移民工人流入帝国主义国家，使帝国主义国家工人的社会地位上升，所有这些都助长了工人贵族和机会主义的产生和形成。

列宁指出，马克思和恩格斯在几十年中一直密切注视着工人运动中的机会主义和英国资本主义的帝国主义特点之间的这种联系。恩格斯曾经批评英国的工联已经被资本主义国家的统治阶级收买，工人十分安然地同他们共享英国的殖民地垄断权和英国在世界市场上的垄断权。列宁尖锐批判道：“现在局势的特点在于形成了以下这些经济政治条件：帝国主义已经从萌芽状态生长为统治的体系，资本主义垄断组织在国民经济和政治中居于首要地位，世界已经瓜分完毕；另一方面我们看到，作为整个20世纪初期特征的已经不是英国独占垄断权，而是少数帝国主义大国为分占垄断权而斗争。这些经济政治条件，不能不使机会主义同工人运动总的根本的利益更加不可调和。现在机会主义已经不能像在19世纪后半期的英国那样，在一个国家的工人运动里

① 《列宁全集》第27卷，人民出版社1990年版，第413页。

取得完全胜利达几十年之久，但是它在许多国家里已经成熟，已经过度成熟，已经腐烂，并且作为社会沙文主义而同资产阶级的政策完全融合起来了。”①

也就是说，进入帝国主义阶段，机会主义变成了一种国际思潮，而且在第一次世界大战初期它就演变成为社会沙文主义。列宁在《社会主义与战争》中一针见血地指出：“机会主义和社会沙文主义的经济基础是同一个，那就是人数很少的特权工人阶层和小资产阶级的利益。这些人所捍卫的是自己的特权地位，是从‘自己’国家的资产阶级靠掠夺其他民族、靠它的大国优越地位等等而攫取的利润中分得一点油水的‘权利’。”②“收买就是整个问题的症结所在。”③在列宁批判帝国主义的时期，欧洲的社会主义运动深受机会主义和改良主义的影响，列宁剖析道：“这个按生活方式、工资数额和整个世界观说来已经完全小市民化了的工人阶层，是第二国际的主要支柱，现在则是资产阶级的主要社会支柱。”④因此，列宁明确指出反对帝国主义的斗争如果不同反对机会主义的斗争紧密地联系起来，那就是一句空谈。

3. 列宁新经济政策的经济伦理意蕴

新经济政策是指列宁领导的苏维埃俄国从 1921 年起为恢复和发展国民经济、逐步向社会主义过渡而实施的一系列新的经济政策，其内容是：以粮食税代替余粮收集制，广泛利用商品货币关系建立大工业和小农经济之间的联系，大力发展商品经济，把商业作为社会主义建设的重要环节；允许私人经营企业，支持个体小工业企业的发展；以租让制、租赁制等形式实行国家资本主义，利用资本主义的资金和技术发展社会主义经济；在国营企业中坚持经济核算和物质利益原则，并采取相应的管理方法；发展合作社，通过合作社吸引农

① 《列宁全集》第 27 卷，人民出版社 1990 年版，第 420 页。
② 《列宁全集》第 26 卷，人民出版社 1988 年版，第 334 页。
③ 《列宁全集》第 39 卷，人民出版社 1986 年版，第 219 页。
④ 《列宁全集》第 27 卷，人民出版社 1990 年版，第 330 页。

民走社会主义道路,等等。列宁的所有这些经济思想和实践方面的探索在科学社会主义发展历史上都是开创性的,为经济落后国家探索社会主义革命和建设道路提供了宝贵的经验和教训。在列宁发现苏维埃俄国经济建设中出现严重问题并决定实施新经济政策的过程中,他不断总结经验,在关涉经济与政治的关系、社会主义商品货币问题、工业与农业的关系问题以及农民的经济利益问题等方面,提出了具有开创性的经济伦理思想,也为新中国成立以来的经济建设和改革开放提供了宝贵的经验借鉴。

列宁阐释新经济政策的文献主要集中在1921年至1923年间所写的有关苏维埃俄国实施新经济政策的15篇著作中,主要包括:《俄共(布)中央政治工作报告》《关于以实物税代替余粮收集制的报告》《论粮食税(新政策的意义及其条件)》《关于新经济政策问题的决议草案》《十月革命四周年》《新经济政策和政治教育委员会的任务》《在莫斯科省第七次党代表会议上关于新经济政策的报告》《关于工会在新经济政策条件下的作用和任务的提纲草案》《关于司法人民委员部在新经济政策条件下的任务》《俄共(布)中央委员会政治报告》《俄国革命的五年和世界革命的前途》《在莫斯科苏维埃全会上的讲话》《论合作社》等篇目。在这些著作中,从最初实施新经济政策决定的理论和实践思考,到实施一年后的经验总结,再到新经济政策实施与政治教育、文化建设、农村合作社建设等方面配合的相互关系的实践经验总结,都蕴含着列宁对落后国家探索社会主义经济建设道路的反思,以至于列宁最后认为我们对社会主义的整个看法根本改变了。

列宁关于向社会主义制度过渡的经济伦理思想是对马克思恩格斯有关思想的发展。过渡时期是列宁在十月革命胜利后经常提到的新论断。马克思恩格斯在论述资本主义到社会主义的演进的问题时,持有的是大过渡论。马克思恩格斯是国际主义者,普遍革命论者,他们阐明的经济发展阶段论与资本主义制度必然崩溃论,影响了同时代和此后的众多社会主义革命论者,甚至被多数社会主义者奉为绝对不可违反的理论,直至成为机会主义者反对科学社会主义理论在实践基础上创新的"教条"。马克思以英国大工业为认识基础撰写的《资本论》和历史唯物论预测了革命的总趋势和阶梯论。他认为只有从传统的农业社会发展到工业社会以及资本主义的发展达到它的极限之后,工人阶级才会起来革命,夺取国家政权,推翻资产阶级专政。这种具有历史时间宽度的理论,是从世界范围而言的从资本主义向共产主义制度的过渡或演进,所以过渡时期将是长期的。但是,列宁根据二十世纪初期资本主义最新的政治经济发展状况,提出了一国胜利论,即一国或几国首先取得无产阶级社会主义革命胜利的思想。1917 年的俄国十月革命把这种一国胜利论付诸实践的同时,也提出了一国革命胜利之后在帝国主义国家包围下,如何巩固无产阶级专政、向共产主义社会过渡的现实问题,一国胜利与世界普遍革命胜利的关系问题,等等。这些问题都是前所未有的,也是从来没有人去实践并总结的。所以,列宁提出过渡时期的理论,是为了把马克思的大过渡理论进行俄国革命实践基础上的阐释,并进行涉及经济建设、政治建设、文化建设等各个方面的实践和理论突破,实现马克思主义基本原理的俄国化。

列宁所面临的困难在于界定过渡时期是资本主义的还是社会主义。在分析俄国当时存在的五种经济成分的基础上,列宁提出了一个问题,"试问,占优势的是哪些成分呢?显然,在一个小农国家内,占优势而且不能不占优势的是小资产阶级自发势力"①,他认为"小资产阶级和私人资本主义合在一起,既同国家资本主义又同社会主义作斗争。小资产阶级抗拒任何的国家干涉、计算和监督,不论它是国家资本主义的还是国家社会主义的。"②因此,当时列宁认为"国家资本主义较之我们苏维埃共和国目前的情况,将是一个进步"③,"国家资本主义中没有包含任何使苏维埃政权感到可怕的东西"④。列宁在十

① 《列宁全集》第 34 卷,人民出版社 1985 年版,第 275 页。
② 《列宁全集》第 34 卷,人民出版社 1985 年版,第 276 页。
③ 《列宁全集》第 43 卷,人民出版社 1987 年版,第 275 页。
④ 《列宁全集》第 34 卷,人民出版社 1985 年版,第 278 页。

月革命之前就已经确定“社会主义无非是从国家资本主义垄断再向前跨进一步……国家垄断资本主义是社会主义的最充分的物质准备，是社会主义的前阶”①，“从物质、经济、生产意义上说，我们还没有到达社会主义的‘前阶’，而不通过我们尚未到达的这个‘前阶’，就不能走进社会主义的大门”②。基于这样的判断，列宁认为过渡时期并不能完全摒弃商品货币关系。在新经济政策时期列宁的许多著作，例如《论粮食税》中，列宁反复进行实践基础上的探索，对于俄国的社会经济结构，他甚至引用了十月革命前他自己批判共产主义“左派”幼稚病和小资产阶级性的著作，这说明列宁的新经济政策思想并不是空穴来风，而是有着认识发展上的连续性。

列宁打破理论束缚，适时提出了在革命胜利后采取策略性的向经济建设转向的指导思想。在《苏维埃政权的当前任务》和《无产阶级专政时代的经济和政治》等著作中，他提出了党的工作重心从战争和革命向经济建设和管理俄国转变的政策。当然，列宁在提出建设社会主义纲领和任务的同时，论述了管理和建设俄国的必要性和艰巨性。这种艰巨性正如列宁所言：“苏维埃政权的困难很大程度上就在于使人民的政治领导人以及劳动群众中所有的有觉悟的分子都清楚地理解这种过渡的特点。”“要过渡到管理全体居民（不分阶级）的和平任务，显然是非常困难的。”③在十月革命初期，列宁在社会主义建设问题上认为，在东方经济落后的国家中，从资本主义过渡到社会主义，在管理上要经历一个统计、计算和监督的时期，因此他提出了关于计划、管理、监督和组织的思想，并且指出，“组织计算，监督各大企业，把全部国家经济机构变成一架大机器，变成一个使亿万人都遵照一个计划工作的经济机体，——这就是落在我们肩上的巨大组织任务”④。因此，可以看出，列宁此时的思想还是

① 《列宁全集》第 34 卷，人民出版社 1985 年版，第 281 页。
② 《列宁全集》第 34 卷，人民出版社 1985 年版，第 282 页。
③ 《列宁全集》第 34 卷，人民出版社 1985 年版，第 122 页。
④ 《列宁全集》第 34 卷，人民出版社 1985 年版，第 4—5 页。

立足于直接过渡的思想,甚至是建立在消灭商品货币关系的基础上的。但是,此后的苏维埃俄国的经济建设实践证明,想立即建立起完全的产品经济基础上的计划经济的机体,是异常困难的。

此后随着现实问题的涌现,列宁突破了直接过渡论。他逐步提出了间接过渡的理论和方法,所回答和解决的是苏维埃俄国作为东方落后国家(小农经济)如何过渡到社会主义制度,以及通过什么途径建成社会主义经济基础的问题。1921 年列宁在《新经济政策和政治教育局的任务》等著作中,对十月革命之后最初主张的"直接过渡"的思想进行了反思。他说:"因为经过一段不很长的试验我们终于确信,这种构想是错误的,是同我们以前关于从资本主义到社会主义过渡的论述相抵触的,以前我们认为,不经过一个实行社会主义的计算和监督的时期,即使要走到共产主义的低级阶段也是不可能的。"①他提出必须退却,由产品经济的强制推行,退却到商品货币关系的恢复和发展,否则政权就有灭亡的危险。在莫斯科省第七次党代表会议(1921 年)上作的报告中,他说:"1921 年春天情况已经很清楚:不是直接进行社会主义建设,而是要在许多经济领域退向国家资本主义。"②国家资本主义理论列宁早在 1918 年就已经提出,到了 1921 年成了列宁新经济政策当中的一个重要政策。而无论是直接过渡还是间接过渡,最核心的问题都是要处理好无产阶级和小农的关系。在洞悉当时苏俄的阶级关系的基础上,列宁提出了间接过渡理论,这是从马克思主义的基本原理和方法出发,对 20 世纪 20 年代俄国社会经济现实的具体分析而得出的独创性的理论。

在关于经济模式的经济伦理思想方面,在十月革命胜利后的初期,列宁主张实行国家垄断制的产品经济,在内战时期实行的是战时经济体制,1920 年底至 1921 年 10 月过渡到商品交换制经济和地域性的自由贸易。1921 年 10 月至 1924 年列宁逝世后,列宁主张的新经济政策得到实施,与新经济政策适

① 《列宁全集》第 42 卷,人民出版社 1987 年版,第 182—183 页。
② 《列宁全集》第 42 卷,人民出版社 1987 年版,第 226 页。

应的经济模式是中央计划机构调控的有条件的市场经济。列宁在19世纪90年代在剖析俄国资本主义经济的发展演变过程和规律的时候,就运用大量的统计材料对自然经济和商品经济进行了详细的剖析。在1918年所写的《论“左派”幼稚性和小资产阶级性》一书中,列宁对俄国社会的五种经济成分进行了论证。在1920年底到1921年3月转向新经济政策的时期,列宁在制定粮食税的过程中引用了对五种经济成分的分析,并且进行了解释。随着具体政策的实施,商品交换理论逐渐确立。在《论粮食税》的报告中列宁指出,从内容上看,粮食税的实质在于工业品与农产品的交换,即工农联盟的经济基础。农民在粮食交完税以后的剩余可以自由处置和自由买卖交易,这个解决工业和农业之间产品交换的做法,已经突破了过去的直接过渡思想的束缚,尽管粮食税政策最初制定出来的长远打算也是为了创造条件向产品经济模式过渡。比如列宁曾经描绘过:“不是余粮收集制,也不是粮食税,而是用大工业(‘社会化’工业)的产品来交换农民的产品,这就是社会主义的经济实质,社会主义的基础。”①当然,这种大规模的工业指的是当时最先进的电气化的大工业体系,在列宁的设想里,社会主义电气化大工业生产的产品交给农民,农民则以粮食等农产品来交换,这是在小农经济占多数地位的国家里,建成和保存社会主义的唯一可能的形式。但是,列宁当时提出的半商品货币经济模式,在后来苏联的大规模经济建设中,并没有得到彻底的贯彻和实施,最后被斯大林废除,形成了半商品半产品的以中央计划机构控制的,没有市场竞争的、封闭性的高度中央集权的模式。

列宁关于商品货币和市场机制作用方面的经济伦理认识主要包括如下几个方面。首先,他对货币的认识是带有强烈的道德批判性质的。列宁认为货币在社会主义社会是不必存在的东西,强调的是货币的异化、非人性的、恶的方面。“货币是社会财富的结晶,是社会劳动的结晶,货币是向一切劳动者征

---

① 《列宁全集》第41卷,人民出版社1986年版,第376页。

收贡赋的凭证,货币是昨天的剥削的残余。"①把货币作为剥削的工具和残余,作出在革命胜利后在不太长的时间里废除货币的存在是这种认识的必然结果。但是,残酷的现实让列宁反思,他很快意识到在现阶段不可能消灭货币,"目前货币还保留着,而且在从资本主义旧社会向社会主义新社会过渡的时期,还要保留一个相当长的时间"②。当时还不具备消灭货币的技术条件,在俄国小农经济占据优势,农民习惯于用自己的产品换取货币,现实条件决定了货币作为流通手段的功能,不能随意消灭。1921 年 11 月列宁的思想逐渐发生了彻底转变,在莫斯科省第七次党代表会议的报告中他坦率地承认,在落实新经济政策的过程中,由于低估了货币的作用,而导致工作失利,他说:"我们必须懂得:目前的具体条件要求国家调节商业和货币流通,我们正应当在这方面发挥我们的作用。"③货币可以很好地维护国内商品周转,只有币值稳定,才能把俄国的经济稳定下来并且进一步发展。为此,列宁还专门撰写了关于黄金在社会主义制度中的作用以及实行金本位制的文章。列宁逝世前还特别强调发展国内外贸易,通过国家来恢复黄金流通和稳定货币币值。总体上看,在当时的特殊历史条件下,第一个无产阶级革命胜利的国家付出了很大的代价,才真正认识到共产主义的实现是在生产力发展基础上的历史过程,而不是一蹴而就的政治颠覆。

在无产阶级专政国家与农民问题的正确关系的经济伦理思想方面。早在十月革命胜利初期,小农经济成分占优势情况下如何处理农民阶级的关系问题,就是列宁思考的中心问题。但是当时他笃信直接过渡的思想,待到 1921 年 1 月起国内经济形势开始恶化,春天发生了农业危机,牲畜大批死亡,灾荒和饥馑蔓延,喀琅施塔得水兵暴乱之后,列宁认识到农业危机直接危及到苏维埃政权的存续。经过对内战时期苏维埃俄国国内经济的发展弊端深入反思,

---

① 《列宁全集》第 36 卷,人民出版社 1985 年版,第 340 页。

② 《列宁全集》第 36 卷,人民出版社 1985 年版,第 340 页。

③ 《列宁全集》第 42 卷,人民出版社 1987 年版,第 232 页。

列宁认识到虽然工业化是国家政权巩固和强大起来的重要路径,但是农业基础不稳固,一切都是空谈,在小农经济占优势的俄国,农业危机的关键在于农业生产力的发展问题。

列宁把1921年春天发生的危及政权基础的农业危机归结为两大方面,一个是农民的物质利益问题,另一个是工农联盟问题。首先,以利益的观念来看待农民问题,这是列宁的经济伦理认识视角的重要转变。过去看待小农经济和农民问题,是把小农经济看作自发势力的代表,认为小农的利益观念是应该被消灭的。列宁指出:"在农村实行余粮收集制,这种解决城市建设任务的直接的共产主义办法阻碍了生产力的提高,它是我们在1921年春天遭到严重的阶级危机和政治危机的主要原因。"①从农民的利益视角看,在余粮收集制的情况下,农民负担很重,失去了生产的积极性,因此,要发展经济,就要尊重农民的利益诉求,给农民物质激励,调动农民的生产积极性。此外,如何使工人阶级政权的国家与农民特别是小农结成巩固的联盟,决定了工人政权的稳固性,因此必须要使工人与农民的军事联盟转变为经济联盟,"只有这一经济联盟才能保证我国整个社会主义建设取得胜利"②。为此,列宁提出要提高农业生产力,让小农的生产和生活水平都能达到中等水平,发展地方小工业和地方贸易自由。从战时共产主义政策过渡到新经济政策的粮食税和自由贸易制,使整个国家转入经济恢复和建设的轨道。

列宁在社会主义建设历史中开创性地提出工农利益协调的经济伦理问题。农民的利益维护问题是列宁新经济政策的重要基础。通过粮食税和自由贸易的政策,最终在1921年春天,在俄共(布)党内引起争论的情况下,得以确定和实施。列宁说:"一个经济遭到破坏的国家,竟然熬过了这样一场战争,这实在是一个奇迹。这个奇迹不是从天上掉下来的,它是从工人阶级和农民的经济利益中产生出来的,是工人阶级和农民的巨大的热情创造了这个奇

① 《列宁全集》第42卷,人民出版社1987年版,第184页。
② 《列宁全集》第41卷,人民出版社1986年版,第353页。

迹；由于这种奇迹，我们打退了地主和资本家的进攻。但是同时，我们做得超过了理论上和政治上所必要的限度，这是不容置疑的事实。”①列宁反思了在革命和建设过程中对农民利益的忽视和剥夺。从农民的视角来看，是农民为革命和建设作出了巨大的牺牲。为此，列宁认为必须改变过去的试图直接过渡的思想，要在过渡到社会主义问题上“妥协”和“退让”。但是，单纯把余粮收集制改为粮食税也不行。因为实施粮食税需要商品货币关系，需要农民有自由的贸易，如果没有这些外在环境条件，粮食税是无法实施的。列宁说：“在活跃农业和工业的流转方面，应全面、大力、坚决地发挥地方的首创精神、创新精神和扩大它们的独立程度。”②可见在工农利益协调方面，列宁提倡以积极主动的精神探索出实际道路。

列宁提出自由贸易和周转自由等这样的实施粮食税的配套措施。这种对经济活动中的自由交易的认可实际上是对市场经济的运行机制的认可，这是在新的无产阶级革命的历史时代，对马克思主义理论的创新和突破。最重要的突破点，是认为在无产阶级革命胜利后，在经济建设领域要把社会主义建设与商品货币关系，与市场自由贸易等过去认为是资本主义制度属性的机制结合起来，才能实现发展生产力，建立社会主义的物质基础，这实际上也是对马克思提出但并未具体论述的共产主义的实现是一个历史过程这样一个历史唯物主义基本原理的实践丰富和发展。列宁认为这种市场自由贸易的基础在于现实的生产力状况的多层次性和经济结构的丰富性。俄国存在着从宗法式的到社会主义的五种经济结构的全部经济成分，对于农民小商品经济的性质及其在苏俄社会的实际作用，列宁认为这种经济成分是小资产阶级的发展，在间接过渡的历史进程中，有必要对其所引起的资本主义因素加以利用和限制。限制和控制的措施主要是必须由国家控制产品分配和供销机制，利用国家资本主义组织从总体上加以监督，削弱资本主义剥削因素的影响，保证国家整体

① 《列宁全集》第41卷，人民出版社1986年版，第56页。

② 《列宁全集》第41卷，人民出版社1986年版，第232页。

经济的社会主义性质。为此,列宁提出了"分寸"说,认为关键问题"在于分寸",由于当时处于刚刚开始实施新经济政策的阶段,这个"分寸"和界限在哪里,列宁并没有指明,并且直到列宁去世之前也没有具体指出。但是列宁曾经从政权的角度说过:"至于限度的大小,这要由实践和经验来确定。只要无产阶级牢牢掌握着政权,牢牢掌握着运输业和大工业,无产阶级政权在这方面就没有什么可以害怕的。"①可以看出,这是一个需要实践过程和历史进程以及外部经济环境等来具体掌握的经济上的"度"或界限。

在思考苏维埃俄国经济发展过程中,列宁还提出并发展了关于国家资本主义的经济伦理思想。国家资本主义学说是列宁设计的以小农为主体的东方落后国家进行社会主义建设的过渡路径之一。在十月革命前,列宁是把国家资本主义作为一种实行时间较短的过渡措施来看待的,这个观点延续到十月革命之后。列宁在《论"左派"幼稚性和小资产阶级性》中对国家资本主义的性质和作用、它与社会主义的相互关系等进行了阐述,但是此时仅仅把它视为一种经济成分,而且这种经济成分,并不是苏维埃政权要面对的敌对方面,小资产阶级性才是苏维埃政权面临的大问题。在三年内战实施战时共产主义的时期,列宁无暇顾及国家资本主义的问题。直至新经济政策实施之际,列宁指出:"到 1921 年春天情况已经很清楚:不是直接进行社会主义建设,而是要在许多经济领域退向国家资本主义;不是实行强攻,而是进行极其艰苦、困难和不愉快的长期围攻,伴以一连串的退却。"②列宁在反思余粮收集制的基础上对国家资本主义进行了重新思考,在理论上逐渐完善。此时,列宁已经把国家资本主义作为新经济政策的一个主要部分,他还论证了国家资本主义的各种表现形式,例如租让制、租赁制、股份公司、合作制和私人代购代销、吸引外资和技术引进等形式。

列宁对新经济政策要推行的国家资本主义的性质和含义进行了论述。他

① 《列宁全集》第 41 卷,人民出版社 1986 年版,第 232 页。

② 《列宁全集》第 42 卷,人民出版社 1987 年版,第 226—227 页。

在共产国际第三次代表大会上所作的报告中说:“在政权属于资本的社会里的国家资本主义和无产阶级国家里的国家资本主义是两个不同的概念。在资本主义国家里,所谓国家资本主义,就是资本主义得到国家的认可并受国家的监督,从而有利于资产阶级而不利于无产阶级。在无产阶级国家里,做法相同,但是这有利于工人阶级,目的是为了和依然很强大的资产阶级抗衡和斗争。”①在俄共(布)第十一次代表大会上,列宁强调了苏维埃俄国实行的国家资本主义是有自身特点的,这个特点在于苏维埃俄国作为无产阶级专政的国家,“国家资本主义,就是我们能够加以限制、能够规定其范围的资本主义”②。如何既利用它,又限制它的消极作用,并且能够为农民所需要,这就考验无产阶级的执政能力,这就要无产阶级自己来找到出路。

对于国家资本主义的作用,列宁提出必须把无产阶级政权与国家资本主义联合起来。他多次强调,如果不利用国家资本主义对“小私有者的无政府状态”进行控制和监督,社会主义有被葬送的危险。他预言:“通过国家资本主义走向社会主义;否则你们就不能到达共产主义,否则你们就不能把千百万人引导到共产主义。”③在利用国家资本主义进行间接过渡的进程中,列宁提出必须用法律和行政手段来限制国家资本主义的作用。列宁在《关于工会在新经济政策条件下的作用和任务的提纲草案》中讲到:“无产阶级国家中的国家资本主义和工会”问题,指出“无产阶级国家在不改变其本质的情况下,可以容许贸易自由和资本主义的发展,但只是在一定限度内,而且要以国家调节(监察、监督、规定形式和规章等等)私营商业和私营资本主义为条件。这种调节能否成功,不仅取决于国家政权、而且更取决于无产阶级和全体劳动群众的成熟程度以及文化水平等等。即使这种调节十分成功,劳资之间阶级利益的对立无疑还是存在的。因此,今后工会最主要的任务之一,就是在无产阶级

① 《列宁全集》第42卷,人民出版社1987年版,第50页。
② 《列宁全集》第43卷,人民出版社1987年版,第84页。
③ 《列宁全集》第42卷,人民出版社1987年版,第176页。

同资本作斗争时从各方面全力维护无产阶级的阶级利益。这项任务应当公开提到一个极重要的地位,工会的机构应当作相应的改组、改变或扩充,应当设立,或确切些说,应当着手设立罢工基金等等。"[①]此外,在司法和行政工作方面,列宁也提出了要制止滥用新经济政策的现象,惩治贪污腐败。

总而言之,无产阶级的阶级政权和国家资本主义的结合是苏维埃俄国面临的前所未有的艰巨挑战。在新经济政策施行的过程中,有成功的经验,也有失败的教训。在《俄国革命的五年和世界革命的前途》这篇讲话中,列宁承认"过去干了而且将来还会干出许多蠢事来"[②]。在东方落后国家,在国民教育程度极低、缺少外援等情况下,短期内可能无法有很大成效,但是只要不停止学习,前途一定是美好的。到了列宁逝世前夕,他一直也没有放弃反思国家资本主义的问题,他在口授的《论合作社》一文中,强调了把合作社作为国家资本主义的一种形式的提法,认为合作社是在社会主义时期工人和农民经济利益的结合点,是巩固工农联盟的经济基础,合作社是社会主义性质的企业。"在我国现存制度下,合作企业与私人资本主义企业不同,合作企业是集体企业,但与社会主义企业没有区别,如果它占用的土地和使用的生产资料是属于国家即属于工人阶级的。"[③]他甚至认为"在我国的条件下合作社往往是同社会主义完全一致的。"[④]列宁得出的结论是:"合作社的发展也就等于(只有上述一点'小小的'例外)社会主义的发展,与此同时我们不得不承认我们对社会主义的整个看法根本改变了。"[⑤]对于这种"根本改变",列宁在《论合作社》中指出是指工作重心的改变,苏维埃俄国的重心转移到了进行经济和文化建设上了,"如果把国际关系撇开不谈,只就国内经济关系来说,那么我们现在

① 《列宁全集》第 42 卷,人民出版社 1987 年版,第 366 页。
② 《列宁全集》第 43 卷,人民出版社 1987 年版,第 284 页。
③ 《列宁全集》第 43 卷,人民出版社 1987 年版,第 366 页。
④ 《列宁全集》第 43 卷,人民出版社 1987 年版,第 366 页。
⑤ 《列宁全集》第 43 卷,人民出版社 1987 年版,第 367 页。

的工作重心的确在于文化主义。"①实际上,列宁去世前提出了苏维埃俄国的社会主义建设的经济道路,那就是工农联盟基础上的农村合作社和商品交换。因为他清醒地认识到,没有相当发达的物质生产资料的生产,就没有文化的发展,所谓成为完全社会主义的国家就是空想。

4. 列宁的劳动经济伦理思想

除了从资本利用的视角来考虑社会主义建设的路径选择问题,列宁还对社会主义建设中与资本相对的劳动方面,提出了诸多在社会主义国家如何具体处理关于劳动的经济伦理问题的思想。这些思想主要体现在:对劳动者的高尚道德情操的褒扬;对不同经济成分的劳动者的利益进行协调的思想;对工人阶级劳动的经济利益进行有效保护的思想。

(1)倡导义务劳动,褒扬共产主义道德精神

十月革命胜利之后,苏维埃俄国的无产阶级政权又反击了帝国主义国家和反动势力发动的对俄国的侵略干涉战争,在巩固政权的三年战争中,人民节衣缩食支援了苏维埃政权。在战争后方的工人阶级全力支援前线,为三年内战中无产阶级取得胜利,付出了极大努力。1919 年 4 月 12 日,莫斯科—喀山的铁路机务段的 15 名共产党员利用星期六休息日进行义务劳动。列宁写下了《伟大的创举》一文,高度赞扬普通的工人对恢复国民经济表现出的伟大奉献精神和崇高的道德情操。列宁所指的"伟大的创举",意为这种不计报酬无私奉献的举动,表明了工人阶级自觉提高劳动生产率、创造社会主义的经济条件和生活条件的首创精神②。列宁认为无产阶级专政不只是对剥削者使用的暴力,甚至主要的不是暴力,而是实现比资本主义更高类型的社会劳动组织。列宁指出,社会主义的最终目的是消灭阶级,消灭城乡之间、体力劳动和脑力

---

① 《列宁全集》第 43 卷,人民出版社 1987 年版,第 367 页。

② 《列宁全集》第 37 卷,人民出版社 1986 年版,第 15 页。

劳动之间的差别,为此必须大力发展生产力;劳动生产率归根到底是使新社会制度取得胜利的最重要最主要的东西①。

从星期六义务劳动的行动中,列宁看到了无产阶级的自由的自觉的组织性、纪律性,这种组织纪律性不是凭空产生的,列宁认为,它是源于现代社会的大生产的物质条件,没有这种物质条件就不可能有这种纪律,无产阶级就是在资本主义大生产过程中组织、团结、训练、启发和锻炼出来的一定历史阶级。这是历史唯物主义思想方法的必然认识结果。道德作为上层建筑的思想意识的一种,归根结底是有着经济基础的。但是无产阶级的道德意识在资产阶级统治的社会是不占主导地位的,除非是在革命的条件下,无产阶级才表现出这种精神状态。资产阶级社会的占据统治地位的意识形态是维护资本主义经济基础的功利主义道德意识形态。开辟新社会不仅仅是推翻一个阶级的政治统治,而是要建立新的更高的社会联系,新的更高的社会纪律,即联合起来的自觉的工作者的纪律。列宁说:"把全体被剥削劳动群众以及小资产阶级的所有阶级引上新的经济建设的道路,引上新的社会联系、新的劳动纪律、新的劳动组织的道路,这种劳动组织把科学和资本主义技术的最新成就同创造社会主义大生产的自觉工作者大规模的联合联结在一起。"②也就是说,建立一个新社会特别是建立新社会的文化和精神文明的任务更加艰巨而且重要,更加需要无产阶级作为一个整体的阶级表现出的持久而顽强的英勇精神。

如何在经济极其困难甚至普遍饥饿的情况下,打破劳动生产率受饥饿影响的死循环?列宁指出要"靠群众情绪的转变,靠一些集团的英勇首创精神来解决,而首创精神在群众情绪转变的背景下往往起着决定的作用。"③列宁认为共产主义星期六义务劳动非常可贵,"是共产主义的实际开端"。④ 这是

① 《列宁全集》第37卷,人民出版社1986年版,第18页。
② 《列宁全集》第37卷,人民出版社1986年版,第15页。
③ 《列宁全集》第37卷,人民出版社1986年版,第18页。
④ 《列宁全集》第37卷,人民出版社1986年版,第19页。

对意识形态对实践的反作用的现实意义的肯定。列宁特别强调要加强社会主义意识形态教育,处理好极端困难条件下的个人利益和集体利益与国家利益三者之间的关系。

1920年在《青年团的任务》这篇演讲词中,列宁特别提出了对青年一代的期望和这一代应承担的任务。1920年,苏维埃政权经过三年艰苦的内战,打败了联合起来的反动势力,新生的苏维埃政权虽然得到了巩固,但是面临着极为艰巨的经济恢复和社会重建任务。列宁在这篇讲话中着重讲了建立共产主义社会任务要由青年来担负,全体青年的任务是学习共产主义。列宁指出学习共产主义要善于摒弃旧的教育体系中的糟粕,要了解人类全部发展过程所创造的文化,并加以改造,才能完成无产阶级文化建设的任务。在保卫共和国之后紧接着就是经济任务,恢复工业和农业,立足于现代科学技术,在全国电气化基础上,振兴全国的经济。青年一代负有建立共产主义社会的责任,要掌握现代知识,把建设共产主义社会当作远大目标,但是也要善于把远大目标和实际工作结合起来。那么怎样教授共产主义呢?列宁着重讲了共产主义道德问题。青年要成为共产主义者,必须具备共产主义道德。但是面对资产阶级的污蔑说共产主义者否定道德的说法,应该知道的是,共产主义者"否定从超人类和超阶级的概念中引出的这一切道德"①。列宁明确指出:"我们的道德完全服从无产阶级阶级斗争的利益。"②"它把劳动者团结起来反对一切剥削,反对一切小私有制,因为小私有制把全社会的劳动所创造的成果交给了个人。而在我国,土地已经是公共财产了。"③此时的列宁还没有后来推行新经济政策时的认识,这时他认为要坚决打击剥削者的损人利己的行为。因为此时还处于巩固政权的时期,列宁认为,为了不让资本家和资产阶级的政权恢复,就要禁止投机买卖,就要让私有者不能用损人利己的手段来发财致富。因此,打

---

① 《列宁全集》第39卷,人民出版社1986年版,第303页。
② 《列宁全集》第39卷,人民出版社1986年版,第303页。
③ 《列宁全集》第39卷,人民出版社1986年版,第305页。

击小私有制的利己主义意识就成为反对资产阶级复辟和巩固政权的急切需要。要反对“别人的事与我无关”的心态,要反对利己主义者和小私有者的“事不关己,高高挂起”的心理和习惯。

列宁认为,“在共产主义者看来,全部道德就在于这种团结一致的纪律和反对剥削者的自觉的群众斗争。”①他强调了共产主义道德的培养不能只是在学校以内,不能只是灌输和说教,而是在“沸腾的实际生活”中,“作出有教养和守纪律的榜样”。② 因此,维护国家的集体利益是有共产主义道德的青年团的首要任务。此外,要扫除青年中的文盲,而且要联合青年到农村去扫除文盲,列宁说:“如果全体青年都能为大家的利益而工作,那么这个团结着 40 万青年男女的组织,就有权称为共产主义青年团了。”③为大家的利益而工作是共产主义道德的重要内容。最后,主动性和首创精神应该是具备共产主义道德的青年团能够支援各种工作、处处表现出来的精神。为此青年每天都能实际完成共同劳动中的某种任务,哪怕是最微小最平常的任务,就是践行了共产主义道德。由此得知,共产主义不是空的口号,而是团结起来,严守纪律,实实在在地为社会利益做好平凡的工作。这是列宁对于社会主义建设的意识能动性的科学解释。

(2)与劳动者个人利益协调的原则

列宁在十月革命之后的社会主义建设中,逐渐注意到社会主义制度下的个人合法物质利益和合法权益保护的问题。也就是说,社会主义反对资产阶级经济学家所鼓吹的,只有通过追求个人利益才能达到最大限度的幸福和利益的功利主义信条,但是社会主义也要保护个人的合法利益。特别是在喀琅施塔得叛乱平定之后,列宁开始反思战时共产主义政策在社会主义和平建设时期的适用性问题,进而开始思考社会主义分配的基本原则该如何正确处理个人与集体、

① 《列宁全集》第 39 卷,人民出版社 1986 年版,第 306 页。
② 《列宁全集》第 39 卷,人民出版社 1986 年版,第 307 页。
③ 《列宁全集》第 39 卷,人民出版社 1986 年版,第 309 页。

个人与国家,即个人、集体和国家这三个层次的物质利益关系问题。

列宁强调了个人物质利益原则。在《十月革命四周年》的报告中,他强调了两个方面:第一,反思忽视个人利益的错误。他说:“我们计划(说我们计划欠周地设想也许较确切)用无产阶级国家直接下命令的办法在一个小农国家里按共产主义原则来调整国家的产品生产和分配。现实生活说明我们错了。”他指出向社会主义过渡,必须经过国家资本主义和社会主义一系列过渡阶段。第二,正面说明个人物质利益是向共产主义迈进的动力结构因素之一。他说:“不能直接凭热情,而要借助于伟大革命所产生的热情,靠个人利益,靠同个人利益的结合,靠经济核算,在这个小农国家里先建立起牢固的桥梁,通过国家资本主义走向社会主义;否则你们就不能到达共产主义,否则你们就不能把千百万人引导到共产主义。”①这说明列宁的思想认识发生了重大变化,由注重政权转移到经济管理,以及个人消费品的分配,主要关心劳动者和人民的报酬、收入和利益。接着,列宁在《新经济政策和政治教育委员会的任务》中讲到了“同个人利益结合和个人负责的原则”,指出:“必须把国民经济的一切大部门建立在同个人利益的结合上面。共同讨论,专人负责。由于不善于实行这个原则,我们每走一步都吃到苦头。”②因此,列宁充分认清了社会主义经济的动力:个人物质利益。

(3)按劳分配与不劳动者不得食

关于社会主义制度的分配结构和动力结构问题,列宁也是在新经济政策实施的前后两个时期对比过程中逐渐认识清楚的。当然,在新经济政策实施之前,在分配制度方面,列宁继承了马克思的一般理论和方法,依据俄国的特殊情况,进行了自己的解释。马克思曾经在《哥达纲领批判》中谈到共产主义的分配原则,指出在生产力高度发达的基础上,共产主义实行各尽所能、按需分配。列宁指出:“共产主义劳动,从比较狭窄和比较严格的意义上说,是一

---

① 《列宁全集》第42卷,人民出版社1987年版,第176页。
② 《列宁全集》第42卷,人民出版社1987年版,第191页。

种为社会进行的无报酬的劳动,这种劳动不是为了履行一定的义务、不是为了享有取得某些产品的权利、不是按照事先规定的法定定额进行的劳动,而是自愿的劳动,是无定额的劳动,是不指望报酬、不讲报酬条件的劳动,是按照为公共利益劳动的习惯、按照必须为公共利益劳动的自觉要求(这已成为习惯)来进行的劳动,这种劳动是健康的身体的需要。"①当社会发展到"按需分配"的时候,人们已经习惯于遵守公共生活的基本规则了,这时候的劳动就是自由和自觉的劳动。

但是俄国十月革命后的现实促使列宁快速地认识到"在我们经济制度中暂时还没有什么共产主义的东西"②。他接着指出:"'共产主义的东西'只是在出现星期六义务劳动时,即出现个人为社会进行的大规模的、无报酬的、没有任何权力机关和任何国家规定定额的劳动时,才开始产生。这不是农村中历来就有的邻舍间的帮忙,而是为了全国需要进行的、大规模组织起来的、无报酬的劳动。"③在共产主义高级阶段,劳动不再是谋生的手段而是人们的需要,那时人们有高度的觉悟,为社会的共同利益而自觉劳动,具有高度的道德观念,自觉遵守公共生活的基本规则,真正达到人与自然、人与社会、人与人的和谐。

列宁曾经提出过"不劳动者不得食"的原则,最初提出这个原则是在十月革命前夕,带有强烈的阶级分配的倾向和色彩。他在《布尔什维克能保持国家政权吗》中认为:"'不劳动者不得食',——这是工人代表苏维埃掌握政权后能够实现而且一定要实现的最重要、最主要的根本原则。"④并且他认为要建立和推行"每个工人都要有一本劳动手册"⑤,"苏维埃将首先在富人中间,然后逐渐在全体居民中间推行劳动手册的制度(在一个农民国家里,绝大多

① 《列宁全集》第38卷,人民出版社1986年版,第343页。
② 《列宁全集》第38卷,人民出版社1986年版,第38页。
③ 《列宁全集》第38卷,人民出版社1986年版,第38页。
④ 《列宁全集》第32卷,人民出版社1985年版,第303页。
⑤ 《列宁全集》第32卷,人民出版社1985年版,第303页。

数农民大概在一个长时期内还是用不着劳动手册的)。"[1]考察列宁提出"不劳动者不得食"的时代背景是无产阶级革命还没有成功先例的时代,这种认识在今天看来有些理想色彩,反映了当时无产阶级迫切要废除剥削制度的阶级革命诉求。当然,列宁也提出对于那些有利于社会主义建设的社会阶层,苏维埃政权接收了这些人员,要对这些过去在资本主义制度下高收入的社会阶层进行监督。他指出:"我们要使他们受到工人的全面监督,我们要彻底地无条件地实行'不劳动者不得食'的原则。我们并不臆造什么工作组织形式,而是从资本主义那里把银行、辛迪加、最好的工厂、试验站、科学院等这些现成的组织形式拿过来;我们只能借鉴先进国家最好的经验。"[2]在十月革命胜利两年之后,列宁在《论苏维埃共和国女工运动的任务》中说:"社会主义在全世界的任务是反对一切人剥削人的现象。在我们看来,真正有意义的民主,是那种为处于不平等地位的被剥削者服务的民主。不劳动者被剥夺选举权,那才是人与人之间真正的平等。不劳动者不得食。"[3]

在十月革命之初和战时共产主义政策实施时期,由于战争的破坏和饥荒,苏俄政府实行战时经济管制,对粮食、面包和食品进行配给制,坚持贯彻不劳动者不得食的原则,消灭寄生虫、监督商人,对消费品的生产和分配实行极为严格的监督,规定劳动量和劳动报酬,苏维埃政权用革命的强制手段来对付资产阶级的反抗。列宁多次阐述了"劳动义务制"的原则,论证了"不劳动者不得食"的思想,这甚至成为列宁主张的无产阶级夺取政权后的社会主义改造的原则之一。在有些著作中,列宁把这一原则引申扩大为一般的、正常的原则。例如列宁曾说:"我国将成为劳动的共和国。不劳动者不得食。"[4]在《怎

① 《列宁全集》第32卷,人民出版社1985年版,第303页。
② 《列宁全集》第32卷,人民出版社1985年版,第304页。
③ 《列宁全集》第37卷,人民出版社1986年版,第191页。
④ 《列宁全集》第33卷,人民出版社1985年版,第57页。

样组织竞赛?》中他认为:"'不劳动者不得食',——这就是社会主义实践的训条。"①列宁认为这个原则是社会主义的分配原则的基础。

严酷的现实让列宁认识到,由于生产力水平低下,存在多种形式的生产资料所有制,由于存在分工、商品生产和交换,劳动仍然是谋生的手段,因此个人消费品的分配原则仍然是按照劳动来分配产品,强制贯彻不劳动者不得食的原则。列宁在《国家与革命》中大量引证马克思恩格斯的原文,指出在共产主义第一阶段还保留着资产阶级法权的狭隘眼界,因此保存国家还有必要,如果没有一个能够迫使人们遵守法权规范的机构,法权也等于零。但列宁认为这个"缺点"是不可避免的,他认为人类社会的进步,并不因为资产阶级政权被推翻而自动为社会主义的分配变革创造新的经济前提,所以,共产主义第一阶段还不能做到公平和平等,因为富裕程度还不同,也是不公平。所以列宁才会说社会主义最初只能消灭私人占有生产资料这一个"不公平"的现象,却不能立即消灭"按劳动"分配消费品。

列宁提出"不劳动者不得食"原则具有特定的历史特征和具体含义,随着布尔什维克政权的巩固和社会主义建设经验的积累,特别是新经济政策的推行,列宁对社会主义分配原则有了更加深入的认识。按劳分配原则的贯彻及其完善化,为后来的社会主义国家提供了宝贵的可资借鉴的思想资源和历史经验。

三、后列宁时代经济实践的伦理反思

1924 年列宁去世之后,他主张实施的新经济政策并未就此结束,虽然其继任者斯大林并没有长期坚持新经济政策,并且在经济发展实践中随着一国建成社会主义理论的形成,过早地宣布了新经济政策的结束。随着苏维埃俄

① 《列宁全集》第 33 卷,人民出版社 1985 年版,第 210 页。

国面对的国际国内局势和条件逐渐发生变化，布尔什维克党内在列宁去世后，经过了斯大林和布哈林为首的多数派与托洛茨基反对派、季诺维也夫和加米涅夫新反对派以及托洛茨基和季诺维也夫联合派的三次大的争论之后，斯大林和布哈林主张的一国建成社会主义理论取得了争论的全面胜利，当然其中不仅有理论的实践逻辑论证上的争论，还有阶级斗争等政治因素的决定性的影响。列宁开创了社会主义建设的苏俄式道路的探索，他的马克思主义立场和理论基础上的创新精神，在新经济政策的迅速实施中得到充分体现。斯大林在列宁之后领导苏联几十年直到去世，提出了一国建成社会主义的理论。如果说列宁选取的是“曲线救国”式的经济发展道路，那么他的后继者斯大林采取的则是“直接过渡”的方式来实现和巩固社会主义制度。斯大林对于新经济政策的认识停留在列宁最初对新经济政策的理解上，即认为这个政策是暂时的和短期的。而实际上在列宁逝世前，他对新经济政策的认识发生了重大改变，也就是说列宁逝世前已经认为实施新经济政策是俄国社会主义建设要长期坚持的恰当途径。正如布哈林理解的那样，列宁认为不需要改变新经济政策，而是在坚持新经济政策的基础上，通过经济文化建设和合作社的发展，就可以从新经济政策的俄国和平过渡到社会主义的俄国了。列宁逝世之初，出于党内斗争的需要，斯大林坚持捍卫了列宁的新经济政策，他的贡献是正确阐明了新经济政策的实质，但是随着斯大林对列宁新经济政策的背弃，苏联形成了僵化的斯大林模式，尽管这种经济发展模式坚持了国民经济的整体发展观，没有完全否定价值规律在社会主义企业中的作用，但否定了价值规律的作用在社会主义国家和资本主义国家的作用的相同性。在苏联的社会主义经济制度下，价值规律的作用是限制在一定范围的，生产资料私有制的消灭和生产资料的公有制，是对价值规律作用的主要限制。另外还有国民经济有计划(按比例)发展的规律也对价值规律作用的发挥产生限制，也就是说，这种对价值规律的限制是客观的限制，不是人为的限制。斯大林指出，在共产主义社会的第二阶段，在劳动分配领域，“各个生产部门之间的劳动分配，将不依靠那时已失去效力的价值规律来调节，而是依靠社会对产品的需要量的增长来调节的。"[①]到那时，计算社会的需要，对于计划机关将具有头等重要的意义。斯大林认为如果按照有些同志的看法，认为在当时的苏联，价值规律仿佛调节着各个生产部门间劳动分配的"比例"，就会放弃生产资料生产的首要地位，"这就是消灭我国国民经济不断增长的可能性，因为不把生产资料的生产放在首要地位，就不能使国民经济不断增长。"[②]这种思想制约了斯大林对社会主义经济规律的探索，由此形成的僵化的斯大林模式也被其继任者长期坚持并且拒绝改革，成为苏联改革失败的重要原因。

戈尔巴乔夫改革"新思维"成为摧毁苏联发展模式的最后一击。20 世纪 80 年代末至 90 年代初的苏东剧变是国际共产主义运动中的严重挫折。对于苏联解体的原因有非常多的解释，很多解释中都包括着僵化的斯大林模式这个重要原因。学者们认为，虽然有些观点不承认有斯大林模式的存在，但客观事实是，因为斯大林时期形成的一整套政治、经济、文化体制不仅是在斯大林时期逐渐形成并最终得到确立的，而且在斯大林之后的苏联时期，这一体制被当作社会主义建设的不二之途[③]。斯大林之后的赫鲁晓夫试图进行大刀阔斧的改革，但是由于保守派的阻碍势力太大，收效甚微并最终黯然收场。此后的勃列日涅夫时期不但没有进行改革，反而强化和固化了斯大林模式中的错误方面，其继任者安德罗波夫和契尔年科都是高龄而且在位时间很短，导致这种僵化的斯大林模式中的诸多体制弊端，成为力图推进改革的戈尔巴乔夫面临的巨大障碍。

问题在于，斯大林模式其实并不能代表苏联布尔什维克党领导社会主义建设的全部。在苏联共产党执政的 70 多年历程中，不乏像列宁、布哈林等优秀的领导者和革命者的卓越思想和实践贡献。列宁生前推行的新经济政策，

① [苏]斯大林：《苏联社会主义经济问题》，人民出版社 1961 年版，第 17 页。
② [苏]斯大林：《苏联社会主义经济问题》，人民出版社 1961 年版，第 18 页。
③ 戴隆斌等：《斯大林模式若干问题研究》，中央编译出版社 2014 年版，第 1 页。

给社会主义建设道路的探索，提供了卓有成效的突破性的创新思路。新经济政策改变了社会主义建设最初设想的消灭商品和货币及其流通的设想，这种设想是直接向社会主义过渡，在俄国开始搞大规模的国有化运动，在农村施行集体农庄和国营农场，一度把农民的粮食无条件地征集（甚至征收农民的口粮和来年耕种的粮种），最终酿成了一场席卷全国的政治经济危机。列宁很快认识到直接过渡到共产主义的生产和分配的做法是错误的，因此提出“现在还不能设想向社会主义和集体化过渡”，“必须依靠个体农民”①。因此，列宁果断施行新经济政策，鼓励自由贸易，允许私人经商，通过合作社吸引农民走社会主义道路，发展国家资本主义，用租让制和租借制盘活国有资本，在国营企业中采用经济核算和物质利益原则等新管理方法来提高经济效益。新经济政策带来的国民经济恢复很快，但是由于列宁的继任者斯大林内心并不赞同新经济政策，再加上苏联经济面临的一些困难等原因，苏联在列宁去世后的 1928 年就废弃了新经济政策，并且在随后的 30 年代开始强制推行集体农庄，大搞农业集体化，这固然为苏联的高速工业化创造了条件，但也给农业生产力带来了很大的破坏，随之而来的全国性严重饥荒，极大损害了布尔什维克党在苏联的农民群众中的威信，也为此后苏联解体积累了负面的社会心理基础。

斯大林之后的苏共领导人赫鲁晓夫在苏共二十大上作了关于斯大林个人崇拜及其后果的报告，在苏联党内引起了极大的争议，包括中国共产党在内的其他社会主义国家的共产党也持有不同意见，但由于这个秘密报告首次公布的斯大林时期的档案材料对社会各界的冲击性过大，在为此后苏联的一系列改革提供了突破口的同时，也在群众心目中摧毁了作为政治偶像的斯大林。再加上对于斯大林时期的大清洗造成的冤假错案，并没有完全和及时地进行逐一拨乱反正，使得苏共党内的马克思主义信念受到极大冲击，也因此加深了

① 《列宁全集》第 40 卷，人民出版社 1986 年版，第 177 页。

苏共在群众中的负面形象。赫鲁晓夫的改革在农业体制、工业体制和干部制度等方面虽然也取得了进展,但是随着改革触动的党内利益集团的程度加深,赫鲁晓夫的改革最终没有彻底改变斯大林模式,随后上台的以勃列日涅夫为首的保守派则使得斯大林模式变本加厉地得到巩固。戈尔巴乔夫的上台,则是苏联改革派试图挽救苏联经济和改革僵化体制的再次尝试,苏联进入到必须改革斯大林模式的时期,但我们可以在苏东剧变中看到,这种"去斯大林化"的激进改革带来的是灾难性的后果,是整体失败的改革。任何社会改革都需要整体规划,甚至需要长远规划,把近期目标和远期目标结合起来,分步骤有计划地进行。剖析戈尔巴乔夫的改革,我们可以看到其中的改革思维,特别是脱离社会基本矛盾运动规律的改革思维,是导致苏共领导苏联改革最终失败并且引发苏联国家解体的重要原因。

1985 年 3 月,戈尔巴乔夫担任苏联党和国家最高领导人,在戈氏之前的安德罗波夫和契尔年科这两位最高领导人,分别于 1984 年 2 月 9 日和 1985 年 3 月 10 日接连去世,而在这两位之前的领导人勃列日涅夫是 1982 年 11 月 10 日去世的。苏联在戈氏之前的两任领导人担任职务的时间都很短,对继承的勃列日涅夫的政治遗产,根本来不及进行改革。对外政策方面,苏联深陷入侵阿富汗之后久拖不决的战争泥潭,国力消耗巨大,在与美国为首的西方国家的国际竞争中日益衰落。而戈尔巴乔夫接手的更是在经济状况和政治体制改革方面都日益恶化的国内局面。1986 年 4 月 26 日发生的震惊世界的切尔诺贝利核电站爆炸事故,使得苏联的国力衰退更加雪上加霜。如何快速地通过改革摆脱困难局面,是戈尔巴乔夫面临的棘手难题。1987 年 11 月,戈尔巴乔夫出版了《改革与新思维》一书,对斯大林模式和赫鲁晓夫改革,以及勃列日涅夫 1965 年经济改革等历史问题,进行重新评价,阐述了继续改革的根源和实质、具体步骤,苏联对外政策等问题,从中可以看出戈尔巴乔夫改革"新思维"的思想特点,解读出其改革失败的某些原因。

戈尔巴乔夫的改革"新思维"试图以政治体制改革来驱动经济体制改革。

苏联在上世纪80年代面临的困境是多方面的,戈尔巴乔夫总体描绘了这种困境:“国家开始失去前进的速度,经济工作中不断出毛病,困难一个接着一个,开始成堆而且日益严重,未能解决的问题越来越多。社会生活中出现了我们所说的停滞等等同社会主义格格不入的现象。形成了一种阻塞社会经济发展的机制。”①这反映出苏联的经济、政治和社会各个方面都出现了重大困难。尽管戈尔巴乔夫是在苏联体制中逐步升迁到高层领导的人,但他看到了苏联体制中的问题,在安德罗波夫和契尔年科两任领导人的短暂任期内,戈尔巴乔夫积极地参与到了改革当中。在当时的政治体制中,苏联的改革只能是自上而下的改革,人们对这种改革也寄予了很大的希望,但正是这种希望,给予了苏联当政的改革者以巨大的压力,以至于会铤而走险祭出激进和危险的改革举措。从勃列日涅夫时期就日益固化的斯大林模式政治体制内,党的中上层领导日益充斥着一些老腐昏庸者,成为上层推行自上而下改革举措的屏蔽层,民众无法影响社会进程,对社会无望的人酗酒成风麻醉自己,导致苏联社会中酒精中毒的死亡率排在世界前列,严重影响苏联的经济效率,因酗酒造成的怠工和旷工带来的经济损失无法估计,同时吸毒和犯罪行为也开始滋长。因此,在戈尔巴乔夫看来要想解决经济停滞的问题,需要从机制障碍入手,而这个机制障碍就是僵化的政治体制改革,只有改革政治体制才能推进经济改革举措的落实。

戈尔巴乔夫试图从整体上推行政治“民主化”来转变经济困境,是本末倒置的严重错误。戈尔巴乔夫任最高领导人之后,也承诺延续以往的各项政策和体制,可是现实的巨大压力让戈尔巴乔夫不得不选择推动改革。但是他选择的改革路径却是错误的。马克思主义基本原理认为,在社会基本矛盾运动中,生产力是推动社会进步的根本动力,苏联当时处于社会生产力发展停滞的时期,改革的重心应放在提高生产力水平,加快生产力水平提升当然会有体制

---

① [苏]米·谢·戈尔巴乔夫:《改革与新思维》,世界知识出版社1988年版,第9页。

机制的阻碍，但是戈尔巴乔夫把破除体制机制障碍的重心放在了政治“民主化”方面。1985 年在苏共中央四月全会上，戈尔巴乔夫做了《召开苏共例行第二十七次代表大会及有关筹备和举行代表大会的任务》的报告，在这个报告中他指出，苏联社会要达到最广泛意义上的新的质的状态，也即认为苏联的改革是质的改变。虽然他没有明确指明这个“质”的改变是什么改变，但是后来从戈氏的回忆录中可以看出其中意味。他回忆说：“虽然四月全会无疑是向前大大跨进了一步，但它也带着时代的印记。当时还把全部希望寄托在苏共身上，还要提高它的‘领导作用’。民主这一话题流于空口宣言，只是说‘复杂重大问题的解决……只能依靠人民的生动活泼的创造能力’。”①显然，戈尔巴乔夫在当时意图从完全的所谓政治“民主化”路径推进改革，但是当时还没有条件彻底推行。在《改革与新思维》中，戈氏认为这次全会“标志着向新的战略方针、向改革的转折，提出了改革这一构想的基本内容。”②由此可以看出，走政治“民主化”道路的改革设计是戈尔巴乔夫上台之后的既定设计。由此引发苏联在意识形态领域和政治动员方面的激烈动荡，是导致苏联共产党领导改革失败，进而丧失执政领导权的重要原因之一。

戈尔巴乔夫以人道的民主的社会主义这种抽象的社会制度为改革目标，模糊了改革的性质，造成了人们的价值观混乱，无法达成施行改革举措所需的共识，改革无法达到预期效果，无法改善人民的生活水平，使得执政的苏联共产党失去了人民群众的支持。戈氏在其 1987 年的著作《改革与新思维》中，强调在苏联的旧体制下，不尊重人的价值和尊严，人民处于无权地位，因此他主张要把解决人的问题作为改革的出发点，认为“不活跃人的因素，即不考虑人、劳动集体、社会团体、不同社会集团的各种不同的利益，不依靠他们，不把他们吸引到积极的创造活动中来，就不可能完成任何一项任务，就不可能改变

① ［苏］米·谢·戈尔巴乔夫：《戈尔巴乔夫回忆录》（上册），述弢等译，社会科学文献出版社 2003 年版，第 326 页。

② ［苏］米·谢·戈尔巴乔夫：《改革与新思维》，世界知识出版社 1988 年版，第 13 页。

国内环境"①,因此改革要"唤起人们"。他强调:"今天最重要的任务是尊重人的内心世界,增强人的道德观念,从而振奋人的精神。"②为此,戈尔巴乔夫主张:"我们需要各社会团体,各生产集体和创作协会发挥名副其实、丰富多彩的职能,需要公民活动的新形式和恢复那些被遗忘的形式。简言之,需要全部社会生活的广泛的民主化。这就是业已开始的过程不可逆转的主要保证。"③为了活跃人的因素,戈氏提出了公开性和民主化,这些思想为戈尔巴乔夫的人道的民主的社会主义改革目标设定作了铺垫。1988 年 6 月,在苏共第十九次全国代表会议上,戈尔巴乔夫认为苏联经济改革中遇到的困难是因为政治体制中存在的巨大障碍,因此改革重点由经济改革转向政治改革,他提出了政治改革的基本构想,会议通过《关于苏联社会民主化和政治体制改革》《关于公开性》等七项决议,戈尔巴乔夫提出了"人道的民主的社会主义"的概念构想。1990 年 7 月,苏共二十八大通过的《走向人道的民主的社会主义》行动纲领正式确定,"政治改革的实质,就是从极权官僚制度向人道的、民主的社会主义社会过渡"④。客观上看,苏联经济的困难和改革很难深入推进,的确有政治体制的阻碍,但是如果混淆了社会制度与具体运行机制即政治体制的认识,试图通过政治改革路径来实现经济改革目标,对于执政党来讲是存在巨大风险的,而事实也恰恰证明了这一点。

戈尔巴乔夫对人道的民主的社会主义经济的理解是存在误区的,认为"当前所理解的市场否定了单一所有制形式的垄断,要求有多种所有制,经济与政治平等。"⑤也就是说,戈尔巴乔夫认为如果要想释放市场活力,就必须彻

---

① ［苏］米·谢·戈尔巴乔夫:《改革与新思维》,世界知识出版社 1988 年版,第 18 页

② ［苏］米·谢·戈尔巴乔夫:《改革与新思维》,世界知识出版社 1988 年版,第 19 页。

③ ［苏］米·谢·戈尔巴乔夫:《改革与新思维》,世界知识出版社 1988 年版,第 20—21 页。

④ 苏群编译:《苏联共产党第二十八次代表大会主要文件资料汇编》,人民出版社 1991 年版,第 116 页。

⑤ 苏群编译:《苏联共产党第二十八次代表大会主要文件资料汇编》,人民出版社 1991 年版,第 12 页。

底否定过去的社会主义公有制,这实际上混淆了作为经济资源配置方式的市场手段与作为社会主义经济基础的所有制根基之间的区别和联系。经济体制改革理论创新中的原则性的缺失,使得戈尔巴乔夫领导的经济体制改革,无法解决在社会主义制度基础上如何发挥市场机制的活力这个重要实践问题,导致改革失去了社会主义方向。1990 年 10 月,戈尔巴乔夫签署了《稳定国民经济和向市场经济过渡的基本方针》的“总统纲领”,认为必须在私有制的基础上,才能实现建设市场经济的目标,从而否定了社会主义的经济制度基础,他认为,唯有如此才能完成从“极权官僚”制度向改革目标“人道的民主的社会主义”制度的过渡。

在戈尔巴乔夫改革时期,苏共党内形成的政治派别削弱了苏联共产党的力量,对苏联的改革产生了不利影响,对苏联的解体起到了最后一击的作用。1987 年后,在苏共党内形成了以叶利钦为首的激进改革派、利加乔夫为首的传统保守派、戈尔巴乔夫为首的主流改革派,三派之间的互相争斗造成了严重的政治分裂,戈尔巴乔夫在苏共中央的控制力量被削弱和架空,成为葬送社会主义制度的导火索,最终导致苏联国家解体这个灾难性后果。从苏联改革的失败中我们可以总结到,社会主义国家的改革必须要做好顶层设计,在马克思主义基本原理的指导下,坚持社会主义的基本原则,否则任何改革的效果就是缘木求鱼和南辕北辙。这是历史给我国社会主义改革和建设留下的又一个重要教训。

第四章　中国马克思主义经济伦理思想的开拓生成

在20世纪的历史大潮中形成和发展的中国新民主主义革命和社会主义革命及建设，推动了中国社会的历史性进步，也构筑了中国马克思主义经济伦理开拓生成的具体实践基础，开创了马克思主义经济伦理思想在中国发展的新阶段。以毛泽东同志为主要代表的中国共产党人，为中国马克思主义经济伦理思想的开拓生成作出了杰出的奠基性贡献。毛泽东同志是伟大的无产阶级革命家、战略家和理论家，是马克思主义中国化的伟大开拓者和践行者，是党的第一代中央领导集体的核心。毛泽东作为伟大的马克思主义者，他以独创性的马克思主义中国化的理论，为中国革命和建设作出了巨大贡献。从经济伦理思想考察的视角看，虽然毛泽东论述的并非具体的关于经济方面的伦理价值判断，但是毛泽东思想是一个具有高度完整性的体系，他对非经济方面的伦理价值判断的论述，有许多是为了论证或者指导经济工作或经济建设的前提、保障和目标等的思想，因此也包含着他关于经济伦理的思想，我们需要围绕着一个经济伦理实践的总问题为核心来考察其思想体系。毛泽东的这些经济伦理思想，在新民主主义革命、社会主义建设革命中发挥了重要作用。在我国社会主义市场经济追求高质量发展的今天，深入探究毛泽东经济伦理思想及其当代价值，对我国构建完善的市场经济体系,全面建设社会主义现代化强国都具有非常重要的价值和意义。

一、中国马克思主义经济伦理思想的奠基

马克思和恩格斯曾经指出:“一切划时代的体系的真正的内容都是由于产生这些体系的那个时期的需要而形成起来的”,“所有这些体系都是以本国过去的整个发展为基础的,是以阶级关系的历史形式及其政治的、道德的、哲学的以及其他的后果为基础的。”①每个时代的思想都是在以往一切时代的基础上成长发展起来的,个人的思想也随着时代的思想脉动而发展变化,所谓时势造英雄,英雄的思想和行动反映着社会矛盾运动规律在社会有机体运行中的精神内容。毛泽东曾经说:“拿我们这些人来说,很多人每年都有一些进步,也就是说,每年都在改造。我这个人从前就有过各种非马克思主义的思想,马克思主义是后来才接受的。我在书本上学了一点马克思主义,初步地改造了自己的思想,但是主要的还是在长期阶级斗争中改造过来的。”②毛泽东的经济伦理思想是在时代思想大潮的涵养中,在批判借鉴西学思想、改造吸收中国传统经济伦理文化的基础上,以马克思列宁主义为指导,经过革命实践的锤炼和检验逐渐形成和发展的,是中国马克思主义经济伦理思想的理论奠基。

从毛泽东思想的发展历史时期看,分为两大时期:一是新民主主义革命时期,解决的是中国新民主主义革命的道路问题。这一时期中国共产党独立自主探索革命道路,缺乏足够的外部经济支援,因此,在解决新民主主义革命总任务的思想中,包括着诸多指导革命活动中经济方面工作的方针政策思想。二是新中国成立后的社会主义建设时期,解决的是脱胎于半殖民地半封建社会,经济基础一穷二白的国家如何恢复经济和走上富强道路的问题。因此,在此时期毛泽东的诸多文章中,更多的是关于社会主义建设特别是经济建设的

① 《马克思恩格斯全集》第3卷,人民出版社1960年版,第544页。

② 《毛泽东文集》第七卷,人民出版社1999年版,第223页。

具体论述,其经济伦理思想则自然非常丰富。

综合观之,以毛泽东同志为主要代表的中国共产党人,要解决的是在当时工业化水平极度落后的中国,探索出经济落后国家如何走上民族独立和民族复兴的经济发展道路的经济伦理总问题。无论是在革命还是建设时期,在毛泽东的著作中,都蕴含着丰富的经济伦理思想,尤其是在新中国成立之后,虽然存在着由于脱离实事求是思想路线而出现的严重失误,但是他的经济伦理思想仍然对社会主义建设道路的具体探索提供了可资借鉴的正反两个方面的经验和教训,在社会主义建设中发挥了重要作用。在社会主义现代化建设的历史进程中,在改革开放的新时代,如何形成完善的社会主义市场经济体制?如何协调私有制经济成分与公有制经济基础的相互关系?如何加强社会主义精神文明建设,以及如何弘扬社会主义核心价值观?在日益复杂和困难的国际局势情况下,如何在全面建成小康社会的基础上,实现中华民族的伟大复兴?毛泽东的经济伦理思想对于这些问题的回答,同样具有重要的理论和实践意义。

通观毛泽东的文章,除了能看到历史唯物主义的辩证方法贯穿其中,还能从中看到许多中国传统文化的思想智慧,包括他对马克思主义的实践品格用中国化的语言“实事求是”概括出来,都体现出毛泽东思想是以毛泽东同志为主要代表的中国共产党人,对马克思列宁主义和中国传统文化,以及近代以来西学东渐过程中的西学思想等的吸收借鉴和改造。

(一)中国马克思主义经济伦理思想的方法论基础

作为中国化马克思主义经济伦理思想的奠基者的毛泽东,最早开始接触马克思主义是在“五四运动”以后,这期间主要是受李大钊等马克思主义者的影响。毛泽东大量阅读了关于俄国革命和马克思主义的著作,思想上开始发生重大的变化,逐渐成为一个马克思主义者。1920 年 1 月,毛泽东在北京加入李大钊、王光祈发起成立的少年中国学会。后又于 4 月 11 日离京,沿途游历天津、济南、泰山、曲阜、南京等地，5 月 5 日到达上海，在京沪期间，读了许多关于俄国情况的书，在与陈独秀等人的接触中，曾讨论当时自己组织的改造湖南联盟的计划和读过的马克思主义书籍。7 月 7 日他从上海回到长沙，参加发动湖南自治运动，并于 10 月之后，收到陈独秀寄来的社会主义青年团章程后，在湖南发展团员，于次年 1 月正式成立长沙地方团组织。1920 年 11 月他编辑了《新民学会会员通信集》第一集和第二集，在此前后，他与何叔衡、彭璜等在长沙建立了共产党的早期组织。1921 年 7 月，他作为代表，在上海参加了中国共产党第一次全国代表大会，成为中国共产党的创始人之一。

毛泽东从学生时代起通过对马列主义的研习，掌握了马克思主义的基本观点和方法，并运用在社会调查和革命理论总结的过程中。在关于物质生活与伦理道德的关系方面，毛泽东密切联系社会现实，形成了许多新的理论认识和观点。历史唯物主义认为，社会存在决定社会意识，经济基础决定上层建筑。道德是观念意识形态的一种，同样是由社会存在和经济基础决定的。五四运动之后，毛泽东的许多文章中强调物质生活条件在人类社会生存和历史发展中的重要地位和作用，认为社会制度之基础是经济制度，在构成经济基础的生产关系的各方面中，生产资料的占有关系具有决定的意义，人们对生产资料的占有情况不同，政治地位也不一样，因此经济关系对政治关系具有决定作用。在《民众的大联合》一文中，毛泽东运用这个马克思主义基本原理论述了资本家等强权者垄断土地、机器等生产资料，垄断教育和知识，建立起镇压人民的军队，用“知识”“金钱”“武力”三种手段来维护自身的特殊利益，剥削大多数的民众①，这实际上揭示了上层建筑例如军队、社会意识形态等是由经济基础所决定，道德也是社会意识形态的一种，也是维护着统治阶级的经济基础的。在《女子自立问题》一文中，毛泽东针对当时的赵女士因为包办婚姻而自杀的事件，指出女子解放应以经济解放为首要任务，女子要“预备够足自己生

---

① 参见中共中央文献研究室、中共湖南省委《毛泽东早期文稿》编辑组编：《毛泽东早期文稿（一九一二年六月——一九二〇年十一月）》，湖南人民出版社 2008 年版，第 313 页。

活的知识和技能"①,做到经济自立,恋爱才能自由。这也是言明了物质生活条件和经济关系的变化,引起伦理关系和道德观念的变化。在《"社会万恶"与赵女士》一文中,毛泽东又进一步指出,"社会"才是赵女士自杀的根源;"社会里面既含有可使赵女士死的'故',这社会便是一种极危险的东西。"②毛泽东已看到了这种根源于封建制度的社会,其实是人们评判赵女士之死的价值观的社会存在基础。

在唯物辩证法方面,毛泽东运用了马列主义的阶级分析方法、理论联系实际的方法和辩证分析的方法。

其一,阶级分析方法是毛泽东较早在马列主义影响之下采取的剖析伦理道德现象和观念的方法。五四运动中,毛泽东就开始尝试运用阶级观点和阶级分析的方法,研究包括道德关系在内的各种社会关系和社会现象。在《民众的大联合》中,毛泽东除了划分出当时中国的各个社会阶级,还从政治、经济、文化三个方面,具体分析了剥削阶级与被剥削阶级之间的阶级对立和利益冲突。他指出,在思想文化上,由于封建主义制度的压迫,一般平民是没有机会接受教育的,于是民众成为愚昧的阶级;在经济上,由于贵族和资本家占有了金钱、土地、机器和房屋等生产资料,受贵族和资本家剥削的平民一无所有,"于是生出了贫富的阶级";在政治上,由于贵族和资本家等剥削阶级掌握军队,"于是生出了强弱的阶级"③。这些剖析都揭示了尖锐的阶级对立,毛泽东号召人民群众要有阶级自觉,要为了自身利益联合起来,把生产资料等从剥削者手里夺回来,创造自己的新生活,改变现存的不合理的经济关系、政治关系和思想关系。在《湘江评论》创刊号的诸多文章中,毛泽东主张以阶级斗争打

① 中共中央文献研究室、中共湖南省委《毛泽东早期文稿》编辑组编:《毛泽东早期文稿(一九一二年六月——一九二〇年十一月)》,湖南人民出版社 2008 年版,第 384 页。

② 中共中央文献研究室、中共湖南省委《毛泽东早期文稿》编辑组编:《毛泽东早期文稿(一九一二年六月——一九二〇年十一月)》,湖南人民出版社 2008 年版,第 386 页。

③ 中共中央文献研究室、中共湖南省委《毛泽东早期文稿》编辑组编:《毛泽东早期文稿(一九一二年六月——一九二〇年十一月)》,湖南人民出版社 2008 年版,第 313 页。

倒强权，指出不同的阶级有不同的利益诉求，被压迫被剥削阶级的利益与压迫阶级的利益是根本对立的，而且在国与国之间，不同性质的国家政权代表不同阶级利益。毛泽东在青年时期即运用阶级利益分析法来剖析第一次世界大战结束后的各国政权的政策选择，对受到十月革命影响而出现的代表无产阶级利益的匈牙利工农苏维埃政府的政策进行判断①。虽然这些分析还是初步的，但是马克思主义的阶级分析方法已经成为毛泽东判断时局和发动学生运动、进行革命鼓动和宣传的锐利的思想武器。中国共产党成立之后，毛泽东参加了第一次大革命，在发动农民起来参加大革命的工作中，毛泽东彻底贯彻了阶级分析方法，深入剖析了农民阶级起来革命的原因和发动农民革命的方法。例如他在《纪念巴黎公社的重要意义》一文中指出："人类由原始社会进化为家长社会、封建社会以至于今日之国家，无不是统治阶级与被统治阶级之阶级斗争的演进。巴黎公社便是工人阶级第一次起来打倒统治阶级的政治的经济的革命。我们向来读中国史，不注意阶级斗争的事实，其实四千多年的中国史，何尝不是一部阶级斗争史呢？……故太平天国之事，不是满汉的战争，实是农民和地主的阶级斗争。"②在《国民革命与农民运动》一文中，他指出："农民问题乃国民革命的中心问题，农民不起来参加并拥护国民革命，国民革命不会成功；……他们不明白经济落后之半殖民地革命最大的对象是乡村宗法封建阶级（地主阶级）。……所以经济落后之半殖民地的农村封建阶级，乃其国内统治阶级国外帝国主义之唯一坚实的基础，不动摇这个基础，便万万不能动摇这个基础的上层建筑物。"③接着，毛泽东指出："进步的工人阶级尤其是一切革命阶级的领导，然若无农民从乡村中奋起打倒宗法封建的地主阶级之特权，则军阀与帝国主义势力总不会根本倒塌。"④在大革命洪流中，清醒地运用马列

① 中共中央文献研究室、中共湖南省委《毛泽东早期文稿》编辑组编：《毛泽东早期文稿（一九一二年六月——一九二〇年十一月）》，湖南人民出版社 2008 年版，第 288 页。

② 《毛泽东文集》第一卷，人民出版社 1993 年版，第 34—35 页。

③ 《毛泽东文集》第一卷，人民出版社 1993 年版，第 37 页。

④ 《毛泽东文集》第一卷，人民出版社 1993 年版，第 39 页。

主义的阶级分析方法，指出中国的新民主主义革命必须由进步工人阶级与农民结成牢固联盟，才能取得革命成果，这在当时是不多见的。正是由于对马克思列宁主义的基本原理的深入理解和把握，毛泽东才能够正确地联系中国现实，剖析中国革命的核心问题，从而探索出工农武装割据的新民主主义革命道路并最终取得胜利。

其二，理论联系实际的方法。毛泽东从青年时期就非常注重调查研究，学生时代的毛泽东曾经与同学一起徒步去湖南长沙附近的乡村实地调查研究农民的生产和生活状况。1919 年 11 月在长沙城发生包办婚姻新娘赵五贞自杀事件，毛泽东对这个事件连续撰写了十篇文章进行评论，在这些抨击封建包办婚姻制度的文章中，都贯彻着联系实际问题来进行理论探讨的方法。他在《健学会之成立及进行》一文中，认为脱离中国的实际是我国自从戊戌变法至五四运动以来这二十多年间思想界弊病的根源。在《问题研究会章程》中，毛泽东列出了一百四十多个需要研究的问题，大多都是当时非常重要的"人生社会的实际"问题，"凡事或理之为现代人生所必需，或不必需，而均尚未得适当之解决，致影响于现代人生之进步者，成为问题"①，即须加以"研究"。"问题之研究，有须实地调查者，须实地调查之，如华工问题之类。"②由此可见，毛泽东在学生时代就非常注意到社会生活中去做调查研究，他没有出国勤工俭学，一个重要原因是他认为在国内好好研究本国问题也是非常重要的。在此后的革命生涯中，他更是总结出了"实事求是"这个思想精髓。事实也证明，一旦偏离"实事求是"的思想路线，就会出现主观主义的错误倾向，给革命事业和建设实践带来巨大损失。

---

① 中共中央文献研究室、中共湖南省委《毛泽东早期文稿》编辑组编：《毛泽东早期文稿（一九一二年六月——一九二〇年十一月）》，湖南人民出版社 2008 年版，第 362 页。

② 中共中央文献研究室、中共湖南省委《毛泽东早期文稿》编辑组编：《毛泽东早期文稿（一九一二年六月——一九二〇年十一月）》，湖南人民出版社 2008 年版，第 367 页。

其三,唯物辩证的矛盾分析法、质量互变法、对立统一法等方法在实践活动中的运用。学生时代的毛泽东就已经非常注意从事物的普遍联系中观察和分析问题,在分析赵五贞自杀事件时,他联系整个社会环境指出逼迫其自杀的其实是家庭和社会舆论等各个社会制度的环节,毛泽东用"社会万恶"来形容社会制度的黑暗以及对人性的戕害,提出变革社会制度的主张。从看似个体和偶然的事件中,透过现象看本质,这是唯物辩证法中重要的观察事物的方法之一。当他看到制度的本质已经失去了历史存在之合理性的时候,毛泽东对中国社会的前途,提出了"再造之"的观点,也就是从根本上改造它,使之发生质变。实际上这是辩证法中关于社会发展的理论概括,发展是新事物战胜旧事物的过程,是在量变基础上的质变,无论是在五四时期,还是在大革命、土地革命、抗日战争和解放战争时期,毛泽东都在对立统一规律的基础上,以唯物辩证法的矛盾法则为依据,来剖析反对帝国主义和封建主义的中国革命的历史趋势。

毛泽东对唯物辩证法思想的娴熟运用,很多体现在毛泽东持之不懈地阅读书籍所作的批注中。在 1936 年 11 月至 1937 年 4 月间,他在阅读《辩证法唯物论教程》中所做的批注中,就结合反思中国共产党领导革命所犯的错误,来剖析这些错误的非马克思列宁主义的思想渊源。例如毛泽东在阅读"当做辩证法的本质看的对立之统一及斗争"这部分辩证法原理时,他在批注中指出:"所谓对立统一,就是统一物分裂为互相排斥的对立以及这些对立间的相互联结。这就是所谓主要矛盾,所谓自己运动的源泉。"①在批注关于不同类型矛盾的内容的时候,毛泽东强调性地批注:"没有同型的矛盾。不同性质的矛盾,要用不同的方法去解决。"②并且他举出当前中国革命的矛盾体系,指出在不同阶段,要区分不同类型的矛盾,毛泽东说:"中日民族矛盾要用联合资产阶级的统一战线去解决。一九二七[年]后的国内矛盾,却只用联合农民和

① 中共中央文献研究室编:《毛泽东哲学批注集》,中央文献出版社 1988 年版,第 72 页。

② 中共中央文献研究室编:《毛泽东哲学批注集》,中央文献出版社 1988 年版,第 73 页。

小资产阶级的统一战线去解决。劳资间的矛盾,在平常时期要用工人统一战线去解决。党内及革命队伍内正确路线与错误顷〈倾〉向间的矛盾,用思想斗争的方法去解决。在国际,无产阶级与资产阶级间的矛盾,用革命去解决。苏联无产阶级与农民的矛盾,则用工业化与农业集体化去解决。社会与自然间的矛盾,用发展生产力去解决。过程的矛盾不同,解决的方法也不同。"①这些唯物辩证法的思想方法既是毛泽东在艰苦的革命斗争实践中提炼中来的,也是毛泽东在深入学习马克思主义经典文献的思想方法中进一步深刻理解到的,并且被他自觉贯彻于一切革命活动中。在评述苏俄的新经济政策时,毛泽东运用唯物辩证法思想提出并认为"国家统制与商人自由之对立的统一,此类例子可举出许多,都有这样不可分的两方面互相联结。"②又如在阅读日本学者河上肇所著李达等译的《马克思主义经济学基础理论》一书的批注中,毛泽东也用辩证法原理之质变和量变的关系,批注了书中有关"货币与资本"原理方面的内容③。

青年毛泽东的马克思主义革命伦理思想的开启和形成受《新青年》杂志的影响比较大。新文化运动促进了中国人民的思想解放和意识觉醒,这为马克思主义的无产阶级革命思想在中国的真正传播创造了必要条件,一批革命民主主义者也迅速在十月革命的影响下转变为初步的共产主义者,这些先进分子开始研究和传播马克思主义革命理论,李大钊和陈独秀等人是最早从事这一传播事业的最卓越的代表。在他们的推动下,马克思主义在中国的传播越来越广泛,信仰马克思主义的人也越来越多,一批学习、研究和宣传马克思的组织、团体应运而生,为中国革命的发展培育和准备了思想条件和组织基础,五四运动的爆发为马克思主义在中国的广泛传播创造了社会条件。毛泽

① 中共中央文献研究室编:《毛泽东哲学批注集》,中央文献出版社 1988 年版,第 73—74 页。

② 中共中央文献研究室编:《毛泽东哲学批注集》,中央文献出版社 1988 年版,第 75 页。

③ 中共中央文献研究室编:《毛泽东哲学批注集》,中央文献出版社 1988 年版,第 466—467 页。

东在1918年8月带领湖南一批赴法勤工俭学的学生到达北京,随后到李大钊主持的北京大学图书馆勤学工作,他在阅读各种介绍新思潮新学说的报刊和书籍之余,直接向李大钊求教,并认识了陈独秀、蔡元培和胡适等学者名流,结交了许多思想进步的青年朋友,还参加了新闻研究会和“平民教育演讲团”的活动。1919年3月毛泽东离开北京与准备赴法勤工俭学的湖南青年一起到上海,4月从上海回到长沙,随后五四运动爆发,青年毛泽东以笔为枪,写文章声援五四运动,尝试用马克思主义的基本观点改造中国,引导湖南的学生运动,他的革命民主主义思想此时已经具有了马克思主义的思想灵魂,并且具有了强烈的深入农村发动群众的实践精神。随着革命运动的发展,毛泽东在具备了马克思主义基本理论观点的思想基础上,才真正能够认清中国革命的前途,才能准确把握历史运动的规律,人民群众才是真正的历史的主体,在伟大的民族自救运动中,锤炼出真正的马克思主义者的理论品格和实践精神。

(二)中国马克思主义经济伦理思想的西学观照

毛泽东的经济伦理思想的形成不仅受马克思主义世界观和方法论的影响,同时还受西方的伦理文化和经济伦理思想的影响。进入20世纪以来直到新中国成立,中国的民族解放运动风起云涌,一代有识之士在中西文化的碰撞中寻求救国救民的真理。毛泽东这一代革命家的思想也是在这种西学东渐和西去留洋的潮流中逐渐锤炼而成的。严复等人翻译的一批西学经典包括对达尔文主义的介绍,对当时的进步青年都产生了较大影响。毛泽东早年阅读了许多西学经典,其中关于西方哲学、伦理学的书籍也读了不少。毛泽东的老师杨昌济翻译了《西洋伦理史》,毛泽东精细研读了这本译作。他还读了蔡元培翻译的德国泡尔生的《伦理学原理》,对全书的每字每句几乎都进行了圈点标记,作了许多批注,表达自己的各种观点甚至疑惑。曾经在延安采访过毛泽东的埃德加·斯诺在《西行漫记》里写道:“毛泽东熟读世界历史,对于欧洲社会和政治的情形，也有实际的了解。”①“毛泽东读过许多关于印度的书，对于那个国家也有一定的看法……他知道一些美国的黑人问题，把黑人和美国印第安人所遭受的待遇，跟苏联对待少数民族的政策相对照。”②“他读书的范围不仅限于马克思主义的哲学家，而且也读过一些古希腊哲学家、斯宾诺莎、康德、歌德、黑格尔、卢梭等人的著作。”③毛泽东自己在谈到早年的学习生涯时也说道：“在这段自修期间，我读了许多的书，学习了世界地理和世界历史。我在那里第一次看到一幅世界地图，怀着很大的兴趣研究了它。我读了亚当·斯密的《原富》，达尔文的《物种起源》和约翰·穆勒的一部关于伦理学的书。我读了卢梭的著作，斯宾塞的《逻辑》和孟德斯鸠写的一本关于法律的书。我在认真研读俄、美、英、法等国历史地理的同时，也阅读诗歌、小说和古希腊的故事。”④可见，毛泽东大量吸取了西学中的科学和民主的思想，这些都成为他后来迅速接受在当时是更为先进科学的思想体系的知识基础。

毛泽东青年时期的伦理思想方法是二元论的。毛泽东曾经在1936年回忆自己在长沙一师求学时期，受到杨昌济老师的影响，读了蔡元培的一本伦理学的书，写了一篇题为《心之力》的文章，说道：那时我是一个唯心主义者，“杨昌济老师从他的唯心主义观点出发，高度赞赏我的那篇文章。他给了我一百分。”⑤在新中国成立后，毛泽东曾经对周敦元回忆起自己阅读杨昌济老师推荐的泡尔生《伦理学原理》一书的思想，指出这本书其中并不是纯粹的唯物论而是心物二元论，但是当时大家所学的都是唯心论的学说，一旦接触一点唯物论的东西，就觉得很有趣味，尽管是心物二元论，但对于自己批判读过的书，分

---

① ［美］埃德加·斯诺：《西行漫记》，董乐山译，东方出版社2010年版，第75页。
② ［美］埃德加·斯诺：《西行漫记》，董乐山译，东方出版社2010年版，第76页。
③ ［美］埃德加·斯诺：《西行漫记》，董乐山译，东方出版社2010年版，第76页。
④ ［美］埃德加·斯诺：《西行漫记》，董乐山译，东方出版社2010年版，第134—135页。
⑤ 转引自于俊道、李捷：《毛泽东交往录》，人民出版社1991年版，第187页。

析所接触的东西,也有新的启示和帮助①。

学生时代的毛泽东在形成自己的哲学世界观和伦理思想的过程中,从救国救民的需要出发,在古今中外伦理思想的材料中吸取了有益的思想,也受到一些消极思想的影响,比如精神个人主义和抽象人性论的影响,在寻找中国的落后根源时,不是从经济基础出发,而是从所谓"道德衰败"和"民质不良"等方面归纳原因,似乎教育国民改善民智就能解决一切问题,这是在唯心史观基础上的改造社会的路径。对于物质与意识何者为第一性的哲学基本问题,毛泽东在《〈伦理学原理〉批注》中曾经写道:"世界固有人有物,然皆因我而有,我眼一闭,固不见物也,故客观之道德律亦系主观之道德律。且即使世界止有我一人,亦不能因无损于人而不尽吾之性、完吾之心,仍必尽之完之。此等处非以为人也,乃以为己也。"②意识不到的物,是不存在的,这是青年毛泽东的哲学世界观受到唯心主义伦理思想影响的结论。尽管毛泽东当时的哲学世界观还是模糊不清的二元论,但是他注重社会实践的做事特点,促使他持续地深入中国广大的农村去调查研究,最终在各种思潮的互竞比较中,他选择了马克思列宁主义的世界观和方法论,投身于无产阶级革命的伟大事业之中。

毛泽东关于人的本质、本性与价值、义利观、道德律等伦理思想很多是受康德的影响。康德认为,人是双重存在物,既是自然存在物又是理性存在物,所以毛泽东认为,人的本性既有自然的一面,又有精神的一面,并提出了"精神个人主义"的观点,后来在这一思想的基础上,毛泽东逐步形成了自己的集体主义和利他主义思想。康德提出人是目的不是手段,所以毛泽东受其影响,极力反对封建社会的"三纲五常"。关于道德律问题,毛泽东最初也受到康德的影响,认为道德和道德价值与他人利害没有关系,纯粹出于自我的天性和自

① 中共中央文献研究室、中共湖南省委《毛泽东早期文稿》编辑组编:《毛泽东早期文稿(一九一二年六月——九二〇年十一月)》,湖南人民出版社 2008 年版,第 252 页。

② 中共中央文献研究室、中共湖南省委《毛泽东早期文稿》编辑组编:《毛泽东早期文稿(一九一二年六月——九二〇年十一月)》,湖南人民出版社 2008 年版,第 129 页。

我心灵的完善,因此道德是主观的。毛泽东曾经仔细研读了泡尔生的《伦理学原理》一书,其中的伦理思想对毛泽东伦理与经济思想的萌生起到了很大的作用,正是对此书的阅读,引发了毛泽东伦理思维的活跃以及经济伦理思维火花的闪烁,并在此基础上提出了一系列颇具独创性的伦理思想见解与观点。泡尔生赞成目的论的功利论,认为道德是完善人生、实现人的自我价值的一种手段,在评价善恶的时候,应该将功利和效果作为主要依据。泡尔生的这种既重效果又重动机的伦理价值取向,大大启发了毛泽东,使其在伦理价值观上,肯定了自我实现论的意义。但是青年毛泽东的义利观,其特点是建立在自我实现论基础上的,既强调动机的重要性,又强调现实效果的重要性的辩证义利观。这些都为他之后提出"革命功利主义"奠定了理论和思想的基础。

(三)中国马克思主义经济伦理思想的文化根基

中国源远流长的传统文化是毛泽东经济伦理思想形成的思想土壤。在青年毛泽东所生活的西学东渐的时代,中西文化的激荡带给中国知识分子的思想冲击非常大,对于传统文化的现实批判和对于西学思想的吸收是同时进行的。在中体西用和全盘西化的争论中,毛泽东通过科学鉴别,对传统伦理文化进行批判和借鉴,在革命实践中形成了他的经济伦理思想体系。

早在长沙第一师范读书期间,毛泽东就大量阅读了先秦诸子和宋明理学的典籍,侧重研究和阅读了康有为、梁启超、谭嗣同等维新派人士的论著和文章。他赞同《春秋·公羊传》中的"无邦国、无帝国、人人平等,天下为公"的观点,对梁启超《新民说》中的中国积贫积弱的原因在于国民"愚昧落后""道德败坏",缺乏国家思想和权利观念等思想心有戚戚焉,对谭嗣同把当时西学中的自然科学概念"以太"同儒家"仁"、佛教唯心主义与陆王心学融为一体而形成的以"仁"为本体的学说,也评论并表达了自己的观点。儒家文化在中国的传统思想史上具有非常重要的地位,一直以来,儒家都倡导杀身成仁、舍生取义的伦理价值观念。毛泽东早年就熟读四书五经,深受儒家文化的影响,所以对儒家学派所推崇的道德教育以及人格操守等都表示赞同并十分推崇。他认为人应当志存高远、刚正不阿，做命运和人格的主人。在革命战争时期，毛泽东更是倡导不惜牺牲个人一切，随时为革命主义事业献身的道德精神。同时，宋明理学对毛泽东的经济伦理思想也有深刻的影响，宋代理学大师朱熹将“道”明确表达为世界的本源，朱熹主张格物致知、穷理尽性的道德修养和道德实践，认为伦理不应当只局限于知识层面，还应该具体化为实践，毛泽东对朱熹的这种观点十分赞同，因此在毛泽东的伦理思想中，非常重视道德实践，并强调要在实践中力行之。所以，受传统伦理思想和伦理文化的影响，毛泽东在观察、分析中国经济问题时，都会将这些思想运用到经济现象的分析中，并结合中国的实际，对传统文化进行改造、提炼和升华，进而形成了自己的经济伦理思想。

五四运动以后马克思主义传入中国，毛泽东除了接受了马克思主义并追求社会主义思潮，还认真研读了诸多当时学贯中西的名家学者的著作，比如李大钊的《物质变动与道德变动》、章士钊的《五常解》、章炳麟的《革命与道德》等论著，对于不甚赞同的胡适、吴稚晖、张东荪、杜威等人的论著，毛泽东也认真研读并思考。这些晚近学者们的结合中西的论著和观点都给予了毛泽东新的理论视野和思想影响，其中蕴藏的中国传统文化批判视角，给予了毛泽东经济伦理思想以丰富的思想养料。

二、中国马克思主义经济伦理思想的开创生成

从毛泽东一生关于革命和建设实践的重要著述中，梳理毛泽东经济伦理思想，是系统归纳毛泽东经济伦理思想内容的主要路径。如前所述，毛泽东从事革命和建设实践活动可以分为两大时期，即新民主主义革命时期和社会主义建设时期，其中他在社会主义建设时期的经济伦理思想最为丰富。在新民主主义革命时期的著述思想中，关于根据地建设、土地革命和具体的经济政策

安排等方面反映了革命阶段的毛泽东对革命的经济保障工作的重视，同时还有他对革命胜利后经济建设的初步设想中体现出的经济伦理思想。

毛泽东虽然没有直接和专门的伦理思想著述，但是他遗留下来的大量篇章中蕴含着丰富的经济伦理思想，因此需要从整体上对毛泽东的经济伦理思想进行系统研究。从20世纪80年代开始，理论界的学者对毛泽东的伦理思想撰写了专门的著述进行归纳和研究，形成了诸多有价值的观点，为毛泽东经济伦理思想的研究奠定了理论基础。进入21世纪以来，随着我国经济建设在各方面取得的长足进步，理论研究更需要在实践拓展的基础上深化，围绕经济伦理研究的主题，从新的视角来审视、归纳和梳理毛泽东的相关论述是研究关键。以下从四个方面介绍毛泽东经济伦理思想的主要内容。

（一）经济伦理的人性观转变

1. 精神个人主义的理想人格

毛泽东青年求学时期秉持的是精神个人主义的理想人格信念。青年毛泽东的人性观可以通过他对泡尔生的《伦理学原理》一书的批注得以窥见。在青少年的求学阶段，毛泽东受到西学东渐进程中翻译过来的西方哲学家思想的影响，在评述一些思想时，往往受早年接受到的传统文化因素的影响，比如在人性问题上，毛泽东用中国传统文化中的“气”论来解释西方哲学思想家的人性论，阐发他自己的理解。他在批注泡尔生的《伦理学原理》一书时，写道：“一人生死之言，本精神不灭、物质不灭为基础。”①“且吾人之死，未死也，解散而已。凡自然物不灭，吾人固不灭也。不仅死为未死，即生亦系未生，团聚而已矣。由精神与物质之团聚而为人，及其衰老而遂解散之。”②在人的精神

① 中共中央文献研究室、中共湖南省委《毛泽东早期文稿》编辑组编：《毛泽东早期文稿（一九一二年六月——一九二〇年十一月）》，湖南人民出版社2008年版，第175—176页。

② 中共中央文献研究室、中共湖南省委《毛泽东早期文稿》编辑组编：《毛泽东早期文稿（一九一二年六月——一九二〇年十一月）》，湖南人民出版社2008年版，第171页。

本性方面,青年毛泽东有着二元论的思想,认为精神与物质分别独立存在,结合在一起构成人的实体;人性是自然的产物,“自然冲动发生于自然,乃先天的、非人为的……盖冲动既为自然,未有不能善生存发达者。自然者,真也,实在也。真与实在而尚不能善生存发达乎?”①与此同时,毛泽东也承认人的社会性,特别是个人与国家、社会的紧密联系,“至国家社会之组织既成,各人住于其中,不可离解。”②在《体育之研究》中,毛泽东说:“人者,有理性的动物也。”③“夫知识则诚可贵矣,人之所以异于动物者此耳。”④他从抽象的理性出发来构造空想的联系,有时把“理性”视为历史发展的动力。

毛泽东青少年时期的唯心主义历史观还表现在受康有为、梁启超的维新思想的影响所表达出的对社会变革的认识和看法中。首先,他把“理性”视为历史发展的本原和动力。例如他在批注泡尔生的《伦理学原理》时,赞同把历史当作观念的实现、把观念当成历史的动力的唯心史观。毛泽东对于泡尔生的“全世界文明历史之生活,乃皆观念之所管辖也”这一观点批注道:“观念造成文明,诚然,诚然。”⑤在毛泽东的青少年时期,他同时还具有朴素的唯物主义思想,比如他讲到“予谓人类只有精神之生活,无物质之生活。试观精神时有变化,物质则万年无变化也”的思想,这里的“物质之生活”,其实是指朴素的自然物质观,而并非完整意义上的哲学的“物质”指称。此时的毛泽东对于他的老师杨昌济非常推崇,毛泽东在其所写的《心之力》一文中非常认可杨昌济推崇的谭嗣同的“心力说”,这种“心力说”,是用神秘的形式夸大了精神力的

---

① 中共中央文献研究室、中共湖南省委《毛泽东早期文稿》编辑组编:《毛泽东早期文稿(一九一二年六月——一九二〇年十一月)》,湖南人民出版社 2008 年版,第 183—184 页。

② 中共中央文献研究室、中共湖南省委《毛泽东早期文稿》编辑组编:《毛泽东早期文稿(一九一二年六月——一九二〇年十一月)》,湖南人民出版社 2008 年版,第 213—214 页。

③ 中共中央文献研究室、中共湖南省委《毛泽东早期文稿》编辑组编:《毛泽东早期文稿(一九一二年六月——一九二〇年十一月)》,湖南人民出版社 2008 年版,第 59 页。

④ 中共中央文献研究室、中共湖南省委《毛泽东早期文稿》编辑组编:《毛泽东早期文稿(一九一二年六月——一九二〇年十一月)》,湖南人民出版社 2008 年版,第 57 页。

⑤ 中共中央文献研究室、中共湖南省委《毛泽东早期文稿》编辑组编:《毛泽东早期文稿(一九一二年六月——一九二〇年十一月)》,湖南人民出版社 2008 年版,第 147 页。

作用，毛泽东也发挥道："人之心力与体力合行一事，事未有难成者。"[①]毛泽东的青少年时代所持有的唯心主义历史观在他完整接受马克思主义的历史唯物主义之后，发生了转变。

其次，毛泽东持有圣贤创造历史的观点，把圣贤视为理性或者真理的化身。受到中国传统文化中的圣贤观念影响，毛泽东把人划分为"君子"和"小人"两类，认为君子是劳心者、统治者，小人是劳力者、被统治者，从事各项具体职业，终日经营忙碌。在《讲堂录》中，他接受了杨昌济的教育，把居于社会上层的"君子"分为"传教之人"与"办事之人"两类，认为"传教之人"的最高典范是孔孟、程朱和陆王，这些人弘扬教化，究明真理，惠及千秋万代，被尊为圣人；"办事之人"尊奉圣贤教诲，建功立业，能达到立德立言立功的"三不朽"境界，但是不像"传教之人"那样能够达到"宇宙之真理"，"圣贤德业俱全者，豪杰欠于品德而有大功大名者，拿翁（破仑）是也，而非圣贤"。圣贤创造历史的观念反映了毛泽东青少年时期秉持的精神和物质二元论的理想人格观念，在他的老师杨昌济的影响下，毛泽东推崇曾国藩抓住了"大本之源"，在与袁世凯、康有为、孙中山等近代历史人物比较时，认为"圣人，既得大本者也；贤人，略得大本者也；愚人，不得大本者也。圣人通达天地，明贯过去现在未来，洞悉三界现象。"[②]在毛泽东看来，这些把握"大本之源"的圣贤，是能够为变革社会现状而作出贡献的人。

最后，毛泽东把改造人的观念和思想作为改造社会的手段。在戊戌变法失败之后，康有为和梁启超蜕变为保皇党，康有为的改良主义激烈反对十八世纪法国资产阶级革命，梁启超也把法国革命视为暴民政治，认为中国要从新民入手来改造人心和国民性。青年毛泽东此时还没有认识到暴力革命的辩证特

---

① 中共中央文献研究室、中共湖南省委《毛泽东早期文稿》编辑组编：《毛泽东早期文稿（一九一二年六月——一九二〇年十一月）》，湖南人民出版社 2008 年版，第 575 页。

② 中共中央文献研究室、中共湖南省委《毛泽东早期文稿》编辑组编：《毛泽东早期文稿（一九一二年六月——一九二〇年十一月）》，湖南人民出版社 2008 年版，第 74 页。

点,暴力也是一种经济力的特点还没有被清晰认识到。他在1916年7月25日给萧子升的信中说:"法兰西之祸,最为可惧。"他主张要改造落后的中国,就得改造哲学,他说:"今日变法,俱从枝节入手,如议会、宪法、总统、内阁、军事、实业、教育,一切皆枝节也。枝节亦不可少,惟此等枝节,必有本源。本源未得,则此等枝节为赘疣,为不贯气,为支离灭裂。"①所谓"大本之源",是要研究、改造、普及哲学,改造哲学特别是伦理学是发挥"心力"的必由之路,必须通过普及改造过的哲学,才能从根本上变换全体国民的思想,"人人有哲学见解,自然人己平,争端息,真理流行,群妄退匿。"②五四运动之后,毛泽东提出了民众大联合的主张。此时,虽然毛泽东还处于主张由思想改造进而社会改造的认识阶段,但是他通过五四运动看到了无产阶级劳苦大众联合起来的巨大力量,使得他的思想在他投身无产阶级革命运动之后,真正经过锤炼得以立足于历史唯物主义的基础之上。

青年毛泽东提出了道德的本质与起源的问题,在阅读泡尔生的《伦理学原理》时,他同样提出了主客二分的道德律问题。他直言:"道德非必待人而有,待人而有者客观之道德律,独立所有者主观之道德律也。吾人欲自尽其性,自完其心,自有最可宝贵之道德律。世界固有人有物,然皆因我而有。我眼一闭,固不见物也,故客观之道德律亦系主观之道德律,且即使世界上止有我一人,亦不能因无损于人而不尽吾之性、完吾之心,仍必尽之完之。此等处非以为人也,乃以为己也。"③即道德律有其客观的价值,是他律,能够为人所掌握,是因为人有"主观之道德律",他律通过自律而发生作用,自己是服从自己立法的主人,通过自由选择而履行道德义务,毛泽东倾向于赞同道德的主观

① 中共中央文献研究室、中共湖南省委《毛泽东早期文稿》编辑组编:《毛泽东早期文稿(一九一二年六月——九二〇年十一月)》,湖南人民出版社2008年版,第73页。

② 中共中央文献研究室、中共湖南省委《毛泽东早期文稿》编辑组编:《毛泽东早期文稿(一九一二年六月——九二〇年十一月)》,湖南人民出版社2008年版,第75页。

③ 中共中央文献研究室、中共湖南省委《毛泽东早期文稿》编辑组编:《毛泽东早期文稿(一九一二年六月——九二〇年十一月)》,湖南人民出版社2008年版,第128—129页。

性，比较倾向于否认道德的客观性。尽管这种思想是受到了康德的影响，但是毛泽东有自己的创见，他反对把道德与物欲、理性与感性对立起来从而贬低感性的“抽象派”做法，试图调和二者的关系。他说：“抽象派伦理学者所疑之说，未免与真际不合。……又以屏除自己快感为道德价值之条目，世岂[有]如此之道德乎？快感既已有矣，又安得而屏除之？此乃极端之利他主义之言。抽象派伦理学者举而疑之，与叔本华所谓必为利他始有道德之价值者，同为不知真正利己主义者也。”①没有情感的道德，使人变成毫无意义的人，纯粹的道德命令，“只可于无意识界求之，只可于死界求之。”②在道德实践中，毛泽东认为两千多年来中国封建社会都是在客观的道德律令的束缚下，封建统治阶级的“三从四德”“三纲五常”都是借助这种客观道德律令的形式发挥作用，从而摧残人的道德主体性的。而真正的道德主体需要发挥大无畏精神，使自己的个体价值得到充分发挥，这时的毛泽东强调尊重个人价值，主张用人性反对神性，用人权反对神权。

2. 从无我到自我的人生实现论

青年毛泽东一开始主张无我论，这从他对泡尔生的《伦理学原理》的批注中可以窥见，例如他批注说：“吾从前固主无我论，以为只有宇宙而无我。今知其不然。盖我即宇宙也。各除去我，即无宇宙。各我集合，而成宇宙，而各我又以我而存，苟无我何有各我哉。是故，宇宙间可尊者惟我也，可畏者惟我也，可服从者惟我也。我以外无可尊，有之亦由我推之；我以外无可畏，有之亦由我推之；我以外无可服从，有之亦由我推之也。”③这一“无我论”颇有我思

① 中共中央文献研究室、中共湖南省委《毛泽东早期文稿》编辑组编：《毛泽东早期文稿（一九一二年六月——九二〇年十一月）》，湖南人民出版社 2008 年版，第 130—131 页。

② 中共中央文献研究室、中共湖南省委《毛泽东早期文稿》编辑组编：《毛泽东早期文稿（一九一二年六月——九二〇年十一月）》，湖南人民出版社 2008 年版，第 189 页。

③ 中共中央文献研究室、中共湖南省委《毛泽东早期文稿》编辑组编：《毛泽东早期文稿（一九一二年六月——九二〇年十一月）》，湖南人民出版社 2008 年版，第 204 页。

故我在的意蕴。毛泽东的老师杨昌济推崇儒家学说中的无我论,例如孟子认为的唯心主义思想,认为“精神是大我,肉身是小我”的思想。毛泽东受其影响,具有“以天下万世为生”的大我思想。在杨昌济推荐给毛泽东阅读的泡尔生的《伦理学原理》一书中也有类似的思想,而且泡尔生持有国家有机体的思想,“国民者,实际连合而生存,其与各人之关系,犹躯干之于四支,四支由躯干发生,其有生命也,由于躯体之有生命也。各人由国民而发生,其有生命,有动作也,亦由于国民之有生命也。”①对于这种国家有机主义思想,毛泽东于1917年和1918年之交进行了批判,他说:“国民之生活,若政治,若言语,皆人类进化以后之事,起原之时固不如是也。且此等后天之事,皆各人互相联合所作,以便利各人。先有各人而后有国民,非各人由国民而发生也。国民之生命即各人之总生命,乃合各[人]之生命而成,非各人之生命由国民之生命所派生也。”②这种重视个体,认为个体构成国家而不是由国家派生的观点,是毛泽东最初形成的精神个人主义的基本观点。这时的观点还处于个人英雄主义的立场,对于资产阶级的自私自利的个人主义,毛泽东是极力批判的。他强调“此个人主义乃为精神的,可谓之精神之个人主义”③,这种道德观是以个人价值观为基础的,表现在个人与国家关系上,他认为国家由个人合成,先有个人后有国家,个人应重于国家,“个人有无上之价值,百般之价值依个人而存,使无个人(或个体)则无宇宙,故谓个人之价值大于宇宙之价值可也。故凡有压抑个人、违背个性者,罪莫大焉。故吾国之三纲在所必去,而教会、资本家、君主、国家四者,同为天下之恶魔也。”④青年毛泽东受五四新文化运动的影响,

① 转引自中共中央文献研究室、中共湖南省委《毛泽东早期文稿》编辑组编:《毛泽东早期文稿(一九一二年六月——一九二〇年十一月)》,湖南人民出版社2008年版,第212—213页。

② 中共中央文献研究室、中共湖南省委《毛泽东早期文稿》编辑组编:《毛泽东早期文稿(一九一二年六月——一九二〇年十一月)》,湖南人民出版社2008年版,第213页。

③ 中共中央文献研究室、中共湖南省委《毛泽东早期文稿》编辑组编:《毛泽东早期文稿(一九一二年六月——一九二〇年十一月)》,湖南人民出版社2008年版,第132页。

④ 中共中央文献研究室、中共湖南省委《毛泽东早期文稿》编辑组编:《毛泽东早期文稿(一九一二年六月——一九二〇年十一月)》,湖南人民出版社2008年版,第132页。

其思想逐渐从“无我”向“自我”转化，倡导以精神个人主义为核心的“自我”论，这反映了近代以来，中国社会思潮越来越在西学东渐的影响之下，打破了封建时代遗留下来的压制个体的社会群体观念，为社会成员摆脱思想束缚、追求个体权利、实现人生价值，进而改造社会整体提供了思想基础。

对于个体价值的理解，虽然青年毛泽东提出了他的“人的本性是利己主义的”观点，但是毛泽东对于泡尔生调和利己主义与利他主义矛盾的观点并不赞同，他在对泡尔生的《伦理学原理》的批注中写道：“然则兼此二者乃所以遂其生活，则仍是利己主义也，以利他而达到遂其生活之目的，不过易其手段而已。……是故，吾人有时兼利他之手段者，仍以达到自利之目的也。”①可以看出，毛泽东认为利他是手段，利己是目的，这种观点带有功利主义的意思，西方功利主义以利己主义为根基，认为利他是利己行为的客观存在的结果，毛泽东的观点与此有一些不同，总体上还是坚持利己是人之本性，利他与利己并存。

既然精神个人主义的核心是自我论，那么实现自我就是青年毛泽东早期追求的个人价值实现命题。他说：“人类之目的在实现自我而已。实现自我者，即充分发达吾人身体及精神之能力至于最高之谓。”②“吾于伦理学上有二主张：一曰个人主义。一切之生活动作所以成全个人，一切之道德所以成全个人，表同情于他人，为他人谋幸福，非以为人，乃以为己。……一曰现实主义。”③这种“成全个人”既是自我实现也是为他人的实现。不同于西方源于黑格尔绝对精神的自我实现的思想学说，毛泽东的“自我实现”说带有儒家传统的“尽心”“完性”的道德意涵，强调人要通过认识“宇宙之真理”，用自觉的道德行为达到自我实现。为他人谋幸福，对他人表示同情，最终是为了实现自

① 中共中央文献研究室、中共湖南省委《毛泽东早期文稿》编辑组编：《毛泽东早期文稿（一九一二年六月——一九二〇年十一月）》，湖南人民出版社 2008 年版，第 212—213 页。

② 中共中央文献研究室、中共湖南省委《毛泽东早期文稿》编辑组编：《毛泽东早期文稿（一九一二年六月——一九二〇年十一月）》，湖南人民出版社 2008 年版，第 218 页。

③ 中共中央文献研究室、中共湖南省委《毛泽东早期文稿》编辑组编：《毛泽东早期文稿（一九一二年六月——一九二〇年十一月）》，湖南人民出版社 2008 年版，第 178—179 页。

我。毛泽东的精神个人主义把“小我”和“大我”,“实现自我”和“变化民质”统一起来,在自我和宇宙的关系、个人和国家社会的关系上,毛泽东都表达了带有辩证统一含义的思想。对于个体自觉的道德行为,毛泽东认为要用道德的高标准来要求自己,如果个体能够做到高标准,就能成为圣贤豪杰,有益于社会,把实现自我和变化民质、个性解放与救国救民统一起来。“圣贤豪杰之所以称,乃其精神及身体之能力发达最高之谓。此精神及身体之能力发达最高,乃人人应以为期向者也。谓圣贤豪杰独可为舍身拯人之事,而普通人可以不为,是谓圣贤豪杰之身心能力发达最高,而普通人不必如是也,岂为合于论理之言哉!”①可见,毛泽东的精神个人主义的内涵中渗透着他的道德理想主义精神,带有道德英雄主义的色彩。

毛泽东早年的精神个人主义中的自我实现,并非脱离现实主义的命题,而是主张在现实中实现自我。他说:“吾人务须致力于现实者。如一种行为,此客观妥当之实事,所当尽力遂行;一种思想,此主观妥当之实事,所当尽力实现。吾只对于吾主观客观之现实者负责,非吾主观客观之现实者,吾概不负责焉。既往吾不知,未来吾不知,以与吾个人之现实无关也。或谓人在历史中负有继往开来之责者,吾不信也。吾惟发展吾之一身,使吾内而思维、外而行事,皆达正鹄。……泡尔生谓人死而功业足以利后世,其生涯犹存于子孙国民之中,谓之不死可也。此只可为客观方面事实之描写,而决不可存于其人主观之中。吾人并非建功业以遗后世,此功业自有足以利后世之性质存于其中云尔。吾之不灭也,亦吾本有此不灭之性质具于吾之身中云尔。”②此时的青年毛泽东认为人的自我价值只有在现实中才可能得到实现。他还把思想和行动视为二分世界,强调自我实现动机的唯我性,排除了为名而自我实现,要在精神领

① 中共中央文献研究室、中共湖南省委《毛泽东早期文稿》编辑组编:《毛泽东早期文稿(一九一二年六月——一九二〇年十一月)》,湖南人民出版社 2008 年版,第 209—210 页。

② 中共中央文献研究室、中共湖南省委《毛泽东早期文稿》编辑组编:《毛泽东早期文稿(一九一二年六月——一九二〇年十一月)》,湖南人民出版社 2008 年版,第 179—181 页。

域中达到主客观的统一。

总之，在近代中国的思想大潮中，各个社会阶层都在日益深重的社会危机中寻求生存出路，进行精神救亡，毛泽东青年时期受到了西方功利主义思想的影响，也受到了德国古典哲学家康德的人是目的而不是手段的道德哲学的影响，在中国传统儒家文化的思想根基上，青年毛泽东也像五四时期的许多志士仁人和有识之士一样，力图借鉴西方思想，改造传统思想，反对封建主义，用精神个人主义代替封建专制主义。随着毛泽东在求学经历中掌握马克思主义理论的精髓，以及革命实践经验的积累，他逐渐形成了无产阶级的阶级人性论和革命功利主义价值观。

3. 阶级人性论

毛泽东在第一次去北京之时接触到了马克思主义，此后他建立起了对科学社会主义的信仰，对俄国十月革命和各国工人运动大加赞赏。五四运动爆发后，毛泽东在家乡湖南积极参与到爱国救亡运动中，此时他还不是一个完全的马克思主义者，还没有完成世界观的转变，当他对人类社会历史发展的规律有了马克思主义立场上的清晰认识之后，他的思想才真正实现了向马克思主义的质变。

在五四运动中，毛泽东运用阶级分析的方法解释社会关系，揭露和批判封建礼教对人性的戕害。他在马克思主义立场上探究中国革命的道路和方法，看到了当时中国社会中普遍的阶级对立。他认识到不同的阶级有着不同的利益，有着不同的道德观念，工人、农民这些被统治阶级与统治阶级在根本利益上的不同和冲突，使得他们的道德观念截然不同。他谴责官僚、政客、军阀等阶级的营私舞弊及剥削和压迫行径，这些旧中国统治阶级的道德是极端利己主义的，与此相反的是工人、农民等劳苦大众的阶级道德则是吃苦耐劳、利人、爱国等的道德品质。

五四运动之后，毛泽东用马克思主义的科学世界观观察和研究中国的现实问题,他把实现共产主义的远大理想目标和反帝反封建的民主革命任务结合起来,他的抽象人性论基础上的民族主义和爱国主义思想发生了根本的转变,发展成为无产阶级立场上的新民主主义的爱国主义和民族主义。毛泽东把中国人民的解放事业与无产阶级的国际主义结合在一起,他认识到中国无产阶级的解放不仅是本民族的解放,还与世界上的被压迫的国家、民族和人民紧密联系在一起,因此要以解放全人类为伟大目标。"中国问题本来是世界的问题,然从事中国改造不着眼及于世界改造,则所改造必为狭义,必妨碍世界。"①"激烈方法的共产主义,即所谓劳农主义,用阶级专政的方法,是可以预计效果的,故最宜采用。"②五四运动中及其后的毛泽东与学生时代相比,已经直观看到现实中不同的人有不同的道德观念,这些差异很大的道德观念与不同人群的社会地位有密切关系。

毛泽东在湖南积极组织驱除当地军阀张敬尧的活动,主张湖南自治。在活动中他起草了许多文章、宣言、文电和请愿书等,其中都揭露和批判了反动军阀的道德恶行。这一时期毛泽东对人性的认识和五四运动前有了很大不同。他曾经对于扼杀赵氏女的黑暗社会有猛烈的抨击,呼吁人们要有彻底的觉悟,试图通过对人的精神的改造来改变社会,虽然具有反封建的意义,但是没有超出抽象人性论的范畴。在反对湖南军阀张敬尧的运动中,他已经不再局限于这种抽象人性论从而呼吁个性解放了,而是上升到发动政治斗争的高度,认识到封建军阀等统治阶级的阶级本性。除非来一场彻底的革命,否则是不会改变的,不能对统治阶级抱有不切实际的劝其向善的愿望,这是毛泽东历经革命锤炼的马克思主义阶级论形成的重要节点。重要的是,毛泽东始终怀着深厚的爱国主义感情,忧国忧民,始终不断求索着民族解放的道路,终于不仅在理论上,而且在实践中,锤炼为一个马克思主义者。可见,世界观的转变不但是认识问题更是实践问题。

① 《毛泽东文集》第一卷,人民出版社 1993 年版,第 1 页。
② 《毛泽东文集》第一卷,人民出版社 1993 年版,第 2 页。

毛泽东在革命实践中继承和发展了马克思恩格斯列宁等人的阶级观点，并且在实践中用其分析中国社会的各阶级状况，剖析在此基础上的人性。马克思恩格斯在以物质资料生产为基础的社会实践的意义上剖析人的本质，指出人的本质是全部社会关系的总和。在资本主义社会中，资本主义私人占有制是经济基础，但是又存在着社会化大生产，在社会化大生产的基础上，现代工人阶级是这种生产力的基本力量，因此这种物质关系表现在社会关系方面，就是资产阶级与无产阶级的既对立又统一的矛盾关系，反映在社会生活的各个层面。在阶级社会中，物质生产关系在最基本的社会层面表现为阶级关系，这是决定人与人之间其他关系的最本质的社会关系。研究阶级和阶级关系以及阶级斗争，是考察阶级社会中具体的人性及其相互关系的基本方法。恩格斯曾经明确说明："每一历史时代主要的经济生产方式和交换方式以及必然由此产生的社会结构，是该时代政治的和精神的历史所赖以确立的基础，并且只有从这一基础出发，这一历史才能得到说明；因此人类的全部历史（从土地公有的原始氏族社会解体以来）都是阶级斗争的历史，即剥削阶级和被剥削阶级之间、统治阶级和被压迫阶级之间斗争的历史；这个阶级斗争的历史包括有一系列发展阶段，现在已经达到这样一个阶段，即被剥削被压迫的阶级（无产阶级），如果不同时使整个社会一劳永逸地摆脱一切剥削、压迫以及阶级差别和阶级斗争，就不能使自己从进行剥削和统治的那个阶级（资产阶级）的奴役下解放出来。"①因此，阶级观点和阶级分析方法，是剖析阶级社会的人性的钥匙。列宁曾经强调马克思主义者不应该离开分析阶级关系的正确立场，他曾经给阶级下了明确的定义，指出不同的人群依据在生产资料所有制中的不同经济地位而成为不同的阶级或阶层。

毛泽东在研究人的问题的时候，同样坚持了阶级分析这一指导性方法，他在《中国社会各阶级的分析》这部著作中，用这种方法分清敌友，团结朋友，打

① 《马克思恩格斯选集》第1卷，人民出版社2012年版，第385页。

击真正的敌人。他根据中国社会中各种不同的人群在经济关系中所处的地位,划分为地主阶级、买办阶级即官僚资产阶级、中产阶级即民族资产阶级、无产阶级、半无产阶级、小资产阶级等,并且具体分析了这些阶级不同的特征和政治态度,以及不同阶级的本质。毛泽东说:"我们要分辨真正的敌友,不可不将中国社会各阶级的经济地位及其对于革命的态度,作一个大概的分析。"①在此基础上,他剖析道:"一切勾结帝国主义的军阀、官僚、买办阶级、大地主阶级以及附属于他们的一部分反动知识界,是我们的敌人。工业无产阶级是我们革命的领导力量。一切半无产阶级,小资产阶级,是我们最接近的朋友。那动摇不定的中产阶级,其右翼可能是我们的敌人,其左翼可能是我们的朋友——但我们要时常提防他们,不要让他们扰乱了我们的阵线。"②依据经济关系和经济地位,毛泽东对中国社会各阶级内部的不同阶层进行了具体分析。资产阶级可以区分为大资产阶级和民族资产阶级,大资产阶级与帝国主义主义勾结在一起,甚至成为帝国主义的附庸,是与大地主阶级一样代表中国最落后最反动的生产关系,阻碍生产力的发展;民族资产阶级虽然也代表中国的中等规模的资本主义生产关系,但由于一方面受封建主义的束缚以及帝国主义和官僚资本的压迫;另一方面,又与帝国主义和封建主义势力有千丝万缕的联系,因此,民族资产阶级既有革命的要求又有妥协和动摇的特性,在其内部有左右之分,在大资本家和大地主阶级中也有上中下的分层。针对这些阶级的经济关系基础上的特性及其内部的不同特性,当时处于革命斗争中的中国共产党能够有区别地对待并制定出相应的路线方针和政策。

阶级性是阶级社会中人性的集中表现。但这并不否定人的个性的存在。虽然人的个性是受具体的阶级关系制约和决定的,但是由于个体的人在社会中的经历和实践经验不同,人们共同生活在作为社会整体的经济基础即生产关系总和之上,社会关系的总和也会有复杂性、层次性和丰富的内涵,社会成

① 《毛泽东选集》第一卷,人民出版社 1991 年版,第 3 页。

② 《毛泽东选集》第一卷,人民出版社 1991 年版,第 9 页。

员个体感受到的是局部的各种社会关系，因此会形成多种多样丰富多彩的个性特点。甚至这些不同的个性会与自身所处的阶级共性相冲突。因此，不能把人性完全归结为人的阶级性。那么，人类有没有共同的人性？不同的阶级其中的个人有没有共同的人性？

毛泽东并未否定人类的共同人性的存在。人类共性是指区别于动物性的一切正常人所普遍具有的特性。马克思曾在《关于费尔巴哈的提纲》中指出，“人的本质不是单个人所固有的抽象物，在其现实性上，它是一切社会关系的总和。”①人类的共性是人的社会性和实践性。马克思和恩格斯的经典论述告诉我们，人通过社会实践即物质生产实践改造自然和支配自然，通过人类的劳动实践活动形成了生产活动共同体，在共同体生存和发展的历史进程中，逐渐形成为维护共同体的各种风俗、习惯、法律等约束人类自身行为的规则，再通过社会性遗传映射在每一个社会成员身上，因此人类的许多个性和特性看起来是多种多样的，但是实际上都有着共同的实践基础，人类共同的特性也被称为人性。毛泽东在《实践论》中指出马克思主义在认识论方面是不能离开“实践活动”的，人们认识世界和改造世界具有能动性，人们经过“两个飞跃”，即感性认识到理性认识的能动飞跃和从理性认识到革命实践的能动飞跃，不断提高着人们的认识能力，最终能够达到真理性的认识。人类认识的能动性，反映了人类区别于动物的本质特性。

不同阶级的共性首先表现为人性内容的丰富性和层次性。因为社会关系除了阶级关系，还有从不同社会生活内容的角度划分的经济关系、政治关系、法律关系、思想关系、伦理关系、家庭关系、两性关系、亲属关系等，这些社会关系的丰富性决定了不同阶级的共性。其次，阶级关系中既有对立关系也有复杂的相互联系。阶级关系包括统治阶级与被统治阶级，剥削阶级与被剥削阶级，在剥削阶级之间，包括着大中小资本的剥削阶级之间相互的联系，在被剥

① 《马克思恩格斯文集》第1卷，人民出版社2009年版，第501页。

削阶级之间也存在相互联系相互依存的关系，两个对立的阶级之间也可能在共同的历史背景下产生共同的利益和要求。例如中国的大资产阶级和民族资产阶级中的左翼和右翼，在共同地抵抗日本帝国主义侵略方面有着共同的利益诉求，因此在抗战的历史大背景下，可以团结起来达成共识，彰显出人性的共同方面。毛泽东在提出"人民"和"敌人"这对范畴之后，还提出了"人民大众的人性"和"地主阶级资产阶级的人性"的概念，利益一致或基本一致的剥削阶级或被剥削阶级有共性，利益对立的剥削阶级和被剥削阶级在一定条件下也有人性方面的共性。最后由于社会意识形式的多种类型中，包括政治、法律、道德、科学、艺术、宗教、哲学等形式中，存在着社会意识的相对独立性，历史继承性在各种社会意识形式中相互作用并且相互影响和渗透，使得不同阶级虽然具有各自的阶级性，但是也存在着共性。同一民族在共同文化背景中，会具备稳定的共同的心理素质。

因此，尽管毛泽东在《在延安文艺座谈会上的讲话》中说："只有具体的人性，没有抽象的人性。在阶级社会里就是只有带着阶级性的人性，而没有什么超阶级的人性。"①这并不与人性的经济性及其阶级基础的基本原理相矛盾。这段话旨在否定抽象的人性，阶级社会中当然存在着不同阶级性的人性，这是具体的人性，如果脱离阶级斗争和民族斗争的现实，否认人性的阶级性，是完全错误的，是否定唯物辩证法。此外，强调阶级性并非只是肯定阶级性，人类的共性和不同阶级的共性都有人类这个同一主体，并非孤立存在的。人民大众的人性，也是人民内部各阶级的共性，是共性和个性的统一，人民内部各阶级身上的表现各不相同，工人、农民、小资产阶级各自带有不同的阶级基础上的性格和感情特征等。不能用阶级性代替个性，也不能用个性来否定阶级性，这是在历史唯物主义基础上理解现实的人的辩证法。

在现实生活中，理解阶级性与人的共性和个性的侧重点，要随着经济关系

① 《毛泽东选集》第三卷，人民出版社 1991 年版，第 870 页。

和历史条件的状况为转移和依据。我国是社会主义制度的国家,剥削阶级作为阶级整体已经被消灭,在新的历史时期,阶级斗争已经是很小范围内的矛盾,所以侧重点应该放在理解人的共性和个性的方面,要看到人民根本利益一致基础上的共性占绝大多数,更应该看到在这种共同利益基本一致基础上不同个性的追求和发展,随着我国中国特色社会主义制度的日益完善,我国经济社会发展越来越进步,社会主义新人的培养越来越成熟,体现丰富多彩个性的人民大众的共性建设将会使得中华民族越来越团结和富有活力,中华民族的文化复兴将是更加具有个性包容性的伟大复兴。

(二)为人民服务的经济伦理价值核心

1. 人民群众的本质特征

人民群众是历史实践的主体。毛泽东根据马克思主义唯物史观,在精辟论证人民群众之本质的基础上,形成了为人民服务的经济伦理价值核心。毛泽东认为人民群众是指一个国家在一定历史时期内,凡是促进社会进步的阶级、阶层和社会集团。其中那些从事生产活动、占人口绝大多数的劳动者,又总是人民群众的主体。在新民主主义革命时期,“工人、农民、独立劳动者、自由职业者、知识分子、民族资产阶级以及从地主阶级分裂出来的一部分开明绅士,这就是我们所说的人民大众。”①“在抗日战争时期,一切抗日的阶级、阶层和社会集团都属于人民的范围”,在解放战争时期,一切反对美帝国主义和它的走狗的“阶级、阶层和社会集团,都属于人民的范围”,“在建设社会主义的时期,一切赞成、拥护和参加社会主义建设事业的阶级、阶层和社会集团,都属于人民的范围”。② 从事物质资料生产劳动的人民群众,是生产力构成要素中的最为革命性的因素,是承担着推动生产力进步进而推动生产关系变革,最终

① 《毛泽东选集》第四卷,人民出版社 1991 年版,第 1313 页。

② 《毛泽东文集》第七卷,人民出版社 1999 年版,第 205 页。

推动社会革命任务的主体力量,因此,毛泽东认为群众是真正的英雄,历史是人民创造的,真理一经掌握群众,就成为解放群众并且推动历史前进的物质力量。

人民群众是历史的创造者。首先,人民群众的智慧和创造力是社会物质财富和精神财富创造的源泉。毛泽东认为社会的财富是工人、农民和劳动知识分子创造的。社会财富包括物质财富和精神财富。马克思曾经说:“任何一个民族,如果停止劳动,不用说一年,就是几个星期,也要灭亡。”[①]物质资料的生产是人类社会赖以存续的基础,这是人们进行其他一切活动的前提。任何时代和任何社会,都是通过人民群众的生产劳动活动实现社会存续和发展的。毛泽东曾经指出,在阶级社会中,各阶级成员由于不同的经济地位,以各种不同的方式,结成一定的生产关系,从事生产活动,没有劳动人民的物质生产活动,人类社会无法继续存在。同样,人民群众也是人类文明和精神财富的创造者。其一,人民群众的生产物质财富的活动为人类文明和精神财富的创造提供了物质基础。其二,人民群众的生产实践活动是精神产品创造的源泉,没有丰富多彩的生产和生活实践,就没有精神产品的素材和来源,精神生产就是无源之水和无本之木。在毛泽东看来,任何英雄豪杰,他的思想、意见、计划、办法,只能是客观世界的反映,其原材料或者半成品,只能来自人民群众的实践,或者自己的科学实验中,他的头脑只能作为一个加工工厂而起制成完成品的作用。而人脑制成的这种完成品,究竟合用不合用,正确不正确,还得交由人民群众去检验[②]。毛泽东在《延安文艺座谈会上的讲话》中说:“一切种类的文学艺术的源泉究竟是从何而来的呢? 作为观念形态的文艺作品,都是一定的社会生活在人类头脑中的反映的产物。革命的文艺,则是人民生活在革命作家头脑中的反映的产物。人民生活中本来存在着文学艺术原料的矿藏,这是自然形态的东西,是粗糙的东西,但也是最生动、最丰富、最基本的东西;在这点上说,它们使一切文学艺术相形见绌,它们是一切文学艺术的取之不尽、用之不竭的唯

① 《马克思恩格斯文集》第10卷,人民出版社2009年版,第289页。

② 参见丁晓平:《光荣梦想:毛泽东人生七日谈》,人民出版社2019年版,第249页。

一的源泉。这是唯一的源泉,因为只能有这样的源泉,此外不能有第二个源泉。"①人民群众的实践是文艺创作的源泉,这一原理对于包括文艺创作的精神生产都是适用的。当然也不能否认我们所继承的前人留下的精神财富在后人的精神生产中起到重要作用,但是从根本意义上说,生产和生活实践是唯一源泉的基本原理是必须被认识到的。其三,人民群众是优秀的精神产品和发明的直接创造者。虽然精神生产需要人类的文明成果作为手段,但是从直接生产实践中最初出现的成果是后续改进和发明的基础,劳动人民中可以产生出直接的发明创造家。我国最早的诗歌总集《诗经》中的"国风"部分中绝大多数作品都是民间口语诗歌,还有我国活字印刷术的最早发明者就是北宋的工匠毕昇,南宋的纺织技术革新家黄道婆就是一位劳动妇女,等等。总之,人民群众在生产和生活中诞生的智慧结晶,应该是精神生产之基础。

其次,人民群众是实现社会变革的决定力量。历史发展的总趋势是前进的,每前进一步都是通过人民群众的实践活动实现的,是人民通过革命斗争获得的结果。人民作为历史的主体,是历史运动"合力"的运动、变化和发展的主要承担者。恩格斯曾经指出:"历史是这样创造的:最终的结果总是从许多单个的意志的相互冲突中产生出来的,而其中每一个意志,又是由于许多特殊的生活条件,才成为它所成为的那样。这样就有无数互相交错的力量,有无数个力的平行四边形,由此就产生出一个合力,即历史结果,而这个结果又可以看做一个作为整体的、不自觉地和不自主地起着作用的力量的产物。因为任何一个人的愿望都会受到任何另一个人的妨碍,而最后出现的结果就是谁都没有希望过的事物。所以到目前为止的历史总是像一种自然过程一样地进行,而且实质上也是服从于同一运动规律的。"②

在所有的历史"合力"中,违背人民群众的诉求,逆历史潮流而动的要求,

---

① 《毛泽东选集》第三卷,人民出版社 1991 年版,第 860 页。
② 《马克思恩格斯选集》第 4 卷,人民出版社 2012 年版,第 605 页。

一定会遭到人民的反对,注定要失败。毛泽东曾经在谈到战争的胜败原因时指出,战争之所以会失败,一定是由于其非正义性,“决定战争胜败的是人民”①,人心向背是战争中经常起作用的因素。毛泽东在分析日本侵略中国的战争时,指出日本必然会战败,因为日本发动的战争是非正义的,但是由于我国与日本力量的悬殊,导致我国的抗日战争是持久战,但是结果一定是中国取得胜利。

在社会形态的更替中,人民群众的作用在于体现了社会基本矛盾运动规律。当社会基本矛盾运动发展到一定阶段,变革旧的生产关系,建立新的生产关系,就成为历史的要求。在阶级社会中,代表旧的生产关系的反动阶级决不甘心退出历史舞台,必然拼死反抗,只有通过人民群众的革命斗争,才能推翻反动统治阶级的政权,实现解放生产力的社会变革。在任何社会里,人民群众都是推动历史发展的真正主体,但是在不同社会制度条件下,人民群众的创造力发挥程度却并不相同,只有在好的社会制度下比如中国的社会主义制度条件下,人民群众的创造力才能得到更好的发挥。在社会主义制度下,人民群众作为历史的主体与国家的主人第一次真正统一起来,人民当家作主。由于社会主义制度下是生产资料公有制占主体地位,实行按劳分配制度与多种分配方式并存的分配制度,既能保证人民群众是社会财富的创造者,也能够保证人民群众最大程度地实现对社会财富的占有。作为人民当家作主的政府,我们的执政党和人民群众存在着密切的血肉联系,执政党来自群众,依靠群众,尊重群众的首创精神。总之,人民的主体地位得到真正体现。

在坚持人民的历史主体地位的同时,对于历史上的杰出和英雄人物的作用也是必须肯定的。杰出和英雄人物能够发挥引领历史前进的作用时,是因为他们的思想和行动符合历史发展的必然趋势,必然符合人民群众的诉求,所以才能够一呼百应得到人民群众的拥护,才能使社会变革取得成功。毛泽东

① 《毛泽东选集》第四卷,人民出版社 1991 年版,第 1195 页。

说:“只有领导骨干的积极性,而无广大群众的积极性相结合,便将成为少数人的空忙。但如果只有广大群众的积极性,而无有力的领导骨干去恰当地组织群众的积极性,则群众积极性既不可能持久,也不可能走向正确的方向和提到高级的程度。”①革命的杰出人物也是人民的代表,如果是与杰出人物所领导的群众运动事业的历史必然性联系起来,与他所凭借的那种社会运动以及支持他的全部社会力量联系起来,更会清楚地看到,是人民群众的吁求和呼唤培育了杰出人物,因此仍然是人民群众创造了历史,这是历史唯物主义的一元论。

最后,人民群众自身的解放是自己完成的。毛泽东在《关于正确处理人民内部矛盾的问题》中指出,“马克思主义者从来就认为无产阶级的事业只能依靠人民群众”②,理论一经掌握群众,就成为推动历史前进的物质力量,无产阶级推动的包括其自身的解放走的就是自我解放的道路。当然这是需要人民群众的自觉行动的,因此,列宁才会提出思想政治教育的“灌输论”,认为自发的群众斗争只能产生工联主义等容易蜕变为机会主义的行动。毛泽东在党的第七次全国代表大会上所作的闭幕词中指出:要夺取全国胜利,必须“要使先锋队觉悟,下定决心,不怕牺牲”③,“还必须使全国广大人民群众觉悟,甘心情愿和我们一起奋斗,去争取胜利”④。全中国人民大众就是“上帝”,只要感动了这个“上帝”,即只要人民大众觉悟起来和发动起来,就能推翻压在自己头上的“两座大山”,因此,他号召全党,“要教育人民认识真理,要动员人民起来为解放自己而斗争”⑤。毛泽东认为,经济和政治上的解放要依靠人民群众自己争取,思想上的解放只有人民群众自己才能实现,人民群众的历史实践主体地位决定了他们迟早会奋起去挣脱精神枷锁。尽管人民群众自己可以解放自

① 《毛泽东选集》第三卷,人民出版社 1991 年版,第 898 页。
② 《毛泽东文集》第七卷,人民出版社 1999 年版,第 211 页。
③ 《毛泽东选集》第三卷,人民出版社 1991 年版,第 1101 页。
④ 《毛泽东选集》第三卷,人民出版社 1991 年版,第 1101—1102 页。
⑤ 《毛泽东选集》第四卷,人民出版社 1991 年版,第 1322 页。

己，但是还是需要组织领导，也就是需要政党去引导，毛泽东说："人民的觉悟不是容易的，要去掉人民脑子中的错误思想，需要我们做很多切切实实的工作。"①"人民要解放，就把权力委托给能够代表他们的、能够忠实为他们办事的人，这就是我们共产党人。"②要把群众组织起来，不能放任自流，不能理解为不要党的领导，更不能因为党是代表人民群众利益的，就可以对人民采取强迫命令和贵族老爷式的态度。一切为群众的工作都要从群众需要出发，而不是从所谓良好的个人愿望出发，因此作为代表人民群众利益的政党，一定是密切联系群众的政党，才能敏锐地响应群众的需求，才能让群众接受自身的工作，否则就会流于形式而失败。"这里是两条原则：一条是群众的实际上的需要，而不是我们脑子里头幻想出来的需要；一条是群众的自愿，由群众自己下决心，而不是由我们代替群众下决心。"③因此，群众的利益诉求需要通过改革而实现的时候，必须调动群众的积极性投身于改革中，而不是脱离群众自说自话，代表人民群众利益的政党必须与人民群众保持紧密联系。

毛泽东经济伦理思想的价值核心原则，正是由人民群众的这些本质特点而决定的。毛泽东提出了"全心全意为人民服务"的全新命题，这是其经济伦理思想中最核心的一部分。毛泽东确立了全心全意为人民服务是中国共产党和军队的唯一宗旨这个价值原则，人民群众的利益是无产阶级政党的出发点和归宿。在中国共产党的三大作风中，密切联系群众是其中至关重要的一个优良作风，"从群众中来，到群众中去"就是其工作方法，由此形成的群众路线是中国共产党的根本路线。毛泽东在纪念为人民利益而牺牲的战士张思德的著名演讲《为人民服务》中，指出为了人民的利益而死重于泰山，彻底为人民的利益而工作，这也是中国共产党人区别于其他任何政党的显著标志，也是共产党员的出发点和归宿。

---

① 《毛泽东选集》第四卷，人民出版社 1991 年版，第 1131 页。
② 《毛泽东选集》第四卷，人民出版社 1991 年版，第 1128 页。
③ 《毛泽东选集》第三卷，人民出版社 1991 年版，第 1013 页。

2. 人民利益高于一切的价值标准

在革命和建设时期，在革命阶级和人民群众内部，总会出现根本利益一致基础上的个体利益和集体利益之间的差别和冲突。无产阶级政党如何处理人民利益和党派利益以及个人利益之间的关系，就成为无产阶级政党是否能够团结人民群众，取得革命和建设胜利的关键。

无产阶级政党的利益与人民利益根本一致。中国共产党自从诞生之日起，就是全国各族人民意志、利益和愿望的忠实代表和维护者。诚如毛泽东所言："共产党员在民众运动中，应该是民众的朋友，而不是民众的上司，是诲人不倦的教师，而不是官僚主义的政客。共产党员无论何时何地都不应以个人利益放在第一位，而应以个人利益服从于民族的和人民群众的利益。"①

我们党来自于人民、植根于人民、服务于人民，始终将人民利益看作自己的根本利益，用人民利益高于一切来规范和约束每个党员的言行举止。毛泽东多次强调："应该使每个同志明了，共产党人的一切言论行动，必须以合乎最广大人民群众的最大利益，为最广大人民群众所拥护为最高标准。"②同时，毛泽东指出，我们是以占全国人口百分之九十以上的最广大群众的目前利益和将来利益的统一为出发点的："我们共产党人区别于其他任何政党的又一个显著的标志，就是和最广大的人民群众取得最密切的联系。全心全意地为人民服务，一刻也不脱离群众；一切从人民的利益出发，而不是从个人或小集团的利益出发；向人民负责和向党的领导机关负责的一致性；这些就是我们的出发点。共产党人必须随时准备坚持真理，因为任何真理都是符合于人民利益的；共产党人必须随时准备修正错误，因为任何错误都是不符合于人民利益的。"③倘若不是为人民服务，为人民谋利益，党的一切工作就成了"无本之源"。

---

① 《毛泽东选集》第二卷，人民出版社 1991 年版，第 522 页。

② 《毛泽东选集》第三卷，人民出版社 1991 年版，第 1096 页。

③ 《毛泽东选集》第三卷，人民出版社 1991 年版，第 1094—1095 页。

在无产阶级政党产生之前，“过去的一切运动都是少数人的，或者为少数人谋利益的运动”①。与其他阶级的政党不同，中国共产党及其领导下的队伍，“不是为着少数人的或狭隘集团的私利，而是为着广大人民群众的利益，为着全民族的利益，而结合，而战斗的”②。不论是中国还是外国，古代还是现在，剥削阶级的生活都离不了老百姓。国民党也需要老百姓，也讲“爱民”。毛泽东指出他们讲“爱民”是为了剥削，为了从老百姓身上榨取东西，这同喂牛差不多。喂牛做什么？牛除耕田之外，还有一种用处，就是能挤奶。剥削阶级的“爱民”同爱牛差不多。毛泽东说：“我们不同，我们自己就是人民的一部分，我们的党是人民的代表，我们要使人民觉悟，使人民团结起来。在这个问题上，我们同国民党是对立的，一个要人民，一个脱离人民。”③无产阶级是人类历史上最先进的和最具革命性的阶级，以工人阶级为先锋队的无产阶级政党，是人类历史上最先进的阶级的利益代表，其最高的利益诉求和最高理想，就是消灭一切形式的私有制，消灭一切剥削阶级和阶级差别，建立社会主义并最终进入共产主义社会。这就决定了无产阶级代表的利益必然是全人类大多数人的利益，由此也就决定着无产阶级政党立党为公，执政为民，为最广大人民群众谋利益的客观必然性。

中国共产党来自于人民、植根于人民、服务于人民，始终将人民利益看作自己的根本利益，用人民利益高于一切来规范和约束每个党员的言行举止。正如毛泽东所言：“共产党是为民族、为人民谋利益的政党，它本身决无私利可图。它应该受人民的监督，而决不应该违背人民的意旨。它的党员应该站在民众之中，而决不应该站在民众之上。”④因为“共产党员是一种特别的人，他们完全不谋私利，而只为民族与人民求福利。他们生根于人民

① 《马克思恩格斯文集》第2卷，人民出版社2009年版，第42页。

② 《毛泽东选集》第三卷，人民出版社1991年版，第1039页。

③ 《毛泽东文集》第三卷，人民出版社1996年版，第57—58页。

④ 《毛泽东选集》第三卷，人民出版社1991年版，第809页。

之中，他们是人民的儿子，又是人民的教师，他们每时每刻地总是警戒着不要脱离群众，他们不论遇着何事，总是以群众的利益为考虑问题的出发点，因此他们就能获得广大人民群众的衷心拥护，这就是他们的事业必然获得胜利的根据。"①

毛泽东曾多次强调人民群众力量的重要性。他认为，"应该使每一个同志懂得，只要我们依靠人民，坚决地相信人民群众的创造力是无穷无尽的，因而信任人民，和人民打成一片，那就任何困难也能克服，任何敌人也不能压倒我们，而只会被我们所压倒"②，"人民，只有人民，才是创造世界历史的动力"③，所以"共产党人的一切言论行动，必须以合乎最广大人民群众的最大利益，为最广大人民群众所拥护为最高标准。"④共产党就是要奋斗，就是要全心全意为人民服务，不要半心半意或者三分之二的心三分之二的意为人民服务⑤。

从革命战争时期起，毛泽东就强调要时刻关心人民群众的切身利益，他认为："应该深刻地注意群众生活的问题，从土地、劳动问题，到柴米油盐问题……一切这些群众生活上的问题，都应该把它提到自己的议事日程上。应该讨论，应该决定，应该实行，应该检查。要使广大群众认识我们是代表他们的利益的，是和他们呼吸相通的。"⑥社会主义建设时期，他更是号召全国人民团结一致，为社会主义的伟大建设事业奋斗，为人民群众创造美好幸福的生活。

毛泽东从无产阶级政党工作的出发点和人的价值选择与利益追求层面上提出了人民利益至上的价值取向，从而为新型经济社会模式中的道德人格设计提供了一个深厚的价值基础。

---

① 《毛泽东文集》第三卷，人民出版社 1996 年版，第 47 页。
② 《毛泽东选集》第三卷，人民出版社 1991 年版，第 1096 页。
③ 《毛泽东选集》第三卷，人民出版社 1991 年版，第 1031 页。
④ 《毛泽东选集》第三卷，人民出版社 1991 年版，第 1096 页。
⑤ 《毛泽东文集》第七卷，人民出版社 1999 年版，第 285 页。
⑥ 《毛泽东选集》第一卷，人民出版社 1991 年版，第 138 页。

（三）革命功利主义的经济伦理义利观

无产阶级道德评价的最高标准是全心全意为人民服务，但是在不同的历史时期和不同历史时期的不同阶段，仍然需要更为具体化的衡量一切工作的道德评价的各个层面的道德规范，特别是在处理道义和功利的关系方面，需要结合最高的道德标准，形成指导具体工作的道德规则。义利关系的协调是其中非常重要的中心工作。毛泽东提出的革命功利主义原则就是其经济伦理思想中非常有特色的内容。他从中国共产党和人民军队的根本宗旨出发，在革命和建设实践中逐渐形成了革命功利主义思想，这是建立在符合广大人民群众根本利益思想基础上的"功利主义"，为人民大众谋利益的道德动机和对人民群众有益的结果是一致的。

功利一词在中西文化中都有各自的含义。功利主义在西方伦理学理论中是指专门的伦理学说，通常是指资产阶级的功利主义学说。其思想主旨是指个人利益是人类行为的基础，要求公众利益服从个人利益。功利主义（utilitarianism）是后果主义的伦理学理论，而且是以快乐与痛苦这种主观感觉作为道德评价的标准。它认为人的行为目的是追求最大善，是否达到最大善的判断则必须依靠此行为所涉及的每个个体之苦乐感觉的总和，其中每个个体的感觉都被视为具有相同份量，且快乐与痛苦是能够换算的，痛苦仅是"负的快乐"。功利主义与其他伦理学说不同，它不考虑一个人行为的动机与手段，仅考虑一个行为的结果对最大快乐值的影响。能增加最大快乐值的行为即是善；反之即为恶。英国功利主义思想的代表边沁和约翰·密尔（又译穆勒）都认为：人类的行为完全以快乐和痛苦为动机。密尔认为：人类行为的唯一目的是求得幸福和快乐，所以对幸福和快乐的促进就成为判断人的一切行为的标准。功利主义思想发展成熟并形成哲学思想体系是在 18 世纪末与 19 世纪初期，英国经济学家边沁和密尔对这种哲学思想体系的形成贡献巨大。资产阶级功利主义是资产阶级社会的伦理意识形态，其影响渗透在 19 世纪以来的资产阶级社会中的各个层面。在经济学、政治学、法律等这些社会上层建筑的重要领域有更加特别显著的影响力和重要性。在经济思想和经济政策领域，早期的功利主义者主张自由贸易、自由竞争，反对政府干涉。晚期的功利主义者的主张分为效果功利主义和规则功利主义两种经过修正的理论形式，虽然理论有所修正，但是在其基本精神上，以效用来衡量价值的核心思想并未改变。从广泛的意义来看功利主义，由于它在资产阶级社会中反映着资产阶级的阶级利益，因此功利主义对社会成员带来的影响是全面的，渗透到社会成员的日常生活的方方面面。

马克思恩格斯曾经深刻批判过资产阶级的功利主义思想，马克思形容英国功利主义的开创者边沁是资本主义辩护士的天才中的庸才。一方面，马克思恩格斯对功利主义产生的经济根源及其反对封建制度的进步意义进行了肯定，指出它揭示了资本主义经济关系的实质，“功利论至少有一个优点，即表明了社会的一切现存关系和经济基础之间的联系。”①另一方面，也指出了这种功利主义理论反映了资产阶级极端个人主义的虚伪性和欺骗性。已经完全变成为资产阶级统治辩护的理论工具。那么，如何从无产阶级的阶级立场来理解功利主义呢？列宁在这个问题上首先提出了自己的看法，他曾经在《青年团的任务》中提出无产阶级的道德是服从于无产阶级阶级斗争的利益的，“道德是为摧毁剥削者的旧社会、把全体劳动者团结到创立共产主义者新社会的无产阶级周围服务的”②，指明了共产主义道德的功利性在于为广大人民群众的根本利益服务。但此时列宁并未言明无产阶级的功利性这个概念。在这个问题上，毛泽东作出了独特的理论贡献。毛泽东不仅深刻揭示了功利主义的阶级性，而且肯定了无产阶级的功利主义，对无产阶级的功利主义进行了高度的赞扬，在理论和实践上丰富了马克思主义伦理思想。

事实上，如果从唯物辩证法基础上来剖析功利主义，可以看到功利主义在

① 《马克思恩格斯全集》第3卷，人民出版社1960年版，第484页。

② 《列宁全集》第39卷，人民出版社1986年版，第305页。

阶级社会一直存在,由于私有制在阶级社会中的广泛存在,建立在个人利益和集团利益基础上的功利主义思想,反映的是私有制基础上的追求最大利益的思想。毛泽东在马克思主义唯物史观基础上,剖析了功利主义的阶级实质,在延安文艺座谈会上的讲话中,他明确提出"我们的文学艺术都是为人民大众的"①,"一切革命的文学家艺术家只有联系群众,表现群众,把自己当作群众的忠实的代言人,他们的工作才有意义。"②毛泽东坦言:"我们的这种态度是不是功利主义的?唯物主义者并不一般地反对功利主义,但是反对封建阶级的、资产阶级、小资产阶级的功利主义,反对那种口头上反对功利主义、实际上抱着最自私最短视的功利主义的伪善者。"③

毛泽东提出的革命的功利主义,包括其阶级实质、内容和要实现的目标,是纲举目张的概括性反思。其一,世界上没有超阶级的功利主义,革命功利主义的本质也是阶级性的,剥削阶级的功利主义是自私的、短视的,是立足于个人主义价值观的。无产阶级的革命功利主义是人民的、大众的、注重长远利益的,是立足于集体主义价值观的。而且,剥削阶级与压迫阶级的功利主义与被剥削被压迫阶级的功利主义是对立的。其二,无产阶级的革命功利主义有诸多层次,例如个人功利、人民群众集体的功利,社会道德和风尚中的功利主义。其中,人民群众集体的功利是高层次的功利。毛泽东认为个人功利必须服从人民群众集体的功利。无产阶级为了人民的利益所追求的"真实利益"是直接的道德功利,是全心全意为人民服务的宗旨在政治、经济和文化上的体现。其三,坚持无产阶级的革命功利主义,最重要的就是维护人民群众的根本利益,在不同的岗位上,全心全意为人民服务。这是最高的道德目标。在现阶段,要以最高目标为指引,处理好个人利益与集体利益、局部利益与全局利益的相互关系。

① 《毛泽东选集》第三卷,人民出版社1991年版,第863页。
② 《毛泽东选集》第三卷,人民出版社1991年版,第864页。
③ 《毛泽东选集》第三卷,人民出版社1991年版,第864页。

译自“utility”的“功利”是在19世纪末20世纪初，由中国近代学者译介西方学术著作时翻译出来的中文概念，最经典的是严复在《天演论》中所用，指出“功利何足病”，“开明自营，于道义必不背也”①。可以看出，近代以来西学东渐的思想运动中，中国的近代启蒙学者是把“功利”思想作为冲击传统封建社会中重义轻利思想的思想工具的。功利是指追求利益结果的思想及行动，道义是指追求利益的动机及维护现存价值的思想及行动。因此，不可避免地把西方功利主义思想与中国的义利之辨的思想进行类比，视为解决同一类问题的理论。把西方的功利主义与道义论之间的争论，视为跟中国的义利之辨同样类似的争论。从思想争论所对应的实践问题来看，中国的“功利”的概念与西方功利主义的强调行为效果的意义是一致的，所不同的是，中国传统儒家思想中，把“功利”视为贬义的价值词，而西方功利主义的“功利”概念是不具有贬义意义的，而是具有中性，甚至是正向价值意义的。在现代社会中，“功利”一词更具有中性意义，被普遍认为是“利益”的另一种表达。毛泽东所讲的不同阶级的功利主义，实际上是指的不同阶级的利益追求。

中国传统伦理思想中的义利之辨是一个古老而又常谈常新的话题。中国古代重义轻利的思想对中国经济和社会的发展产生了深远的影响。毛泽东通过对传统道义论与功利论的改造、整合，建立了一种不同于以往任何一种功利论或者道义论的无产阶级功利主义，它是人民大众的功利论，是与革命道义论的统一，是对历史上功利论与道义论的超越。第一，在义利观问题上，毛泽东否定了中国传统文化中的重义轻利思想，他肯定了“利”的基础作用，认为利是义的基础，不存在超越利益的道德观念。1942年，毛泽东在讲解放区的经济问题与财政问题时讲过，“董仲舒们所谓‘正其谊不谋其利，明其道不计其功’这些唯心的骗人的腐话之毒，还没有去掉得干净”；“我们不能饿着肚子去‘正谊明道’，我们必须弄饭吃，我们必须注意经济工作。”②抗日战争时期，针

① 卢文昆选编：《严复文选》，上海远东出版社1996年版，第339页。

② 《毛泽东文集》第二卷，人民出版社1993年版，第465页。

对一些人对经济工作的轻视,他指出,“一切空话都是无用的,必须给人民以看得见的物质福利”①。同时毛泽东还注意把物质利益与思想道德观念相结合,认为只有在物质利益得到保证的情况下,人民的思想道德水平才能得到提高。在抗战时期,他说:“就目前陕甘宁边区的条件说来,就是组织人民、领导人民、帮助人民发展生产,增加他们的物质福利,并在这个基础上一步一步地提高他们的政治觉悟与文化程度。”②除此之外,毛泽东倡导通过道德教育培养人民群众的道德品质,以推动革命和建设事业,在革命战争年代,他号召学习白求恩和张思德精神,到了社会主义建设时期,又号召全国人民学习雷锋精神和铁人精神。

第二,毛泽东提倡从义利统一观出发,提出无产阶级功利主义,为广大人民群众谋利益。早在民主革命时期,毛泽东就在批判与超越资产阶级功利主义基础上,提出了“无产阶级革命功利主义”的著名观点。1942 年 5 月的《在延安文艺座谈会上的讲话》中,他就指出:“世界上没有什么超功利主义,在阶级社会里,不是这一阶级的功利主义,就是那一阶级的功利主义。我们是无产阶级的革命的功利主义者,我们是以占全人口百分之九十以上的最广大群众的目前利益和将来利益的统一为出发点的,所以我们是以最广和最远为目标的革命的功利主义者,而不是只看到局部和目前的狭隘的功利主义者。”③在毛泽东看来,追求无产阶级的根本利益和完整利益的功利主义,是基本的道德原则。不能抛开物质利益而只进行空洞的道德教育,而是要给人民带来实际利益、看得见的物质利益、满足人民群众的需求。毛泽东认为,我们第一位的工作就是要增加人民的物质利益,使人民群众丰衣足食、吃饱穿暖。以文艺作品为例,如果“某种作品,只为少数人所偏爱,而为多数人所不需要,甚至对多数人有害,硬要拿来上市,拿来向群众宣传,以求其个人的或狭隘集团的功利,

---

① 《毛泽东文集》第二卷,人民出版社 1993 年版,第 467 页。
② 《毛泽东文集》第二卷,人民出版社 1993 年版,第 467 页。
③ 《毛泽东选集》第三卷,人民出版社 1991 年版,第 864 页。

还要责备群众的功利主义，这就不但侮辱群众，也太无自知之明了。任何一种东西，必须能使人民群众得到真实的利益，才是好的东西。就算你的是'阳春白雪'吧，这暂时既然是少数人享用的东西，群众还是在那里唱'下里巴人'，那末，你不去提高它，只顾骂人，那就怎样骂也是空的。现在是'阳春白雪'和'下里巴人'统一的问题，是提高和普及统一的问题。不统一，任何专门家的最高级的艺术也不免成为最狭隘的功利主义；要说这也是清高，那只是自封为清高，群众是不会批准的。"①

第三，毛泽东所说的无产阶级功利主义，归根到底就是全心全意为人民服务。毛泽东认为，我们党全部工作的出发点，就是广大人民的利益，我们党行为动机的唯一标准，就是要符合人民群众的需求，可以说，毛泽东革命功利主义的内在要求就是全心全意为人民服务。他反对抛开物质利益谈道德，主张伦理道德必须服从和服务于人类全体幸福这个根本宗旨，革命道德最终就是为人民谋利益，满足人民群众的需要，只有从群众的需求出发，开展我们的工作，才算是真正的为群众谋利益。毛泽东认为，是否合乎最广大人民群众的最大利益，是否为最广大人民群众所拥护，才是共产党人一切言行的最高标准。因此，他把全心全意为人民服务、完全彻底地为人民谋福利、对人民负责任，看作是无产阶级最高的道德准则和道德要求。在毛泽东看来，即便是一个普通平凡之人，只要能切实做到了"毫无自私自利之心"，全心全意为人民服务，那他"就是一个高尚的人，一个纯粹的人，一个有道德的人，一个脱离了低级趣味的人，一个有益于人民的人"②。

第四，在动机和效果问题上，主张功利和道义的统一。毛泽东否定道义论离开物质空谈道德，也批判把道德立足于个人利益的狭隘性。他指出，道德是一种以社会物质利益为基础的精神现象，否定了其物质基础，道德就是一种空洞的抽象理性。同时，道德存在的利益基础，就是人类的共同利益。因此，毛

① 《毛泽东选集》第三卷，人民出版社 1991 年版，第 864—865 页。
② 《毛泽东选集》第二卷，人民出版社 1991 年版，第 660 页。

泽东的革命功利主义既体现了阶级性又体现了人类的共同性。它克服了历史上功利论和道义论的缺点，同时吸取了它们的长处，指出道义论不关心行为的效果，不计功利是片面的、错误的；功利论不考虑行为的动机、不考虑行为原则同样是片面的、错误的。他吸取了道义论注重行为动机、功利论注重行为效果的优点，提出评价行为善恶与否，既要看动机，也要看效果，要把动机与效果有机统一起来。毛泽东指出，“一个人做事只凭动机，不问效果”①，是不对的，他要求“真正的好心，必须顾及效果，总结经验，研究方法”②。在谈到判定文艺作品的标准时，他说，在“这里所说的好坏，究竟是看动机（主观愿望），还是看效果（社会实践）呢？唯心论者是强调动机否认效果的，机械唯物论者是强调效果否认动机的，我们和这两者相反，我们是辩证唯物主义的动机和效果的统一论者。为大众的动机和被大众欢迎的效果，是分不开的，必须使二者统一起来。为个人的和狭隘集团的动机是不好的，有为大众的动机但无被大众欢迎、对大众有益的效果，也是不好的”③。他认为，“检验一个作家的主观愿望即其动机是否正确，是否善良，不是看他的宣言，而是看他的行为在社会大众中产生的效果”，只有“社会实践及其效果是检验主观愿望或动机的标准”④。

（四）集体主义的经济伦理实践准则

毛泽东的集体主义经济伦理准则思想在毛泽东的革命生涯和领导社会主义建设的经济实践中，发挥着重要的价值导向和实践协调作用。如前所述，毛泽东的以人民为中心的无产阶级功利主义思想是他的集体主义经济伦理实践原则的思想基础。这种集体主义的主要精神在于：以最广大人民的最大利益为出发点，个人利益服从革命利益，在革命时期，党和群众的利

---

① 《毛泽东选集》第三卷，人民出版社 1991 年版，第 873 页。
② 《毛泽东选集》第三卷，人民出版社 1991 年版，第 874 页。
③ 《毛泽东选集》第三卷，人民出版社 1991 年版，第 868 页。
④ 《毛泽东选集》第三卷，人民出版社 1991 年版，第 868 页。

益比个人利益为重，在建设时期，以工作和他人的利益为重，等等。集体主义原则在毛泽东经济伦理思想，甚至整个毛泽东思想中，都具有不可忽视的重要地位。

无产阶级集体主义原则的思想起源于马克思恩格斯创立无产阶级革命学说的理论发展进程中。马克思恩格斯在《神圣家族》中曾经指出："既然正确理解的利益是整个道德的基础，那就必须使个别人的私人利益符合于全人类的利益。"①在《德意志意识形态》中，马克思恩格斯认为以私有制为基础的资本主义社会下的集体是"虚假的共同体"。这种共同体"是一个阶级反对另一个阶级的联合，因此对于被支配的阶级来说，它不仅是完全虚幻的共同体，而且是新的桎梏"；只有"在真正的共同体的条件下，各个人在自己的联合中并通过这种联合获得自己的自由"。② 他们还认为，"在这个共同体中各个人都是作为个人参加的。它是各个人的这样一种联合（自然是以当时发达的生产力为前提的），这种联合把个人的自由发展和运动的条件置于他们的控制之下"③。列宁曾经提倡"大家为一人，一人为大家"的原则，要把这个原则"渗透到群众的意识中去，渗透到他们的习惯中去，渗透到他们的生活常规中去。"④列宁所言的集体主义内涵是融合了集体与个人和谐关系的理想状态下的集体主义，这种集体主义既不需要牺牲个人利益来实现集体利益，也不会以集体之名损害个人利益。

在领导中国革命和建设的峥嵘岁月里，毛泽东进一步丰富和发展了马克思恩格斯列宁集体主义思想的内容，强调用集体主义思想来武装全党、教育人民，并且依据中国的革命和建设实际，在中国政治经济发展普遍不平衡的情况下，创造了处理集体利益和个人主义关系的具有中国特色的"兼顾"方法。毛

① 《马克思恩格斯全集》第2卷，人民出版社1957年版，第167页。
② 《马克思恩格斯文集》第1卷，人民出版社2009年版，第571页。
③ 《马克思恩格斯文集》第1卷，人民出版社2009年版，第573页。
④ 《列宁全集》第39卷，人民出版社1986年版，第100页。

泽东的集体主义思想体现在他的诸多阐述具体问题的著作篇章中，主要包括《抗日时期的经济问题和财政问题》《中国共产党在民族战争中的地位》《论联合政府》《整顿党的作风》《关于纠正党内的错误思想》《反对自由主义》《关于正确处理人民内部矛盾的问题》《论十大关系》等。

毛泽东的集体主义经济伦理原则集中体现在如何实现国家、集体、个人三者之间的利益兼顾。早在 1934 年，毛泽东就提出了要把眼前利益与长远利益结合起来，把革命利益与个人利益结合起来，从关心群众的生活出发，调动群众的革命积极性。土地革命和抗战时期，由于打土豪分田地，革命根据地实现了土地分配的均衡化，革命事业的持续得到广大人民群众特别是农民阶级的支持，这种支持不但是在兵员补充上，而且是在战备物资和军队供养上。群众的穿衣吃饭也是大问题，此时既要考虑到为了人民群众根本和整体利益的革命战争的需要，保障革命军队的供给，又要照顾群众生活，甚至在土地分配后群众能够改善生活，赋税的限度就很重要。毛泽东在抗战时期的文章中讲到如何在革命战争年代兼顾群众的经济利益时说："发展经济，保障供给，是我们的经济工作和财政工作的总方针。但是有许多同志，片面地看重了财政，不懂得整个经济的重要性……他们不知道财政政策的好坏固然足以影响经济，但是决定财政的却是经济。未有经济无基础而可以解决财政困难的，未有经济不发展而可以使财政充裕的。陕甘宁边区的财政问题，就是几万军队和工作人员的生活费和事业费的供给问题，也就是抗日经费的供给问题。这些经费，都是由人民的赋税及几万军队和工作人员自己的生产来解决的。如果不发展人民经济和公营经济，我们就只有束手待毙。财政困难，只有从切切实实的有效的经济发展上才能解决。忘记发展经济，忘记开辟财源，而企图从收缩必不可少的财政开支解决财政困难的保守观点，是不能解决任何问题的。"①因此，毛泽东认为发展经济的路线是正确的路线，"只有发展经济才能保障供

① 《毛泽东选集》第三卷，人民出版社 1991 年版，第 891—892 页。

给这一真理”，已被“明白无疑的历史事实”①给我们作了证明。因此，保证革命军队的后勤补给供应和群众生活的保障及改善都是必须要兼顾的。毛泽东反对两种错误认识：一是不顾革命战争的需要去强调政府要施行仁政，二是不顾人民困难，只顾政府和军队需要而向人民索取无度。他说：“有些同志不顾战争的需要，单纯地强调政府应施‘仁政’，这是错误的观点。因为抗日战争如果不胜利，所谓‘仁政’不过是施在日本帝国主义身上，于人民是不相干的……另外的错误观点，就是不顾人民困难，只顾政府和军队的需要，竭泽而渔，诛求无已。这是国民党的思想，我们决不能承袭。”②我们正确的原则应该是“发展经济，保障供给”，“在公私关系上，就是‘公私兼顾’，或叫‘军民兼顾’”③，这种“兼顾”原则，实际上就是正确处理国家、集体、个人三者的利益关系的原则。

新中国成立后，在调整生产关系过程中，国家、集体、个人三者之间的利益关系的冲突较为突出。特别是在我国开始进行大规模社会主义建设以后，由于工业积累的需要，在工业和农业及其他产业之间的利益分配比例，特别考验集体主义原则中的“兼顾”精神。为此，毛泽东强调要反对自私自利的资本主义的自发倾向，提倡以集体利益和个人利益相结合的原则为一切言论行动的标准的社会主义精神。“公私兼顾”“军民兼顾”的内容演变为国家、生产企业和个人三者利益兼顾的理论。毛泽东说：“国家和工厂、合作社的关系，工厂、合作社和生产者个人的关系，这两种关系都要处理好。为此，就不能只顾一头，必须兼顾国家、集体和个人三个方面，也就是我们过去常说的‘军民兼顾’、‘公私兼顾’。”④“国家和工厂，国家和工人，工厂和工人，国家和合作社，国家和农民，合作社和农民，都必须兼顾，不能只顾一头。无论只顾哪一头，都

① 《毛泽东选集》第三卷，人民出版社1991年版，第892—893页。

② 《毛泽东选集》第三卷，人民出版社1991年版，第894页。

③ 《毛泽东选集》第三卷，人民出版社1991年版，第894—895页。

④ 《毛泽东文集》第七卷，人民出版社1999年版，第28页。

是不利于社会主义，不利于无产阶级专政的。"①在社会主义改造完成后，尽管社会主义经济基础已经确立，但是还存在着经济基础与上层建筑之间的各种矛盾，反映在农业合作化问题、工商业者问题、知识分子问题、少数民族问题、百花齐放百家争鸣问题、与民主党派的关系问题、厉行节约反对浪费问题、中国工业化道路问题等方面，毛泽东从马克思主义立场阐明许多问题都与利益分配有关。他说："我们必须经常注意从生产问题和分配问题上处理上述矛盾。……在分配问题上，我们必须兼顾国家利益、集体利益和个人利益。对于国家的税收、合作社的积累、农民的个人收入这三方面的关系，必须处理适当，经常注意调节其中的矛盾。"②毛泽东认为在困难的情况下，要做到"统筹兼顾、适当安排"，必须从我国有六亿人口出发，"调动一切积极因素，团结一切可能团结的人，并且尽可能地将消极因素转变为积极因素，为建设社会主义社会这个伟大的事业服务。"③在一穷二白的基础上搞建设，必然面临着资源的分配均衡问题，在困难问题还很多的情况下，该如何协调矛盾？毛泽东说："又发展又困难，这就是矛盾。任何矛盾不但应当解决，也是完全可以解决的。我们的方针是统筹兼顾、适当安排。"④并且他特别强调要从"对全体人民的统筹兼顾这个观点出发"，站在人民的立场上做到统筹兼顾，可以防止片面强调集体利益而损害个人利益，也可以防止借口保护个人利益而损害国家和集体利益的自私自利的做法。

毛泽东的"统筹兼顾"的思想在其论述社会主义经济建设的思想中有更为具体的体现。他在《论十大关系》《国家预算要保证重点建设又要照顾人民生活》《经济建设是科学，要老老实实学习》《读苏联〈政治经济学教科书〉的谈话》等著作中，结合当时社会主义建设中出现的具体问题阐述了"三兼顾"思想。

---

① 《毛泽东文集》第七卷，人民出版社 1999 年版，第 30—31 页。
② 《毛泽东文集》第七卷，人民出版社 1999 年版，第 221 页。
③ 《毛泽东文集》第七卷，人民出版社 1999 年版，第 228 页。
④ 《毛泽东文集》第七卷，人民出版社 1999 年版，第 228 页。

第一，在生产发展计划中农、轻、重的比例关系必须处理好。毛泽东认为我们国家做的比苏联和东欧国家要好，我们要避免片面注重重工业而忽视农业和轻工业的现象，我国的国情使得我国要适当调整重工业和农业、轻工业的投资比例，更多地发展农业、轻工业，这样可以更好满足人们生活的需要，还可以更快地增加资金的积累，从而可以更多更好地发展重工业。毛泽东认为有两种办法发展重工业，一种是减少发展一些农业、轻工业，另一种是多发展一些农业、轻工业。“从长远观点来看，前一种办法会使重工业发展得少些和慢些，至少基础不那么稳固，几十年后算总账是划不来的。后一种办法会使重工业发展得多些和快些，而且由于保障了人民生活的需要，会使它发展的基础更加稳固。”①由于在第一个五年计划期间，贯彻了这个多发展一些农业轻工业的办法，所以在工农轻重比例关系上，保证了重工业的优先发展，又保证了生产生活资料的农业和轻工业的生产。

第二，在积累和消费的比例上要处理好人民的整体和长远利益与个人当前利益的关系。保持适当的积累和消费的比例，才能既保证老百姓生活水平在生产发展基础上的逐年改善，又能为工业建设的需要提供基础。个人消费基金的分配必须贯彻按劳分配原则，以适当的工资奖励制度保证向国家和集体提供较多劳动的个人，能从社会领取较多的劳动报酬，使得国家利益、企业利益和个人利益正确地结合起来。在农业合作社中，通过记工分，计件记分，三包一奖等分配制度，来反对平均主义和力图贯彻按劳分配制度。

第三，在经济管理和计划管理体制上，要做到使企业有相对的独立性，在生产经营方面有主动权，在企业盈利中具有一部分利益的支配权。在革命根据地时期通过没收和自建而形成的国营企业实行的是供给制。无产阶级夺取政权后采取了稳健的举措，允许有利于国计民生的私人资本主义经济和个体经济继续发展，从而促进了经济的快速恢复。新民主主义经济是中国共产党

① 《毛泽东文集》第七卷，人民出版社 1999 年版，第 25 页。

对中国发展道路作出的一次有益的探索。1949 年 9 月,“以公私兼顾、劳资两利、城乡互助、内外交流的政策,达到发展生产、繁荣经济之目的”被作为新中国新民主主义的经济建设的根本方针写进了《中国人民政治协商会议共同纲领》,要求“在国营经济领导之下,分工合作,各得其所,以促进整个社会经济的发展”。① 从解放战争后期开始,中国共产党就已经在一些地方没收和接管国民党政府的官僚资本和官营企业,涉及工业、交通运输、商业、金融等方方面面。数量庞大的官僚资本企业收归国有,连同在解放区公营经济基础上组建起来的国营金融体系和国营商贸体系,成为新中国国营经济体系的基础。此外还接收了苏联代管或租用的财产等,通过征用、转让等方式接收了其他一些外资企业。与此同时,政府还积极推动合作社经济的发展。所有这些举措都使得公私营企业的力量对比发生了快速的变化,国营经济占据了主导地位。伴随着社会主义改造的推进,我国于 1953 年开启了第一个五年计划,基本任务是要集中主要力量发展重工业,建立国家工业化和国防现代化的基础。社会主义改造重塑了农业经济主体、企业主体等经济主体组织,确立了计划经济体制,以适应推进国家实现工业化战略目标的要求。以 1953 年为起点,过渡时期总路线、第一个五年计划、粮食统购统销政策等都开始实施,构成了计划经济的有机整体。

新中国成立后,我国国营经济管理体制中的国营企业具有相对独立性,实行计划利润和超计划利润的分配制度,企业按照经营管理的业绩的优异程度,拥有不同的局部利益,能够把整体利益和局部利益正确地结合起来。在总体上贯彻了毛泽东三者兼顾的思想和理论,反映在经济发展效果上,促进了生产力的发展,显示了社会主义经济制度的优越性。但是,随着高度集中的计划经济体制的形成,对政府干预的过度倚重很快就带来了一系列问题,比如信息不充分导致计划的不尽合理,微观经济主体的积极性和主动性受到抑制,政府行

① 中共中央文献研究室:《建国以来重要文献选编》第一册,中央文献出版社 1992 年版,第 7 页。

政成本不断上升等，在“一五”计划的后期已经引起了领导者的思考和关注。在党的八大前后，党和国家领导人都有反省和力图改进的具体举措。

关于利益的支配权问题关系到集权和分权的关系。毛泽东在《论十大关系》中，对中央和地方的关系有专门的论述，指出“应当在巩固中央统一领导的前提下，扩大一点地方的权力，给地方更多的独立性，让地方办更多的事情”①，“我们不能像苏联那样，把什么都集中到中央，把地方卡得死死的，一点机动权也没有。”②在反思的基础上，1957 年陈云为国务院起草了《关于改进工业管理体制的规定》《关于改进商业管理体制的规定》《关于改进财政管理体制的规定》三个文件，经过国务院讨论通过和全国人大批准后正式公布，自 1958 年起实施。这三个文件包含着重要的关于国家和企业分权的指导思想。文件提出了适当扩大企业主管人员对企业内部的管理权限。在计划管理方面减少指令性的指标，对企业的利润，由国家和企业实行全额分成。适当扩大地方在工业、商业和财政管理方面的权限，增加了地方政府在物资分配、商品定价、财政收入支配、人事管理等许多方面的权利③。这些都是要通过调整集权和分权的关系来克服已经形成的计划经济运行机制导致权力过度集中的弊病，通过“放权”特别是财政管理方面的权力让渡，来调动经济主体和地方政府的积极性。1957 年这一系列改革经济管理体制文件的出台，体现的是老一代领导人特别是毛泽东的“三兼顾”思想，虽然此后又经历了诸多波折，但这些符合实事求是精神的做法为今后继续探索社会主义建设道路积累了宝贵经验。

毛泽东在 1959 年《读苏联〈政治经济学教科书〉的谈话》中，从批判的视角阐释了集体主义的基本涵义，他说：“我们要教育人民，不是为了个人，而是为了集体，为了后代，为了社会前途而努力奋斗。教科书对于为前途、为后代

---

① 《毛泽东文集》第七卷，人民出版社 1999 年版，第 31 页。

② 《毛泽东文集》第七卷，人民出版社 1999 年版，第 31 页。

③ 《陈云文选》第三卷，人民出版社 1995 年版，第 87—104 页。

总不强调,只强调个人物质利益。常常把物质利益的原则,一下子变成个人物质利益的原则,有一点偷天换日的味道。他们不讲全体人民的利益解决了,个人的利益也就解决了;他们所强调的个人物质利益,实际上是最近视的个人主义。这种倾向,是资本主义时期无产阶级队伍中的经济主义、工团主义在社会主义时期的表现。历史上许多资产阶级革命家英勇牺牲,他们也不是为个人的眼前利益,而是为他们这个阶级的利益,为这个阶级的后代的利益。"①"公是对私来说的,私是对公来说的。公和私是对立的统一,不能有公无私,也不能有私无公。我们历来讲公私兼顾,早就说过没有什么大公无私,又说过先公后私。个人是集体的一分子,集体利益增加了,个人利益也随着改善了。"②这些论述内蕴含着毛泽东关于无产阶级的集体主义经济伦理思想,是新中国成立之后毛泽东在社会主义建设的探索中形成的经济伦理思想。

在国家、集体和个人三方面利益的关系方面,毛泽东始终坚持唯物主义辩证法,阐述了"兼顾"这个中国特色的经济道德基本原则。毛泽东认为无产阶级的集体主义经济伦理思想的基本立场是:集体利益至上是无产阶级的集体主义经济伦理的基本点。毛泽东主张集体利益原则,强调全体人民的利益,某种意义上是集体利益至上、后代利益至上,要求这一代人要做出点自我牺牲;他把追求个人利益视为资产阶级的个人主义、利己主义伦理价值观。因此,他理解的物质利益原则不是指个人物质利益原则。当然,毛泽东并非绝对否定个人利益,而是肯定正当的物质利益应得到重视,强调先公后私,认为在集体利益增加的前提下,个人利益也会随之改善。在毛泽东的经济伦理视野中,集体主义经济伦理应该是人的现实精神,甚至是一种超拔的"全心全意为人民服务"的精神,无疑这与他作为第一代领导人的特殊经历密切相关。党和国家的第一代领导人是在艰苦奋斗、先人后己、为后代谋福祉的思想引领下,投入革命运动和领导社会主义建设事业的。

---

① 《毛泽东文集》第八卷,人民出版社 1999 年版,第 134 页。

② 《毛泽东文集》第八卷,人民出版社 1999 年版,第 134 页。

集体主义经济伦理观为新中国成立初期的经济建设和社会稳定发挥了重要作用。从革命战争到和平建设、从破旧到立新的历史性转变,给中国共产党提出了新挑战,如何领导全国人民建设富强民主文明的新中国是非常艰巨的历史使命。同时,这一历史使命的历史性转变,必然反映在人们的经济伦理观念上,必须解决人民群众在经济活动的伦理导向问题,克服新中国成立之后出现的享乐主义、极端个人主义、贪腐现象。毛泽东同志阐发的集体主义经济价值观解决了人民群众在利益取舍问题上的困惑,为新中国初期的经济活动确立了道德标准。在还不富裕的情况下,全社会形成了一种艰苦奋斗、乐于奉献的道德风气和路不拾遗的社会道德风貌。人民群众相继创造了"大庆精神""大寨精神""雷锋精神"等典型,集体主义经济伦理观深入人心。马克思恩格斯曾经在批判资产阶级价值观时指出,人们的道德观念是现实物质基础的反映,无论利己主义还是自我牺牲,都是一定条件下个人自我实现的一种必要形式。作为马克思主义革命家的列宁在社会主义建设实践中,提出"大家为一人,一人为大家"的经济伦理原则,也可以视为集体主义的通俗诠释,其实也就是"利益兼顾"原则。毛泽东赋予集体主义艰苦奋斗、乐于奉献、全心全意为人民服务的伦理内涵,发展和深化了马克思主义经济伦理思想,结合中国社会主义建设实际需要,使之成为具有鲜活生命力的经济伦理原则和经济活动指南。

综合观之,初步形成的中国马克思主义经济伦理思想内容丰富,内涵深刻,无论是在民主革命时期,还是社会主义革命和社会主义建设时期,其经济伦理思想都发挥了极为重要的积极作用。毛泽东经济伦理思想诞生和发展于新民主主义革命和社会主义建设时期,因此具有鲜明的时代特征。随着我国改革开放和社会主义市场经济机制的发展完善,社会生活特别是经济生活中出现了新的伦理道德观念,一方面是创新的思想观念在推动社会进步,另一方面是社会转型和观念改变带来了现实生活中的道德冲突,并且由于网络时代的发展而产生放大和扩散效应。面对现实生活中功利论和义务论、集体主义和个人主义、消费主义和节欲主义等价值观念的对立与统一，需要在确立社会主义核心价值观的基础上去伪存真，以中国特色社会主义经济伦理精神助推中国的现代化道路。在全面建设社会主义现代化国家新征程上，毛泽东经济伦理思想中的很多重大理论和观点，对于加快改革开放的步伐、开拓中国式现代化道路、实现中华民族伟大复兴仍然具有重大的理论和现实指导意义。

第一，必须始终坚持以经济建设为中心，加快改革开放的步伐，走有中国特色社会主义的发展道路。社会主义革命和建设的根本任务是解放和发展生产力。在革命战争年代，革命的根本目的是通过夺取政权，建立新的生产关系，实现生产力的解放。当新的生产关系建立后，就要围绕经济建设这个中心任务，来促进社会生产力的不断提高，从而创造出比资本主义和一切私有制社会更高的劳动生产率。这就要求我们要紧紧抓住经济建设这个中心不放。毛泽东对经济建设的重要性曾作过多方面的论述，尽管由于种种原因最终未能如愿，甚至走了一些弯路，但他重视经济建设的思想仍然具有重要的现实指导意义。

第二，社会主义现代化建设必须以满足人民群众的需要为基本前提和最终目的。当前，我国已经迈入中国特色社会主义新时代，我国社会的主要矛盾已经转化为人民日益增长的美好生活需要同不平衡不充分的发展之间的矛盾，但经济发展的根本最终还是为了实现人民的美好生活需求。在经济建设的义利观问题上，应当把国家利益、集体利益、个人利益有机地结合起来，做到“公私兼顾”，不能只顾眼前和局部利益，一切短视的行为，都是不可取的。只有一切从人民利益出发，以人民为中心，以改善和逐步提高人民的生活水平为基点，才能调动广大人民积极建设社会主义现代化的热情，实现中华民族的伟大复兴。

第三，必须继续坚持和发扬艰苦奋斗、勤俭节约的美德，反对贪污浪费。艰苦奋斗是中华民族的传统美德，中国人民历来就推崇艰苦勇敢、自强不息的民族精神。在革命战争年代，我们依靠艰苦奋斗、勤俭节约的美德，实现了民族独立和人民解放，实现了新民主主义革命的胜利，此后建立了社会主义制度。虽然我国的国民生产总值已经位居世界第二，但还是一个发展中的社会主义国家，同一些经济发达和技术先进国家相比，我国社会主义生产力发展水平仍然不够发达，区域、城乡差距仍然很明显，很多地方人民依然不够富裕，因此毛泽东一直所提倡的艰苦奋斗、勤俭节约的优良作风不能丢。在中国特色社会主义现代化建设的进程中，各行各业更应该继续发扬艰苦奋斗的优良作风，促进社会主义生产力的大力发展，促进教育、科学、文化等各项事业的发展，实现人民富强，民族兴盛、实现社会的协调发展、共享发展。特别是广大党员干部，更应廉洁奉公，反对贪污浪费，克服官僚主义，用共产党员和领导干部的模范作用，取信于民。

第四，必须坚持社会主义核心价值观，树立正确的消费理念。经济行为需要道德的规约，也需要进行合理的道德评价，人们按照一定的经济道德标准，通过社会舆论、内心信念和传统习惯等方式，对社会、他人和自己的经济行为做出是非善恶的评判。在道德的框架内，对经济行为进行正确评价，可以形成一种积极的舆论导向，促进人们在经济生活中具有正确的价值诉求，把握正确的方向。因此，在社会主义现代化的建设过程中，一方面，我们要弘扬社会主义核心价值观，积极塑造一批勇于开拓进取、遵守法纪法规、成绩显著的经济道德人格模范，充分发挥良好的示范效应，来引导广大人民群众，积极投身于社会主义现代化的建设中，争做社会主义经济建设和改革开放的先行者；另一方面，又要引导人们用正确的态度对待生活消费问题，提倡合理适度的消费观念，确立与社会经济发展水平、个人收入水平、社会风尚等相一致的合理的消费水平，正确处理好生产与消费之间的关系，避免盲目的高消费。

以毛泽东同志为主要代表的中国共产党人，在革命和建设实践基础上初步形成的经济伦理思想，是在吸收中国传统伦理思想、西方经济伦理思想以及马克思恩格斯经济伦理思想的基础上，结合中国革命和建设的实践产生的，其内容非常丰富，对新中国革命和建设起到过重大的作用，在新中国经济伦理思想史上具有极其重要的历史地位和意义,并且在今天仍具有持续的积极影响力。毛泽东经济伦理思想是中国马克思主义经济伦理思想发展史上的开拓和奠基,也是对世界经济伦理作出的伟大贡献。

三、中国马克思主义经济伦理思想的实践进展

在中国共产党领导中国革命和建设的实践进程中,除了毛泽东之外,还有多位杰出的领导人对中国革命道路中的经济问题研究,以及社会主义经济建设中的经验探索,作出了卓越的贡献。本章以刘少奇、陈云和邓子恢等杰出代表为例,阐述介绍他们的经济伦理思想。他们在实践中以实事求是的精神,创造性地提出和实践了许多符合当时当地情况的新思想、新方法和新举措,丰富了中国马克思主义经济伦理思想的理论思想宝库,为当代中国特色社会主义经济建设提供了思想借鉴。

(一)劳动经济伦理观的形成

新中国成立后,刘少奇在经济建设、政权建设、文化教育事业和外交工作等方面都有着不朽的功绩。刘少奇在经济建设方面形成的经济伦理思想是有特色的。新中国成立前夕,刘少奇受中共中央委托研究制订新中国的经济建设方针,在充分调查研究的基础上,刘少奇在 1948 年 9 月召开的中央政治局会议上作《论新民主主义的经济建设》的长篇发言,讲了新民主主义的经济成分、新民主主义社会的主要矛盾、发展合作社和由新民主主义向社会主义过渡等问题,第一次比较系统地提出了未来新中国经济建设的设想。毛泽东在会议结论中认为:“新民主主义和社会主义问题,少奇同志的提纲分析得具体,很好。两个阶段的过渡也讲得很好。”①他进而委托刘少奇:“至于经济成分的

① 《毛泽东文集》第五卷,人民出版社 1996 年版,第 145 页。

分析还要考虑，先由少奇同志考虑，并草拟文件，以便在召开二中全会时用。”①9月15日张闻天为东北局起草了《关于东北经济构成及经济建设基本方针的提纲》，并于9月30日上报中共中央。刘少奇在随后的两个月时间里，对张闻天写的提纲作了两次大修改，其中对新中国经济构成和经济建设基本方针作了更为准确、详尽的阐述。1948年底至1949年初，刘少奇又撰写了《关于新中国的经济建设方针》等党内报告，并在有关会议上讲话，更加明确、完整地阐述了新中国的经济建设方针，为1949年3月中共七届二中全会制定新中国经济建设方针作了理论准备。刘少奇关于新中国经济建设基本方针的要点是：全国解放后应实行新民主主义的经济政策；新民主主义经济由五种经济成分构成：国营经济、合作社经济、国家资本主义经济、私人资本主义经济、小商品经济；在整个新民主主义阶段，要使这五种经济成分都得到发展；新民主主义经济的特点是过渡时期的经济，国家争取用10—15年时间和平地消灭资产阶级，过渡到社会主义。刘少奇在一系列讲话、文稿中，对这些基本原则作了详尽的阐述。他的论述，对中国共产党的工作重心由乡村转入城市，对新中国成立初期的国民经济恢复工作，起了重要的指导作用。

1. 共产主义利益观

在革命时期，中国共产党面临的内外环境是极为艰难困苦的。在极端困难情况下，需要革命者付出极大的牺牲，甚至是自己的生命。共产党员必须具备这种牺牲精神，才能承担起革命任务，因此共产党员的修养就成为决定党的建设和巩固的重要因素。虽然共产党员在革命实践的锻炼中能够受到思想和认识上的锤炼和提高，但是仍然有些党员会因为胜利而昏头昏脑，进而放松对自身修养方面的要求，甚至走向官僚化和腐化堕落，完全失去革命性。无论是在艰苦的革命斗争中，还是在夺取政权后的和平建设中，共产党员都需要加强

① 《毛泽东文集》第五卷，人民出版社1996年版，第146页。

自我修养，特别是在对待各种利益关系时，站稳立场，坚定信仰，领导人民群众，与自身的非无产阶级意识，与一切腐化、堕落现象进行斗争。

刘少奇在《论共产党员的修养》中阐述了他的经济伦理核心原则就是共产主义利益关系原则，即"个人利益服从党的利益，地方党组织的利益服从全党的利益，局部的利益服从整体的利益，暂时的利益服从长远的利益，这是共产党员必须遵循的马克思列宁主义的原则。"①他说："共产党是无产阶级的政党，除开无产阶级解放的利益以外，共产党没有它自己特殊的利益。"②"无产阶级解放的利益同一切劳动人民解放的利益，同一切被压迫民族解放的利益，同全人类解放的利益，是一致的，分不开的。"③"无产阶级解放的利益，人类解放的利益，共产主义的利益，社会发展的利益，就是共产党的利益。党员个人的利益服从党的利益，也就是服从阶级解放和民族解放的、共产主义的、社会发展的利益。"④刘少奇确立的共产主义利益观即是"党的利益高于一切"，这是作为党员的思想和行动的最高原则。

无产阶级政党的纯洁性与共产主义事业的成败是紧密联系在一起的。刘少奇认为，共产主义事业是人类历史上空前伟大而艰难的事业，领导这个事业的无产阶级政党的纯洁性，需要党员在思想意识上的修养，就是"每个党员用无产阶级的思想意识去同自己的各种非无产阶级思想意识进行斗争；用共产主义的世界观去同自己的各种非共产主义的世界观进行斗争；用无产阶级的、人民的、党的利益高于一切的原则去同自己的个人主义思想进行斗争。"⑤要保持共产党员的修养是不容易的，要与各种非无产阶级意识、非共产主义的世界观，以及个人主义思想意识做斗争，途径就是通过学习、反省和自我检讨等修养方法。

---

① 《刘少奇选集》上卷，人民出版社 1981 年版，第 129 页。
② 《刘少奇选集》上卷，人民出版社 1981 年版，第 130 页。
③ 《刘少奇选集》上卷，人民出版社 1981 年版，第 130 页。
④ 《刘少奇选集》上卷，人民出版社 1981 年版，第 130 页。
⑤ 《刘少奇选集》上卷，人民出版社 1981 年版，第 121 页。

这种共产主义利益观，使得中国共产党能够成为全中国人民利益的杰出代表，才能在各种非无产阶级的、剥削阶级的旧的传统意识面前，抵制住各种诱惑，保持无产阶级政党的先进性。那么，是不是强调党的利益高于一切，就意味着个人利益可以完全忽略了呢？刘少奇首先说明了一个合格共产党员的标准，是不能够把自己个人利益放在党的利益前面的，党员应该首先想到党的整体利益，都要把党的利益摆在前面，把个人问题、个人利益摆在服从的地位。

在个人利益和党的利益不一致的时候该如何选择呢？这是每个党员必须面对的问题，刘少奇同志认为党员要能够毫不勉强地服从党的利益，牺牲个人利益。他强调："为了党的、无产阶级的、民族解放和人类解放的事业，能够毫不犹豫地牺牲个人利益，甚至牺牲自己的生命，这就是我们常说的'党性'或'党的观念'、'组织观念'的一种表现。"①对于各种各样的非无产阶级思想意识，刘少奇认为是由于长期的剥削阶级统治造成，"他们的长期统治，在人类社会中造成了长期存在的各种落后、愚昧、自私自利、尔虞我诈、互相损害、互相残杀等现象，给被剥削阶级的群众和社会中的人们带来了极坏的影响"②，反映在某些党员的观念上就是"人不为己，天诛地灭"，"人是自私的动物"，"世界上不会有大公无私的人，如果有，那也是傻瓜和蠢才"等剥削阶级观念。这种影响，即使在革命胜利之后，也会长期存在，因为要把在数千年来生活在阶级社会中受了各种旧习惯、旧传统影响的人类逐渐地改造过来，提高其文化程度和认识水平，乃至于成为具有大公无私精神的人，是非常艰难且长期的工作！

对于刘少奇提出的这种共产主义利益原则，一种看法认为是对党员个性的抹杀，是"驯服论"。对此他进行了反驳："这并不是说，在我们党内，不承认党员的个人利益，要抹煞党员的个人利益，要消灭党员的个性。党员总还有一部分私人的问题需要自己来处理，并且也还要根据他的个性和特长来发展他

① 《刘少奇选集》上卷，人民出版社1981年版，第131页。

② 《刘少奇选集》上卷，人民出版社1981年版，第124—125页。

自己。因此,党允许党员在不违背党的利益的范围内,去建立他个人的以至家庭的生活,去发展他个人的个性和特长。"①事实上,保障党员个人不可缺少的个人利益,例如生活条件、工作条件和教育条件,使党员能够更好地为党工作,这是维护党的整体利益的表现。因此,个人利益和党的整体利益不是截然分割的,而是相辅相成的。事实上,只要中国共产党是以民族解放和人民的解放为目的,加入其中的党员甘愿服从党的安排,全心全意为人民服务,党员也会获得真正意义的解放。总之,刘少奇提出的"党员个人利益必须服从党的集体利益"原则,对于今天端正党风、消除腐败、落实"四个自信"仍然具有重要现实意义。

2. 以群众利益为标准

刘少奇在革命时期长期领导工人进行经济斗争,他在多篇总结白区工人阶级运动的经验时,强调工人群众在斗争中要善于通过各种手段维护工人的经济利益,同时能够在严酷的斗争环境下保证工人群众自身的生命和安全,为革命工作保存有生力量。他指出:"中国工人阶级劳动条件之恶劣,是世界各国所没有的。因此,今后职工运动之方针,应加强各种经济争斗。工人在任何时候,都不能离开要求其经济上之利益。经济问题,工人在所必争。经济争斗之发展,即为中国职工运动之发展。"②

刘少奇总结在白区领导职工运动的经验时指出,要善于利用合法手段维护职工利益,在反革命势力强大的地方要善于积蓄工人阶级的力量。他说:"我党目前在中心城市与产业中心的工作任务,还是争取群众,争取工人阶级的大多数,积蓄工人阶级的雄厚力量,以准备将来决定胜负的斗争。"③"必须

① 《刘少奇选集》上卷,人民出版社 1981 年版,第 135 页。

② 《刘少奇选集》上卷,人民出版社 1981 年版,第 3 页。

③ 《刘少奇选集》上卷,人民出版社 1981 年版,第 34 页。

特别注意领导工人群众经济的政治的日常斗争。”①他同时指出，对于国民党的所谓“调解”和“仲裁”不要完全拒绝，只要能取得工人提出的具体要求的实现，就达到了斗争的目的，况且也能够使得工人群众更好地利用“合法”手段进行斗争，争取自身的利益。

刘少奇反对职工运动中的关门主义。这种关门主义，不善于利用国民党当局提供的一些合法手段为工人群众争取利益，比如国民党政府的《工厂法》和《工会法》，这些法律主要是国民党政府用来欺骗工人阶级的，即使如此，其中也不得不规定一些对于改善工人阶级现状有利的条文，例如在某种条件下允许工人组织工会与罢工，规定了十小时工作时间等，因此，刘少奇认为就可以利用这些有利于改善工人阶级现状的条文，来争取工人阶级群众的现实利益。但是如果我们对工厂法和工会法仅仅持有“绝对反对”的态度，用绝对化的口号引导职工运动，“要求实现苏维埃劳动法”，那就等于一事不做，这种做法是空洞的无效的。

此外，刘少奇还提出可以利用国民党政府在工人中推行的其他许多运动，来提出工人的要求，他说：“利用这些运动，一方面使国民党与资本家更难反对工人所提出的要求，更易于使工人的要求和斗争得到胜利。”②“我们要利用一切方法、一切公开的可能来广泛地联系与组织工人群众。……在没有组织的工人群众中，如果依照国民党工会法的程序（如立案等），我们能够在这些工人中公开地成立新的工会，那末，这种公开组织工会之可能的机会，我们无论如何不应该放弃。”③对于那种指责这种做法是机会主义的说法，刘少奇指出是错误的关门主义，如果工人运动能够利用黄色工会，来形成对这种工会组织的实际上的工人阶级领导，就能够巩固我们已经取得的阵地，实现工人更多的利益，并且培养大批的干部，当然在此过程中，刘少奇指出“要特别注意保

① 《刘少奇选集》上卷，人民出版社1981年版，第35页。
② 《刘少奇选集》上卷，人民出版社1981年版，第36页。
③ 《刘少奇选集》上卷，人民出版社1981年版，第37页。

存我们在群众中企业中的干部和领袖"①。"我们要加紧教育同志不论在如何复杂变化的环境下,不论使用何种灵活的策略去与反动派斗争,一分钟也不要忘记我们在工人运动中的基本纲领……同时,党的政治纪律性与警觉性应更加提高起来。这样,我们就能够克服各种右倾的错误。"②刘少奇以群众利益为标准的经济伦理思想是在严酷的白区斗争中形成的。面对比工人阶级力量强大得多的反动势力,如何保存自身实力,积蓄力量,等待时机,适时斗争,逐步巩固胜利成果,并最终在革命形势允许的情况下开展总决战,这些都需要在维护群众利益、保护好有生力量的基础上才能实现。

刘少奇把握住了无产阶级革命斗争的辩证法,在领导白区工人职工的革命斗争中,能够做到在最大程度上争取到工人阶级的自身利益,既反对极"左"的关门主义错误,又强调和贯彻党的政治纪律来防止出现右倾投降主义错误,这些都体现了他在长期严酷斗争中积累的高超的政治斗争智慧。

3. 以对生产有利为原则

随着新中国工业化进程的逐步开启,刘少奇阐述了国家工业化和人民生活水平提高的历史和现实关系。他认为要想让人民过上富裕和有文化的生活,就必须在巩固人民民主专政的基础上,利用各种条件,"来发展一切有益于人民的生产及其他经济事业"③。生产劳动是人民生活水平提高的基础,在现有的水平和基础上,提高每个劳动者的劳动生产率是可行的,人民群众摆脱了帝国主义和封建主义的剥削和压迫,生产劳动的热情和积极性空前高涨,十分有利于劳动生产率的提高。随着生产技术的进步和新的生产事业的出现,手工业和个体农业经过集体化后将改造成为具有近代机器设备的大生产,实现工业化和电气化。只有如此,才能形成强大的经济力量和国防力量。人民

① 《刘少奇选集》上卷,人民出版社 1981 年版,第 39 页。
② 《刘少奇选集》上卷,人民出版社 1981 年版,第 40 页。
③ 《刘少奇选集》下卷,人民出版社 1985 年版,第 3 页。

生活水平才能逐步提高。刘少奇说:“因为生产事业的发展,劳动生产率的提高,乃是全体人民一切物质福利和精神福利的基础。”[①]刘少奇的这个思想是建立在人民利益基础上的生产伦理思想。他认识到生产是更基本的,永远需要的。革命成功之后,必须进行大规模的经济建设改善人民的生活水平,如果做不到这一点,也不能说我们的革命已经胜利了。

刘少奇在工农业生产方面形成了有步骤、有计划、分层次、循序渐进发展的思想。他主张国家工业化要遵循一定的步骤。首先要恢复一切有益于人民的经济事业;其次要以主要的力量来发展农业和轻工业,同时建立一些必要的国防工业;最后要在已建立的重工业的基础上发展轻工业,助力农业生产机械化。他特别强调发展重工业,当然落脚点仍然在提高人民生活水平。在农业生产领域,刘少奇也主张组织农村合作社要分层次进行。刘少奇对农村供销合作社的组织目的等问题进行了创造性的阐述,他指出我们共产党和先进分子认真去组织合作社的目的,是代表人民群众长远的根本的利益的。[②] 在人民群众中有普通群众和先锋队共产党之间的差别,对于一般的群众而言,加入合作社是为了更好地把多余的产品推销出去,并且获得对再生产有利的购买高质量生产要素的价格,等等。但是合作社还有在经济上和政治上的重大作用,例如免除中间剥削,灌输集体主义思想,等等,一般群众是看不到的,这就需要共产党先锋队带领一般群众在组织合作社中加以引导,把一般群众的直接目的和合作社的根本和长远利益结合起来,分步骤、分层次、循序渐进地组织群众加入合作社。总而言之,各种举措都需要在维护人民群众根本利益的基础上,激发人民群众的生产积极性,发展生产,提高人民生活水平。

刘少奇是我们党内敢于批评与自我批评的理论家,在面对社会主义建设探索中的失误的时候,他善于寻找原因,剖析根源,提出举措,为总结实践经验作出了重要贡献。他指出在社会主义建设中之所以出现失误,首先在于经验

---

① 《刘少奇选集》下卷,人民出版社 1985 年版,第 4 页。
② 《刘少奇选集》下卷,人民出版社 1985 年版,第 102 页。

不够,虽然在第一个五年计划时期我们充分“利用了根据地经济工作的经验和对我们有用的苏联经验,很好地组织和恢复了我们国家的经济生活”①,并且“我们的干部在第一个五年计划时期一般地保持了实事求是和谦虚谨慎的作风。”②但是,由于骄傲自满,违反了实事求是和群众路线的传统作风,使得第二个五年计划时期出现了过多的失误。“大跃进”和“共产风”等都给经济建设工作带来了巨大损失,因此,他特别指出不要犯左的和右的错误,尤其是不要犯左的错误,要坚持实事求是,真正贯彻理论联系实际、密切联系群众、批评与自我批评的工作作风,真正为人民群众负责。刘少奇的这些思想都是老一代革命者和建设者为后人留下的宝贵思想资源,是中国马克思主义经济伦理思想体系中的重要内容。

(二)农村经济工作伦理观

中国马克思主义经济伦理思想的重要组成部分是党在革命和建设实践中做好农村经济工作中积累起来的经济伦理思想。在党的农村经济工作中,最有代表性的是曾经主政农村工作的邓子恢同志的杰出贡献。邓子恢同志是伟大的共产主义战士、忠诚的无产阶级革命家,为中国人民的解放事业、社会主义革命和建设事业作出了重大贡献。他从青年时期就投身革命,在大革命失败后的白色恐怖下,以惊人的毅力和胆识与张鼎丞等同志组织了闽西农民暴动,创建了闽西革命根据地。在各个历史时期,邓子恢同志都担负着党、政、军的重要职务。他善于把马克思主义普遍原理同他所领导的地区和部门的实际紧密结合,在根据地建设、武装斗争、军队政治工作、财经工作、土地改革和党的建设等方面的建树和开拓精神,曾得到党中央的高度评价。

邓子恢在农民运动和农村经济工作领域作出了卓越的贡献。新中国成立后,他主持中南局的工作,领导中南地区出色地完成了国民经济恢复和人民政

① 《刘少奇选集》下卷,人民出版社 1985 年版,第 423 页。

② 《刘少奇选集》下卷,人民出版社 1985 年版,第 423 页。

权巩固的艰巨任务。这一时期他在农村和群众工作方面的独特创造，受到了党中央的充分肯定，邓子恢被调任中央农村工作部部长，不久又担任国务院副总理，协助毛泽东同志领导农村工作，为探索我国社会主义农业的发展道路贡献了毕生精力。邓子恢始终贯彻党的实事求是原则和群众路线，在实际工作中提出了许多切合实际的举措。在土地革命战争时期，他提出“抽多补少，抽肥补瘦”的原则，抗战胜利后，他在华中解放区推行“中间不动两头平”的分地方针。在20世纪50年代指导农业合作化的运动中，他实事求是地提出要“从小农经济的现状出发”，也就是从中国农村贫穷落后的现状出发，坚定地实行党中央肯定的自愿互利、稳步前进的方针。在纠正人民公社化运动中出现的“左”的偏差时，他提出了一系列调整经营体制的意见，主张建立包括包产到户在内的多种形式的生产责任制。在当时出现的“左”的错误思想影响下，邓子恢依然以巨大的政治勇气继续坚持自己的正确主张，继续深入调查研究，从不考虑个人得失。王震同志曾经深情回忆说邓子恢非常了解农民，全心全意为农民着想，尊敬农民，对提高农民的政治水平和文化水平具有满腔热情的精神，非常令人敬佩①。邓子恢同志是建设有中国特色的社会主义农业的先行探索者。

1. 在农运中维护农民利益的思想

邓子恢在1956年回顾自己的革命生涯后写了《自传》一文，其中他总结各个革命阶段开展农民运动的经验，最根本的一条就是从农民利益出发。在民主革命阶段，发动农民起来革命的最终目标是摧毁封建土地制度，把土地分配给无地或少地的农民；同时，把农民组织起来，在中国共产党的领导下，建立代表自己利益的民主政权和工农武装，开展武装斗争，完成反对封建主义的民主革命的任务。邓子恢在发动和领导农民运动时，总是实事求是地从当地农

① 《回忆邓子恢》编辑委员会编：《回忆邓子恢》，人民出版社1996年版，第3页。

民运动的实际情况出发,制定出正确的革命方针。他在创建闽西革命根据地期间创造性地提出"抽多补少,抽肥补瘦"的土地分配方法,创办粮食调剂局以及各种农村合作经济组织,这些在福建是开天辟地的首创,在全国也有相当的影响。

在抗日战争与解放战争时期,邓子恢领导农民运动的思想和理论走向成熟,在减租减息政策的运用方面更是显示出他在农民土地问题上的娴熟实践,他根据形势与农民利益的不同要求,提出了"三七分租,分半给息"、"反霸"、"算旧账"和"退租退息"主张。他不仅参与了中央"五四指示"的制定,而且在执行过程中提出了"中间不动两头平"的土地分配原则,保证了解放区农民根据党的政策迅速地从地主阶级手里夺取土地,大大促进了解放战争的胜利进程。邓子恢的农民运动理论日臻成熟,在解放战争时期形成了"三个阶段论",就是"第一步发动剿匪反霸,以打击地主当权派;第二步全面推行减租退押运动;第三步才进到分配土地。"[①]在正确的政策指引下,邓子恢领导中南地区的土地改革运动,取得了巨大的成功。

(1)善于利用"合法手段"维护农民利益

邓子恢在初步投身革命的历史时期,就善于利用"合法手段"在严酷的斗争环境中维护农民的利益。我们党发动和领导农民运动是新民主主义革命中具有重要意义的基础性工作。这项工作的好坏和成败,决定了党领导的农村包围城市的革命道路是否能顺利地走下去。邓子恢善于根据实际情况发动和领导农民运动,特别擅长在实际斗争中维护农民的利益,也善于利用国民党的漏洞,组织农民利用当时合法斗争的手段为农民谋取利益。例如,1926 年国民党开始清党活动,当时福建"清党"后的国民党省党部有龙岩人在内,委派当时国民党的"左派"分子到龙岩重组县党部,邓子恢担任县党部秘书,负责工人运动与农民运动,当时四月"清党"后的白色恐怖刚被冲破,农民运动正

① 邓子恢:《邓子恢自述》,人民出版社 2007 年版,第 31 页。

在恢复。龙岩党的方针，是要乘此机会利用国民党县党部这个合法机关，公开开展农民运动，以实现“二五减租”，使农民得到实际利益，加强党在农民中的影响，建立党在农村中的阵地。因此为了便于公开活动，避免过早引起驻军干涉，邓子恢等没有公开提出反对陈国辉和“反捐税”的口号，而只提出“合理负担”的口号，即反对捐款按户口分摊，改为按田亩摊派，有些地方则由祖宗公产摊派。这个口号不仅得到了农民的拥护，也得到中小地主和商人的赞助。对土豪劣绅，邓子恢等人也采取了分化的方法，只提出了反对老派首领杜连茹的口号，而不公开反对新派首领郑丰稔，在农会组织上也采取了灵活的“个别发展扎根串连”的办法，实行双重组织形式，以积极分子组织的秘密农会为基础，发展成为公开农会。先在一个乡打下基础，再向四周发展，这是“波浪式发展”，同时派人到别区去做好一个乡，逐步发展，形成“跳跃式发展”，由此，形成了乡与乡、区和区之间的“由点到面、点面结合”的连成一片的群众运动的发展。由于党的方针和方法是实事求是的，所以全县的工作进展迅速，三分之二以上地区都组织了农会，有农会组织的地方都实现了“二五减租”和“合理负担”，农民第一次得到了实际利益，对党的干部很信任，打下了党在农民中的组织基础，这些都为地处闽西的龙岩的革命斗争能够长期坚持起了很大的作用①。

（2）善于深入群众听取群众意见，维护农民利益

正是邓子恢这种在革命困难时期想方设法立足于农民利益的革命斗争方法，才使得他后来在大革命失败后的革命工作中实事求是地提出了后来得到推广的“抽多补少、抽肥补瘦”的重要经验。1927 年大革命失败后，邓子恢转入秘密活动。他开始在龙岩秘密领导闽西的农民运动，1929 年 5 月至 6 月，邓子恢领导闽西军民举行闽西大暴动，积极配合红四军入闽作战，初步开辟了以上杭古田、龙岩大池、小池为中心区域的闽西革命根据地，建立了苏维埃，并

① 邓子恢：《邓子恢自述》，人民出版社 2007 年版，第 7—8 页。

亲任龙岩县革命委员会主席。7月,他在毛泽东的直接领导下,主持召开了中共闽西第一次代表大会,并为之起草政治议案,代表特委作了工作报告。大会通过了邓子恢领导制定的《土地问题决议案》。这是继《井冈山土地法》和《兴国土地法》之后的又一份土地革命纲领,对闽西苏区及全国土地革命运动产生了重要影响。在落实土地分配的土地革命实践中,他又发现这一议案存在只重视土地数量的平均,却忽视土地质量搭配的缺点,使贫雇农分得的土地多为瘦田,于是在1930年2月主持召开中共闽西特委第二次扩大会议时,他对土地政策又作了修改补充,提出"抽多补少"的原则,增加"抽出之田以肥瘠均匀为度,好田多者抽好田,坏田多者抽坏田"的规定,后来被归纳为"抽多补少、抽肥补瘦"的经验,在整个闽西地区乃至以后中国土地革命运动中加以推广应用。邓子恢后来在自传中回忆了形成这个经验的初衷,他说,"这个时候我对土地革命毫无经验,中央也未发布过什么土地纲领,省委也没有指示,我当时只懂得一个原则,就是要满足贫苦农民的经济要求,以达到争取群众大多数的目的"①,"这些办法现在看来基本上是合理的,与后来中央公布的土地法基本相同,当时大家也都满意。由此可见从群众中来的东西,就能到群众中去,而且大体上是合情合理的。以后闽西各县土改一般都按照这个办法进行,从此也可见不怕没有经验,只要依靠群众大家出主意,只要与群众商量,只要根据大多数群众意见加以总结,不要个人自作聪明,不要主观主义命令主义,任何事情都可以有办法,都可以克服困难。这是走群众路线的结果。"②邓子恢善于深入群众听取群众意见,这是他领导土地革命能够取得巨大成绩的根本方法,也是他能够克服左的错误的重要原因。大革命失败后党的各项工作转入农村,开辟新的革命道路,没有现成的经验可以遵循,因此,革命者善于深入群众、实事求是总结经验非常重要,邓子恢无疑是其中的佼佼者。

---

① 邓子恢:《邓子恢自述》,人民出版社2007年版,第10页。

② 邓子恢:《邓子恢自述》,人民出版社2007年版,第10页。

（3）在农民利益问题上反对“左倾”和“右倾”错误

邓子恢在大革命失败后深入农村开展工作，在农村实际工作中反对“左倾”教条主义，取得了很多成绩，为党的农村工作积累了宝贵的经验。他曾经在自述中总结了1931年前后在闽西和福建沿海工作时的经验，指出：“农民运动必须要有适合群众当前迫切要求的经济斗争，而这种斗争又往往急转直下很快转到武装斗争，因此，农民运动与游击战争两者必须密切结合。”①发动农民起来斗争必须在正确的立场上，邓子恢曾经回忆1930年6月间党中央执行“立三路线”的左倾错误造成的损失，当时闽西红军除了在军事上错误地犯了盲动主义导致军事上连续失败之外，在领导农民革命方面也犯了反富农政策的左倾错误，引起富农不满，中农动摇，反革命乘机活动，接着进入盲目肃反时期，导致1930年底在反革命进攻下龙岩城失守。邓子恢反思到当时对“中立富农”这个政策不明确，认识模糊，在反富农政策上犯了过左的错误。为此邓子恢反思道：“要注意统一战线，既善于中立富农，又善于分化地主，要善于利用流氓和一切可以利用的力量，而又不去依靠他们，不为他们所利用。”②在正确的政策决策基础上，尽管邓子恢在闽西农村开展的工作经常受到反革命的破坏，但是，一旦敌人退去，工作就马上恢复，发动群众的日常经济斗争起到了很好的巩固群众基础的作用。

此后，在1930年后的一年中，邓子恢又历任闽西特委书记、闽西苏维埃政府主席、红二十一军政委、闽西苏维埃政府经济部长等职，又于1932年7月到瑞金，并主管中央苏区的财经工作3年。他领导统一了苏区财政，建立了各种财政制度，如税收制度、会计制度、金库制度等，培养了一批财政干部；领导过粮食突击运动，制止粮价飞涨，开辟粮源调剂粮食，支持了红军在反对四次围剿和五次围剿的经费支出。这些工作不但推动了中央苏区的财经工作，还为新中国成立后开展经济工作奠定了良好基础。

---

① 邓子恢：《邓子恢自述》，人民出版社2007年版，第15页。
② 邓子恢：《邓子恢自述》，人民出版社2007年版，第16页。

邓子恢回顾自己在新中国成立前的工作经验，多次总结指出了领导农民土地革命的实践经验，在于实事求是把握大局，因地制宜，制定正确的引导农民积极参加革命的土地革命策略。抗战时期，邓子恢在皖南新四军里担任新四军二支队的军政治部主任，兼民运部长，同时兼任东南局的民运工作。国民党消极抗战，江南地区国民党不但无法有效组织民众抗战，还抽捐派款、收编土匪、压制民众。邓子恢等负责人提出就地组织游击队，收缴土匪武装，扩大兵员，设法征收税款，补充军费，这些主张却受到项英、袁国平的批评，说邓子恢是“人、枪、款”主义，是破坏统一战线的冒险政策，甚至不准发动农民的减租减息，以免吓到地主使自己孤立。实际上，这是执行抗战路线中的“右”的错误。直到皖南事变之后，新的军部在苏北盐城成立，邓子恢调到淮北工作，在淮北开展农民群众的减租减息运动，充分发动群众之后，进一步巩固抗日民主统一战线。

邓子恢认为开明士绅只有在农民群众充分发动以后才可靠，否则农民没有发动，地主阶级他们往往在敌人强大压力下就会妥协投降。在执行抗战路线中，也曾出现过“过火”行动，尤其是一到夏季就会发生农民群众要求算旧账直到解决土地问题的过火行动，此时必须进行纠偏，对开明士绅加强统战工作，以缓和紧张局势。邓子恢总结抗战时期的减租减息政策时指出，这形式上是经济斗争，实际上是政治斗争，必须把农民群众充分发动起来，经过农民的坚决斗争，才能真正维护抗日民主统一战线，这是敌后抗战工作多年的历史事实总结出来的实践经验。

“五四指示”之后，邓子恢回到淮北开始在华中解放区全面进行土改。根据当时革命形势的快速发展，土改的阶级路线是依靠贫农、团结中农、中立富农、消灭地主，对土地的没收分配是采取“中间不动，两头平”的方针，即对中农土地不动，而将地主、富农的土地同雇农、贫农按人口分，这个方针适应了抗战胜利后推进全国革命形势的需求，深得人心，激发了农民积极参加和支持推翻国民党反动统治的革命。实践证明，“五四指示”后土改存在不彻底的地方，群众情绪不高，军事行动取得的成效也不大。当然，在革命形势没有达到彻底土改的程度的时候，也需要随机应变。邓子恢随后在中原局和中南工作的时期灵活把握剿匪反霸、减租减息、分配土地等行动，有效地配合了革命形势，为取得解放战争的胜利作出了重要贡献。随着全国革命形势的发展，党中央安排邓子恢等领导干部研究城市工作和恢复商业，他克服了许多困难，取得了诸多成绩，为新中国的城市经济恢复和建设工作积累了丰富经验。

2. 经济建设中的经济自由思想

邓子恢在新中国成立前后对解放区的经济恢复工作有着实事求是的工作思路和见解。1948 年底，中原重镇开封解放，邓子恢率领中原局机关进驻开封，着手领导中原地区的城乡建设工作。1949 年到 1952 年，邓子恢领导华中局和中原临时人民政府撤离开封进驻汉口，开始领导中南地区经济恢复和建设工作。在这一时期，他领导过统一财经、稳定经济、剿匪反霸、退租退押、支援抗美援朝、土地改革、镇压反革命、“三反”“五反”运动，以及荆江分洪等多项政治工作和经济工作，同时他还领导和参与指导了文化、教育、妇女、拥军、对外友好往来等各项工作。

在国民经济恢复时期，邓子恢以重视商业为中心的经济伦理思想贯彻在他主管的中南地区的经济恢复工作中，取得了很好的实践效果。邓子恢强调城乡商业发展的公私兼顾和公私两利的方针。1949 年 6 月，他在开封为各界代表发表了《怎样走向经济繁荣的道路》的讲话，从搞好城乡关系、正确执行公私兼顾公私两利的方针、公平合理征营业税、工人与职员加强团结等几个方面就如何繁荣刚刚解放的城乡经济发表了见解。他针对当时资本主义工商业者怕群众批斗和没收财产的顾虑，详细阐释了党的公私兼顾、公私两利的方针，他指出，新民主主义经济中公营经济和私人经济同时存在，党与人民政府之所以保证私人资本之营业自由与合法权益，正是由于新民主主义社会需要他们。他说：“我们与资本家合作和公私兼顾的方针，并不是一时的策略利用,而是在新民主主义长期经济建设过程中不可动摇的基本政策。……要知道新民主主义社会里,既然需要资本家存在,就要允许资本家在一定方式下的正当营利行为。这是一种合法权益,人民政府要予以保障。如果有人随便侵犯这种合法权益与正当财产,人民政府就应加以制裁。这不仅是为了资本家利益,也正是为了人民大众的利益。"①"今天我们共产党人所要实行的并不是社会主义制度更不是共产主义制度,而是新民主主义制度。因此,不仅今天不要害怕共产,就是将来实现共产时也不必害怕。"②"资本家需要工人,工人也需要资本家。劳资两利政策,照顾了资本家,也正是照顾了劳动者,使资本家有利可图,积极发展生产,正是使工人有工可做,这是很浅显的道理。"③在公私兼顾和劳资两利方面,邓子恢提出在制定营业税方面,要做到:"一方面保证政府财源,另一方面便于商人营业。这也是根据公私兼顾的原则。"④讲到职工关系问题,他说:"职员是脑力劳动者,工人是体力劳动者,同是无产阶级,应该亲密团结,互相帮助,互相尊重。不能说职员是小资产阶级。"⑤邓子恢还提出了恢复和发展城市工商业必须首先做好商业工作和运输工作的观点,做好商业工作、保证货畅其流对生活就业、国家财政收入有积极影响。这些关于城市经济方面的如宏观管理、工业企业、商业流通、交通运输等方面的思想,都体现了邓子恢以生产力恢复和发展为中心的经济伦理思想,而这也为他后来从事农村工作所积累的农业合作社和生产责任制思想奠定了基础。

新中国成立前后,邓子恢在中南工作期间,曾经提出过新民主主义时期的经济建设在一定时期内以农村为中心,以商业为重点的思想。1949 年 9 月,邓子恢在华中区首次工商贸易会议上,提出要与私人资本合作,他说:"国家贸易部门完成自己任务的第三种力量,是要与私人资本合作。这是国家贸易

① 《邓子恢文集》,人民出版社 1996 年版,第 200—201 页。
② 《邓子恢文集》,人民出版社 1996 年版,第 201 页。
③ 《邓子恢文集》,人民出版社 1996 年版,第 202 页。
④ 《邓子恢文集》,人民出版社 1996 年版,第 203 页。
⑤ 《邓子恢文集》,人民出版社 1996 年版,第 203 页。

部门今天的工作重心所在。”①当月，他在华中区税务会议上讲话时又提出要发挥私人资本在新民主主义建设中的积极作用，限制其破坏作用，他说：“我们应该本着‘发展生产，繁荣经济’的方针，‘公私兼顾、劳资两利、城乡互助、内外交流’的四面八方政策，扶助城乡私人资本主义的恢复与发展，发挥私人资本在新民主主义建设中的积极作用。……而作为破坏因素来说，如果任其泛滥，不加限制，就要发展到有害于国计民生的前途。所以节制资本，这在新民主主义建设过程中是一个必不可少的重要政策。而在税收政策中适当限制私人资本，则是节制资本的重要方法之一。……而对一般私人资本与正当的工商业者，今天的任务不是限制，而是大力扶助其恢复与发展，解除其思想上顾虑，推动其从事商业活动的积极性。”②也就是说要发挥私人资本在新民主主义建设中的积极作用，限制其破坏作用。邓子恢几次提出的华中地区在解放初期一段时间内要以商业为重点的思想，在中央领导层中产生了不同意见，特别是邓子恢在武汉市党代会上的讲话，引起了不小的风波而且延续了很长时间，也为后面批判邓子恢的“四大自由”的说法埋下了伏笔。此后在社会主义改造时期，中央领导层由于对邓子恢的农业合作化速度思想有不同意见，特别是毛泽东把邓子恢的早前的关于商业贸易中的经济自由方面的说法归结为“四大自由”，又结合邓子恢在农业合作化问题上的做法，给予批判，使得邓子恢在1955年做了思想检讨。邓子恢在粉碎“四人帮”之后的拨乱反正时期得到平反。今天重新审视邓子恢在新中国成立初期提出的恢复商业的思想，可以看出他站在马克思主义立场上的实事求是精神和超前观点。但是，由于当时新中国刚成立，阶级斗争的意识在毛泽东等主要党和国家领导人的思想中还绷得很紧，因此，邓子恢提出的重视商业的经济自由思想被指为右倾，受到了批判。

---

① 《邓子恢文集》，人民出版社1996年版，第235页。

② 《邓子恢文集》，人民出版社1996年版，第212页。

邓子恢在新中国成立前夕提出的关于雇佣、借贷、租佃和贸易自由等的说法，是着眼于当时百废待兴局面下活跃商业交易等经济活动而提出的。邓子恢所提倡的经济自由是有条件的，并不是无条件的；是有限制的，并不是无限制的；是相对的，不是绝对的。他在中南局主持工作期间，为了不使人们对他的话产生误解，曾解释说，雇佣自由的口号可以提，但这个自由是有条件的。关于借贷自由，他说，"今天要提倡借贷自由，农民要借贷，国家没有这些钱去帮助农民完全解决困难，他就要借贷"，"允许借贷是否就是让高利贷泛滥发展呢？不！我们要提倡信贷合作。减少高利贷，直至最后消灭高利贷。单纯用行政命令，高利贷是禁止不了的"。关于租佃自由，他说："土地买卖和租佃的自由，土地法上规定了，今天还不能禁止，但这种自由的范围很小，实际上仅允许鳏寡孤独、烈军工属及没有劳动力从事耕种的人出租土地。""今天土地买卖是可以的，但是否让随便卖呢？不是的，我们要尽可能帮助农民克服困难，要从各方面帮助贫困农民，如贷款、互助合作等等，使他不卖地。"关于贸易自由问题，他说，商业买卖自由是禁止不了的，不让私人做买卖，国家要包也是包不了的。"如木材过去是完全控制的，只准卖给木材公司……完全自由通行，那也不行，还要经过一定的市场管理，所以贸易自由是有控制的。"①由此可见邓子恢在新中国成立前夕提出并实际推行，是基于对当时党的路线方针的理论认识和摆脱经济发展困境的现实需要。

新中国成立短短三年之内，根本扭转了国民党反动统治者留下的混乱局面，实现了政治、经济、社会的稳定，在各个方面都取得了超出预期的成绩。特别是 1952 年底，当新民主主义革命遗留的任务特别是土地改革彻底完成后，毛泽东逐渐改变原来认为的需要十到十五年才可以过渡到社会主义的思想。1953 年初开始，毛泽东逐步明晰和确定了过渡时期总路线。1953 年 6 月 15 日，毛泽东在中央政治局会议上正式提出了过渡时期的总路线和总任务。过

---

① 《邓子恢文集》，人民出版社 1996 年版，第 354 页。

渡时期总路线的基本内容：从中华人民共和国成立，到社会主义改造基本完成，这是一个过渡时期。党在这个过渡时期的总路线和总任务，是要在一个相当长的时期内，逐步实现国家的社会主义工业化，并逐步实现国家对农业、手工业和资本主义工商业的社会主义改造。这条总路线的主要内容被概括为“一化三改”。“一化”即社会主义工业化；“三改”即对个体农业、手工业和对资本主义工商业的社会主义改造。

正是在这样的大背景之下，1953年初，邓子恢担任刚成立的中共中央农村工作部部长。1953年4月23日，邓子恢在全国第一次农村工作会议上的总结报告《农村工作的基本任务和中心环节》中指出，“笼统提出‘四大自由’的口号是不妥当的，但关于雇佣、借贷、租佃和贸易四个问题则应有正确的处理”①，对过去笼统提出“四大自由”问题提出了更正，指出四个方面的认识都需要具体的条件，特别是对农民的借贷问题和租佃问题都需要用经济斗争和互助合作的方式对农民进行引导和帮助②。比起刚主持中南局工作时期的观点，邓子恢的思想已经有了很大的改变。

今天看来，邓子恢当时的主张，放到今天的经济发展大环境下，是应该能够得到认可的。但是，从他当时所处的新中国刚成立的情况来判断，在阶级斗争还存在局部和部分残余的历史时期，邓子恢的思想是超前的，因此遭到批判，反映了时代特点。通过反思这段历史，吸取历史经验，走好当下的经济建设和发展道路，应是今天我们反思历史的重要意义所在。

3. 推进农业社会主义改造及农业合作社的经济伦理思想

1953年初，邓子恢担任刚成立的中共中央农村工作部部长，9月又被任命为国务院副总理兼任国务院第七办公室主任，分管农林、水资源和气象工作。在1953年到1956年，他的工作主要是围绕如何在我国实现农业的社会主义

① 《邓子恢文集》，人民出版社1996年版，第353页。

② 《邓子恢文集》，人民出版社1996年版，第353—354页。

改造展开的。在推动农业合作社发展方面总结了实践经验，提出了诸多正确的理论和观点。邓子恢长期从事农村工作，在社会主义改造时期形成的关于农业合作社的正确思想蕴含着至今都可以借鉴的经济伦理思想。

农业合作化运动是在新中国成立后，党在过渡时期提出的改造我国农村旧的社会经济制度的一项伟大的生产关系变革的社会主义改造运动。毛泽东是这个决策的领导者和设计师，邓子恢是得力的执行者。在农业合作化运动的前期即1955年夏季以前，毛泽东和邓子恢关于农业合作化的思想是基本一致的，但是到了中后期即1955年夏季之后，二人的思想开始出现分歧并且最终难以协调，邓子恢受到了中央的批判，直至最后中央农工部被撤销。邓子恢常年在农村进行调研，提出了关于农村合作化的符合中国农村实际的政策。但是由于当时党中央对全国农村形势有不同的估计，特别是毛泽东在《关于农业合作化问题》的报告中强调："在全国农村中，新的社会主义群众运动的高潮就要到来。"①这个估计忽略了土改完成后农民的个体积极性被激发的一面，夸大了农民互助合作的积极性的一面，把个别地方合作化运动中的超前做法，视为农村开始掀起社会主义高潮的开端，把农村中的资本主义自发势力想象得过分严重，因此脱离实际，采取强制措施加速农业合作化的进程，试图通过人为改变生产关系而达到提高农业生产力的目的。此外，对农民的思想实际估计过高认识不够，毛泽东在农业合作化后期批判邓子恢领导的中央农工部在推进农民合作化进程方面是"小脚女人"，"右倾机会主义"等②，给基层干部增加很大的政治压力，只能采取强制入社的办法，农民不得不入社，人为促进合作化高潮，造成了不良后果。

无产阶级革命掌握政权之后如何实现对作为小私有者的农民阶级进行的社会主义改造，是历史性难题。时代前进到21世纪，回顾邓子恢和他主持的中共中央农村工作部，为党领导农村社会主义改造和社会主义建设作出了历

① 《毛泽东文集》第六卷，人民出版社1999年版，第418页。

② 《毛泽东文集》第六卷，人民出版社1999年版，第418页。

史性的贡献，特别是邓子恢在农业合作化进程中提出的正确主张蕴含着丰富经济伦理思想，为改革开放后的中国特色社会主义的农村经济体制改革提供了重要的思想借鉴。

（1）允许合作社中的农民个体生产自由

如何认识农民这个阶级的思想特点，如何正确对待农民的利益诉求，以及如何教育说服和帮助农民，正确处理农村内部人民之间的矛盾，尊重农民的民主权利等重要问题，不但对于农村、农民和农业的工作至关重要，而且对于社会主义建设事业来说也举足轻重。恩格斯在《法德农民问题》一文中曾经说："在所有的农民中，小农不仅一般说来对于西欧是最重要的农民，而且还给我们提供了解开整个问题的关键。只要我们搞清了我们对小农应有的态度，我们便有了确定我们对农村居民其他组成部分的态度的一切立足点。"①所谓小农，是指小块土地的所有者或租佃者，尤其是所有者。小农与现代无产者不同的地方就在于他还占有自己的劳动资料，所以是过去的生产方式的一种残余。恩格斯认为不能强求小农接受改造也就是说国家干预等手段，是基于在既有的生产力水平情况下，农民是小私有者，因此反映在其阶级意识上具有小私有观念，如果无法消除客观存在于农业劳动中的生产条件和生产关系，也无法彻底消除其私有观念。因此，恩格斯建议对待小农要尊重小农的生产意愿，工人阶级政党要团结小农，随着社会发展的进步而逐步改造小农。

小农由于建立在小私有制基础上，其直接利益和观念使得小农是务实的现实主义者，邓子恢清晰地看到了这一点，"从小农经济的现状出发"是邓子恢立足我国农村实际指导农村工作的重要思想。他指出："理论联系实际，小农经济是我国农村当前最基本的实际。"②立足于小农经济的实际，邓子恢对农民在合作化进程中的思想特点有着准确的剖析。只有根据小农的思想特点来制定政策，才能引导农民走社会主义道路，从而巩固工农联盟。

---

① 《马克思恩格斯选集》第4卷，人民出版社1995年版，第486页。

② 《回忆邓子恢》编辑委员会编：《回忆邓子恢》，人民出版社1996年版，第358页。

尊重农民的生产自主权。农民的本质是劳动者,是依靠自己的劳动谋生的,不是靠剥削别人为生,这就决定了农民走上社会主义道路是可能的,这是农民本质的主要方面。但是农民又是小私有者,又有自私自利的心理。“农民是小生产者,个体经济,因此养成了他单独经营的习惯。他自己单独经营很自由,早下地晚下地由他。他也有他的计划,有他的打算,但他是以自己家庭单位来打算的。”①农民的这种思想特点是他的生产经营方式决定的,不会轻易改变。因此,由于农民在社会主义建设中的这种思想特点和阶级地位及作用,所以要想正确对待农民,必须尊重农民的利益,尊重农民的自主权,才能调动起农民从事生产的积极性。邓子恢认为要用摆事实讲道理和说服教育的方法,落实党在农村的各项政策。由于农民中还分为富农、中农和贫农,在中农和贫农中还有上中下之分,因此农民中的各个阶层思想觉悟发展上有不同步性,邓子恢主张用榜样来示范、引导和教育农民,使农民加入合作社是真正出于自愿。

尊重农民的经济利益。我国的封建土地制度历史悠久,农民在这种制度统治下深受自然经济的影响,具有狭隘、自私、保守、落后等阶级弱点,往往注重眼前的局部利益,“……对他不利的事,那是不好办的”②。因此,一方面要教育农民具有整体观念,有长远眼光,提高其思想觉悟水平,另一方面要在推进农业合作化进程中,在国家和集体利益的前提下,满足农民的切身利益。邓子恢认为,中国农民的负担很重,在引导农民走社会主义道路的同时,也要减轻农民负担,为此就要正确处理国家同农民的关系、工业同农业的关系,尤其是正确处理国家积累和农民消费之间的关系,使之在满足国家扩大再生产需要的同时,也能提高农民的生产和生活水平。“农民不同于工人,工人靠工资为生,农民则靠集体所有制生存。如国家征购派购过重,而又未能等价交换,那不仅要影响农民扩大再生产,而且要影响农民的当前生活和简单再生产,这

① 《邓子恢文集》,人民出版社1996年版,第361页。

② 《邓子恢文集》,人民出版社1996年版,第363页。

对巩固集体所有制和工农联盟都是不利的。"[①]因此,邓子恢认为不能为了工业生产而牺牲农民利益。

用说服教育和调节经济利害关系相结合的方法来帮助农民走社会主义道路。用强制的办法让农民加入合作社虽然能一时取得成效,但是长远来看很难保证农民的思想不出现反复。"农民对于社会主义往往容易误解,怕吃亏,有顾虑。他单独经营惯了,集体经营怕搞不好。他文化程度低,脑子比较简单一些,不轻易相信人家的话,你说什么先进经验,他不轻易相信。过去作过农村工作的同志都知道,从大革命时期到内战、到抗战,说服农民是多难。本地人说服农民还容易,外地人更难。你说的头头是道,但他心里总要看看。……农民这个弱点是他的经济情况养成的。"[②]邓子恢认为认清农民的本质和弱点,目的是要有针对性地开展对他们的思想教育及说服教育工作。完全依靠农民自己提高政治认识的水平是不行的,农民不可能自己改造自己的思想,在说服教育的过程中必须尊重农民的意见和建议,坚持自愿原则,要耐心地等待农民觉悟,不能采取强制粗暴的态度,否则就会犯主观主义和官僚主义的错误。邓子恢提出要做好典型示范,发挥榜样的带动作用,用实际行动来证明合作化的优越性。"一、必须帮助贫困农民解决生产资料的困难,主要的是牲畜、农具、肥料、种子等困难。二、帮助农民减少自然灾害,如水灾、旱灾、虫灾等。三、帮助农民逐步改进生产技术,如耕作法、施肥法等。"[③]这些实际困难的解决,能够让说服教育更加令人信服,农民体会到了合作化的好处,经过说服教育和示范,农民真正弄清楚了合作社的性质和功能,必定会放下顾虑自觉自愿加入合作社。

当然仅仅靠说服教育也不行,还要结合农民的切身利益来改造农民。邓子恢提出:"仅仅说服教育也不行,必须要将原则教育与调节经济利害关系相

---

① 《邓子恢文集》,人民出版社 1996 年版,第 597 页。

② 《邓子恢文集》,人民出版社 1996 年版,第 361—362 页。

③ 《邓子恢文集》,人民出版社 1996 年版,第 342 页。

结合。一方面要说服教育；另一方面要照顾彼此利害，彼此有矛盾的时候，要顾此顾彼。”①可以看出，邓子恢始终坚持实事求是地正确处理农业合作化和农民切身利益维护的辩证关系，汲取了历史上苏俄等一些国家改造小农走社会主义道路的既往经验，做到眼前利益和长远利益的有机结合，巩固了工农联盟。

正确处理农村人民内部矛盾。大力推进合作社是农村生产关系的重大变动，必然导致农村各种社会矛盾的发生。毛泽东《关于正确处理人民内部矛盾的问题》中为解决农村工作中存在的矛盾特别是农业生产合作社内部所存在的矛盾，提供了指导。邓子恢认为农村社会中的矛盾有历史遗留下来的，也有新产生的，但是大多数都属于人民内部矛盾性质。邓子恢在第二次全国农村工作会议总结报告中指出，这些都是人民内部矛盾。邓子恢分析了农村内部矛盾的主要表现：“合作社内部有没有矛盾呢？矛盾也是有的。这表现在社与社员之间，社管理委员会与生产队之间，村与村、队与队之间，社员与社员之间，干部与群众之间。”②邓子恢逐个分析了这些不同层次的矛盾，指出所有这些矛盾最后都“集中表现到社干部与社员群众之间的矛盾上来”③。在分析矛盾并提出解决矛盾之方法的过程中，邓子恢分层次表述了他在处理各类矛盾中的关于利益协调的经济伦理思想。

整体利益和长远利益与个人利益和当前利益的协调。邓子恢主张在处理公社和社员之间的利益冲突时，在维护集体利益长远利益的前提下，适当照顾社员的个人利益和当前利益。虽然，由于公社干部和社员所处地位不同，考虑问题的出发点不同，因此会导致公社干部更多从合作社的整体利益和长远利益出发，社员则容易偏重个人利益和当前利益。“比如在收益分配上，社干部往往主张‘多扣少分’，而社员则要求‘少扣少分’；在经营副业上，社干部容易强调集中经营，而社员则强调分散经营；在自留地问题上，社干部多主张少留

① 《邓子恢文集》，人民出版社1996年版，第364页。
② 《邓子恢文集》，人民出版社1996年版，第474页。
③ 《邓子恢文集》，人民出版社1996年版，第487页。

甚至不留,而社员则要求多留。”①邓子恢提出了要使两者适当的方针,在处理的具体方法上,必须根据各个社各个时期的具体情况来灵活规定,不能过于机械,要达到统筹兼顾的目的。

明确公社与大队的经营管理分工,因地制宜地发挥生产队和社员的积极性和创造性。邓子恢认为,合作社实行统一经营集中领导,是社会主义的集体经济组织,而生产队是合作社组织管理生产的基本单位。如果合作社统得过细过死,在助长公社干部的官僚主义主观主义的同时,也会抑制生产队层面的积极性和主动性,对公社脱产干部的工分补贴还容易引起社员不满。解决这个矛盾主要是自上而下地建立和健全合作社的经营管理制度,实行“统一经营、分级管理、明确分工、个人负责”。邓子恢通过调研发现“三包制度”“两个指标”“产包到队,工包到组,田间管理包到户”“组包片,户包块,大活集体干,小活分开干”等制度,这些都是能够发挥队的能动性与积极性的制度。

在富村富队和穷村穷队之间协调贫富差距的原则不能采用压富济贫,而是采取在生产上帮扶的方法促进贫村贫队若干年后迎头赶上。如果把各队收入完全由社统一平均分配,必然使得富队减少了收入,穷队当然是欢喜,这样就会在队与队之间产生矛盾,闹分社退社就成为必然。邓子恢指出,首先要弄清这种贫富差异不是由于剥削而产生的,那么处理这些矛盾就应采取“双方兼顾”的原则,“在分配上,对富村富队的社员要保持较多的收入,在进行统一分配时,要照顾到富村富队的社员比过去不致减少收入,或少减一些不致吃大亏;对穷村穷队应该在平时生产上加以帮助,使之改善农田和水利设备,并逐年种植一些林木果树,以便能在一定时期内,生产赶上富村富队,在分配时对穷村穷队社员中的困难户也应该由社的公益金酌量加以照顾。”②邓子恢提出的这种双方兼顾的原则对于保护富裕村和富队的生产积极性有重要指导意

① 《邓子恢文集》,人民出版社1996年版,第475页。

② 《邓子恢文集》,人民出版社1996年版,第482页。

义,在当时农村生产力不发达的情况下,有利于维护公社的整体团结。这种引导大家逐步在若干年后赶上富村富队的做法,也是改革开放后先富共富理论的先行探索。

(2)倡导农业生产责任制

1956年至1959年间,邓子恢在如何巩固农业合作社问题的著述中,逐步提出了分层包干的农业生产责任制的思想。直至1962年,邓子恢在反思人民公社、总路线问题时再次提出要建立严格的生产责任制和对包产到户的看法。

邓子恢在全国第一次农村工作会议上的总结报告中曾经指出:“我们党的任务在于领导农民走新的道路,走组织起来的道路,走互助合作共同上升大家富裕的道路。”因此在过渡时期要把农民和农业生产以互助合作的方式组织起来。互助合作过程中为集体化准备了条件,他特别强调了在这种互助合作基础上可以改造小农、培养小农作为社会主义劳动者的思想,他说:“生产的困难解决了。生产提高一步,并逐步给农民以集体主义的教育,逐步培养起集体劳动的新思想、新道德、新习惯,这就为将来集体化准备了条件。没有这一条,将来的集体化是很困难的。”①党中央在1951年就指出,农民在集体经济中的积极性有两个方面,一方面是个体积极性,另一方面是劳动互助的积极性。但是在实际工作中,只注重劳动互助的积极性,而忽略了农民个体的积极性。在集体经济中,农民个体的积极性需要在责任制中被激发。在20世纪50年代,我国生产力落后,农业互助合作是一些简单的合作,在抵御自然灾害、兴修水利、改良土壤等方面取得了显著的成绩,但是如果要是在几十户或者几百户的公社中,进行统一经营和管理,就会出现管理只记工分而忽略生产质量的现象,农田集体耕作,社员只管出勤,记工分而缺乏责任观念,无视经济效益,所以社员干活时“磨洋工”的多。邓子恢在1954年的全国第二次农村工作会议报告中指出,必须把分工和劳动组织搞好,建立责任制。只有把合作社集体利

① 《邓子恢文集》,人民出版社1996年版,第343页。

益和社员的个体利益正确统一起来，才能使国家、个人双方获利。集体经济如果不建立严格的生产责任制，就会出现无人负责、经营管理混乱的现象。

社会主义改造的农业合作化进程前几年，在取得成绩的同时也经过了曲折的过程，在局部地区和某些时间内一度滋长了盲目乐观、简单从事、不按政策办事的倾向。由于没有发布过像样的章程，助长了某些地方的强迫命令和政策混乱的错误，这种情况和粮食工作、农村私商改造等工作中所引起的紧张情绪凑在一起，一定程度上影响到工农关系和合作社此后的发展。邓子恢指出要紧紧依靠群众，在合作化运动中依靠贫农去团结中农，但是中农跟贫农相比，更难以接受吃亏，所以必须公平合理摊派，在处理合作社的社员经济利益问题上，一定要公平合理，彼此互利，只有公平互利，合作社巩固了，合作化运动发展了，才是贫农的最大利益。因此，1955 年 5 月 6 日邓子恢在全国第三次农村工作会议上所做的《目前合作化运动情况的分析与今后》报告中，提出要发展一段，巩固一段，少数的省和县要适当的收缩①。他这方面的思想和主张具体包括如下几个方面。

在巩固高级社的生产关系中实行包工包产。这是邓子恢第二次提出生产责任制的开始。在高级社这种集体经济中实行生产责任制可以调动农民的积极性和主动性，能够通过这种责任制把国家利益、集体利益和农民个人利益正确地结合起来。在大办合作社初期，出现了闹退社的风波，进行适当调整就是必然。1956 年 4 月 2 日，邓子恢在全国农村工作部长会议上的讲话中，强调要巩固现有社，稳定新的生产关系。巩固已有合作社的生产关系，大力提高生产，保证增产增收，这是巩固合作社的物质基础。为此，除了勤俭办社和紧紧依靠群众，还要“把劳动定额、包工包产搞好，包工包产势在必行，高级社没有包工包产不行，无论如何不行，我想南方北方都要搞包工包产。”②在党的八大前后，邓子恢通过调研发现高级社存在经营管理体制上过于集中统一的问题，

① 《邓子恢文集》，人民出版社 1996 年版，第 408—413 页。

② 《邓子恢文集》，人民出版社 1996 年版，第 445 页。

特别是由于对牲畜、大型农具等生产资料的管理过于集中而造成的权责不明，导致大量牲畜死亡和农具损坏，这表明高级社实行统一经营和集体劳动与农业生产的分散以及手工劳动等需要高度责任心的特点是存在极大矛盾的。邓子恢等同志分别在1956年5月的全国先进生产者代表会议、6月的第一届全国人民代表大会第三次会议上和同期发表的《巩固和提高农业生产合作社的几个重要问题》一文中，开始使用“生产责任制”的概念，这是比包工包产更高一层的概念，是对中国特色的农村社会主义合作和经济发展道路的新探索。

尊重农民的首创精神。这是邓子恢在实际调查研究中始终坚持贯彻的经济伦理精神。1956年10月至12月，邓子恢深入实际，带领工作组在河南、湖北、江西、福建、广东等地开展农村调研，又在10月中旬返回家乡福建龙岩县开展调研。他看到了由于高级社发展过快造成的经营管理跟不上，农民闹退社的矛盾。但是他也看到了江苏、安徽、浙江等地在1956年冬季至1957年春季创造的以“包”为特点的管理体制。1957年5月，他在中央党校做了关于农业工作问题的报告，9月在全国第四次农村工作会议上报告，11月在中共中央扩大的八届三中全会上发言，提出了“统一经营、分级管理、明确分工、个人负责”的合作社管理上的新体制。1957年后，邓子恢因为患了一场大病不得不停止工作，但仍然关注着生产责任制的实行。1959年4月，他在全国二届一次人大会议上的发言中，针对1958年人民公社化后取消生产责任制的情况，强调在人民公社中，要做到“合理分工，权责分明，分级管理，分级核算”①。1959年10月在对农业社会主义改造全面总结的纪念文章中，他又将建立和健全“分层包干的生产责任制”作为高级社优越性得以发挥的重要条件加以肯定。1961年春，安徽实行“包产到队，定产到田，责任到人”的责任制，这对于提高农业产量和调动农民的生产积极性都起到了很大的促进作用。邓子恢

① 《邓子恢传》编辑委员会：《邓子恢传》，人民出版社1996年版，第530页。

派人去考察后得知农民对这种包产到户的责任制衷心拥护。他说:“在这个问题上,我的思想也有一个过程,原来对包产到户是不赞成的。后来看了一些有关包产到户的材料,听了一些干部的反映,部里派了几个工作组去安徽回来汇报,说安徽有些地方‘责任田’‘五统一’统起来了,大农活统一干,小农活包到户。我认为,决定关键是大农活统一干,只要有‘四条界限’就不能说是单干。”①实践反复说明,单纯依靠行政命令改造小农经济,造成的后果是对原本就落后的农业生产力的更为严重的损害。邓子恢在长期和不断调查研究的基础上,真正尊重农民在实践中提出的包产到户责任制的做法,真实地向中央反映实际情况,提出合理建议,消除人民公社化运动的消极影响,对我国的农业社会主义改造作出了创造性的理论和实践贡献。

用生产责任制激发全体社员的生产积极性和和创造性。这是邓子恢关于农业生产的经济伦理思想的内核。在长期实践调研的基础上,邓子恢提出了以“包”为特点的生产责任制的必要性,对于解决农业合作社的矛盾具有重要的意义及其价值。其中最大的作用就在于其能够大大地激发农民的积极性和创造性,极大地提高生产效率。1957 年,邓子恢在全国第四次农村工作会议的报告中说:“发挥社员的劳动积极性,首先必须要加强社会主义的思想教育,同时又必须通过一定的经济制度,把合作社的集体利益和社员的个人利益正确地统一结合起来。结合的最好形式之一是‘三包’制度。有的地方推行了‘产包到队,工包到组,田间管理包到户’、‘大活集体干,小活分开干’的分工协作制度。还通过包工对各类社员做到了统筹兼顾,逐户安排,用其所长,各得其所,群众反映很好。”②这种生产积极性和创造性通过提高农业劳动生产率的现实得到体现。通过实地调研,邓子恢以实行两个指标超产提成为例说明了这一作用。原先计划指标与包产指标合一时,社员感到包产指标很高,超产存在困难。即使能够超产,在全社几百个社员名下一分,也得不到多少,

---

① 《邓子恢文集》,人民出版社 1996 年版,第 614 页。

② 《邓子恢文集》,人民出版社 1996 年版,第 499 页。

导致生产积极性不高，现在改为两个指标，超产部分又可以提奖七八成归队里分配，社员看到有产可超，有提成，在只有几十户的队里分到自己名下数量不少，于是，生产积极性就会大大提高。邓子恢认为："要在生产上做好经营管理工作，以调动所有社员的劳动积极性和创造性。"①以作业组向生产队包工为例，在工分包定的情况下，如果作业组因为技术水平高、动作快而实际出工少于包工数，队里并不扣分，反之也不增分。邓子恢认为这样不仅减少了队组之间争多较少的麻烦，而且可以促进作业组钻研技术，提高劳动效率。邓子恢在长期、广泛地调研和深入思考的基础上，大力主张建立农业生产责任制。在邓子恢的支持下，许多省和地区实行了农业责任制，把短期承包、季节承包与常年承包结合起来，取得显著成绩，不仅增强了社员的责任心，提高了生产积极性和劳动效率，而且促进了农业生产的发展和合作社的巩固。事实证明邓子恢所倡导的生产责任制，是符合我国生产力发展水平的，是农业生产合作社内生产和生活的必然需要和要求，它不是外部强加的，而是在不断巩固集体经济的条件下，充分发挥个体经济性的一种有效尝试。

邓子恢论证了生产责任制有助于巩固公有制集体经济。党的八届三中全会上，邓子恢主持的中央农村工作部代中央起草了《关于做好农业合作社生产管理工作的指示》，提出了在农村中实行"三包一奖"制度，即包工包产包财务和提成奖励、减产扣分的办法。从 1960 年至 1962 年，邓子恢率领工作组前往福建、黑龙江、安徽、广西、湖南、河南等省进行大量调研。1962 年 5 月他向党中央和毛主席写了《关于目前农村人民公社若干政策问题的意见》，认为前几年刮"共产风""瞎指挥风"引起农民不满，是不重视集体所有制所引起的后果，经过贯彻中央十二条和六十条政策以后，集体所有制和社员小私有基本上有了保证，但是还存在很多混乱的现象，尤其是农民不相信小队核算三十年不变，因此不安心生产，只顾眼前，不作长期打算。在社员的小自由方面，他认

① 邓子恢：《邓子恢自述》，人民出版社 2007 年版，第 321 页。

为:“一般地区自留地生产还比集体生产搞得好。这说明,在农业生产力还处于以人畜力经营为主的当前阶段,这种小自由小私有,是最能调动农民劳动积极性和责任心的。”①邓子恢给中央的建议是鼓励社员在一定限度内发展小自由,以加速农业生产的恢复和发展,他指出这对于巩固农村集体经济制度也是有利的。他说:“必须加强生产队的经营管理工作。要着重做好劳动定额、评工记分,以调动社员出勤积极性,着重建立生产责任制,实行明确的分工合作,以提高社员干活的责任心,提高农活质量,这是今后搞好集体生产、巩固集体所有制的根本环节。”②

邓子恢长期在农业领域内主持工作,在大量调查研究的基础上,提出了符合当时农业生产力水平的经济管理体制和具体生产制度,在当时有许多人的思想还束缚在斯大林的农业集体化的思想和实践中,他提出的兼顾集体利益和个体利益的思想,保证农业生产中的农民个体生产自由的思想,理顺公社集体和个体农户的责权利关系思想等等观点,毫无疑问都是突破性的,甚至有些观点是与中央既定的农业集体化举措相矛盾的,但是邓子恢坚持实事求是的思想路线,坚信人民群众的实践创新举措,对于形成中国的农业集体化道路,保证工农联盟的巩固,推动农业生产力进步,甚至对于党和国家拨乱反正之后推进农业领域各项改革,都具有重要的意义。

(3)贯彻按劳分配,反对平均主义

生产关系是基础,分配关系是在生产关系特别是生产资料所有制的基础上进行的。邓子恢在大量实践调研的基础上,清晰认识到不适应生产力的生产关系,在阻碍生产力发展的同时,带来分配关系上的集体与集体、集体与个体、个体与个体之间分配无法实现各方利益平衡的局面,特别是在他主管的农业生产和农村生活领域,更由于急于求成的急躁冒进的错误,进一步加剧了对农村生产力的破坏。

---

① 《邓子恢文集》,人民出版社 1996 年版,第 594 页。

② 《邓子恢文集》,人民出版社 1996 年版,第 598—599 页。

在新中国成立前后，邓子恢在城市经济恢复过程中主张劳资两利，既依靠工人又团结资方，在分配政策上要用适当的工资政策协调劳资关系，有利于中国人民的全体利益。在1949年10月的《论华中城市建设新方针》中，邓子恢认识到在当前困难的情况下，除了必须尽一切可能恢复与发展公营企业外，工作重心必须放在扶助私人资本上面。他说："只有扶助私营经济，解决当前有关全体人民生活的迫切问题，求得安定经济秩序，巩固革命政权，以度过目前困难，我们才能赢得时间，以逐渐壮大发展国营经济，这是完全符合全体人民利益，也是符合党的二中全会的方针的。"①当然，把工作重心放在争取稳定和团结资方，并不是说只要资本家，不要工人，或者把资本家的地位放在工人阶级之上，而是在实现合作互利的基础上快速恢复经济建设，邓子恢指出这"是符合工人阶级的根本利益的，也是符合中国人民的全体利益的"②。这是从巩固革命胜利和稳定全国形势的大局出发所提出的合理的分配政策建议。他提出在公营和私营经济都在刚开始稳定的全国局势下共同存在发展，因此公营企业对私营企业要采取分工合作、扶助分利的政策。

新中国成立初始，城市里的工商业营业状况出现萧条，邓子恢剖析原因后提出了劳资互利和协商解决工资分配问题的主张。同时，针对公营企业和私营企业之间在经营范围上要合理分配的问题，他提出市场资源和空间上的合理分配有助于工人就业，增强国家税收，活跃城乡经济和改善人民生活。他提出国营贸易公司和私人资本要有合理分工，比如国营贸易公司要抓住几项主要商品专搞批发，停止经营零售，给予私人资本市场渠道以克服经营困难，另外发挥国营贸易公司经营主渠道的作用掌握物资运销出口，调整供求和稳定物价。这是贯彻了毛泽东提出的公私兼顾政策。对于有利于国计民生的工商业及私人资本的正当经营，必须加以保护，"公营企业对这些私人资本应采取兼顾政策，而不是打击政策；应采取合作政策，而不是排除政策；应采取分利政

① 《邓子恢文集》，人民出版社1996年版，第250页。

② 《邓子恢文集》，人民出版社1996年版，第257页。

策,而不是专利政策。”①邓子恢对城市经济的凋敝与繁荣有着清醒的认识,他看到了私人资本的萎缩与凋敝,不仅影响工人就业,影响城市治安,还影响到社会生活的方方面面乃至于今后国家经济与政治的稳定性。这种认识无疑在当时的干部群体中有着杰出的敏锐性和前瞻性。邓子恢后来被中央任命担任农村工作部部长,他的实事求是的工作作风在农村工作领域贯彻后,得到了诸多创造性的、有助于中国小农经济改造的丰富经验。

反对平均主义分配方式是邓子恢在合作社中主张生产责任制时一以贯之的观点。1954年邓子恢在全国第二次农村工作会议上指出:“在全国范围来说,第一个五年或是第二个五年的中心环节是农业生产合作社,半社会主义的,土地入股,统一经营,按土地、劳动分配。”②按劳分配是现阶段合作社的分配方式,如果将来办高级社,也就是土地不分红,但是这种的分配方式也带来了无法兼顾对老弱孤寡劳动力的扶助和照顾问题。邓子恢认为现阶段还达不到这样办高级社的生产力条件和所需要的社员的高水平觉悟。他认为推进农业高级社的建设除了合作社生产大大提高之外,必须同步对农民进行社会主义思想的教育。“要经常进行集体主义、爱国主义、社会主义教育,逐步改变和减少农民的自私心理,树立爱国主义、集体主义的思想。有了那样的经济条件,再加上这个思想条件,他的个人打算就会少一些。光有前面那一条,不进行教育,也不行。”③也就是说,尽管在现阶段我们需要通过生产关系的改变来为生产力的解放创造条件,但是仍然需要高度重视建立在经济基础上的精神文明发展程度的匹配性。如果不依据现实的经济基础而推行某些经济政策,比如平均主义的分配政策,实际上取得的效果与理想中预计的效果相比就会出现较大差距。

在分配上做到公平合理,不能压富济贫,也要扶危济贫,这是邓子恢在推

---

① 《邓子恢文集》,人民出版社1996年版,第257页。
② 《邓子恢文集》,人民出版社1996年版,第365页。
③ 《邓子恢文集》,人民出版社1996年版,第366页。

行生产责任制过程中提出的解决合作社内部矛盾的重要方法。中国传统文化的分配思想内容之一就是“不患寡而患不均”,农民尤其受到这种思想的影响。社会主义改造中农村的合作社实行的是生产合作、供销合作、信用合作、手工业合作、私商改造、统购统销等这一系列社会主义革命的措施,改变了农民多少年来的习惯。农民不理解,思想上没有转变到社会主义思想上来,在生产资料合作上出现杀牲口、砍树等行为,是不满于所有生产资料的集体所有,因此在生产资料处理方面,应该采取“主要公有,次要私有”的办法;在生产经营方面,要采取“大的集中,小的分散”的方针来协调,有利于既促进集体生产,又便于社会增加收入和发挥积极性;在产品分配上,要采取“少扣多分”的方针,争取百分之九十的社员能够增加收入;在分配工作中,要贯彻“既保证集体生产需要,又照顾社员生活需要”的方针①。要保证每年越来越多的社员都能够增加个人收入。面对穷队和富队之间的矛盾,邓子恢认为:“而应该采取照顾富村富队社员能大体维持现有收入,而在生产上帮助穷村穷队社员,使他们在若干年后迎头赶上,向富村富队看齐的办法。”②农村社会主义改造时期推进合作社的进程中,生产资料实行公有制打破了农民的小私有观念,不可避免地出现了由于入社后生产资料性质变更为集体所有而带来的对中农和贫农的不同补偿,由此带来中农和贫农之间的矛盾,进而对生产积极性产生影响,邓子恢经过充分调研后指出,可以通过分配方面的统筹兼顾举措来平衡和解决矛盾。他特别提出,“要在分配上做到公平合理。一方面要贯彻执行按劳取酬、多劳多得的原则,另一方面在执行按劳取酬原则的基础上,进行互助互济,分别照顾”③,同时要及时解决好前期大办高级社时农民入社遗留问题,根据互利政策,通过民主协商,做到双方满意以达到贫中农团结的目的。

邓子恢特别强调了分配上的按劳取酬原则是合作社作为社会主义制度的

① 邓子恢:《邓子恢文集》,人民出版社 1996 年版,第 460—462 页。
② 邓子恢:《邓子恢文集》,人民出版社 1996 年版,第 482 页。
③ 邓子恢:《邓子恢文集》,人民出版社 1996 年版,第 485 页。

不可缺少的重要原则。他说:"实际上合作社之所以成为社会主义制度,与社之大小并无关系,而在于基本生产资料的集体所有制,生产上的统一经营分级管理和分配上的按劳取酬原则。"①邓子恢在第四次农村工作会议上又针对当时农村整风中出现的否认集体经济的论调,从解决生产力、生产与收入、加强生产计划性、共同富裕、互助互济等方面论证了合作化的优越性,并且专门剖析了高级合作社能够增加生产的四个条件。他把实行按劳分配原则、发挥全体社员的劳动积极性和创造性,作为办好合作社的首要条件。随着邓子恢大力提倡生产责任制,按劳分配原则更是与贯彻生产责任制紧密结合,成为完善合作社经营管理制度的基本原则。但是,随着 1957 年后在路线问题上的急速左倾化,1958 年农村人民公社化运动也出现了"共产"风,出现了"一平二调"的错误做法。"平",指搞平均主义,在公社范围内实行贫富拉平,平均分配,否认按劳分配原则;"调",主要是指县、社两级无偿调拨生产队(包括社员个人)的财务和劳力,否认等价交换原则。"一平二调"严重破坏了农村生产力。邓子恢带领工作组进行了一年多的实际调查研究,1962 年 5 月他向党中央和毛泽东写的报告《关于目前农村人民公社若干政策问题的意见》中,认为分配上的平均主义和经营管理混乱,是造成当时我国农业生产力下降的重要原因。他说,要调动社员的积极性,必须要有严格的责任制。这是贯彻按劳分配的原则,克服"吃大锅饭"的平均主义的最好办法。

综合观之,新中国成立后,农业、农村和农民始终是我国社会主义建设的重中之重,在实践中取得了巨大成绩,但是也经历了重大挫折。邓子恢同志在实事求是的基础上,提出了诸多关于农业、农村和农民的社会主义改造的马克思主义经济伦理思想,为后人继续推进我国社会主义建设和改革进程中的三农建设提供了大量有益的经验和借鉴,具有非常重要的开拓性意义和创新价值。

---

① 邓子恢:《邓子恢文集》,人民出版社 1996 年版,第 490 页。

（三）计划与市场相协调的经济伦理观

虽然党在领导革命和建设时期的经济建设实践中经历了诸多挫折，但是善于总结经验、独立自主走自己的路是党的历史经验和现实道路。陈云的经济伦理观凸显了中国马克思主义经济伦理思想在实践中的探索和突破。陈云是伟大的无产阶级革命家、政治家，杰出的马克思主义者，是中国社会主义经济建设的开创者和奠基人之一。

自中央苏区革命根据地时期起，陈云便开始参与主持经济建设工作。他先是在1944年3月着手主持了陕甘宁边区的财政经济工作，有效执行了发展经济、保障供给的方针。解放战争时期陈云主政东北，为东北全境的解放和经济的恢复作出了突出贡献。新中国成立以后，陈云任中央人民政府委员、国务院副总理兼财政经济委员会主任，主持全国的财政经济工作。他在新中国成立初期采取一系列富有成效性的措施调整工商业，着手恢复国民经济，为新中国社会主义工业化工作作出了卓越贡献。陈云研究国际经济和贸易，对当时的西方发达资本主义社会有深入的了解，这也为党的十一届三中全会以后他提出的一些经济改革举措打下了一定基础。改革开放时期，陈云成为以邓小平同志为核心的党的第二代中央领导集体的重要成员，对国民经济进行了全面调整，明确了社会主义必须有的两种经济：计划经济和市场经济。他的经济工作，始终带有浓厚的伦理价值指向，长期的革命历练与经济建设实践也使得他逐渐形成了一套成熟的经济伦理思想，具体体现在建基于历史唯物主义的经济伦理立场、辩证统一的义利观、统筹计划与市场的经济伦理手段这三个层面。

1. 以历史唯物主义为基础的经济伦理立场

正如马克思在《德意志意识形态》中所言："从直接生活的物质生产出发阐述现实的生产过程，把同这种生产方式相联系的、它所产生的交往的形式即各个不同阶段上的市民社会理解为整个历史的基础,从市民社会作为国家的活动描述市民社会,同时从市民社会出发阐明意识的所有各种不同的理论产物和形式,如宗教、哲学、道德等等,而且追溯它们产生的过程”。[①] 历史唯物主义认为社会历史的发展有其自身固有的客观规律,社会存在决定社会意识,生产力决定生产关系,经济基础决定上层建筑。历史唯物主义作为马克思主义的基本立场,深刻烙印在陈云的经济伦理思想之中。陈云深知经济发展的历史规律,在主持经济工作时期始终谨记生产关系的调整要适应生产力的发展。

中央苏区时期陈云立足社会实际,敏锐地指出了当时苏区经济工作所存在的问题。到达中央苏区之后,他首先便深入群众进行了深刻且广泛的调研,了解到当时苏区经济工作的“左”倾现象十分严重,发现很多经济规定并不符合实际。例如,在许多城市的商店、作坊中提出了过高的经济要求,机械地执行只能适用于大城市的劳动法,使企业不能负担而迅速倒闭;不问企业的工作状况,机械地实行八小时和青工六小时的工作制;不顾企业的经济能力,强迫介绍失业工人进去。[②] 陈云指出当时造成这种错误的两个主要原因:一是工团主义的影响,本质上是国际工人运动中的一种小资产阶级机会主义思潮,鼓吹由工会组织领导生产、代替国家机构;二是当时苏区的官僚主义和浮夸主义,使得一些领导人很少去生产一线调研。面对这种经济发展的实际情况,陈云站在历史唯物主义的立场,扎根苏区的现状,提出了自己的方法,改革生产关系,提高生产力。一是,党和工会必须在工人群众中进行详细的解释,只有彻底推翻统治阶级,工人阶级才能获得解放与自由。二是,纠正官僚主义,拒绝不分青红皂白地把同一个标准强加给各个行业不同工人,避免损害工人们的工作积极性,力求实现公平正义这个最基本的经济伦理原则。三是,要审慎地去考察资本家怠工与否,对于生意确实惨淡的商铺,一方面可以适时继续营

① 《马克思恩格斯文集》第1卷,人民出版社2009年版,第544页。

② 《陈云文选》第一卷,人民出版社1995年版,第9页。

业,这时候工人的薪水要与商铺经营保持一致,通过适当地降低工资,确保企业能够正常运转,维系保障苏区人民的日常生活。四是,在斗争方式上,要克服不发动群众、命令群众的错误,工会领导工人运动,还需要依靠广大人民群众。五是,斗争要讲究策略和方法,用各种有利条件提高工人阶级的团结的情绪,增强对抗资本家的力量。

延安时期,陈云面对着当时革命根据地被国民党封锁严重的经济现状,首先组织陕甘宁革命地区"发展生产,保障供给"。面对当时纷繁复杂的经济状况,陈云在《怎样做好财政工作》一文中,指出财政工作的方针,"是生产第一,分配第二;收入第一,支出第二。保证需要,是军队第一,学校第二,机关第三"。① 正是陈云的一系列举措,使边区不仅实现了物价稳定与财政平衡,而且还能和国统区进行贸易往来,有效增强了边区的经济实力,为以后革命的成功奠定了牢固基石。

新中国成立以后,陈云扎根新中国百废待兴、通货膨胀异常严重的社会实际,创造性地提出了诸多有力的举措。一是,大力发展生产力,"要注意节省开支,但更要注意增加收入。节流很重要,开源更重要"。② 二是,维持收支大体平衡,"如果赤字不大,可以用增加税收的方法,努力求得收支大体平衡,以便使经济走上健全发展道路。"③三是,扩大人民币的流通区域,将人民币从城市普及到乡村,通过扩大货币阵地为稳定物价提供保障。在第一个五年计划时期,陈云始终立足经济发展的现实问题,制定了定产、定购、定销的"三定"政策,以及"三主三辅"等符合实际的经济举措。尤其是在党的八大上,他针对国民经济提出了突破苏联经济模式的新的经济发展方针,"三个主体,三个补充",即"在工商业经营方面,国家经营和集体经营是工商业的主体,但是附有一定数量的个体经营。这种个体经营是国家经营和集体经营的补充。至于

① 《陈云文选》第一卷,人民出版社 1995 年版,第 289 页。

② 《陈云文选》第二卷,人民出版社 1995 年版,第 18 页。

③ 《陈云文选》第二卷,人民出版社 1995 年版,第 9 页。

生产计划方面，全国工农业产品的主要部分是按照计划生产的，但是同时有一部分产品是按照市场变化而在国家计划许可范围内自由生产的。计划生产是工农业生产的主体，按照市场变化而在国家计划许可范围内的自由生产是计划生产的补充。"①改革开放时期，陈云面对当时体制僵化、经济停滞的困境再次调整了经济举措，有效推动了我国的经济体制改革。

纵观陈云的工作经历，可以看到其始终坚定站在历史唯物主义的立场上。陈云始终恪守"一要吃饭，二要建设"，肚子饿的哇哇叫，是无法进行社会主义建设的，这就是陈云为何在一切有可能的情况下，都主张必须保证人民的基本生活。正如其总结自己的工作经历时所谈的"不唯上，不唯书，只唯实"所体现的那样，陈云同志的经济伦理思想始终坚持"只唯实"的原则，他总是详细缜密地分析社会中实际矛盾的各方面，能够抓住其内在的普遍规律性。

2. 辩证统一和利益兼顾的义利观

义利之辩作为经济伦理的核心问题，在伦理思想史的发展中一直面临争论，而正是在义利之辩的过程中，义利观才能形成和发展。义和利的问题，实质上就是道德标准与物质利益的关系。它包括两个方面：一方面，是道德标准与物质利益的平衡问题，即孰先孰后、孰重孰轻；另一方面，是整体与部分的利益关系问题，是个人利益服从集体利益，还是集体利益决定个人利益，抑或是两者兼顾。

陈云的义利观是辩证统一的，力争做到利益兼顾。在新中国成立至改革开放的这段时期，在我们国家的经济生活中普遍存在着"重义轻利"的思想，"公社食堂""大锅饭""跑步进入共产主义"等诸多现象生动地反映了当时义利观的扭曲与不平衡，这也一定程度上造成了人民群众的生活水平长期不能得到明显改善，个人积极性严重受挫。正是在发现这样的问题之后，陈云提出了"三个主体，三个补充"的思想。在工商业经营方面，鼓励一定数量的个体

---

① 《陈云文选》第三卷，人民出版社 1995 年版，第 13 页。

经营;在生产方面,允许一部分产品按照市场变化而在国家计划许可范围内自由生产;在市场方面,一定范围内国家领导的自由市场作为国家市场的补充。在当时的经济发展现实情况下,陈云所提出的"三个主体、三个补充"的思想正是对当时"重义轻利"的纠正,它将国家和集体的利益放在首位的同时,又肯定个人的正当利益。在1962年,陈云曾向毛泽东建议过包产到户的问题,毛泽东听取之后表示反对,认为这样一来会产生严重的问题,会造成"贪污多占、放高利贷、买地、讨小老婆,其中包括共产党员、共产党的支部书记;……"①陈云在当时冒着极大的政治风险提出这一主张,从中可以看出陈云在实际调研基础上尊重个人正当物质利益的主张。陈云的义利观反对割裂义利关系,是基于唯物史观,有机地统一"义"与"利",他秉持利益是道德的基础,充分肯定人们追求正当物质利益的合理性。

3. 统筹计划与市场的经济伦理手段

计划经济,又称指令型经济,是对生产、资源分配及产品消费事先进行计划的经济体制。作为新中国成立后实行的主要经济体制,计划经济在我国实行了近30年之久,为我国的社会主义建设提供了主要的制度支持,但也因其自身僵化的弊端带来了一系列问题。而市场经济,是"根据生产者、消费者、工人和生产要素所有者彼此之间自愿交换而形成价格来作出关于资源配置决策和生产决策的一种经济制度"。② 市场经济具有众多的优点,其自身的经济伦理特性,如能够实现较高的效率和财富增长,亦能实现一定程度的公平。但同样,缺少计划合理指导的市场经济也会出现自身无法避免的弊端,例如加速贫富差距分化、影响社会平等诸多伦理问题。统筹计划与市场,是陈云经济伦理思想最显著的特征,在不同的时期,陈云始终能够

---

① 迟爱萍、熊亮华:《陈云在历史瞬间》,人民出版社2005年版,第303页。

② [美]萨缪尔森:《经济学》(上),胡代光等译,首都经济贸易大学出版社1996年版,第14页。

做到计划与市场相协调,以此实现经济的健康发展和人民群众生活水平提高。

(1)合理利用计划的经济伦理思想

陈云被人称为“计划经济大师”,在计划经济时代,计划手段的合理运用是贯穿陈云经济工作的主要手段。首先,陈云综合平衡理论中的计划经济伦理思想。综合平衡理论是马克思的扩大再生产原理在我国的社会主义建设中的具体应用和发展。其基本要求是,在社会主义的再生产过程中,使国民经济保持平衡,保证国民经济有计划、按比例地发展,使得人力、财力、物力都能达到有效合理的利用,防止经济建设规模超过国力,使得社会再生产顺利进行。陈云综合平衡理论中的一个重要特征便是合理计划经济运行过程中的比例平衡。一是,工农业的比例,在工业化过程前期以工业为主,以农业反哺工业,但同时也要保障农业的合理比例。二是,轻重工业之间的比例,按照五年计划的推算,轻重工业投资的比例为一比七点三,当时出于国防建设的考虑,强调重工业的发展,是可以理解的,但出于经济可持续发展考虑,轻工业也得应有一席之地。三是,重工业各部门之间的比例,发展国防工业需要民用工业配套跟上,只有配套的民用工业体系健全了,国防工业的建设与发展才能取得长足的进步。四是,工业发展与铁路运输之间的比例,工业建设需要大量的原材料以及机器设备,这些物资的运输,很大程度上依赖于铁路的运输,一旦铁路里程数不够,势必影响到工业生产的进度。五是,技术力量的供应和需要的比例,当时中国的技术人员稀少,必须通过多办技术学校,以期培养更多技术人才。可以看到,在陈云的综合平衡理论中,经济计划发挥到极致,通过合理调整经济建设中的各项指标,有效地推动了我国的经济发展和人民生活水平提高,这在经济伦理层面,他的一系列计划措施是积极的、向善的。

其次,陈云农业理论中的计划经济伦理思想。陈云的农业理论中始终贯穿着计划经济的伦理色彩,尤其体现在其对农业和农民的“三定”政策上。“政府必须坚持粮食统购统销政策,同时逐步地改进工作,采取一些必要的措施来和农民成立协定,以便进一步地巩固和加强工农联盟。"①政府和农民间达成协议,不损害广大农民的根本利益,这些协议是定产、定购、定销,简称"三定",在具体的统购统销实行的时候,一是,在农村实行征购。征购的理由是粮食的需求量日益增加,供给不足,供需失衡,陈云当时设想如果能自由购买,把失衡的粮食买回来,是最佳之策。但农民不愿意,他们宁愿自己多吃一点,也不肯多卖一点,只能实行农村征购,他提出了好多种方案供大家参考,最后选择了又征又配,就是农村征购,城市配给。征购的实行,是基于数据的比较分析得来的。"两年来,农民实际拿出来的粮食,每年都在六百亿斤以上,我们现在要征购的是三百四十亿斤,从数量上说,完全有可能实现。"②二是,在城市实行定量配给,也叫作"计划供应",这种计划供应是在城镇居民吃饱饭基础上的一种配给。陈云特地设立了一个地点作为粮食交易场所,且必须在政府的监督管理下进行交易,稳定粮食市场。三是,严格管制私商,粮食绝大多数是由国家经营,私人经营的商铺只能做代理店。粮商不能跨行跨业,囤积粮食的私商一律严惩不贷,粮食加工主要就是加工,也只能做加工,不准做粮食买卖。四是,调整内部关系,粮食在各区的调动频频受挫,"大区与大区之间、省与省之间的交换也碰到了困难,协议常常不能成立,互相封锁,甚至发生冲突。"③为了解决上述问题,陈云在全国搞一盘棋,统筹兼顾调整粮食价格。在陈云的农业理论中,我们可以看到,陈云通过计划经济的手段指导当时我国农业的发展,在当时"农业反哺工业"的大环境下,是发挥了积极作用的,有力地推动了我国农业的发展,保障了全国的粮食供应,为工业化打下了坚实基础,也在一定程度上改善了人民群众的温饱问题。

最后,陈云反通胀理论中的计划经济伦理思想。在新中国成立之前,国内曾经经历了长期的恶性通货膨胀,"十二年来的通货膨胀,在官僚资本的领导

① 《陈云文选》第二卷,人民出版社 1995 年版,第 277 页。
② 《陈云文选》第二卷,人民出版社 1995 年版,第 214 页。
③ 《陈云文选》第二卷,人民出版社 1995 年版,第 216 页。

之下，投机市场统治着工商业，人民日夜不安于通货贬值，物价飞涨。解放战争胜利的结果，我们不得不承受这样一份遗产。”①而在新中国成立以后，那些残余投机资本再次扰乱货币市场，造成通货膨胀程度愈演愈烈，严重影响人民群众基本生活稳定。为此，陈云制定了详细的经济计划，有效地干预控制市场稳定、遏制通货膨胀。首先是实现财政收支平衡。实现财政收支平衡、缩小财政赤字是稳定物价的基础，当时的陈云主张“以没有赤字为原则”。其次是发展生产，满足全社会的有效需求。物价上涨的一个重要原因是社会购买力的提升造成的供不应求的局面，故此要提高生产力，满足社会的整体需要，“这是在许多商品供不应求的情况下，保持市场稳定的两个必不可少的步骤”。②另一方面，陈云认为，表面上供需不平衡造成了物价的上涨，其实也存在投资结构不合理的原因。于是他着手对社会的投资结构进行宏观调控，通过努力生产，调整投资结构，双管齐下地稳定物价。再次是减少货币流通量，加快商品流通。面对之前滥发货币导致通货膨胀的严重，陈云通过发债来回收市场上过多的货币，同时制定措施加快商品流通。他多次强调：“任何地方都不得采取互相封锁的办法。不得阻止外地商品进入本地，不得阻止当地商业机构向外地采购，应该允许全国任何地方的商品进入别的地方销售。”③最后是严厉打击投机行为。新中国成立初期，为了遏制投机分子，陈云在主持经济工作时采取了果断的金融措施和行政措施，严厉打击投机倒把的行为，最终使得物价趋于平稳。可以看到，正是陈云的一系列有计划的反通胀措施，为稳定国民经济、提高人民的生活质量提供了坚实保障，通过计划的手段切实维护了广大人民群众最根本的利益，深刻体现了人民至上的伦理价值诉求。

（2）适时市场协调的经济伦理思想

陈云不仅是计划经济大师，也深知市场经济的运行规律和伦理效应，在熟

① 中国国际贸易促进委员会编：《三年来中国经济的成就》，人民出版社1952年版，第64页。

② 王杰：《陈云经济论著研究》，河南人民出版社1988年版，第160页。

③ 王杰：《陈云经济论著研究》，河南人民出版社1988年版，第161页。

练运用计划经济手段的同时也始终因地制宜、实事求是地使用市场经济手段，做到计划与市场的相协调。

首先，“三主三辅”理论中的市场经济伦理思想。陈云的“三主三辅”理论是对当时社会主义阵营中苏联经济体制的超越，是在立足新中国经济现状的前提下，合理增加市场经济作为补充。具体而言，在工商经营层面，陈云允许一定数量的个体经营作为国家经营和集体经营的补充；在生产计划层面，一定范围的自由生产是计划生产的补充；在市场层面，一定范围内的自由市场是国家统一市场的补充。陈云的“三主三辅”思想是对当时计划经济制度的创造性突破，当时的陈云已然认识到市场经济的伦理价值，鼓励调动个人的积极性和创造性，实现生产要素尽可能地自由流动，这在新中国成立初期是难能可贵的。

其次，陈云农业理论中的市场经济伦理思想。在陈云关于农业发展的政策举措中，始终没有忽略市场的手段。当时毛泽东和党中央决议实行农村生产合作社，虽然在当时取得了一些积极效果，但整体上依然存在一些冒进主义、忽视经济发展规律的错误。陈云总结经验教训时谈到：“农业生产合作社的粮食、经济作物和一部分副业生产是必须由合作社集体经营的，但是许多副业生产，应该由社员分散经营。不加区别地一切归社经营的现象必须改变。许多副业只有放开手让社员分散经营，才能增产各种各样的产品，适应市场的需要，增加社员的收入。”①可以看到，在当时陈云是认识到僵化的计划经济的弊端的，并且把引入一定程度的市场手段作为当时解决农业问题的良方。直到20世纪80年代之后的农村改革，陈云依然积极肯定农业生产责任制的作用。

最后，改革开放时期的陈云市场经济伦理思想。党的十一届三中全会的胜利闭幕，标志着党成功地实现了拨乱反正，纠正了“左”的错误，恢复了实事

---

① 《陈云文选》第三卷，人民出版社1995年版，第8页。

求是的思想路线,在新的历史条件下,陈云的市场经济伦理思想发展到了一个新的阶段。在1981年的一次会议上陈云就一针见血地指出:我们现在搞的经济改革,就是要打破以往的吃大锅饭的历史传统,以后不再吃"大锅饭",实行多劳多得,少劳少得,不劳不得。打破大锅饭的意义,就是一场革命,影响不下于公私合营,因为大锅饭就是不干活的人占有干活的人的劳动成果,也是一种剥削。打破这种奇怪的分配方式,将会调动广大工人、农民、知识分子和干部进行"四化"建设的积极性,使我国生产力获得一次新的大解放。在计划与市场关系上,陈云认为经济可以有两种发展模式,一是计划经济部分(有计划按比例),二是市场调节部分,"第一部分是基本的主要的;第二部分是从属的次要的,但又是必需的"①。这对于推动当时的经济体制改革产生了重要而深刻的影响。

陈云为党和新中国的经济建设立下了不朽功勋,其经济伦理思想最大的特征便是计划与市场的相协调。陈云坚持统筹计划与市场,是始终站在历史唯物主义的立场、秉持辩证统一的义利观的。陈云的经济伦理思想,始终以实现最广大人民群众福祉为目标,满怀对经济发展的伦理价值诉求,值得我们在当今的社会主义市场经济建设中深入学习探究。

① 《陈云文选》第三卷,人民出版社1995年版,第245页。

第五章　中国马克思主义经济伦理思想的实践创新

改革开放是新中国成立以来党的历史上具有深远意义的伟大转折，开启了当代中国的社会主义现代化的伟大征程。邓小平在领导我国社会主义现代化建设的过程中，继承发展了马克思主义经济伦理思想，吸收和借鉴了中西方经济伦理思想的科学合理之处，立足中国社会实际，高屋建瓴地形成了具有鲜明特色的经济伦理思想体系。邓小平的经济伦理思想是邓小平对处在社会主义初级阶段的中国经济领域中的各种利益关系、伦理意蕴和道德观念的总结，是马克思主义经济伦理思想在中国的重要发展，形成了中国特色社会主义经济伦理思想。

邓小平的经济伦理思想博大精深，影响深远。邓小平是伟大的马克思主义者、伟大的无产阶级革命家、政治家、军事家、外交家，是全党全军全国各族人民公认的享有崇高威望的卓越领导人，更是我国社会主义改革开放和现代化建设的总设计师、中国特色社会主义道路的开创者、邓小平理论的主要创立者。改革开放40多年来，已然成为中国改革开放和社会主义现代化建设的重要指导方针，指引着中国共产党和千千万万中国人民砥砺前行。邓小平经济伦理思想在社会主义制度的框架下，为市场经济和计划经济找到了伦理平衡，在历史演进中不断破解中国改革开放和社会主义市场建设中的难题，不仅对中国经济的发展进程而且对世界经济的发展具有理论价值。在已经全面建成小康社会、开启全面建设社会主义现代化国家新征程的今天，深入探究邓小平经济伦理思想，对于实现“两个一百年”奋斗目标，正确把握社会主义市场经济中的道德指向，具有极其重要的意义。

一、中国特色社会主义经济伦理思想的理论基础

以邓小平同志为主要代表的中国共产党人，借鉴世界社会主义历史经验，作出把党和国家工作转移到经济建设上来、实行改革开放的历史性决策，深刻揭示社会主义本质，明确提出走自己的路、建设中国特色社会主义。罗马非自天成，邓小平经济伦理思想的形成，既有其个人丰富的革命和社会主义建设实践经历形成的主观认知，还有当时中国经济社会发展的客观环境的历史必然，更有其对诸多经济伦理思想的继承和发展。每一个时代的社会意识总是与之前时代的社会意识有着继承关系，而作为社会意识的邓小平经济伦理思想也有其相对独立性和历史继承性。邓小平经济伦理思想既体现了中国传统经济伦理思想的精神内核，又内蕴着马克思主义经济伦理思想的本质意涵。

1. 中国传统经济伦理思想的涵育

理论思维是一种历史的产物，每一个时代都有每个时代的理论思维，它在不同的时代具有不同的形式和内容。中国传统的经济伦理思想虽然是建立在封建社会自然经济基础之上的一种产物，但吸收融合了历史上传统文化的优秀成分，内容博大精深，在时代的变迁中不断地丰富与完善。这些思想对邓小平推进的改革开放实践基础上的经济伦理思想的形成与发展有非常重要的影响。

首先，义利之辨一直是中国传统经济伦理思想的核心和基础，儒家学派一

直倡导"重义轻利"。孔子曾说,"君子喻于义,小人喻于利";①"见利思义,见危授命,久要不忘平生之言,亦可以为成人矣"。② 这些观点都认为应该以义为根本。孟子继承了孔子的思想,提出:"生,亦我所欲也,义,亦我所欲也;二者不可得兼,舍生而取义者也。"③孟子主张舍生取义,他还把仁义作为人际关系处理的标准以及国家治理的手段。墨家代表提倡"功利主义",作为小生产者代表的墨家认为利是义的基础,强调通过利来达到义的境界。墨子所说的利比儒家的利有更广泛更深刻的涵义,在他看来,利和义是一致的,离开了人们的实际利益,义也就无从谈起,通过追求天下一切人的利益,来实现天下之大义。其次,公私之辨也是古代思想家们关注和思考的话题,也是经济伦理的核心问题。公私之辨体现在政治上是公天下还是私天下的问题,体现在经济上就是公共利益与私人利益之间的关系,体现在道德方面就是公德与私欲之间的关系。我国古代思想家们对公和私提出了各种观点,儒家经典倡导"克己复礼""仁者爱人",通过提高自己的道德修养,达到公而忘私、大公无私的境界。再次,贫富差距问题一直也是社会各阶层关心、关注的问题。贫富分化是阶级矛盾产生的原因,为了进一步缩小贫富差距,缓和阶级矛盾,传统经济伦理思想提出"均、礼、齐"的贫富观。在传统的经济伦理思想中,"均"是指同一个等级之间无大富大贫,不同等级之间平安相处,社会财富分配达到一种理想状态。"礼"是社会财富的分配带有等级色彩的标准,是治国治民的恒昌法则,达到"老有所终、壮有所用、幼有所长、鳏寡孤独废疾者皆有所养"④的"大同"社会状态。"齐"指的是达成或者维系"均"的方式和途径,主要代表是孔子的"不义而富且贵,于我如浮云"⑤,不能用不义手段来追求财富,也就是"均贫富、等贵贱"。另外,"天人合一"的自然观、"崇俭黜奢"的消费观都是

① 《论语·里仁》。
② 《论语·宪问》。
③ 《孟子·告子上》。
④ 《礼记·礼运篇》。
⑤ 《论语·述而》。

我国传统的经济伦理观念。邓小平经济伦理思想就是邓小平在批判中国传统经济伦理思想，吸收其精华的基础上，形成的具有当代中国特色社会主义性质特点的经济伦理思想。

2. 对马克思主义经济伦理思想的继承与发展

第一，对马克思恩格斯的经济伦理思想的创新发展。虽然马克思主义经典著作中并没有使用经济伦理概念，但是并不表示其没有经济伦理思想。马克思恩格斯经济伦理思想以其他方式体现在其著作中，他们通过对资本主义经济运行规律的研究，来揭示资本主义生产资料私有制的弊端，进而解释人类社会发展和运行的规律，提出了以人的自由而全面发展为目标的经济伦理思想。恩格斯在《反杜林论》中指出："我们拒绝想把任何道德教条当做永恒的、终极的、从此不变的伦理规律强加给我们的一切无理要求，这种要求的借口是，道德世界也有凌驾于历史和民族差别之上的不变的原则。相反，我们断定，一切以往的道德论归根到底都是当时的社会经济状况的产物。而社会直到现在是在阶级对立中运动的，所以道德始终是阶级的道德；它或者为统治阶级的统治和利益辩护，或者当被压迫阶级变得足够强大时，代表被压迫者对这个统治的反抗和他们的未来利益。"①故此，我们可以看到这些马克思主义的经典作家们不仅创立了马克思主义伦理学，更是在阐述其理论和现实实践过程中形成了马克思主义的经济伦理思想。特别是马克思，在与黑格尔的理性主义和费尔巴哈的人本主义分道扬镳之后，他看待道德问题不再是抽象的道德原则问题，而是事实与价值的历史唯物主义基础上的统一，是立足于社会现实，并付诸社会改造的道德准则。马克思的经济伦理批判，从现实的经济基础来论证道德伦理问题。马克思的剩余价值理论、劳动价值论、资本增殖论、资本循环论等经济批判中，都蕴含着对经济"真"与道德价值"善"的辩证统一性的论

---

① 《马克思恩格斯选集》第3卷，人民出版社2012年版，第471页。

证。恩格斯晚年在诸多论述中都说明了人类道德与社会经济之间的关系，指出道德是有现实基础的，是有阶级性和历史性的。例如，马克思恩格斯在对资本主义生产方式剖析的基础上，运用辩证唯物主义和历史唯物主义，批判了作为资本主义社会意识形态的功利主义的局限性，指出资产阶级功利主义的核心是私有制基础上的利己主义或极端利己主义，在批判基础上阐发了无产阶级功利主义的思想。在对待功利主义价值观方面，邓小平经济伦理思想是对马克思恩格斯经济伦理思想的创新与发展，结合我国社会主义建设的具体要求，进一步阐发了无产阶级功利主义观，也即在集体主义原则基础上，立足中国发展实际，通过鼓励合理的个人利益追求，将合理的经济利益不仅视作经济伦理的基础，更作为伦理目标去追求，澄清了最广大人民根本利益的内涵。

第二，对列宁的经济伦理思想的继承和发展。列宁把俄国的实际与马克思主义经济伦理思想相结合，形成了具有苏维埃俄国特色的经济伦理思想。列宁经济伦理思想继承了马克思恩格斯的历史唯物主义基础，他认为经济伦理道德是由经济发展状况决定的，并反映这种状况及要求。生产方面，列宁在新经济政策实施进程中特别注重效率，他认为资本主义可以被战胜，社会主义能够创造更高的劳动生产率，更能彰显社会主义的优越性。在产品分配问题上，列宁强调实行按劳分配，反对平均主义。在交换方面，列宁对资本主义市场竞争持否定态度，他认为竞争泯灭人的本质，并驳斥资产阶级把竞争视为唯一符合人性的机制、制度的观点。消费方面，列宁立足于俄国的具体国情，着力于社会主义建设的目标，深刻阐释了消费的伦理价值内涵。列宁强调，全体生命平等地享受自己创造的财富，在社会主义公有制建立以后，应尽可能想尽一切办法满足人民的基本消费需求，倡导反对浪费，厉行节约。他指出："无论如何，我们必须精简我们国家机关，我们必须尽可能节约。我们在各方面都实行节约，甚至在办学上也实行节约。"①邓小平经济伦理思想的孕育，很大程

① 《列宁全集》第 43 卷，人民出版社 1987 年版，第 282 页。

度上汲取了列宁经济伦理思想的一些正确论断，尤其是列宁经济伦理思想在新经济政策时期的实践，更是给邓小平提供了借鉴。

第三，对毛泽东的经济伦理思想的继承和发展。毛泽东在新民主主义革命、社会主义革命和社会主义建设中，以马克思列宁主义为原理，提出了一系列带有经济伦理意蕴的论述。毛泽东虽然在其论著中没有直接阐述经济伦理思想，但其中却蕴含着丰富的经济伦理思维，也是邓小平经济伦理思想的直接来源，邓小平的社会主义功利主义思想继承和发展了毛泽东的无产阶级功利主义思想。毛泽东的经济伦理思想是毛泽东思想的重要组成部分，隶属于马克思主义政治经济学说的科学体系。其经济伦理思想，以人民利益至上为根本出发点和落脚点，以集体主义为原则，在生产、分配、交换和消费各个环节都渗透了经济伦理思维。毛泽东的经济伦理思想提倡无产阶级功利主义，对经济行为的价值取向、经济道德原则和规范、经济行为的道德评价及其责任判断、无产阶级的经济道德人格等作了比较全面的论述。这些都构成了毛泽东经济伦理思想的理论基础和框架。毛泽东经济伦理思想是邓小平经济伦理思想的重要基础，两者是一脉相承的经济伦理思想，都是中国共产党人和中国人民的智慧结晶。

二、中国特色社会主义经济伦理思想的主要内容

邓小平正确阐明了经济与道德之间的关系。首先是强调经济对于伦理道德的决定作用，明确肯定物质利益的基础作用，指出“贫穷不是社会主义，更不是共产主义”①；道德的进步依赖于经济的良好发展，物质文明中的利益关系将直接决定社会伦理道德的基本原则与规范。他反复强调：“物质是基础，

① 《邓小平文选》第三卷，人民出版社 1993 年版，第 64 页。

人民的物质生活好起来,文化水平提高了,精神面貌会有大变化。"①其次是他鲜明地指出共产主义伦理道德是社会主义经济建设的精神基础。"没有共产主义思想,没有共产主义道德,怎么能建设社会主义?"②作为一种意识形态的共产主义伦理道德对经济发展又有着深刻的反作用。

邓小平扎根中国经济发展实际,以人民利益为基点,以集体主义为原则,以市场经济建设为主题,提出了"什么是社会主义,怎样建设社会主义""社会主义也可以搞市场经济""共同富裕"等若干社会主义功利主义的经济伦理命题。同时,他对经济运行的生产、分配、交换、消费领域的经济伦理问题进行了深入的时代思考,破解了发展难题,提出了一系列的经济伦理道德规范,对社会主义市场经济的发展起到了不可或缺的推动与规范作用。

邓小平经济伦理思想的核心原则是始终把国家和人民的利益放在首要和中心位置,其本质是实实在在为人民谋利益的经济价值观。这一价值观标准为经济改革、经济建设以及其他各项经济生活确立了正确处理经济利益关系的伦理规范和利益原则,也成为邓小平经济伦理思想的立足点和出发点。

在经济体制改革的大背景下,邓小平强调要实现国家利益、集体利益和个人利益的和谐统一。他说:"不讲多劳多得,不重视物质利益,对少数先进分子可以,对广大群众不行,一段时间可以,长期不行。革命精神是非常宝贵的,没有革命精神就没有革命行动。"③所以,集体利益和个人利益之间是没有统一的、一致的,人民利益是党和国家制定政策的基础和依据。特别是改革开放以来,党和国家在制定各项方针政策时,都时刻以人民的利益为出发点,充分保障广大人民群众的正当利益,从而激发广大群众的创造热情,提高人民群众投身社会主义建设的积极性。

如何处理利益关系,特别是处理个人利益与共同体利益的关系问题,是建

① 《邓小平文选》第三卷,人民出版社 1993 年版,第 89 页。
② 《邓小平文选》第二卷,人民出版社 1994 年版,第 367 页。
③ 《邓小平文选》第二卷,人民出版社 1994 年版,第 146 页。

立在既定社会经济关系基础上的从价值观原则到制度设计的关键。马克思主义经济伦理思想始终强调要以集体主义为根本原则，伴随着我们党对经济发展规律认识的不断深化，邓小平从我国改革开放、社会主义市场经济的实际以及社会主义初级阶段的国情出发，对集体主义的基本原则做出了新的阐释，注入了新的时代内涵。他以独特的视角和思维方式，在坚持马克思主义基本原理的基础上，继承和发展了毛泽东思想，与中国改革开放的经济建设实际相结合，丰富和发展了无产阶级革命功利主义思想，最终形成了以个人利益和集体利益辩证统一为基础的社会主义功利主义思想。

（一）社会主义生产伦理

经济伦理学家乔治·恩德勒在其著作《经济伦理学大辞典》中曾经这样定义生产："它是在人的有意引导之下进行的生产要素组合，为的是制造出一种直接（作为消费品）或间接（作为实际资本的一部分）作用于人的新产品。"①生产伦理的核心问题在于人们在生产行为过程中的道德规范和价值指向，即"如何生产"以及"为了谁生产"。邓小平结合中国国情和实际，研究和破解中国在经济建设过程中生产伦理问题，为社会主义生产伦理注入了新的价值内涵。

1. 社会主义的首要任务是发展生产力

早在新中国成立之初，邓小平就认识到发展生产力的重要性，他指出："一切都要引导到发展生产力。共产党就是为发展社会生产力的，否则就违背了马克思主义理论。"②拨乱反正之后，经过改革开放的不断检验和总结经验，1987 年 10 月，党的十三大报告更是明确了是否有利于发展生产力，是考虑一切问题的出发点和检验一切工作的根本标准。在 1992 年的南方谈话中，

---

① ［美］乔治·恩格勒：《经济伦理大辞典》，上海人民出版社 2001 年版，第 387 页。

② 《邓小平文选》第一卷，人民出版社 1994 年版，第 148 页。

邓小平把“是否有利于发展社会主义社会的生产力”[①]作为衡量社会实践的根本标准之一,再次强调了生产力的发展对于社会发展的基础作用。

就生产的目的而言,邓小平认为社会主义生产依然要创造物质财富和实现利润,在进行经济建设的过程中,“如果只讲牺牲精神,不讲物质利益,那就是唯心论”。[②] 但邓小平更指出,这种物质利益是有具体指向的,而不是单纯的为了物质利益去追求物质利益。社会主义生产的最终目的依旧是为了人民,是为了最大程度地满足人民群众物质、精神生活的需要,是为了提高人民群众的生活水平。这里的“物质利益”指的是人民群众的物质利益。而这里的“人民”,不是指一部分少数人,而是毛泽东所提出的“最广大的人民”“占全人口百分之九十以上的人民”。[③] 这种对生产目的的确定,在根本上区别了西方资本主义经济发展的目标。

就生产的主体而言,邓小平指出如何调动生产主体即劳动者的积极性是生产的基础问题,尤其是发展社会主义市场经济,需要调动每一个市场主体的积极性。从国家的层面来说,便是“使每一个工厂和生产队能够千方百计地发挥主动创造精神”。[④] 改革开放之前的旧的僵化的计划体制的最大弊端便是无法调动生产主体的积极性,不能充分发挥每个人和部门的创造性,造成经济发展停滞不前。故此,邓小平认为最大程度调动生产主体积极性的最有效途径便是实现“经济民主”,通过提高生产者,即企业和劳动者的自主权,充分尊重市场主体的个人意见和选择。为此,邓小平说:“要加大地方的权力,特别是企业的权力。企业要有主动权、机动权,如用人多少,要增加点什么,减少点什么,应该有权处理。”[⑤]如果“权力不下放,企业没有自主权,也就没有责

---

① 《邓小平文选》第三卷,人民出版社 1993 年版,第 372 页。
② 《邓小平文选》第二卷,人民出版社 1994 年版,第 146 页。
③ 《毛泽东选集》第三卷,人民出版社 1991 年版,第 855 页。
④ 《邓小平文选》第二卷,人民出版社 1994 年版,第 146 页。
⑤ 《邓小平文选》第二卷,人民出版社 1994 年版,第 131 页。

任，搞得好坏都是上面负责"①，这样是无法调动生产主体的积极性的。

2. 生产力标准中的道德内涵

生产力标准理论是指在1987年10月党的十三大报告中所指出的"是否有利于发展生产力，应当成为我们考虑一切问题的出发点和检验一切工作的根本标准"。报告中还强调："一切有利于生产力发展的东西，都是符合人民根本利益的，因而是社会主义所要求的，或者是社会主义所允许的。一切不利于生产力发展的东西，都是违反科学社会主义的，是社会主义所不允许的。"②因此，生产力标准，从根本上来说是对以往意识形态中过度突出道德标准的一种扬弃，生产力标准理论将发展生产力提高到符合人民根本利益的地位，真正实现了经济价值与道德评判的有机统一。

在新中国成立初期，邓小平就曾强调过发展生产力的重要性，其在谈到资本主义工商业改造问题时就曾指出一切都要引导到发展生产力。之后，邓小平推动了"实践是检验真理的唯一标准"，这成为之后他提出生产力标准的理论前奏。从实践标准到生产力标准是有其逻辑必然性的，如何去落实实践标准，这就需要更为具体的生产力标准，来确定当时开启的以经济建设为中心之实践效果的价值评价问题。1992年，邓小平在南方谈话中又继续提出了"三个有利于"标准，即"是否有利于发展社会主义社会的生产力，是否有利于增强社会主义国家的综合国力，是否有利于提高人民的生活水平。"③在"三个有利于"基础上，邓小平继续发展了生产力标准，将是否发展社会主义生产力作为首要目标，与增强综合国力、提高人民生活水平相联系，同时体现了生产力标准的伦理价值指向是为了实现国家集体利益和人民群众利益的统一。

---

① 《邓小平文选》第三卷，人民出版社1993年版，第160页。

② 中共中央文献研究室编：《十三大以来重要文献选编》（上），人民出版社1991年版，第58页。

③ 《邓小平文选》第三卷，人民出版社1993年版，第372页。

3. 产品质量中的道德因素提高生产竞争力

邓小平认为,要不断扩大出口,扩大对外贸易,就必须提高产品的国际竞争力。"抓好产品质量。质量第一是个重大政策。这也包括品种、规格在内。提高产品质量是最大的节约。在一定意义上说,质量好就等于数量多。质量好了,才能打开出口渠道或者扩大出口。要想在国际市场上有竞争能力,必须在产品质量上狠下功夫。"①他批评"文革"中经济增长速度的虚假性:"产品要讲质量的,真正能体现我们生产的发展。如果做到这一点,其他的作风也会变,管理水平、技术水平也会提高,实际得到的利益多得多。"②也就是说:"要讲实在的,真正扎扎实实把品种质量抓上去,特别是抓质量。抓质量,这是调整里面最大的一个问题。如果把这一点抓住了,我们将来得到的益处大,基础就更扎实了。"③1979 年 8 月,邓小平也曾指出:质量不好,是最大的浪费。宁肯少生产,甚至可以停产整顿,也要提高产品的质量,单纯地数量增长并不代表着经济的健康发展,只有质量的真正提升,生产的经济伦理内涵才能得以显现。同年 10 月,在谈到经济工作时,他又反复强调:"完成的指标是没有水分的指标,产品是合格的对路的产品。不对路的产品,生产那么多干什么?"④1985 年 9 月 23 日,在谈到"七五"计划时他强调:"一定要首先抓好管理和质量,讲求经济效益和总的社会效益,这样的速度才过得硬。"⑤1986 年 6 月,在听取中央负责同志汇报当时的经济情况时,他再次说道:"中国有很多东西可以出口。要研究多方面打开国际市场,包括进一步打开香港、东南亚和日本市场。还要研究提高产品质量。我去年就说过,产品不能只讲数量,首先要讲质量。

---

① 《邓小平文选》第二卷,人民出版社 1994 年版,第 30 页。
② 《邓小平文选》第二卷,人民出版社 1994 年版,第 198 页。
③ 《邓小平文选》第二卷,人民出版社 1994 年版,第 202 页。
④ 《邓小平文选》第二卷,人民出版社 1994 年版,第 197 页。
⑤ 《邓小平文选》第三卷,人民出版社 1993 年版,第 143 页。

要打开出口销路，关键是提高质量。质量不高，就没有竞争能力。”①

在如何提高产品质量这个问题上，邓小平提出，要加强产品质量的监督管理和研究工作，企业、政府、相关研究机构都应该把好关，突出提，切实抓。“工业生产特别是出口产品的生产，中心是提高质量，把质量摆到第一位。乡镇企业也要抓质量。要提高质量，就必须改革。要立些法，要有一套质量检验标准，而且要有强有力的机构来严格执行。这一关把住了，可以减少很多弊端，卡住那些弄虚作假的行为。质量问题虽然经常提，但现在只是一般地提不行，要突出地提，切实地抓。”②邓小平还强调，生产过程中要厉行节约，反对浪费。“最大的问题还是要杜绝各种浪费，提高劳动生产率，减少不合社会需要的产品和不合质量要求的废品，降低各种成本，提高资金利用率。要使大家懂得，我们的资金来之不易，我们生产出来的东西来之不易，任何浪费都是犯罪……无论是在生产建设以前，生产建设过程中间，还是在生产建设得到了产品以后，都不允许有丝毫的大手大脚。”③

（二）社会主义交换伦理

交换，是实现商品价值的重要步骤，是社会总生产环节中的重要一环。邓小平十分重视现代交换伦理中的平等交换思想，将经济主体的平等视作经济交换的前提之一。因此，改革开放以来，在我们国家的市场经济活动中，经济主体之间以平等的身份进行交易合作，而作为国家和政府，就通过法律和制度建设，为市场主体提供一个公平公正的市场经济环境。邓小平深知市场经济交换的基本伦理原则与价值诉求之一，就是进行等价交换，实现交换的互利互惠。依据等价交换原则而实施交换的市场主体，既遵循了客观的价值规律，又使得各自的投入消耗从交换中获得补偿，从而获得交易的双赢或共赢。

① 《邓小平文选》第三卷，人民出版社 1993 年版，第 159—160 页。
② 《邓小平文选》第三卷，人民出版社 1993 年版，第 132 页。
③ 《邓小平文选》第二卷，人民出版社 1994 年版，第 260—261 页。

在对外经济交换中,邓小平也十分注重平等交换的伦理思想。从新中国成立到改革开放之间的30年间,中国的经济建设基本上是在一个封闭状态下进行的,邓小平深刻地指出:"三十几年的经验教训告诉我们,关起门来搞建设是不行的,发展不起来。"①现在的世界是开放的,必须进行开放与合作,因为"任何一个国家要发展,孤立起来,闭关自守是不可能的,不加强国际交换,不引进发达国家的先进经验、先进科学技术和资金,是不可能的"②。在国际交换的过程中,同样要讲究等价交换、平等互利。对于国际交往中存在的不平等现象,邓小平是十分反对的。在1974年4月,出席联合国大会第六次特别会议上,邓小平严厉谴责了殖民主义和帝国主义对亚非拉人民的奴役和掠夺,他说这些殖民和帝国主义国家"利用当地人民的廉价劳动力和丰富的自然资源,推行畸形的单一经济,攫取廉价的农矿产品,倾销自己的工业产品,扼杀民族工业,进行不等价交换,榨取超额利润。发达国家的富和发展中国家的穷,是殖民主义、帝国主义掠夺政策造成的结果"③。我国一贯主张国家不论大小,不论贫富,应该一律平等,特别是国际贸易,更应当建立在平等互利、互惠互利的基础上。在全球经济一体化和构建人类命运共同体的大背景下,实行平等交换和互惠交易,对于国际贸易的顺利进行、国际关系的维持,具有重大意义。

(三)社会主义分配伦理

分配伦理事关分配是否正义问题,其要义在于追求和强调分配的公正性、公平性。新中国成立以来至改革开放以前,在高度集中的计划经济体制下,按劳分配原则被异化成为平均分配,严重挫伤了劳动者的生产积极性。在此背景下,邓小平重新调整社会主义分配伦理规范,始终坚持"按劳分配"原则,并

---

① 《邓小平文选》第三卷,人民出版社1993年版,第64页。
② 《邓小平文选》第三卷,人民出版社1993年版,第117页。
③ 《邓小平团长在联合国大会第六届特别会议上的发言》,人民出版社1974年版,第6页。

对按劳分配进行了深刻的阐述。

对于按劳分配的内涵，1977 年 8 月 8 日，邓小平在科学和教育工作座谈会上谈及知识分子的待遇时曾指出："讲按劳分配，无非是多劳多得，少劳少得，不劳不得。"①1978 年 3 月，又专门强调要"坚持按劳分配的社会主义原则"，并进一步阐释了按劳分配的内涵："就是按劳动的数量和质量进行分配。根据这个原则，评定职工工资级别时，主要是看他的劳动好坏、技术高低、贡献大小。政治态度也要看，但要讲清楚，政治态度好主要应该表现在为社会主义劳动得好，做出的贡献大。处理分配问题如果主要不是看劳动，而是看政治，那就不是按劳分配，而是按政分配了。总之，只能是按劳，不能是按政，也不能是按资格。"②按劳分配的首要一环必须是劳动，而不是其他的分配方式。但同时，这种按劳分配的方式，依然是以集体主义为原则的，而不是过分突出劳动者的个人利益。邓小平指出："我们提倡按劳分配，承认物质利益，是要为全体人民的物质利益奋斗。每个人都应该有他一定的物质利益，但是这决不是提倡各人抛开国家、集体和别人，专门为自己的物质利益奋斗，决不是提倡各人都向'钱'看。要是那样，社会主义和资本主义还有什么区别？我们从来主张，在社会主义社会中，国家、集体和个人的利益在根本上是一致的，如果有矛盾，个人的利益要服从国家和集体的利益。为了国家和集体的利益，为了人民大众的利益，一切有革命觉悟的先进分子必要时都应当牺牲自己的利益。我们要向全体人民、全体青少年努力宣传这种高尚的道德。"③实际上，邓小平的这段论述指明了按劳分配内涵中的重要道德前提，那便是集体主义。

对于按劳分配的重要性，1980 年 8 月，邓小平在会见意大利记者奥琳埃娜・法拉奇时强调："按照马克思说的，社会主义是共产主义第一阶段，这是

---

① 《邓小平文选》第二卷，人民出版社 1994 年版，第 51 页。
② 《邓小平文选》第二卷，人民出版社 1994 年版，第 101 页。
③ 《邓小平文选》第二卷，人民出版社 1994 年版，第 337 页。

一个很长的历史阶段,必须实行按劳分配。"①因为"如果按资本主义的分配方法,绝大多数人还摆脱不了贫穷落后的状态,按社会主义的分配原则,就可以使全国人民普遍过上小康生活"②。按劳分配还可防止两极分化。1984 年 6 月,在会见日方代表团的谈话中,邓小平有这样的观点:"坚持社会主义,实行按劳分配的原则,就不会产生贫富过大的差距。再过二十年、三十年,我国生产力发展起来了,也不会两极分化。"③关于如何执行按劳分配,可以制定一些具体的措施,比如实行全面、严格、科学的考核制度,邓小平认为"各行各业都要这样做。今后职工提级要根据考核的成绩,合格的就提,而且允许跳级,不合格的就不提……要有奖有罚,奖罚分明。对干得好的、干得差的,经过考核给予不同的报酬。"④实行按劳分配,最主要的就是为了更好地鼓励和激励广大群众生产的积极性,促进生产效率的提高。在社会主义市场经济体制下,要充分调动广大群众的生产积极性和创造性,按劳分配就显得极为必要且重要。

(四)社会主义消费伦理

消费是经济运行的重要环节,作为一种伦理现象的消费行为,不仅是经济层面的"能不能"的问题,更是消费者"愿不愿"的问题,不同的伦理价值观支配着人们的消费行为。马克思在《政治经济学批判》导言中认为:"没有生产,就没有消费;但是,没有消费,也就没有生产,因为如果没有消费,生产就没有目的。"⑤消费与生产是具有同一性的。邓小平关于社会主义消费伦理的论述始终是立足中国经济发展实际的。首先,他指出人民收入水平的提高是社会主义消费的基础。邓小平在 1978 年就指出:"社会主义要表现出它的优越性,

① 《邓小平文选》第二卷,人民出版社 1994 年版,第 351 页。
② 《邓小平文选》第三卷,人民出版社 1993 年版,第 64 页。
③ 《邓小平文选》第三卷,人民出版社 1993 年版,第 64 页。
④ 《邓小平文选》第二卷,人民出版社 1994 年版,第 102 页。
⑤ 《马克思恩格斯全集》第 30 卷,人民出版社 1995 年版,第 32 页。

哪能像现在这样，搞了二十多年还这么穷，那要社会主义干什么？我们要在技术上、管理上都来个革命，发展生产，增加职工收入。”①在改革开放之初，邓小平是乐于看到人民消费水平不断上升的，因为这正是人民收入水平提高的体现。其次，在十多年后，看到国内开始出现的不合理消费、盲目消费、个别人群奢侈消费现象的发生，邓小平又指出：“建国以来我们一直在讲艰苦创业，后来日子稍微好一点，就提倡高消费，于是，各方面的浪费现象蔓延，加上思想政治工作薄弱、法制不健全，什么违法乱纪和腐败现象等等，都出来了。”②针对这些现象，邓小平提出合理消费的经济伦理思想，是为了保证消费市场和经济运行的正常秩序，不仅对经济发展有一定调节作用，对当时的思想道德建设也有很大的积极作用。

三、中国特色社会主义经济伦理思想的理论特质

以邓小平同志为主要代表的中国共产党人在改革开放实践中形成的经济伦理思想，具有突破性的创新意义。它在思想精髓方面秉承了实事求是的精神，既接续了前人的成就和功绩，又开创了新局面。

（一）充分肯定经济自主权

邓小平充分肯定社会主义制度下的经济自主权。在传统的计划经济体制下，生产计划由国家统一制定，生产资料由国家统一支配，国家财政统收统支，这种体制的存在严重影响企业和农民积极性的发挥，阻碍生产力的发展。所以为了推动经济更快的发展而改革旧的经济体制，给企业和个人更多的自主权和决策权，就显得十分重要。

---

① 《邓小平文选》第二卷，人民出版社 1994 年版，第 130 页。
② 《邓小平文选》第三卷，人民出版社 1993 年版，第 306 页。

改革之初,邓小平曾说过:“当前最迫切的是扩大厂矿企业和生产队的自主权,使每一个工厂和生产队能够千方百计地发挥主动创造精神。一个生产队有了经营自主权,一小块地没有种上东西,一小片水面没有利用起来搞养殖业,社员和干部就要睡不着觉,就要开动脑筋想办法。全国几十万个企业,几百万个生产队都开动脑筋,能够增加多少财富啊!”①他还说:“党的十一届三中全会以后决定进行农村改革,给农民自主权,给基层自主权,这样一下子就把农民的积极性调动起来了,把基层的积极性调动起来了,面貌就改变了。”②邓小平强调指出:“调动积极性,权力下放是最主要的内容。我们农村改革之所以见效,就是因为给农民更多的自主权,调动了农民的积极性。”③给企业和农民更多自主权,最根本的是让企业和农民成为价值主体,独立承担风险,独立决策,使权、责、利相结合,能够享受自己主动创造的成果的利益,也承担应有的风险。这样就把对国家的贡献与个人的利益结合起来了,对国家贡献大,社会价值高,个人的物质利益也相应增多,因而人们具有高度的积极性、主动性、创造性,就能为社会创造更多的物质财富。邓小平坚定地指出:“我们要继续坚持计划经济与市场调节相结合,这个不能改。实际工作中,在调整时期,我们可以加强或者多一点计划性,而在另一个时候多一点市场调节,搞得更灵活一些……绝不能重复回到过去那样,把经济搞得死死的。”④他又提醒我们:“计划经济不等于社会主义,资本主义也有计划;市场经济不等于资本主义,社会主义也有市场。”⑤而经济自由正是市场经济的必然产物,也是市场经济运行的必要条件。邓小平肯定市场经济对发展社会主义生产力的作用,实际上就是对经济自由的价值认同。

1992年邓小平南方讲话之后,广东、江苏等省和我国其他地区乡镇企业

① 《邓小平文选》第二卷,人民出版社1994年版,第146页。

② 《邓小平文选》第三卷,人民出版社1993年版,第238页。

③ 《邓小平文选》第三卷,人民出版社1993年版,第242页。

④ 《邓小平文选》第三卷,人民出版社1993年版,第306—307页。

⑤ 《邓小平文选》第三卷,人民出版社1993年版,第373页。

发展的成功经验业已证明,越是敢于放手,让企业享有充分的经济自由权(政策和法律许可内的自由),就越能促进生产力的发展和生产效率的提高,因此,肯定经济自由的伦理意义正是解放思想的关键。经济自由权是我国社会主义初级阶段解放和发展生产力的一把至关重要的钥匙。

(二)强调效率与公平的统一

如何处理公平与效率的问题是经济伦理长期探讨的重要核心论题,邓小平始终高度重视这一问题,他提出的共同富裕思想内在蕴含着在社会主义市场经济发展中,如何正确处理公平与效率的关系问题。"部分先富"的提出就是承认市场竞争中的经济主体,由于所占有的生产要素的生产效率不同,从而产生了"先富"起来的分配结果。如果没有"先富"这种效率增长的结果,"后富"和"共富"也会缺少物质财富基础,更无法实现共同富裕。立足于我国改革发展的现实,在总结历史经验教训的基础上,在邓小平理论的科学指导下,党中央在1993年明确提出了"效率优先、兼顾公平"①,强调指出:"劳动者的个人劳动报酬要引入竞争机制,打破平均主义,实行多劳多得,合理拉开差距。坚持鼓励一部分地区一部分人通过诚实劳动和合法经营先富起来的政策,提倡先富带动和帮助后富,逐步实现共同富裕。"②这一思想的提出,解决了长期以来困扰人们的问题,实现了公平与效率问题认识上的统一,这是邓小平经济伦理思想的指导经济社会发展的重要成果,改革开放的实践也证明了这一经济伦理观念的科学性与正确性。公平与效率是相互矛盾,但又是统一的,如果过分强调公平,忽视效率,就谈不上公平,如果过分强调效率,忽视公平,也实现不了效率。效率的提高可以为公平提供物质基础,而公平又有助于调动社

① 《中共中央关于建立社会主义市场经济体制若干问题的决定》,人民出版社1993年版,第3页。

② 《中共中央关于建立社会主义市场经济体制若干问题的决定》,人民出版社1993年版,第19页。

会的积极性，促进效率的提高。效率是公平的基础，没有效率，公平就没有物质保障，因此应坚持效率优先，所以邓小平根据公平与效率之间的辩证关系提出了在社会主义初级阶段应坚持“效率优先、兼顾公平”的分配原则。

效率是公平的基础。邓小平非常重视效率在经济实践中的地位和作用，认为只有提高效率，才能满足人们不断增长的物质文化需要，才能实现公平。所以邓小平提出：“评定职工工资级别时，主要是看他的劳动好坏、技术高低、贡献大小。”①也就是说，一个人的收入水平主要是看效率的高低，对于一个工人来讲，劳动的质量高、技术精湛、贡献大，生产效率必然会提高，那么收入必然会提高，如果整个社会的效率很高，那么实现社会的公平就轻而易举。所以，效率的提高是实现公平的物质基础，没有效率就没有公平，损害效率必然损害公平，所以在效率与公平的基础上，要坚持效率优先的原则。

公平是效率的前提。邓小平也十分注重公平对效率的意义，他认为，不公平必然会导致效率低下，效率必须建立在公平的前提上，不能脱离公平谈效率优先，而应当兼顾公平。公平是人们追寻的目标，对社会关系协调、秩序协调具有一定的推进作用。邓小平认为：“我们提倡按劳分配，对有特别贡献的个人和单位给予精神奖励和物质奖励；也提倡一部分人和一部分地方由于多劳多得，先富裕起来。这是坚定不移的。但是也要看到一种倾向，就是有的人、有的单位只顾多得，不但不照顾左邻右舍，甚至不顾及整个国家的利益和纪律。比如去年我们疏忽了一点，出了一股滥发奖金风……另一方面，好多行业得不到奖金，特别是教育、科学研究机构、政府机关和军队，这就造成不合理的苦乐不均，造成新的社会问题。”②这段话体现了邓小平效率优先的思想，同时也体现了对社会公平问题的关注。邓小平的经济伦理思想科学说明了公平与效率之间对立统一的关系。

---

① 《邓小平文选》第二卷，人民出版社 1994 年版，第 101 页。

② 《邓小平文选》第二卷，人民出版社 1994 年版，第 258 页。

（三）肯定个人物质利益的正当合理性

邓小平肯定个人物质利益的正当合理性，其经济伦理思想的一大特色就是既充分肯定个人正当利益的合理性，又强调在追求个人正当利益时不能危及国家、集体和个人的利益，从而实现利和义的统一。在经济生活中，伦理关系首先体现为物质利益关系。在中国几千年封建社会里，长期宣传的就是重义轻利的伦理思想，这种思想将义和利严重对立起来，认为人们追求物质利益就是卑贱的，追求义就是高尚的。

在社会主义建设时期，我们党对个人物质利益的正确认识经历了相当曲折的过程，也付出了沉重的代价。在新中国成立初期，毛泽东曾给予个人正当的物质利益以充分的肯定和重视，他在《论十大关系》中指出要“公私兼顾”。然而，20 世纪 60 年代以后，毛泽东逐步放弃了以往的正确选择，走向否定个人物质利益的极端。他极力反对赫鲁晓夫的改革政策，认为“鼓吹物质刺激，把一切人与人的关系变成为金钱关系，发展个人主义和自私自利思想……赫鲁晓夫所提倡的这种社会道德和风气，离开共产主义何止十万八千里”。[①] 在“文革”时期，其经济伦理观更加突出体现在“斗私批修”的价值原则上，批评“搞什么物质刺激，利润挂帅”，是“不突出无产阶级政治”。[②] 很显然，这里他已经将物质利益与滋生资本主义联系在一起了。在这种指导思想下，“当时，哪怕对个人利益的最轻微额度考虑，都会受到道德上的谴责”[③]。结果，“从一九五八年到一九七八年整整二十年里，农民和工人的收入增加很少，生活水平很低，生产力没有多大发展”[④]。这一深刻的教训表明，全面排斥、遏制个人正

① 中共中央文献研究室编：《建国以来重要文献选编》第十九册，中央文献出版社 1998 年版，第 56—57 页。

② 中共中央文献研究室编：《毛泽东年谱（一九四九—一九七六）》第六卷，中央文献出版社 2013 年版，第 255 页。

③ ［美］弗雷德里克·C.泰尔斯：《从毛泽东到邓小平》，中共中央党校出版社 1991 年版，第 30 页。

④ 《邓小平文选》第三卷，人民出版社 1993 年版，第 115 页。

当的物质利益需要,就会遏制社会生产力的发展。

基于对历史经验及教训的深刻总结,邓小平十分重视物质利益的作用。邓小平复出之后,全面整顿经济秩序,把党和国家的工作重心转移到经济建设上来,以发展生产力为中心任务,改变经济落后的面貌。要发展生产、提高劳动生产率,关键在于调动劳动者的积极性,因为劳动者是生产力的首要因素。马克思主义认为,人类需求的满足是推动社会发展的动力。在社会发展进程中,正是人们对物质利益的追求,才促进了社会各方面的发展,尤其是促进了经济的发展。马克思主义的原则就是要使群众认清自己的利益,并团结起来维护全体人民的物质利益,提高人民的物质文化生活水平。邓小平指出,"每个人都应该有他一定的物质利益"①,这是因为物质利益在社会经济发展中具有基础性作用,尊重和肯定追求个人物质利益的愿望是激发群众劳动积极性的源泉。在标志着党的工作重心转移的十一届三中全会上,邓小平明确指出:"为国家创造财富多,个人的收入就应该多一些,集体福利就应该搞得好一些。不讲多劳多得,不重视物质利益,对少数先进分子可以,对广大群众不行,一段时间可以,长期不行。革命精神是非常宝贵的,没有革命精神就没有革命行动。但是,革命是在物质利益的基础上产生的,如果只讲牺牲精神,不讲物质利益,那就是唯心论。"②1983 年,他更加明确地指出,"要以是否有助于人民的富裕幸福,是否有助于国家的兴旺发达,作为衡量做得对或不对的标准"③,并教育我们的各级领导应该多多考虑"怎样适合本地情况,多搞一些经济收益大、群众得实惠的东西"④。他强调说:"我们是社会主义国家,社会主义制度优越性的根本表现,就是能够允许社会生产力以旧社会所没有的速度迅速发展,使人民不断增长的物质文化生活需要能够逐步得到满足。"⑤他还

① 《邓小平文选》第二卷,人民出版社 1994 年版,第 337 页。
② 《邓小平文选》第二卷,人民出版社 1994 年版,第 146 页。
③ 《邓小平文选》第三卷,人民出版社 1993 年版,第 23 页。
④ 《邓小平文选》第二卷,人民出版社 1994 年版,第 316 页。
⑤ 《邓小平文选》第二卷,人民出版社 1994 年版,第 128 页。

说："我们要想一想，我们给人民究竟做了多少事情呢？我们一定要根据现在的有利条件加速发展生产力，使人民的物质生活好一些，使人民的文化生活、精神面貌好一些。"①

这些论述表明了邓小平肯定个人追求物质利益的需求，认为物质利益是一切经济关系的轴心，是推动社会发展和个人实现人生价值的内在动力，因而鼓励人民群众通过诚实劳动和合法经营获得相应的物质利益，并将是否有利于"群众得实惠"和"人民的富裕幸福"作为衡量工作对与否的标准之一。邓小平经济伦理思想所包含的利就是肯定并鼓励人们追求正当的物质利益，而这一思想所包含的义就是要求人们在追求物质利益时不损害国家、社会、集体与他人的利益，从而实现邓小平经济伦理思想所蕴含的义和利的高度统一。

（四）先富带动后富而实现共同富裕

邓小平先富、共富思想是其经济伦理思想的重要内容。这一思想主张部分人和部分地区先富起来，并通过这种途径实现共同富裕，体现了先富与共富的动态统一。邓小平"部分先富"的思想是针对计划经济体制下的平均主义，是对"大锅饭"的彻底否定，我国原有的经济体制及其运行机制突出强调收入分配的平均主义，带来的结果是经济效率不高，这成为长期未能解决的一个难题。邓小平提出让一部分人先富起来，最终实现共同富裕的思想为解决这一难题提供了开拓性的方案，是理论和伦理上的一次拨乱反正。

"共同富裕"作为社会主义的本质内容，是社会主义的最大理想，在价值上具有至善的意义。改革前，我们对社会主义的认识存在着严重的失误，以"政治挂帅"，把阶级斗争当作衡量社会主义的尺度，忽视了经济建设；在所有制问题上片面追求"一大二公"和升级过渡，在分配上强调平均主义分配原则，不顾群众的物质利益和人的正当的物质欲望，把人们追求致富当成资本主

① 《邓小平文选》第二卷，人民出版社 1994 年版，第 128 页。

义倾向加以批判，片面强调献身精神、为国家和集体作贡献，忽视劳动者按劳取酬的基本权利，把给贡献大的劳动者发奖金视为修正主义的物质刺激。这样做的结果是："搞社会主义三十多年，截至一九七八年，工人的月平均工资只有四五十元，农村的大多数地区仍处于贫困状态。这叫什么社会主义优越性？"①正是在对历史进行沉痛反思以及改变普遍贫穷的迫切要求下，邓小平提出了共同富裕的目标和具体实现路径。他说："社会主义原则，第一是发展生产，第二是共同致富。"②如前所述，邓小平对个人物质利益予以道德上的肯定，这是我国社会主义实践探索中的一大突破。在邓小平看来，允许"部分先富"是能够有效激发群众生产积极性的"一大政策"，是"加速发展，达到共同富裕的捷径"。在他看来，这是一个大政策，一个能够影响和带动整个国民经济的政策。邓小平"部分先富"的思想，承认不同个体、不同地区及单位客观存在的各种差别，符合社会主义初级阶段的国情，具有重大而深远的意义。

邓小平认为"部分先富"不会带来两极分化，其最终是为了实现共同富裕。邓小平之所以认为"部分先富"不会导致两极分化，是有一定的合理性和必要的。

首先，这是生产力发展的客观要求。社会主义初级阶段的根本任务是发展生产力，发展生产力是达到共同富裕的先决条件。马克思恩格斯认为："生产力的这种发展（随着这种发展，人们的世界历史性的而不是地域性的存在同时已经是经验的存在了）之所以是绝对必需的实际前提，还因为如果没有这种发展，那就只会有贫穷、极端贫困的普遍化；而在极端贫困的情况下，必须重新开始争取必需品的斗争，全部陈腐污浊的东西又要死灰复燃。"③然而，事实上存在的差别使得不同地区、不同个人的发展有了差距，拥有较好条件的发

① 《邓小平文选》第三卷，人民出版社 1993 年版，第 10—11 页。

② 《邓小平文选》第三卷，人民出版社 1993 年版，第 172 页。

③ 《马克思恩格斯文集》第 1 卷，人民出版社 2009 年版，第 538 页。

展主体就会先富起来。从这个意义上说，允许“部分先富”是鼓励人们在差别中发展生产力，反对或压抑“部分先富”无异于遏制生产力的发展，回到平均主义和普遍贫穷。其次，邓小平反对绝对平均主义的价值观念，认为拉开和保持一定的利益差距，是促进经济效益提高的必要手段，也是最终实现共同富裕的必要前提。在党的十一届三中全会前夕，他就指出：“在经济政策上，我认为要允许一部分地区、一部分企业、一部分工人农民，由于辛勤努力成绩大而收入多一些，生活先好起来。一部分人生活先好起来，就必然产生极大的示范力量，影响左邻右舍，带动其他地区、其他单位的人们向他们学习。”①“要根据工作成绩的大小、好坏，有赏有罚，有升有降。而且，这种赏罚、升降必须同物质利益联系起来……通过赏罚分明，在各条战线上形成你追我赶、争当先进、奋发向上的风气。”②1985 年邓小平就指出：“社会主义的目的就是要全国人民共同富裕，不是两极分化。如果我们的政策导致两极分化，我们就失败了；如果产生了什么新的资产阶级，那我们就真是走了邪路了。”③他又告诫我们：“如果富的愈来愈富，穷的愈来愈穷，两极分化就会产生，而社会主义制度就应该而且能够避免两极分化。”④“解决的办法之一，就是先富起来的地区多交点利税，支持贫困地区的发展。当然，太早这样办也不行，现在不能削弱发达地区的活力，也不能鼓励吃‘大锅饭’”⑤。

共同富裕既是经济目标又是伦理目标，是社会主义最根本的道德要求，但是共同富裕不是同步富裕，“部分先富”是实现共同富裕的捷径，这就是说要先使一部分人、一部分地区先富起来，然后在先富的带动、示范和鼓励下，未富的地区也富起来，从而实现共同富裕。

---

① 《邓小平文选》第二卷，人民出版社 1994 年版，第 152 页。
② 《邓小平文选》第二卷，人民出版社 1994 年版，第 151—152 页。
③ 《邓小平文选》第三卷，人民出版社 1993 年版，第 110—111 页。
④ 《邓小平文选》第三卷，人民出版社 1993 年版，第 374 页。
⑤ 《邓小平文选》第三卷，人民出版社 1993 年版，第 374 页。

四、中国特色社会主义市场经济伦理建设的实践探索

我国社会主义市场经济体制的建立是改革开放以来在经济发展领域取得的重要成果。众所周知,先发展起来的西方发达国家,在资本主义私有制经济基础上,伴随着殖民扩张,形成了全球性的资本主义市场经济运行机制。在中国开始改革开放的初期,面临的国际经济环境就是资本主义市场经济运行环境,如何在这种国际市场环境中逐步打开局面、扩大开放是棘手的问题,特别是在国内的理论界和实践进程中,需要突破的各方面障碍较多。我国社会主义经济体制改革最初在20世纪70年代末启动,随后在改革开放实践中逐步充实完善。全球各国包括中国在内,在20世纪80年代都开启了改革浪潮,西方国家开启的是新自由主义的经济改革,我国开启的是市场增量改革:1981年6月提出了“计划经济为主,市场调节为辅”的改革模式,1984年10月党的十二届三中全会提出了社会主义经济是在公有制基础上的有计划的商品经济的重要理论,1987年党的十三大确立了“社会主义有计划商品经济体制”这个改革目标,提出了计划和市场内在统一协调这个思想,这是一次改革开放近十年的思想突破上的重大进展。经济体制改革的实践,取得了良好的经济发展效果,活跃的市场经济快速地提升了经济活力,释放了很大的生产能力,迅速满足了人们日益增长的丰富的消费需求。1990年12月,党的十三届七中全会指出,要建立计划经济与市场调节相结合的经济运行机制,是深化经济体制改革的基本方向。这些在社会主义生产方式基础上探索市场经济运行机制和管理体制的改革举措,被实践证明是行之有效的。苏东剧变之后,我国理论界对市场取向的改革也产生了许多争论,但随着邓小平在视察深圳等特区之后提出社会主义本质理论,以及强调计划和市场都是手段之后,党的十四大明确我国经济体制改革的目标为社会主义市场经济体制,这标志着建立社会主义

市场经济体制的改革目标在全党正式确立。这也意味着我国的改革开放进入到一个新的历史阶段。事实也是如此，我国从20世纪90年代开始，出现连年的高速经济增长，在经济体制改革上也取得了突破，特别是产权制度改革和现代企业制度的建设，为中国经济在21世纪融入经济全球化进程、与国际经济接轨打下了基础。党的十八大以后，中国特色社会主义进入新时代，在党的十八届三中全会上，提出了在全面深化改革的进程中，要使市场在资源配置中起决定性作用和更好发挥政府作用，这是这次全会提出的一个重大理论观点。习近平总书记指出，经济体制改革仍然是全面深化改革的重点，经济体制改革的核心问题仍然是处理好政府和市场关系①。因此随着中国特色社会主义制度完善和全面深化改革开放，原来计划与市场关系的争论逐渐地被科学界定政府与市场关系的问题所取代。由于社会主义市场经济思想及其机制建设对于社会主义国家来说是全新的理论和实践，因此也带来了社会心理和人们思想意识的巨大变化，从改革开放初期到全面深化改革，伴随着各种争论，逐步形成了中国特色的社会主义市场经济伦理观念。

（一）市场经济的伦理审视

从20世纪80年代的“潘晓来信”②开始，伴随着市场取向的改革，有关市场经济道德观念的争论和探讨就成为理论界高度关注的主题。相关的争论集

① 习近平：《关于〈中共中央关于全面深化改革若干重大问题的决定〉的说明》，《人民日报》2013年11月16日。

② “潘晓来信”是指1980年5月刊登在《中国青年》杂志的一封署名“潘晓”的信，信中充满了青年人的人生困惑的疑问，作者潘晓感叹“人生的路呵，怎么越走越窄……”，并且首次提出了“主观为自己，客观为别人”的伦理命题。这封信在全国范围内引发了一场持续了半年多时间的大讨论，围绕着“潘晓讨论——人为什么要活着”这个主题共有6万多人来信参与讨论。这个事件后来被称为“整整一代中国青年的精神初恋”。这场讨论反映出从20世纪80年代开始，“个人”这个概念随着改革开放的进程被突出以后，个体是如何看待个人利益的追求这个问题的。其中提出的“个人”与“集体”的关系是怎样的、当“个人”被“集体”主动或者被动剥离时该如何处理二者的关系、“个人”的价值应该如何体现等问题，都是我国经济体制改革后打破了固有的利益藩篱而产生的新问题，引发了很多人的深入思考，促进了人们的思想变革。

中体现在以“商品经济与道德”为主题的讨论上。随着社会主义市场经济体制改革目标的确立,到20世纪90年代,争论日趋激烈,这些争论主要集中在市场经济与道德建设的关系问题、市场经济应具备的道德规范问题、社会转型与道德冲突、我国现代社会的伦理原则构建以及如何构建社会主义市场经济道德思想体系、我国市场经济机制中的分配正义问题等方面,反映了经济转型时期的体制变革给人们的思想意识带来的新旧冲撞和价值重塑。

1. 改革初期对市场经济的破冰性认识

改革开放初期,受到过去僵化的计划经济思想的严重束缚,再加上对于未来经济发展的不可预测性的担忧,导致在全社会推行经济改革举措出现徘徊不前的局面。经济界的老一代学者孙冶方提出了代表性和破冰性的认识。其实,早在20世纪五六十年代,孙冶方就已经通过批判理论界那些否定和部分否定价值规律作用的观点,探索符合我国国情的社会主义政治经济学的理论体系。他认为苏联舶来的经济理论不符合中国国情,充满着唯意志论和形而上学。马克思主义经济学主张人,即劳动力,是社会主要的生产力,但是现实中的经济工作者和研究者却往往忘记或者忽视了“人”这个因素,也即常说的见“物”不见“人”。由于政治经济学中的形而上学弊病的存在,我们国家模仿苏联的计划经济模式,同样忽视了价值规律在经济实践中的调节作用,在企业的生产经营方面导致效益低下和投资浪费。孙冶方坚持的观点是,社会主义经济中贯穿的矛盾是“人”与“物”的矛盾,也就是抽象劳动和具体劳动的矛盾,以及社会产品两重性就是价值和使用价值的矛盾①。他认为,否定这些客观存在的矛盾必然走向唯心论,容易导致主观主义的价格政策,从而“把政治的理由同客观的经济规律对立起来,认为可以从政治上解释的,就不用客观的经济规律来解释。”②这些形而上学唯心论在实践中的泛滥,都是导致我们在

---

① 《孙冶方全集》第二卷,山西经济出版社1998年版,第157页。

② 《孙冶方全集》第二卷,山西经济出版社1998年版,第159页。

计划经济模式下出现经济运行失调，比如工农业产品之间存在的剪刀差、消费资料在现实经济生活中短缺等重大失误的根本原因。

在拨乱反正之后，1979 年，孙冶方就对南斯拉夫经济界关于计划与市场关系的看法有过介绍。他指出，过去我国经济学界一向是把计划和市场作为两个对立的概念来提的，认为“市场”就意味着无计划和自发势力，一谈到“市场”就联想到“自由市场”。但是南斯拉夫经济界却不认为计划是社会主义经济的主要特点，资本主义国家对企业也会有间接的计划干预①。孙冶方赞同南斯拉夫经济界的观点。到了 1982 年在研讨陈云同志提出的“计划经济为主，市场调节为辅”问题的座谈会上，孙冶方甚至走得更远，指出过去我们把“计划和市场”或把“计划经济和市场经济”作为两个对立或并立的概念来提是不很确切的。在社会主义计划经济条件下当然需要市场调节的领域，即使到了共产主义社会也是如此②。他的这些经济伦理思想对于我国经济学界在改革开放之初解放思想、深化研究和创新理论都起到了正本清源、驱散迷雾的重要作用，为此后随着经济体制改革的深化最终确立社会主义市场经济体制的改革目标奠定了理论基础。

理论认识上的突破为初期改革开放实践打破了思想束缚。以家庭联产承包为主要形式的农业生产责任制改革为先锋，开启了其他经济领域的改革，推动了国有企业的下放权力和承包经营改革。此后，作为市场经济机制运行试点的经济特区建立和发展起来，对全国产生了重大影响。深圳等经济特区建立起适应国际市场经济机制的运行机制，为探索国内市场经济体制改革，扩大对外开放，引导内地众多地区进入国际市场起到了借鉴和推动作用。当然，在市场经济机制逐步形成的过程中，要突破的认识障碍还很多，其中关于市场经济与道德建设的关系问题非常突出。

---

① 《孙冶方全集》第三卷，山西经济出版社 1998 年版，第 113 页。
② 《孙冶方全集》第三卷，山西经济出版社 1998 年版，第 402 页。

2. 市场经济与道德建设的关系

我国的社会主义市场经济是从计划经济模式下以改革为路径创建出来的。人们过去生活在计划经济模式下,个体隐没在集体中,个人在集体面前是不允许追求个人利益或者私人利益的。因此,在看待私人利益或者个人利益时,视其为洪水猛兽,追求个人利益的行为被视为是对社会主义制度下人们的崇高精神境界的毁坏。当国家力量主导打破了"大锅饭",社会中的市场经济成分逐渐增多,允许私营企业的创办,带来了全社会的对个人利益追求,现实中的案例引发了人们重新思考道德的基本原则和规范体系的变化,由此出现了"爬坡论""滑坡论""内引论""外灌论""划界论""一致论"等各种观点的争论,真理越辩越明,这些都是人们在实际生产和生活中切实体会到的社会意识变化。

在关于如何看待市场经济发展与社会道德现象的关系问题上,出现了"滑坡论"和"爬坡论"的争论。持有"滑坡论"的观点认为,市场经济追逐利润最大化,使得市场经济主体为了利润而铤而走险,出现欺诈手段骗取商业利润的现象,例如假冒伪劣、倒买倒卖等现象,加之出现了暴富之后的炫富现象,人们认为是由于市场经济而出现了道德沦丧的局面,因此市场经济越发展,人们的道德水平就越下降。持有"爬坡论"的观点认为,真正的市场经济是法治经济,是有全面而规范的法律制度保障的经济运行机制,市场经济不但不以损人利己为特征,反而让人们在经济活动中遵纪守法,尊重他人以合法手段获取经济利益;建设社会主义市场经济要尽快完善法制建设,约束市场经济主体的行为,防止出现以权谋私和权力寻租,形成包括法律和道德两种规则体系制约的运行机制,在此基础上,反而能促进人们道德水平的进步,在承认人们追求自身利益合法性的基础上进行自我约束,才能在物质丰裕的情况下开展慈善事业,产生利他主义的物质基础。从自利到利他,是在市场经济发展过程中的爬坡过程,尽管也会出现一些不良道德现象,但总体趋势是上升的。

关于市场经济运行的道德规则如何产生和发挥作用的问题,有"内引说"和"外灌说"这两种不同观点。所谓"内引说",就是指市场经济运行需要的道德规则是内在自然而然的产物,对于市场主体的道德约束来自市场经济的内在需要,人们可以从经济生活运行的规则中直接引申出道德规则并加以遵守;而"外灌说"认为为了市场经济的健康发展,就必须为市场经济立法,以及给予市场经济以一定的道德约束。有学者评价说这两种说法都是不确切的,因为普遍性的伦理道德准则若是可以适用于市场经济领域,就不需要把它从市场活动之外拿来"灌进"市场活动中,而市场经济内部的运行规则作为行为规则本身也就具有伦理的意蕴,因而也不需要某人从伦理意义上引申出它来,然后再为市场"道德立法"。之所以会有"外灌说",是因为这种说法认识到在某个特定领域内比如市场经济机制中,有着某种普遍性准则不可代替的特殊性准则在起作用,因此有学者认为应把"内引说"和"外灌说"结合起来①。实际上,我国的市场经济体制并非完全内生的制度机制,而是从计划经济模式转型而来的,因此出现"外灌说"而主张为市场运行机制设置道德规则也是必然的,因为在过去的计划经济模式下的法治和道德规则是无法立即为市场经济经济运行提供全面的规则约束的,而法治和道德的规则转型又会出现时滞效应,社会道德冲突现象则提示着规则的不适应,如果前瞻性地提出适应市场经济运行机制的道德规则,运用社会机制加以贯彻执行,则可以减少社会成本,有利于市场经济机制的建设。因此"内引说"和"外灌说"皆是为了探索有利于社会主义市场经济机制健康运行的观点,适度结合更为有利。

在关于市场经济的属性与道德调整的兼容性问题方面,存在着"一致论"和"划界论"的观点。"一致论"的观点认为市场经济本身就是道德经济,特别是在社会主义制度条件下,社会主义的本质就包含着消灭剥削、消除两极分化、最终达到共同富裕的目标,本身就蕴含着追求公平正义的伦理价值在其

① 龚群:《90年代"市场经济与道德建设"研究述评》,《教学与研究》1998年第4期。

中,因此社会主义市场经济与道德价值追求是一致的。持有“划界论”观点是认为道德的本质特征是超越功利的,而市场经济行为所遵守的规则是基于利益交换和互惠互利的要求,不能用是否道德的要求来规范市场经济的主体交易行为,如果强行要求市场经济遵守道德规范,就会造成市场经济因为受到道德限制而出现萎缩,因此,市场经济与伦理道德在本性上是互斥的,应当给予二者“划界”,要让二者互相不干涉。当然这种观点也受到了质疑,因为道德的基础是利益关系,道德规范的出现是调整利益关系的产物,把市场经济的利益交换与道德规范严格划界,是不符合历史和现实的。从人类社会的市场经济出现及其扩张的历史中,可以看到简单商品经济交换中必须遵守的诚信等道德规范,现代社会发达的市场经济交换中必须遵守的公平互利及契约精神都是道德规范发挥作用的表现。因此,市场经济也是道德经济应该是一种共识。

从这些争论中我们可以看到,随着我国从计划经济模式转型到社会主义市场经济体制,社会整体的道德原则和规范也在不断调整,出现道德冲突现象不足为奇。随着制度建设的完善,在法治和德治协同治理共同发挥作用的条件下,市场经济与道德建设能够实现协调并且相互促进。

3. 社会主义市场经济的道德原则与规范

加强社会主义市场经济的道德建设是保证其健康发展的重要手段。市场经济在不同的制度前提之下具有不同的运行前提,我国是社会主义国家,因此市场经济的道德建设必须以社会主义道德的基本原则和规范为重要前提。由于在改革开放之前,我国长期处于高度一致性的集体主义道德原则发挥作用的时期,导致个人利益驱动的价值追求动力不足,虽然市场经济体制建设放开了过去计划经济体制下的社会管理束缚,但是整体社会的观念仍然无法快速转变。

随着 20 世纪 90 年代我国社会主义市场经济体制建设的深入推进,加强法制和道德建设成为社会发展的重要任务。在道德建设方面，党的十四届五中全会之后，中央宣传部和农业部出台了《关于开展农村社会主义精神文明建设活动的若干意见》，虽然这个文件是关于农村精神文明建设的，但是其关于道德建设提出的要求为今后的精神文明建设提供了依据。该文件提出道德建设是精神文明建设的重要内容和基础性工作，要适应发展社会主义市场经济的要求，"道德规范建设要注重建章立制"，"逐步形成明确具体的家庭美德、职业道德和社会公德规范"①。在开展各种形式的道德建设活动的同时，还要把道德建设与法制宣传教育结合起来，要移风易俗，树立新风。在随后的全国精神文明建设经验交流会上，又提出在1995年之后的十五年国民经济和社会发展的宏伟蓝图中，对社会主义精神文明建设提出了新的要求，提出要加强思想道德教育，"要深入进行爱国主义、集体主义和社会主义思想教育，深入进行社会公德、职业道德和家庭美德教育"②。可以看出，三大领域的道德建设思想已经形成。在随后的加强和改进企业思想政治工作的若干意见中，特别提出了在社会主义市场经济条件下的道德建设，要以热爱集体、奉献社会为主要内容的集体主义为重点，"要以社会主义的集体主义价值观为尺度，教育职工正确处理社会主义市场经济条件下个人利益、集体利益和国家利益的关系，防止和克服极端个人主义、本位主义思想的影响。"③此时特别强调了职业道德教育，提出形成"为人民服务、对社会负责"的职业道德风尚。因此，我国在提出市场经济改革目标之初，就注意到了由此产生的利益协调问题。从提出农村精神文明建设开始，逐步对作为市场经济中观层次的企业主体提出具体的道德建设要求。

---

① 中共中央文献研究室编：《十四大以来重要文献选编》（中），人民出版社1997年版，第1523—1524页。

② 中共中央文献研究室编：《十四大以来重要文献选编》（中），人民出版社1997年版，第1535页。

③ 中共中央文献研究室编：《十四大以来重要文献选编》（中），人民出版社1997年版，第1576页。

提出“以集体主义为原则”是社会主义市场经济道德建设的关键节点。1996年10月，党的十四届六中全会通过了《关于加强社会主义精神文明建设若干重要问题的决议》，指出了在社会精神生活方面出现的诸多问题，提出在发展社会主义市场经济和对外开放条件下建设社会主义精神文明，明确了社会主义精神文明建设的指导思想和奋斗目标。决议强调了社会主义思想道德建设要集中体现着精神文明建设性质和方向，社会主义道德建设要以为人民服务为核心，以集体主义为原则。“在发展社会主义市场经济条件下，更要在全体人民中提倡为人民服务和集体主义的精神，提倡尊重人、关心人，热爱集体，热心公益，扶贫帮困，为人民为社会多做好事，反对和抵制拜金主义、享乐主义和个人主义。”①以集体主义为原则，反映了我国市场经济建设的社会主义经济基础。社会主义公有制经济是我国市场经济机制运行的基础，多种经济成分并存是市场经济发展的条件。社会主义公有制要求以集体主义精神为保障，即使市场经济机制运行的微观动力是个体利益追求，也要在国家和社会的重大利益问题上坚持集体主义原则，避免损害国家利益和社会公共利益。

公民道德建设是对社会主义市场经济道德建设思想的进一步落实和升华。社会主义市场经济体制的确立，改变了人们的道德观念，有积极的改变也有消极的现象。义利观和效率观念等都在发生与市场经济适应或者不相适应的变化。个体利益追求、重视效率、平等竞争、尊重科学和人才等观念成为理所当然的道德观念，另一方面应该看到，由于法治的不健全和价值多元化发展，出现了见利忘义、知假造假等现象。随着消费社会的形成，个人主义、享乐主义、拜金主义等消费和价值观念日益滋生，腐蚀人们的经济道德观念和价值评判标准，人们的集体意识和奉献精神也在减弱，导致社会风气的腐化和败坏，最终会影响社会主义市场经济的创新发展和社会的健康发展。从市场经济机制运行的效果看，它对社会道德水平的负面影响集中在人们对利益关系

① 中共中央文献研究室编：《十四大以来重要文献选编》（下），人民出版社1999年版，第2056页。

的认识上，要在个人利益和集体利益、局部利益和全局利益、眼前利益和长远利益、正当利益和自私自利等关系上，确立正确的、符合社会主义价值导向的利益观，要形成既尊重公民个体合法利益又保证实现国家和集体利益的社会主义义利观。

在全面建设小康社会的跨世纪关键时期，2001 年 9 月党中央公布了《公民道德建设实施纲要》（以下简称《纲要》），指出“通过公民道德建设的不断深化和拓展，逐步形成与发展社会主义市场经济相适应的社会主义道德体系”，并且强调指出了市场经济环境中公民道德建设的重要性：“面对社会经济成分、组织形式、就业方式、利益关系和分配方式多样化的趋势，面对全面建设小康社会，人民群众的精神文化需求不断增长，面对世界范围各种思想文化的相互激荡，道德建设有许多新情况、新问题和新矛盾需要研究解决。”①公民道德建设的成效决定了我国小康社会建设的水平。在《纲要》中指出了处理复杂道德关系的“六个坚持”，首要的坚持就是针对市场经济道德建设的内容，即：“坚持社会主义道德建设与社会主义市场经济相适应。要充分发挥社会主义市场经济机制的积极作用，不断增强人们的自立意识、竞争意识、效率意识、民主法制意识和开拓创新精神。正确运用物质利益原则，反对只讲金钱、不讲道德的错误倾向，在实践中确立与社会主义市场经济相适应的道德观念和道德规范，为改革开放和现代化建设提供强大的精神动力与思想保证。”②在《纲要》中还提出了具体的“爱国守法、明礼诚信、团结友善、勤俭自强、敬业奉献”的基本道德规范，这些也是社会主义市场经济的道德规范。因此，公民道德基本规范的提出是我国在社会主义精神文明建设的基础上，针对市场经济机制在社会建设层面提出的具体要求，是对两个文明建设“两手都要硬”的继承和发展。

党的十八大以后，中国特色社会主义进入新时代，世情、国情、党情发生了

① 《公民道德建设实施纲要》，人民出版社 2001 年版，第 2—3 页。
② 《公民道德建设实施纲要》，人民出版社 2001 年版，第 4 页。

很大变化,我国于2019年10月再颁布《新时代公民道德建设实施纲要》(以下简称新《纲要》),对新时代公民道德建设提出了更高更新的要求。新《纲要》突出问题导向,对党员领导干部、青少年和社会公众人物等重要群体提出了具体要求,还重点强化了法治保障、网络空间、生态文明、对外交往等方面的内容,既遵循了规律,又创造性地提出重点领域道德建设的新要求,增强了道德建设的吸引力和感染力。新时代公民道德建设更加注重道德主体的责任担当,关注培养承担民族复兴大任的时代新人,坚持贯彻社会主义核心价值观,将国家价值、社会价值准则和公民价值规范统一起来,全方位融入公民道德建设,发挥引领作用。社会主义市场经济体制建设已经到了进一步完善的时期,要把市场经济道德建设放在社会治理现代化的整体工程之中,因此,新《纲要》提出要把社会主义道德建设要求融入社会治理,探索建立重大公共政策道德风险评估机制,健全各行各业的规章制度,完善市民公约、村规民约、学生守则、团体章程等道德规范体系,形成失德惩戒常态化机制,弘扬扶正祛邪、惩恶扬善的社会风气。

总而言之,从精神文明建设到公民道德建设,从以为人民服务为核心、以集体主义为原则,到贯彻社会主义核心价值观的新时代公民道德建设,表明我们党和国家对改革开放以来的社会主义市场经济道德建设的认识逐步深化,更加具有整体和全面的理论视野。特别是在全面深化改革的总目标提出后,把市场经济道德建设纳入到国家治理体系和治理能力现代化的总目标之中,更加科学地推进了社会主义市场经济道德建设的整体性和协调性。

4. 公平与效率关系的大讨论

公平与效率的关系问题,是20世纪90年代理论界讨论的关于社会主义市场经济道德建设中的重大问题。它涉及我国社会发展的基本走向及国家基本政策导向问题。20世纪80年代,邓小平提出让一部分人和地区先富起来,先富带动后富,然后实现共同富裕的发展道路。后来邓小平又在1992年提出的社会主义本质理论中,把共同富裕作为社会主义建设的目标。伴随着解放思想和实事求是思想路线在改革开放中的落实,我国国民经济在20世纪90年代出现了高速增长,但同时也出现了贫富差距扩大的现象。正是基于这样的背景,理论界出现了激烈的争论。

“效率优先,兼顾公平”是1993年中央在确立社会主义市场经济体制的改革目标的文件中正式提出的分配原则①。这是因为在过去的计划经济时代,由于受到平均主义分配方式的影响,严重抑制了经济主体追求效益的激励动力和经济组织的经营效率,而打破平均主义的分配惯性,需要大力倡导效率优先,才能迅速转变低效率的经济增长方式,以此在全社会带动追求效率的社会风气。

在我国20世纪90年代的社会转型时期,提高效率不仅是经济问题,而且是包括着政治、文化和伦理道德观念等在内的社会问题,所以界定效率不仅是经济学意义上的,而且是社会和文化道德意义上的。经济学意义上的效率是指经济系统功能上要以较少的投入取得较多的产出。从社会意义上而言,效率是指在社会资源配置上体现更多的收益。因此,效率是投入与产出、耗费与创造的比率,是一种比较意义上的效用价值。也有观点提出疑问,认为除了经济效率还有没有道德效率和文化效率?在公平概念上,有人认为公平只能从经济意义上来把握,能促进经济效率的,就是公平的,否则就是不公平的。也有人认为以上是指狭义的公平,而实际上存在着广义的公平概念,主要是指包括着经济公平、政治公平等在内的社会公平。有人认为存在着机会公平、结果公平以及程序公平等类型。也有人认为不存在绝对的公平的问题,只存在判断是否公平的价值标准,等等。随着对公平的讨论的深入,有的观点提出了正义与公平的区别,认为正义的概念比公平要宽泛,超出公平使用范围之外的社会关系可以用正义来衡量。这个观点的前提是公平主要应用在经济领域。出

① 《中共中央关于建立社会主义市场经济体制若干问题的决定》,人民出版社1993年版,第3页。

现众多的概念和理解,反映了我国理论界对当时存在的贫富差距和公平分配等实践问题的思考,其最终目标都是为了确立在社会主义市场经济基础上的价值评判标准。总的来看,20 世纪 90 年代的大多数观点认为,在社会主义制度下解决效率与公平关系的原则,只能是效率优先,兼顾公平,只有效率问题解决了,公平问题才有解决的基础;同时也应当发挥社会主义制度的优越性来促进公平问题的解决。

随着改革开放进入新世纪新阶段,我国进入发展关键期、改革攻坚期和矛盾凸显期,人民生活总体达到小康水平,社会活力显著增强,同时经济社会发展在社会结构和社会利益格局方面发生深刻变化,突出表现在收入分配差距拉大,还有相当数量的城乡贫困人口和低收入人口,统筹兼顾各方利益的难度增大,不利于进一步深化改革和社会稳定。同时,在社会精神生活和道德建设领域,出现了诸多道德失范现象,例如是非荣辱观混淆,拜金主义和享乐主义盛行,腐化堕落等不良社会道德风气出现。党中央高度重视社会主义精神文明建设中出现的新问题,在 2001 年颁布的《公民道德建设纲要》中特别指出:"坚持注重效率与维护社会公平相协调。要把效率与公平的统一作为社会主义道德建设的重要目标,在全社会形成注重效率、维护公平的价值观念。把效率与公平结合起来,使每个公民既有平等参与机会又能充分发挥自身潜力,促进经济发展,保持社会稳定。"①党的十六大提出构建社会主义和谐社会的重大战略任务,提出了民主法治、公平正义、诚信友爱、充满活力、安定有序、人与自然和谐相处的总要求。2005 年,党的十六届五中全会强调"更加注重社会公平",经济界和社科界对效率与公平问题的讨论再次成为热点。全会着重提出了要完善按劳分配为主体、多种分配方式并存的分配制度,坚持各种生产要素按贡献参与分配,更加注重社会公平,加大调节收入分配的力度,努力缓解地区之间和部分社会成员收入分配差距扩大的趋势。2007 年,党的十七大报告进

① 《公民道德建设实施纲要》,人民出版社 2001 年版,第 5 页。

一步指出，初次分配和再分配都要处理好效率和公平的关系，再分配更加注意公平。这些提法的改变反映了随着我国经济快速发展，出现了贫富差距加大的情况，在保证收入分配公平和社会保障体系建设方面还有问题存在。这与我国社会主义制度以及以人为本的发展理念相抵触，阻碍了和谐社会的建设。但总体来看，主流观点是效率和公平都同样重要，二者并非此消彼长的关系。

随着我国全面建设小康社会的进程不断推进，消除绝对贫困，是全面建成小康社会的必然要求，也是实现更高水平的社会公平的必由之路。2017 年召开的党的十九大提出："不断促进社会公平正义，形成有效的社会治理、良好的社会秩序，使人民获得感、幸福感、安全感更加充实、更有保障、更可持续。"①从"注重"到"促进"的改变，体现出落实公平正义举措的决心和行动要求，这种"促进"是在改革开放 40 年之后，有了一定程度的社会财富积累的基础上提出的。消除绝对贫困，反对经济腐败和垄断经营，都是促进公平正义的热点议题和现实难题。随着我国的 GDP 总量突破 100 万亿元以及全面建成小康社会目标的实现，更加注重社会公平将逐步落实到各个发展领域中，为开启新的历史发展阶段夯实基础。

（二）政府与市场之间关系的伦理协调

中国特色社会主义市场经济体制建设是前无古人的伟大事业。我国从改革开放以来在探索计划与市场之间协调运行机制的方面取得了诸多经验。特别是政府作为"看得见的手"以计划手段宏观调控经济运行，保持经济和社会稳定，历经 1997 年亚洲金融风暴和 2008 年全球金融海啸，积累了较为丰富的经验。市场作为"看不见的手"释放市场主体活力，驱动经济财富积累，推动企业创新，不断开辟国内和国际市场，我国经济发展深度融入经济全球化进程，但市场也有其自身无法规避的缺陷。因此如何协调政府与市场这两个不

① 习近平：《决胜全面建成小康社会　夺取新时代中国特色社会主义伟大胜利——在中国共产党第十九次全国代表大会上的报告》，人民出版社 2017 年版，第 45 页。

同运行机制之间的平衡，各自取长补短，获得经济发展的最大利益，就成为21世纪我国深化改革的重要主题之一。

政府与市场各具职能，二者的关系基于我国开启改革开放时代之独特历史条件而彰显其特殊性。有学者指出："中国改革开放四十年创造了人类历史上最大规模也极为特殊的经济增长。……中国的特殊性在于，经济发展的起点是一个政府高度管控的非市场经济体制。基于这一重要的特殊性，我们认为中国的经济发展为理解政府与经济的关系提供了宝贵的'实验素材'，将会在经济学原理层面创造新知。"①"中国改革开放四十年最基本的经济学总结是，一个成功的经济体，必须精心调整政府与经济的关系，尤其是政府与市场的关系。各级政府作为经济活动的参与者，他们的激励和行为必须调整到位。只有如此，政府才能和市场经济同向发力，经济才能长期健康发展。"②因此，以我国改革开放四十年的发展，对比历史上曾经快速增长的发达经济体诸如英国、美国、日本、二战后的德国等，可以发现我国在市场经济模式的形成方面具有更多的政府因素。在经济全球化的当前时代，我国以及其他先发国家都处于共同的全球市场竞争环境中，我国需要多视角、多维度、广视野来审视政府与市场关系的协调。政府从道德判断的视角对我国市场经济运行进行规约，也进一步拓展了解决"市场失灵"问题的思路。

1. 国家治理体系现代化视域中的制度建设和完善

综观现代经济学特别是西方经济学理论的发展，政府与市场的关系问题是随着自由主义经济学在西方资本主义国家的经济危机实践中，出现解释乏力和调整失效而凸现出来的。特别是在1929年的资本主义经济大危机之后，

① 李稻葵等：《中国的经验：改革开放四十年的经济学总结》，上海三联书店2020年版，第1页。

② 李稻葵等：《中国的经验：改革开放四十年的经济学总结》，上海三联书店2020年版，第2页。

凯恩斯主义的兴起给政府这只"看得见的手"解决市场失灵问题提供了理论支撑。第二次世界大战之后，许多国家的政府职能不断扩大，逐渐取代了过去由私人部门通过市场机制调节的职能，甚至为了缓解社会阶级矛盾和贫富差距，维持社会稳定，而把政府职能扩大到提供失业保险、养老托底、医疗保险和公立教育等社会保障领域，形成了现在的福利资本主义模式。由于羊毛出在羊身上，为了支撑高福利保障体系，普通民众的税收负担越来越重，同时出现了政府低效、道德风险、债务黑洞、政府干预形成垄断等问题。

对于我国改革开放以来的社会主义市场经济体制建设来讲，政府在改革初始所处的情境与西方国家恰恰相反，我国的政府之手是从改革初期逐步退出许多经济领域开始进入政府与市场之博弈关系的议题的。但是最终我们也会面临与福利资本主义国家同样的终极问题：政府与市场二者各自的边界到底在哪里？如何做到二者能够功能互补而不是两败俱伤？由于我国改革开放以来的经济增长具有非常独特的路径，那就是我国改革的起点是一个政府高度管控的计划经济体，导致我国在经济改革实践中处理政府与市场的关系时，所产生的问题及其理论创新也是比较特殊的。总起来看，既存在着对市场失灵认识不足而政府缺位，又存在着政府之手过度干预的情况。正如习近平总书记2013年11月9日在党的十八届三中全会第一次全体会议上的讲话所言："加大政府职能转变力度，既积极主动放掉该放的权，又认真负责管好该管的事，从'越位点'退出，把'缺位点'补上。"①为此，习近平总书记提出在全面深化改革中，要坚持社会主义市场经济改革方向，使市场在资源配置中起决定性作用和更好地发挥政府作用。

在改革开放35周年之际，2013年党的十八届三中全会作出了《中共中央关于全面深化改革若干重大问题的决定》，推进所有领域的改革，提出了使市场在资源配置中起决定作用和更好发挥政府作用的重大理论观点。习近平总

① 中共中央文献研究室编：《习近平关于全面深化改革论述摘编》，中央文献出版社2014年版，第55页。

书记在说明这个重大观点的时候指出:“这是因为,经济体制改革仍然是全面深化改革的重点,经济体制改革的核心问题仍然是处理好政府和市场关系。”①党中央提出全面深化改革的总目标是国家治理体系和治理能力的现代化,解决好政府和市场关系也应在这个总目标实现的题解范畴之中。

就目前我国市场体系中存在的问题来看,主要集中在市场秩序不规范,广泛存在以不正当手段牟取经济利益的现象;生产要素的市场价值没有得到充分发挥,呈现出要素闲置和大量有效需求不足的两端不足状况;市场规则不统一,部门保护主义和地方保护主义大量存在;市场竞争不充分,既无法做到优胜劣汰,也无法形成市场反馈机制帮助经济结构调整等。政府存在的问题主要集中在干预过多和监管不到位同时并存,而政府的职能应该在于创造制度环境、编制发展规划、提供基础设施和公共服务,保障公平竞争,维护市场秩序,促进共同富裕,弥补市场失灵、加强社会治理等。总体来看,市场和政府存在的问题是相互交织起作用的。在提升国家治理体系和治理能力现代化的改革中,政府应该积极采取主动,推动法治政府建设,在伦理意义上尊重市场契约精神,同时在以德治国方略的落实中巩固政府在市场主体和民众当中的公信力。

首先,政府要在法治国家建设中严格尊重市场契约精神。市场经济是法治经济,法治保障了市场交易机制中的契约的内容及其效力。政府干预经济的正当性是以市场失灵为前提的。虽然这会导致政府支出大幅上升,但是在近几十年来,政府干预经济的规模越来越因为经济危机的规模而不断增大,政府干预经济、代替市场,往往会在一些干预的领域建立起垄断而不是在危机过后及时退出,一旦政府代替了市场,或者增加了新的官员,甚至通过了新的法律,退出就会更加困难。由于我国的社会主义市场经济体制是直接从严格的计划经济管控体制下建立起来的,由于计划管控手段的惯性作用,抑或由于过

① 中共中央文献研究室编:《十八大以来重要文献选编》(上),中央文献出版社 2014 年版,第 498 页。

去市场经济契约精神的缺乏，在个别领域出现计划手段过度干预，再加上法治机制的不健全，从而出现政府不尊重市场契约精神的现象，导致民营经济等经济成分对扩大投资和经营出现疑虑，影响市场活力。从政府的角度来讲，出于对稳定的考虑，往往急于在市场初步波动的时候就干预经济，但应该看到的是，我国市场经济发展还处于走向成熟的阶段，有的时候市场对于新技术的应用和新管理方法的认可，还需要不断进化调整，中间会出现复杂情况甚至波动，因此政府要相信市场机制的自身调节机能，过度干预虽然可以消除波动但可能会使市场机能变得脆弱，长期下去，也不会使市场机制逐步成熟起来。政府应该真正尊重市场的契约精神，为社会公众提供更好的公共服务和公共物品，而不是过度干预市场运行。

其次，政府要在德治方略落实中巩固政府公信力。由于过去长期的计划经济体制，我国公民对政府已经形成了“全能”政府的观念，似乎政府无所不包、无所不能，一旦市场经济机制在资源配置和社会生活中逐步发挥决定性作用，政府过去包办的职能和作用由市场来承担，导致人们对政府的期望值和信任度降低。而处理政府退出市场的进程中的公信力问题，需要在国家治理中建设法治政府的同时积极贯彻德治方略。以德治国在新时代有崭新的基础和生命力，从领导干部的廉洁奉公到公民道德的实施，能够重塑公众对政府以及政府对公众的信任，从而化解“囚徒困境”式的双输博弈结果。

2. 企业家精神与企业社会责任建设

企业是市场经济的中观主体，企业家是市场经济中创新精神的承担者，也是政府与市场之间关系的直观感受者和主体表现者。改革开放后，我国的发展成就也使政府和经济学家都认识到未来经济增长主要靠创新型企业家群体，国家的市场经济体制建设、政策和观念的变化能够为创新型企业家群体的出现提供条件。但是在我国市场经济体制建设开启后的较长一段时间，学界有观点认为企业家的伦理行为或企业家精神不属于主流经济学探讨的范畴，属于非经济因素[①]。甚至在现实生活中，尽管人们对企业家和企业家精神的认知向着积极的方向发展，但大众心态中还存在着“仇富”这种社会心理偏见。经过改革开放40年的发展，随着我国社会主义市场经济体制建设的深化，我国也在借鉴西方发达国家的现代企业制度基础上，逐步完善企业和公司治理制度，形成中国特色的企业家精神，带动中国经济进一步走向世界。

企业家精神是指什么？有学者指出企业家精神的概念中包含着丰富的内容，国外学者对其内涵理解至少有12种之多，“但大多数人都赞同有两个特质是‘企业家精神’诸构成特质中最为关键、最为核心的，这两个特质是‘承担风险与不确定性’和‘创新’。”[②]承担风险与不确定性是企业家创业探索精神的体现，创新不仅体现在对生产要素价值的新开发，更包括对生产组织方式的变革和技术革新及应用。在企业家群体中具备企业家精神的人并不是全部，但是有一部分能够敏锐地抓住社会中的国家产业变革方向、新技术变革潮流和大众需求，开辟出新产业从而引领社会经济发展。

企业家精神是市场经济中道德资本的集中体现。企业家所做的是经济实践工作，其身上体现的企业家精神不仅是个体的心理特征，更多的是取得创新成果所需要的群体精神品质共性。市场经济不但是法治经济更是道德经济，市场经济中的契约的缔结更是需要自觉的道德诚信，才能真正实现契约的履行，否则就会增加法治成本。有道德的公民同时也是市场经济中的有道德的经济主体，他们所遵守的商业道德规则成为维系经济机制运行的润滑剂。虽然公民个体的道德表现是属于个人的，但是这种道德表现却需要符合整体社会的文化背景或者地区环境才能够成为实践中发挥作用的规范。作为企业家精神重要构成的道德资本，最集中体现在企业家经营企业的活动中。企业家道德资本的性质与文化资本和社会资本不一样，道德资本不能被用于做恶事，

---

① 徐延辉：《企业家的伦理行为与企业社会资本的积累——一个经济学和社会学的比较分析框架》，《社会学研究》2002年第6期。

② 张维迎、王勇：《企业家精神与中国经济》，中信出版社2019年版，第6页。

不具有善恶二重性，只能用于善的目的。市场经济的合作博弈机制逐步淘汰了不道德的经济行为，使得互惠互利基础上的道德规范成为市场经济主体必备的精神素质，这种道德素质集中体现在企业家精神中，作为优秀的特质，成为企业家创新能力和领导力的重要构成部分。

企业家和企业家精神是推动社会公平的重要力量。在市场经济机制中提供两种公平，一种是机会公平，另一种是结果公平。机会公平是指市场提供相同的准入条件、经营环境、规则体系，企业家带领企业在市场经济机制中公平竞争，尊重契约公平，遵守法治和道德的规则体系，承担优胜劣汰的竞争结果。结果公平是指在机会公平的前提下，在不受干扰的竞争机制的作用下，产生的竞争结果是能够被视为公平的结果的。结果公平不是指单纯的分配结果在数量上的平等，而是依据机会公平的前提产生的结果。但是实际生活中，我们无法保证机会公平的前提，也无法完全给出一个不受干扰的竞争机制，因此就需要对结果公平进行调适，使得贫富差距不至于过大而影响社会系统的稳定。在社会系统平衡的过程中，企业家和企业家精神是维护公平竞争的主要参与力量。

企业家精神是企业承担社会责任的主动轴。理论上看市场机制是资源配置的最优方式，但现实中仍然存在着市场失灵现象，由于存在着“搭便车”、自然垄断、外部性、信息不完全等问题，市场无法自动实现帕累托最优①。因此，除了政府的调控手段以外，还需要企业家具有高度的道德自觉和社会责任感，尽自己的能力去帮助在市场竞争中落败的社会弱势群体，成为社会慈善力量的中坚。此外，构筑保障劳动者生存、发展和安全的社会保障体制，更是需要企业家遵守法治规范的契约伦理精神，以及普惠诚信的道德价值观。综合观之，无论中外，企业家和企业家精神都是做大做强社会保障和社会慈善事业、维护社会稳定、平衡贫富差距的主动力量。

① 帕累托最优是指当且仅当资源分配从一种分配状态到另一种状态的变化中，在没有使任何人境况变坏的前提下，使得至少一个人变得更好，这就是帕累托改进或帕累托最优化。

3. 劳动伦理与分配正义的构建

马克思的劳动价值论构筑了马克思主义政治经济学的财富创造理论基础。随着社会主义市场经济建设，我国基本经济制度是以公有制经济为主体多种经济成分并存，打破了过去单一公有制的束缚，也出现了多种经济成分性质下的劳动关系类型，因此劳动伦理问题呈现出多种类型。2015 年 3 月 21 日发布的《中共中央　国务院关于构建和谐劳动关系的意见》提出，要在广大职工中“培养良好的职业道德，增强对企业的责任感、认同感和归属感，爱岗敬业、遵守纪律、诚实守信”①，这些是从劳动者的角度来看的。还要从企业本身劳动关系来看，需要从法治角度去规范劳动关系，维护劳动者权益。

劳动伦理的重要内容是构筑和谐劳动关系，这与民生改善问题紧密相关，也是加强和创新社会管理、保障和改善民生的重要内容。劳动伦理也可称之为工作伦理，是对劳动伦理的泛指。现代社会的劳动伦理应是指在现代经济系统的生产活动中劳动者与各种生产要素之间的应遵循的伦理道德准则，其中蕴含着人与自然、人与社会以及人与人之间的道德规范。现代劳动伦理和分配正义这两个问题是当前我国社会主义市场经济建设中实现实质公正和结果公正的重要议题。从长期以来对职业道德的强调，到对劳动伦理的深入阐释，这是我国对社会主义市场经济建设的深度理解和实践经验总结。

当前我国劳动伦理关系中最重要的是解决好劳资伦理关系问题。马克思曾经在《资本论》中批判资本主义私人占有制基础上的雇佣劳动制度，指出了工人阶级创造剩余价值并且被资本家无偿占有的基础就是这种雇佣劳动制度。在马克思和恩格斯所生活的时代，他们支持无产阶级通过缩短工作日的斗争来最大限度维护自身的权益。当前我国多种经济成分的发展产生了比过去单一计划经济体制下更加多样的雇佣劳动关系，随着当前互联网平台经济

① 《中共中央国务院关于构建和谐劳动关系的意见》，人民出版社 2015 年版，第 12 页。

的发展，新出现的诸如快递小哥、网约车等零工经济雇佣形式，更是新的雇佣经济形式，需要新的法律和道德规范来约束以防产生不良后果。随着法治和道德建设的完善，在劳资关系上，在我国已经构筑了保护劳动者权益的法治体系，形成了按劳分配和按要素分配相结合的劳资伦理关系共识，但仍然存在拖欠农民工工资等问题；在劳动保护方面，当前我国劳资关系中的棘手问题是私营企业中过度劳动现象，劳保机制不健全，网络平台经济中的零工经济引发的劳动保护风险和社会保障缺位等问题；在劳动伦理认识方面出现诸如“996 是福报”这些对过度加班文化的推崇等违背道德认知的现象。

构建和谐劳动关系的伦理调节机制必须是以劳动者为核心，尊重劳动者，尊重劳动。劳动者虽然处于不同的所有制中，但作为社会主义国家，政府应在法治的轨道上严格保护劳动者权益，为尊重劳动者和劳动精神筑牢底线伦理，在弘扬全心全意为人民服务理念的同时，推动职业道德建设，构筑不同层次的劳动伦理规范。其次，还需要健全法治，严厉打击违反《劳动法》和《劳动合同法》的企业行为。法律是最低限度的道德，能够为劳资伦理的规范划定具体指导原则。再次，注重解决与劳资伦理关系密切的分配正义问题，要构建和谐劳动关系的公平价值评判机制。与劳资伦理关系最密切的就是劳动报酬问题，在市场经济条件下企业应遵照法律给付劳动者报酬，防止出现不及时付酬，甚至克扣报酬的现象。在法律监督缺位情况下，企业需要提高道德水准，以高度道德自觉遵守法律法规，保证劳动者获得合理报酬的权利。

与劳动及其伦理调节问题关系极为密切的是分配正义问题。我国在计划经济时代曾经长期实行平均主义的分配制度，这种分配看似结果公平，却是在社会分配品非常贫乏基础上的分配，导致的后果不但是普遍的穷困，而且抑制了劳动者的生产积极性。我国甚至曾经一度以马克思说过按劳分配是“资产阶级法权”，而否认按劳分配的合理性。对此，在改革开放之初，我国著名经济学家孙冶方曾批判过这种否认现阶段按劳分配合理性的荒谬言论，澄清了社会主义分配关系中的资产阶级法权概念。“资产阶级法权”概念曾经是被

“四人帮”搞混乱了的概念,他们把马克思在《哥达纲领批判》中用来表示社会主义分配制度的这个概念当作资本主义经济范畴的否定性概念来大肆批判和否定。孙冶方首先指明“法权”应译为“权利”,马克思说按劳分配仍然是“资产阶级权利”是因为按劳分配遵循的原则仍然是商品等价交换中遵循的统一原则,即交换双方对自己所交换的东西拥有所有权。社会主义社会能够实行“按劳分配”是取消了作为资产阶级权利的生产资料私有制的结果,是社会主义革命胜利的结果,但是由于物质条件和精神条件的限制,在分配问题上,只能实行“按劳分配”。但是“四人帮”却把按劳分配看作具有资本主义制度属性的分配制度,在实际经济生活中加以拒斥,主张实行供给制,而且还不是战争年代体现同甘共苦的供给制,反而沦为“四人帮”可以名正言顺挥霍浪费的供给制①。孙冶方指出这种按劳分配是生产关系的一种,是唯一能够适应社会主义社会生产力发展的分配关系,就是说是社会主义社会的经济基础,能够促进生产力的发展,必须用具体的法规条例来加以保障。当然,社会主义社会仍然需要大力发展生产力,最终在分配关系上从按劳分配过渡到共产主义社会的按需分配,这将是一个长期的历史过程②。在当前社会主义初级阶段,我国实行的是按劳分配为主体,多种分配方式并存的分配制度。

劳动创造财富,随着财富总量的增长,分配财富却需要相应的社会机制才能维护社会稳定。国外学者也对分配正义提出概念界定,如罗默认为是关于社会或团体应该如何在具有竞争性需求的个体之间分配稀缺资源及产品的理论③。在西方社会长期的社会经济活动及理论总结中,为了解决社会不平等问题出现了许多关于分配正义论的核心概念,例如基本善、功能性活动与可行能力、多种形式的责任、过程公平与结果公平的对比、中期福利,等等,这些都

---

① 《孙冶方全集》第三卷,山西经济出版社 1998 年版,第 62—67 页。

② 刘琳:《孙冶方经济伦理思想探析》,《江苏师范大学学报》(哲学社会科学版)2019 年第 1 期。

③ [美]约翰·E.罗默:《分配正义论》,张晋华、吴萍译,社会科学文献出版社 2017 年版,第 1 页。

是带有经济伦理规范性质的理论总结。但是总体而言,西方国家在私有制基础上无法真正解决分配正义问题,尤其是自 20 世纪 70 年代末新自由主义经济政策在西方国家大行其道以来,经过 2008 年席卷全球的金融危机,导致社会矛盾风险叠加了福利陷阱、种族冲突、地区难民移民潮等问题,更进一步加剧了西方发达国家的贫富极端分化的局面。我国虽然也受到经济全球化时代中的风险传递影响,但我国的分配正义问题具有自身的特点,我国是社会主义国家,以公有制经济为主体,在宏观调控政策方面手段丰富而且有力,因此化解矛盾和风险的能力较强。首先需要解决好国家社会保障政策的完善和落实,为分配正义构建良好社会环境;其次需要解决好企业在市场竞争中的平等地位和产业发展,让企业产生良好经济效益,能够自觉维护劳动者的权益甚至更好保证福利;再次要积极培育和提升劳动者的适应现代产业发展的技能,保证劳动者就业和享有社会福利保障;最后要大力发展社会慈善事业,用慈善这种道德分配方式,以扶危济困的形式来消弭机会不公平的自然效应,维护社会公平正义。

（三）美好生活视阈中的民生经济伦理建设

中国特色社会主义进入新时代,社会主要矛盾已经转变为人民对美好生活的需求与不平衡、不充分发展之间的矛盾。这意味着我国社会发展已经在财富积累基础上发生了局部的质的变化。人民生活水平上了一个台阶,对生活质量的要求有了提升,在精神文化消费方面需求增加,在物质生活消费方面对产品的文化内涵要求也在不断提高,在就业、教育、医疗、住房、养老等民生重要消费方面,都提出了更高的质量需求。因此,民生经济伦理是中国特色社会主义市场经济的重要价值维度。

1. 以人为本到以人民为中心的经济发展

习近平总书记曾经在党的十八届六中全会第二次全体会议上指出,发展经济的根本目的是更好保障和改善民生。他特别引用了毛泽东在1934年的《关心群众生活,注意工作方法》一文中的说法,强调一切群众的实际生活问题,都是我们应当注意的问题。假如我们对这些问题注意了,解决了,满足了群众的需要,我们就真正成了群众生活的组织者,群众就会真正围绕在我们的周围,热烈地拥护我们。① 在当前民生工作的宏观环境和内在条件都在变化的情况下,要集中力量做好基础性和兜底性的民生建设。

以人为本是科学发展观的核心,也是经济发展的伦理本义。从确立社会主义市场经济体制的改革目标,到党的十六届三中全会通过的《中共中央关于完善社会主义市场经济体制若干问题的决定》中提出“坚持以人为本,树立全面、协调、可持续的发展观,促进经济社会和人的全面发展”的科学发展观,是对改革开放实践和现代化建设的阶段性的科学总结。这是在我国跨世纪发展阶段,对我国建设成熟的社会主义市场经济体制的纵深层面提出了全新思路,其中蕴涵着丰富的经济伦理意义。

科学发展观提出的全面、协调和可持续发展,解决的是经济发展中日益凸现的三个重大经济伦理问题:经济发展中人们之间的代内利益和代际利益关系的调整和冲突的解决;社会主义市场经济发展与政治文明和精神文明发展的同步性及共时性问题,即社会的协调发展;集中体现在经济发展过程中的人类社会发展和自然环境之间逆向性疏离的现实问题,从中折射出的发展公正问题体现的也是人与人之间的关系。必须用“以人为本”作为纲领来解决这些问题,“以人为本”也始终贯穿于科学发展观的这三个发展问题之中,这是理解和解决其中所蕴涵的重大经济伦理问题的钥匙②。

首先,社会主义市场经济体制建立之后,围绕利益问题而产生的集体与个人之争、中央和地方的利益纷争等始终作为与市场经济相生相伴的问题而出

---

① 《习近平谈治国理政》第二卷,外文出版社2017年版,第374页。

② 刘琳:《科学发展观的经济伦理解读》,《徐州师范大学学报》(哲学社会科学版)2006年第1期。

现。在经济发展中,从什么样的根本出发点处理利益问题非常重要,科学发展观的"以人为本"就是要按照集体主义原则,从人民群众的根本利益出发。社会主义市场经济条件下的集体主义原则是处理社会主义市场经济利益格局中利益矛盾的总的协调准则。其次,科学发展观提出"以人为本"蕴涵着经济的人性化发展路向。经济的发展越来越失掉了大多数人公认的"人性",这点在资本主义市场经济发展早期表现得非常明显,资本家对工人的经济剥削异常残酷,当然现代资本主义市场经济的发展已经摆脱了这种早期的"非人性化"状态。社会主义市场经济体制是以社会主义经济制度为基础的,在此基础上的市场经济发展从根本上讲应该是符合人性的经济发展。然而,由于体制转轨时期调控手段的限制,使市场经济中出现了一些经济伦理问题,如私营企业公然违反《劳动法》而延长工时、加大劳动强度的经济行为、社会经济交往中诚信的缺失、类似非法拘禁的非法传销,等等。科学发展观提出"以人为本"进一步彰显了经济发展的这种人性之魂。如果把经济发展比作一个人的有机体的话,其中人的发展、人性的完善则是这个有机体的骨骼,它体现了社会主义的价值目标和伦理原则。通过社会主义社会生产力水平的提高,政治、经济和社会制度的建设,精神文明的建设,一定会克服市场经济发展中的非人性化现象,体现社会主义社会发展的全面性。最后,还必须从人与自然、社会可持续地协调发展这个更广阔的视野中来认识"以人为本"这个核心理念。人与人的关系是社会历史实践基础上的人类进步和社会发展的问题。人与自然的关系中介是人与人的关系,自然直接就是他人,人或人类在与自然发生关系时实际上是在与他人甚至后代人相遇,这就是生态伦理观发生和存在的理论基础。对人而言,尽管我们认识事物总是站在人类中心主义的视角上,但人类中心主义立场是人类认识事物的基本立场,失去这个立场只能导致自然主义的泛滥。从马克思主义的价值论出发,在认识实践中高扬人的主体尺度,体现着人的价值主体性。人承担着价值评价者的角色,公正地掌握评价尺度,就要求人在不回避自己需要、利益的基础上公正地运用自己的尺度,同时更要求人能在涉及自己利益的基础上，承认并尊重自然的客观必然性，理智地尊重并掌握客体尺度，这同样体现了人的价值主体性。因此，人是科学发展观的起点，又是科学发展观的终点。作为起点，是指人的素质的提高是发展的前提；作为终点，则是指发展的“终极目标”是“人的全面发展”。为了实现终极目标，在现阶段必须形成可持续发展的经济伦理机制，在实践中形成人的善的道德素质与经济发展的良性互动①。

以人民为中心的发展思想是对科学发展观以人为本思想的时代推进。党的十八届三中全会提出全面深化改革要坚持社会主义市场经济改革方向，以促进社会公平正义、增进人民福祉为出发点和落脚点②。2017 年 11 月 30 日，习近平总书记在会见出席“2017 从都国际论坛”的世界领袖联盟成员时指出，我们坚持的是以人民为中心的发展思想，坚持创新、协调、绿色、开放、共享的发展理念③。总之，就是要让中国人民都过上更好的日子。以人民为中心的发展思想高度融合政治维度和经济维度，它抓住的是人民最关心、最直接、最现实的利益问题，特别关注的是社会弱势群体的切身利益问题，例如下岗职工、就业困难人员，以及贫困地区或者灾害地区的人民群众，高度重视脱贫攻坚和困难群众的帮扶救助工作。习近平总书记外出考察讲话多次强调，要加快建成多层次社会保障体系，加强社区治理体系建设，坚持精准扶贫精准脱贫，推进民生保障精准化精细化④。

以人民为中心的五大发展理念是对全面、协调、可持续发展理念的深度拓展。五大发展理念是对中国社会发展的价值引领、方法引领和道路引领理念，

① 刘琳：《科学发展观的经济伦理解读》，《徐州师范大学学报》（哲学社会科学版）2006 年第 1 期。

② 中共中央文献研究室编：《十八大以来重要文献选编》（上），中央文献出版社 2014 年版，第 512 页。

③ 中共中央党史和文献研究院编：《十九大以来重要文献选编》（上），中央文献出版社 2019 年版，第 52—53 页。

④ 《习近平谈治国理政》第三卷，外文出版社 2020 年版，第 136 页。

是对以往发展战略理念施行的总结提升。五大发展理念体现了从追求效率优先到追求质量优先的经济发展路径的转化。20 世纪 90 年代初,我国紧跟联合国倡议,提出本国的可持续发展战略,积极制定了面向行动的可持续发展二十一世纪议程并且积极落实,是在发展中国家中贯彻可持续发展战略最富有成效的国家。在追求速度的同时,新世纪也出现了一些经济和社会发展质量方面的问题,因此,遵循五大发展理念,调整经济结构,转变到质量优先,推进供给侧结构性改革,推动经济发展质量变革、效率变革和动力变革,不仅仅改变了经济发展的面貌,更是在经济发展路径层面夯实了解决新时代社会主要矛盾的基础①。

2. 新时代美好生活的伦理维度

美好生活必然是包括物质丰裕、精神满足、环境宜居、社会关系和谐、制度公平正义的生活。美好生活的主体是人民群众,是在物质丰裕基础上以精神生活完善为着重点的生活状态,给人以满足感的生活,也就是必须有道德含量的生活。我国古代思想家管子曾经说过:“仓廪实而知礼节,衣食足而知荣辱。”②如果社会处于普遍贫穷的状态,人们就会为基本生存而挣扎,以保证自己能够活下来,尽管也会出现个别道德利他主义的案例,但是总体道德水平仍会处于低水平状态。当然,改善人们的道德水平首先需要提高人们的生活水平,要通过先进文化和先进道德的引领作用,形成经济与道德相互促进的良性互动机制,才能逐步在经济发展进程中提升道德素质。

美好生活包含着人们对生活的主观感受,可以理解为全体社会成员充分感受到幸福的生活,是能够解决幸福悖论的生活。当前,我国经过改革开放 40 多年 GDP 的中高速增长,社会整体的物质财富积累已经达到一定程度,但

① 刘琳、张传秀:《新时代社会主要矛盾视阈中的社会发展逻辑》,《南京航空航天大学学报》(社会科学版)2020 年第 1 期。

② 《管子·牧民》。

是仍然存在不充分和不平衡的发展问题。我国目前的国民生产总值已经达到一定规模,居民人均收入得到了较大改善,却无法在物质发展与精神发展等多个层面实现均衡。一些人主观感受到的却是更多的财富没有带来更大的幸福感,这个问题即是社会发展的"幸福—收入之谜"或"幸福悖论"的表现。为了对抗社会物质财富快速增长带来的不均衡状况和社会竞争机制的不充分,甚至出现了所谓"内卷"①与"躺平"②这两种社会现象。在我国,幸福悖论具有特殊性,我国在推进发展的进程中,追求物质财富的富足是首要路径,以物质富足为首要目标在一定程度上削弱了对精神发展的关注。

我国各地的经济发展不平衡,巩固贫困人口的脱贫攻坚成果任务艰巨,在经济发达地区,接近于发达的生活水平使得人们的精神需求更加丰富和多样,但是快速的财富积累并未带来精神产品的富足,因此出现幸福悖论就成为必然,然而也正是由于出现了幸福悖论,才凸显了人类追求社会文明发展的重要动力③。为此,需要在社会发展实践中,以创新精神纳入并形成中国特色幸福指数指标体系,开创财富发展提升国民幸福指数的中国特色社会主义社会发展道路。随着我国经济总量的跃升,政府应逐步完善各种社会保障制度,作为"看得见的手"弥补完善市场机制无法做到的微观缺陷,既不成为市场机制的障碍,又成为平衡社会公平的福利制度的良好设计者。此外,还需要用观念文化媒介系统,通过道德教化、大众传媒、社会舆论等整合社会的整体需求,推动形成"幸福感"主体感知传导系统,避免出现人性自利和自私的市场经济价值导向,真正把幸福指数纳入政府决策程序中,培育新的社会均衡发展动力源。当前我国提出以人民为中心的发展理念,需要把以

---

① "内卷"是近年出现的在我国网络上广泛流行的用语,指人类社会在某个发展阶段达到某种确定的形式后,停滞不前或无法升级和转化为另一种高级模式,社会资源无法满足所有人的更丰富的需求时,人们通过过度竞争来获取更多资源。

② "躺平"是网络流行语,具体出处不详,指无论面临着何种社会竞争环境和竞争对手,自己内心都毫无欲望,不会有任何反应或者反抗,极其顺从。

③ 刘琳:《发展伦理视野中的幸福悖论解析》,《东岳论丛》2011 年第 10 期。

人民为中心这个最高价值尺度加以进一步细化和落实，通过幸福感提升引导社会发展决策、策略和具体政策措施，最终形成整合幸福指数的美好生活社会良性发展机制。

3. 小康社会的民生经济伦理

保障和改善民生没有终点，只有连续不断的新起点①，这是习近平总书记2016年2月在江西调研时提出的关于民生建设的重要论断。这一观点指出民生问题是持续不断地随着经济社会发展而变化的。随着经济水平的提升，民生经济保障的水平也越来越高。但是考虑到我国幅员辽阔，各地区发展差异非常大，有的东南沿海地区由于资源和经济条件好，已经实现了基本现代化，而中西部地区发展却相对较慢，我国绝大多数贫困地区也都分布在中西部。因此，各地的民生经济水平差异很大。如果从时间纵向来看，我国的总体民生福祉水平一定是随着经济发展而不断提升的，但如果从同一时间段剖面的地区发展来看，民生福祉水平的提升需要结合地区实际，形成符合实际的民生保障基础。

依据经济水平和社会发展程度，民生经济状况可以分为生存型民生、发展型民生和福利型民生等类型。我国自从改革开放以来，民生经济建设经历了由生存型民生到发展型民生的转变过程，特别是全面建成小康社会的实现（小康社会是发展型民生的现实基础），意味着我国的发展型民生已经形成，这种类型并不是终点，还需要更好的机制奠定向以发达经济社会为根基的福利型民生迈进的基础。

做到民生托底公平是小康社会的发展型民生的基础。习近平总书记多次强调要解决实在的群众民生难题，普惠性、基础性、兜底性民生建设是必须集中力量做到的。特别是在经济新常态情况下，要从群众最急迫解决的就业、住

---

① 《习近平谈治国理政》第二卷，外文出版社2017年版，第362页。

房、教育、医疗等问题入手,增强民生针对性、实效性和可持续性,用财政等公共资金切实托住保障和改善民生的底。

解决好分配正义目标下的民生权利完善问题,扩大中等收入群体,维护社会和谐稳定和国家长治久安。一个稳定安全的社会必定是中等收入群体占人口绝大多数的纺锤型社会结构,形成这样的稳定社会结构必须健全收入分配制度,能够通过税收和财政等政策,平衡社会的贫富差距。但同时也要增强中等收入群体的财产安全感,解决好城乡差距、社会保障、环境污染治理、社会利益冲突、人口老龄化等现实问题。为此需要不断完善公共服务体系,促进社会公平正义,让人民群众有更多获得感、幸福感和安全感。

把党的领导和我国社会主义制度优势转化为社会治理效能,贯彻共享经济伦理理念,逐步形成中国特色的福利型民生经济。五大发展理念中的共享理念,是整合了历史、现实与未来的经济伦理范畴。从世界不同社会制度国家的历史和现实来看,随着经济社会发达程度的提升,资本主义国家工人阶级长期不懈地与资方进行薪资福利谈判斗争取得了很好的成效,加之这些发达资本主义国家党派政治斗争的影响,各党派为了争取选票而竞相通过抬高公众福利水平来获取公众的选票支持,使得许多发达资本主义国家的整体社会福利水平水涨船高,出现了福利资本主义模式,以北欧国家为典型。这种模式在物质经济方面的支撑就是二战结束后,西方发达国家在20世纪50年代到70年代中期长达20多年国民经济的快速增长。随着70年代两次石油危机的爆发,西方发达国家的经济进入经济停滞和通货膨胀并行的阶段,此时的福利资本主义模式也逐步陷入重重危机之中,其问题主要包括:经济“滞胀”危机,老龄化危机,福利制度开支过大,国民经济不堪重负,影响经济发展速度等问题。虽然西方发达国家看似用高福利制度实现了“共享”经济增长成果,但是由于其资本主义私有制基础没有改变,却由此陷入高福利制度带来的新弊病之中。为此,发达国家也进行了改革,综观北欧和英美等国家的福利制度改革,以美国为代表的国家是搞新自由主义的市场化战略,削减包括失业保险金、住房补贴、伤残补贴、学生补贴、食品补贴等各类社会福利计划支出，用市场驱动战略比如劳动力市场和工资伸缩性，来控制经济的衰退和国内的失业。美国民主党克林顿政府还通过给企业奖励来鼓励企业雇佣脱离福利补助的人，把工作和福利退出机制联系起来。以瑞典为代表的北欧国家则是通过就业扩大战略来缓解福利危机，为了节约工资开支，一方面削减工资水平，另一方面通过提前退休减少就业劳动力数量。以英国为代表的第三条道路，在20世纪90年代开始兴起，英国学者吉登斯提出要用"社会投资国家"的概念取代"福利国家"概念，推行积极福利政策。英国的第三条道路改革福利国家的思路包括几条重要的道德原则基础。其一是强调平等观的包容性，认为平等与人们的生活机会即幸福和自尊有关，不平等威胁到社会凝聚力，因此平等不是传统左派的"不惜一切代价的平均主义"，第三条道路强调个人社会责任的承担。其二是强调福利制度中公民权利和责任的统一，把福利引向工作方案，对于领取失业救济的人，有主动寻找工作的义务。其三是国家和市场之间，国家应是掌舵者，为促进社会发展和社会公正提供有效的掌舵。既反对和控制垄断，又干预和调节市场产生的不安全和不平等。其四是在失业和就业关系上，政府要把对失业者进行的恩赐式救济"生活福利"转变为赋予失业者以就业能力的"工作福利"。其五是在老龄化和养老金问题上，主张废除固定的退休年龄，自行选择领取养老金的时间。总而言之，就是有劳动能力的人必须工作①。结合我国经济发展阶段特点，我国可以从许多国家的前车之鉴中吸取经验，在面对本国的民生经济问题时，结合我国的社会制度优势，形成中国特色的民生福利经济制度，实现我国人民追求美好生活的诉求，奠定中华民族在中国特色社会主义道路上的伟大复兴基础。

中国特色社会主义建设是伟大的事业，而中国特色社会主义市场经济道德建设是宏大的系统工程。前无古人的事业需要高度的创新精神和大无畏的

---

① 徐崇温：《当代资本主义新变化》，重庆出版社2005年版，第457—461页。

敢闯敢试的精神。中国共产党的领导是中国特色社会主义最本质的特征,以全心全意为人民服务为宗旨的中国共产党,走得再远都不能忘记来时的路,中国共产党的初心和使命凝聚了中国人民的最大共识,唯此才能带领人民创造更加美好幸福的生活,实现中华民族伟大复兴的中国梦。

参考文献

一、经典文献

1.《习近平谈治国理政》第一卷—第四卷,外文出版社 2018、2017、2020、2022 年版。

2.《马克思恩格斯全集》(第 1—50 卷),人民出版社 1956—1986 年版。

3.《马克思恩格斯全集》(第 1、2、3、10、11、12、13、21、25、28、30、31、32、33、35、36、37、38、42、43、44、45、46、47、48、49 卷),人民出版社 1995—2019 年版。

4. 马克思:《剩余价值学说史》(第 1-3 册),郭大力译,人民出版社 1975-1978 年版。

5.《马克思恩格斯〈资本论〉书信集》,人民出版社 1976 年版。

6.《列宁全集》(第 1—60 卷),人民出版社中文第 2 版。

7.《列宁论新经济政策》,中共中央马克思恩格斯列宁斯大林著作编译局编译,人民出版社 2014 年版。

8. 斯大林:《苏联社会主义经济问题》,人民出版社 1961 年版。

9.《毛泽东文集》(第 1—8 卷),人民出版社 1993、1996、1999 年版。

10.《邓小平文选》(第 1—2 卷),人民出版社 1994 年版。

11.《邓小平文选》(第 3 卷),人民出版社 1993 年版。

12.《江泽民文选》(第 1—3 卷),人民出版社 2006 年版。

13.《胡锦涛文选》(第 1—3 卷),人民出版社 2016 年版。

14. 中共中央文献研究室编:《十四大以来重要文献选编》(上、中、下),人民出版社 1996、1997、1999 年版。

15. 中共中央文献研究室编:《十五大以来重要文献选编》(上、中、下),人民出版社 2000、2001、2003 年版。

16. 中共中央文献研究室编:《十八大以来重要文献选编》(上、中、下),中央文献出版社 2014、2016、2018 年版。

17. 中共中央文献研究室编:《习近平关于全面深化改革论述摘编》,中央文献出版社 2014 年版。

18.《中共中央国务院关于构建和谐劳动关系的意见》,人民出版社 2015 年版。

二、中文专著

1. 蔡中兴、蒋自强、沈海山、徐永禄:《马克思主义经济思想流派》,上海人民出版社 1989 年版。

2. 陈炳富、周祖城主编:《企业伦理学概论》,南开大学出版社 2000 年版。

3. 陈刚:《马克思的自由观》,河南人民出版社 1996 年版。

4. 陈先达、靳辉明:《马克思早期思想研究》,北京出版社 1983 年版。

5. 陈越编:《哲学与政治:阿尔都塞读本》,吉林人民出版社 2003 年版。

6. 陈真:《当代西方规范伦理学》,南京师范大学出版社 2006 年版。

7. 陈征:《劳动和劳动价值论的运用和发展》高等教育出版社 2005 年版。

8. 陈泽环:《功利 · 奉献 · 生态 · 文化——经济伦理引论》,上海社会科学院出版社 1999 年版。

9. 陈泽亚:《经济人与经济制度正义——从政治伦理视角探析》,山东人民出版社 2007 年版。

10. 戴隆斌等:《斯大林模式若干问题研究》,中央编译出版社 2014 年版。

11. 戴木才:《政治文明的正当性:政治伦理与政治文明》,江西高校出版社 2006 年版。

12. 丁冰:《资产阶级古典政治经济学》,重庆出版社 1984 年版。

13. 丁大同:《国家与道德》,山东人民出版社 2007 年版。

14. 冯景源主编:《新视野:〈资本论〉哲学新探》,中国人民大学出版社 1990 年版。

15. 郭广银、杨明:《当代中国道德建设》,江苏人民出版社 2000 年版。

16. 弓孟谦:《资本运行论:〈资本论〉与市场经济研究》第 2 版,北京大学出版社 2004 年版。

17. 郭伟和:《福利经济学》,经济管理出版社 2001 年版。

18. 高兆明:《制度公正论:变革时期道德失范研究》,上海文艺出版社 2001 年版。

19. 葛四友:《分配正义新论:人道与公平》,中国人民大学出版社 2019 年版。

20. 韩立新:《新版〈德意志意识形态〉研究》,中国人民大学出版社 2008 年版。

21. 何中华:《社会发展与现代性批判》,社会科学文献出版社 2007 年版。

22. 贺麟:《黑格尔哲学讲演集》,上海人民出版社 1986 年版。

23. 贺照田:《后发展国家的现代性问题》,吉林人民出版社 2002 年版。

24. 侯才:《政治哲学精选:马克思主义卷》,人民出版社 2008 年版。

25. 胡寄窗:《一八七〇年以来的西方经济学》,经济科学出版社 1988 年版。

26. 胡代光:《评当代西方学者对马克思〈资本论〉的研究》,中国经济出版社 1990 年版。

27. 洪银兴、葛扬、秦兴方:《〈资本论〉的现代解析》,经济科学出版社 2005 年版。

28. 黄文锋:《企业家精神:商业与社会变革的核能》,中国人民大学出版社 2018 年版。

29. 黄宗良:《从苏联模式到中国道路》,北京大学出版社 2014 年版。

30. 姜丕之编著:《黑格尔〈小逻辑〉浅释》,上海人民出版社 1981 年版。

31. 靳辉明、罗文东:《人道主义和现代化》,安徽人民出版社 1997 年版。

32. 李建华:《法治社会中的伦理秩序》,中国社会科学出版社 2004 年版。

33. 李善明主编:《〈资本论〉第二稿研究》,山东人民出版社 1992 年版。

34. 李慎明主编:《历史在这里沉思:苏联解体 20 周年祭》,社会科学文献出版社 2011 年版。

35. 李瑞琴:《"改革新思维"与苏联演变》,社会科学文献出版社 2012 年版。

36. 李向民:《精神经济》,新华出版社 1999 年版。

37. 厉以宁:《经济学的伦理问题》,生活·读书·新知三联书店 1995 年版。

38. 厉以宁:《超越市场与政府:论道德力量在经济中的作用》,经济科学出版社 2010 年版。

39. 刘光明:《经济运行与伦理》,人民出版社 1997 年版。

40. 刘伟、梁钧平:《冲突与和谐的集合:经济与伦理》,北京教育出版社 1999 年版。

41. 龙静云:《治化之本——市场经济条件下的中国道德建设》,湖南人民出版社 1998 年版。

42. 陆晓禾:《走出丛林——当代经济伦理学漫话》,湖北教育出版社 1999 年版。

43. 罗国杰、宋希仁:《西方伦理思想史》(上),中国人民大学出版社 1985 年版。

44. 罗国杰、宋希仁:《西方伦理思想史》(下),中国人民大学出版社 1988 年版。

45. 罗骞:《论马克思的现代性批判及其当代意义》,上海人民出版社 2007 年版。

46. 罗卫东、冯兴元主编:《市场经济与企业家精神》,浙江大学出版社 2017 年版。

47. 欧阳润平:《义利共生论——中国企业伦理研究》,湖南教育出版社 2000 年版。

48. 彭定光:《政治伦理的现代建构》,山东人民出版社 2007 年版。

49. 皮伟兵:《“和为贵”的政治伦理追求——“和”视域中的先秦儒家政治伦理思想研究》,生活·读书·新知三联书店 2007 年版。

50. 钱永祥:《纵欲与虚无之上:现代情境里的政治伦理》,生活·读书·新知三联书店 2002 年版。

51. 乔洪武:《正谊谋利——近代西方经济伦理思想研究》,商务印书馆 2000 年版。

52. 沈志华主编:《一个大国的崛起与崩溃:苏联历史专题研究》(上、中、下),社会科学文献出版社 2009 年版。

53. 石元康:《从中国文化到现代性:典范转移?》,生活·读书·新知三联书店 2007 年版。

54. 孙承叔、王东:《对〈资本论〉历史观的沉思——现代历史哲学构想》,学林出版社 1988 年版。

55. 孙伟平:《事实与价值》,中国社会科学出版社 2000 年版。

56.《孙冶方全集》第一、二、三卷,山西经济出版社 1998 年版。

57. 孙迎联:《财富分配正义:当代社会财富分配伦理研究》,中国社会科学出版社 2013 年版。

58. 唐能赋等:《经济伦理学》,西南财经大学出版社 1997 年版。

59. 陶大镛:《外国经济思想史新编》(上),江苏人民出版社 1990 年版。

60. 陶大镛:《马克思主义经济思想史——外国经济思想史新编》(下),江苏人民出版社 1991 年版。

61. 汤在新主编:《近代西方经济学史》,上海人民出版社 1990 年版。

62. 谭崇台主编:《西方经济发展思想史》,武汉大学出版社 1995 年版。

63. 童世骏:《中西对话中的现代性问题》,学林出版社 2010 年版。

64. 万俊人:《义利之间——现代经济伦理导论》,团结出版社 2003 年版。

65. 万俊人:《现代西方伦理学史》(上、下册),北京大学出版社 1990、1992 年版。

66. 王小锡主编:《经济伦理与企业发展》,南京师范大学出版社 1998 年版。

67. 王小锡、宣云凤主编:《现代经济伦理学》,江苏人民出版社 2000 年版。

68. 王小锡、郭建新主编:《邓小平经济伦理思想研究》,南京师范大学出版社 2001 年版。

69. 韦森:《经济学与伦理学——探寻市场经济的伦理维度和道德基础》,上海人民出版社 2002 年版。

70. 吴灿新:《政治伦理学新论》,中国社会出版社 2000 年版。

71. 吴恩裕:《马克思的政治思想》,商务印书馆 2008 年版。

72. 吴易风、顾海良等:《马克思主义经济理论的形成和发展》,中国人民大学出版社 1998 年版。

73. 吴易风主编:《当代西方经济学流派与思潮》,首都经济贸易大学出版社 2005 年版。

74. 许启贤:《中国当代伦理问题》,教育科学出版社 2000 年版。

75. 夏伟东:《道德本质论》,中国人民大学出版社 1991 年版。

76. 许崇正:《伦理经济学再论:经济选择与人的发展》,中国财政经济出版社 2001 年版。

77. 徐崇温:《民主社会主义评析》,重庆出版社 1995 年版。

78. 徐崇温:《当代资本主义新变化》,重庆出版社 2005 年版。

79. 余达淮:《马克思经济伦理思想研究》,江苏人民出版社 2006 年版。

80. 俞吾金:《问题域的转换——对马克思和黑格尔关系的当代解读》,人民出版社 2007 年版。

81. 杨丙安等编著:《政治伦理学》,四川人民出版社 1988 年版。

82. 杨春学:《经济人与社会秩序分析》,上海三联书店 1998 年版。

83. 晏智杰:《边际革命和新古典经济学》,北京大学出版社 2004 年版。

84. 余文烈:《分析学派的马克思主义》,重庆出版社 1993 年版。

85. 周辅成:《西方伦理学名著选辑》(上、下),商务印书馆 1987 年版。

86. 章海山:《马克思主义伦理思想发展的历程》,上海人民出版社 1991 年版。

87. 张维迎、王勇:《企业家精神与中国经济》,中信出版集团 2019 年版。

88. 张雄等主编:《经济哲学—经济理念与市场智慧》,云南人民出版社 2000 年版。

89. 张之沧:《后现代理念与社会》,南京师范大学出版社 2005 年版。

90. 周中之、高惠珠:《经济伦理学》,华东师范大学出版社 2002 年版。

91. 左高山:《政治暴力批判》,中国人民大学出版社 2010 年版。

92. 钟盛熙:《〈资本论〉与当代》,学习出版社 2005 年版。

93. 赵洪主编:《〈资本论〉第一稿研究》,山东人民出版社 1992 年版。

94. 章海山:《经济伦理论——马克思主义经济伦理思想研究》,中山大学出版社 2001 年版。

95. 邹薇:《经济发展理论中的新古典政治经济学》,武汉大学出版社 2000 年版。

96. 赵凌云:《劳动价值论新探》,湖北人民出版社 2002 年版。

97. 张一兵:《回到马克思——经济学语境中的哲学话语》,江苏人民出版社 2003 年版。

三、外文译著

1. [奥]路德维希·冯·米塞斯:《经济学的认识论问题》,梁小民译,经济科学出版社 2001 年版。

2. [澳]布伦南、[美]布坎南:《宪政经济学》,冯克利等译,中国社会科学出版社 2004 年版。

3. [丹麦]尼古拉·彼得森、[瑞典]亚当·阿维森:《道德经济:后危机时代的价值重塑》,刘宝成译,中信出版社 2014 年版。

4. [德]奥特弗利德·赫费:《作为现代化之代价的道德》,邓安庆等译,上海译文出版社 2005 年版。

5. [德]亨利希·库诺:《马克思的历史、社会和国家学说》,袁志英译,上海译文出版社 2006 年版。

6. [德]黑格尔:《法哲学原理》,范扬、张企泰译,商务印书馆 1961 年版。

7. [德]彼德·科斯洛夫斯基:《资本主义的伦理学》,王彤译,中国社会科学出版社 1996 年版。

8. [德]彼德·科斯洛夫斯基等:《经济秩序理论和伦理学》,陈筠泉译,中国社会科学出版社 1997 年版。

9. [德]彼德·科斯洛夫斯基:《伦理经济学原理》,孙瑜译,中国社会科学出版社 1997 年版。

10. [德]弗里德里希·包尔生:《伦理学体系》,何怀宏等译,中国社会科学出版社 1988 年版。

11. [德]马克斯·韦伯:《新教伦理和资本主义精神》,于晓等译,生活·读书·新知三联书店 1987 年版。

12. [德]马克斯·韦伯:《经济与社会》,林荣远译,商务印书馆 1997 年版。

13. [俄]普列汉诺夫等:《论空想社会主义》(上卷),博古等译,商务印书馆 1980 年版。

14. [俄]列·托洛茨基:《托洛茨基文选》,郑异凡编,人民出版社 2010 年版。

15. [俄]戈里科夫·安德烈·格奥尔吉耶维奇:《俄国工业垄断:1914—1917》,张广翔、白帆译，社会科学文献出版社 2018 年版。

16.［俄］C.П.卡尔波夫主编:《欧洲中世纪史》第一卷，杨翠红译，社会科学文献出版社 2018 年版。

17.［俄］谢·弗·米罗年科:《19 世纪初俄国专制制度与改革》，许金秋译，社会科学文献出版社 2017 年版。

18.［俄］尼古拉·伊万诺维奇·雷日科夫:《大国悲剧:苏联解体的前因后果》(第 2 版)，徐昌翰等译，新华出版社 2010 年版。

19.［俄］瓦列里·博尔金:《震撼世界的十年:苏联解体与戈尔巴乔夫》，昆仑出版社 1998 年版。

20.［法］德里达:《马克思的幽灵:债务国家、哀悼活动和新国际》，何一译，中国人民大学出版社 1999 年版。

21.［法］路易·阿尔都塞:《保卫马克思》，顾良译，商务印书馆 2006 年版。

22.［法］弗郎索瓦·佩鲁:《新发展观》，张宁等译，华夏出版社 1987 年版。

23.［法］夏尔·季德、夏尔·利斯特:《经济学说史》(上、下册)，徐卓英等译，商务印书馆 1986 年版。

24.［法］萨伊:《政治经济学概论》，陈福生等译，商务印书馆 1963 年版。

25.［法］汤姆·洛克曼:《马克思主义之后的马克思:卡尔·马克思的哲学》，杨学功、徐素华译，东方出版社 2008 年版。

26.［法］热拉尔·迪梅尼尔、多米尼克·莱维:《新自由主义的危机》，魏怡译，商务印书馆 2015 年版。

27.［法］热拉尔·迪梅尼尔、多米尼克·莱维:《大分化:正在走向终结的新自由主义》，陈杰译，商务印书馆 2015 年版。

28.［法］托马斯·皮凯蒂:《财富再分配》，郑磊等译，格致出版社 2017 年版。

29.［古希腊］亚里士多德:《尼各马科伦理学》，苗力田译，中国社会科学出版社 1999 年版。

30.［荷］汉斯·范登·德尔、本·范·韦尔瑟芬:《民主与福利经济学》，陈刚等译，中国社会科学出版社 1999 年版。

31.［加拿大］谢弗:《经济革命还是文化复兴》，高广卿等译，社会科学文献出版社 2006 年版。

32.［捷］奥塔·希克:《第三条道路》，张斌译，人民出版社 1982 年版。

33.［加］罗伯特·卡尔、凯·尼尔森编:《分析马克思主义新论》，鲁克俭等译，中国人民大学出版社 2002 年版。

34. [美]罗尔斯:《正义论》,何怀宏等译,中国社会科学出版社 1988 年版。

35. [美]麦金太尔:《追寻美德》,宋继杰译,译林出版社 2003 年版。

36. [美]布坎南:《伦理学、效率与市场》,廖申白等译,中国社会科学出版社 1991 年版。

37. [美]布坎南:《自由、市场与国家》,平新乔等译,三联书店上海分店出版 1989 年版。

38. [美]布坎南:《同意的计算:立宪民主的逻辑基础》,陈光金译,中国社会科学出版社 2000 年版。

39. [美]贝克尔:《人类行为的经济分析》,王业宇等译,三联书店上海分店 1995 年版。

40. [美]达尔:《现代政治分析》,王沪宁、陈峰译,上海译文出版社 1987 年版。

41. [美]康芒斯:《制度经济学》,于树生译,商务印书馆 1962 年版。

42. [美]丹尼尔 · W.布罗姆利:《经济利益和经济制度:公共政策的理论基础》,陈郁等译,上海三联书店 1996 年版。

43. [美]保罗 · 斯威齐:《资本主义发展论:马克思主义政治经济学原理》,陈观烈等译,商务印书馆 1997 年版。

44. [美]施瓦茨 · J.G:《资本主义的精妙剖析》,魏埙等译,山东人民出版社 1992 年版。

45. [美]斯皮格尔:《经济思想的成长》,晏智杰等译,中国社会科学出版社 1999 年版。

46. [美]列奥 · 施特劳斯、约瑟夫 · 克罗波西:《政治哲学史》(第 3 版),李洪润等译,法律出版社 2009 年版。

47. [美]列奥 · 施特劳斯:《霍布斯的政治哲学:基础与起源》,申彤译,译林出版社 2001 年版。

48. [美]大卫 · 施韦卡特:《超越资本主义》,宋萌荣译,社会科学文献出版社 2006 年版。

49. [美]大卫 · 哈维:《新自由主义简史》,王钦译,上海译文出版社 2010 年版。

50. [美]萨拜因:《政治学说史》(上、下册),盛葵阳、崔妙因译,商务印书馆 1986 年版。

51. [美]凡勃伦:《有闲阶级论》,蔡受百译,商务印书馆 1964 年版。

52. [美]约瑟夫 · 熊彼特:《经济发展理论》,贾拥民等译,中国人民大学出版社 2019 年版。

53.［美］加尔·布雷思：《经济学和公共目标》，蔡受百译，商务印书馆 1980 年版。

54.［美］约翰·E.罗默：《在自由中丧失——马克思主义经济哲学导论》，段忠桥等译，经济科学出版社 2003 年版。

55.［美］约翰·E.罗默：《分配正义论》，张晋华译，社会科学文献出版社 2017 年版。

56.［美］彼得·德鲁克：《创新与企业家精神》，蔡文燕译，机械工业出版社 2007 年版。

57.［美］杰夫·马德里克：《政府与市场的博弈：20 世纪 70 年代以来金融的胜利与美国的衰落》，李春梅、朱洁译，机械工业出版社 2013 年版。

58.［美］大卫·M.科兹、弗雷德·威尔：《从戈尔巴乔夫到普京的俄罗斯道路：苏联体制的终结和新俄罗斯》，曹荣湘等译，中国人民大学出版社 2015 年版。

59.［美］乔治·吉尔德：《财富与贫困：国民财富的创造和企业家精神》，蒋宗强译，中信出版集团 2019 年版。

60.［美］埃瑞克·G.菲吕博顿、鲁道夫·瑞切特主编：《新制度经济学》，孙经纬译，上海财经大学出版社 1998 年版。

61.［美］丹尼尔·贝尔：《意识形态的终结》，张国清译，江苏人民出版社 2001 年版。

62.［美］罗伯特·诺齐克：《无政府、国家与乌托邦》，何怀宏等译，中国社会科学出版社 1991 年版。

63.［美］莱茵霍尔德·尼布尔：《道德的人与不道德的社会》，蒋庆等译，贵州人民出版社 1998 年版。

64.［美］理查德·T.德·乔治：《经济伦理学》，李布译，北京大学出版社 2002 年版。

65.［美］斯蒂芬·杨：《道德资本主义》，余彬译，上海三联书店 2010 年版。

66.［美］维托·坦茨：《政府与市场：变革中的政府职能》，王宇等译，商务印书馆 2014 年版。

67.［美］安德鲁·肖特：《自由市场经济学：一个批判性的考察》（第 2 版），叶柱政、莫远君译，中国人民大学出版社 2012 年版。

68.［日］不破哲三：《〈资本论〉与现代》，于俊文译，山东人民出版社 1992 年版。

69.［日］冈本博之：《〈资本论〉与当代：日本学者研究〈资本论〉文集》，李成鼎等译，求实出版社 1984 年版。

70.［苏］季塔连科：《马克思主义伦理学》，黄其才译，中国人民大学出版社 1984

年版。

71. [苏]阿尔汉格尔:《马克思主义伦理学对象、结构、基本方面》,杨远等译,中国社会科学出版社 1990 年版。

72. [苏]阿尔汉格尔:《伦理学研究方法论》,赵春福等译,中国广播电视出版社 1992 年版。

73. [苏]施什金:《伦理学原理》,蔡治平译,北京大学出版社 1981 年版。

74. [苏]乌罗耶娃:《不朽的著作》,李光林译,山东人民出版社 1992 年版。

75. [苏]尼古拉·伊·布哈林:《布哈林文选》,郑异凡编,人民出版社 2014 年版。

76. [苏]米·谢·戈尔巴乔夫:《改革与新思维》,世界知识出版社 1988 年版。

77. [匈]卢卡奇:《历史与阶级意识》,杜章智等译,商务印书馆 1992 年版。

78. [匈]卢卡奇:《关于社会存在的本体论》(上、下),白锡堃等译,重庆出版社 1993 年版。

79. [意]卡洛·M.奇波拉:《欧洲经济史》(第三卷),吴良健等译,商务印书馆 1989 年版。

80. [英]鲍曼:《流动的现代性》,欧阳景根译,上海三联书店 2002 年版。

81. [英]鲍曼:《现代性与大屠杀》,杨渝东、史建华译,译林出版社 2002 年版。

82. [英]巴克豪斯:《现代经济分析史》,晏智杰译,四川人民出版社 1992 年版。

83. [英]霍布斯:《利维坦》,黎思复等译,商务印书馆 1985 年版。

84. [英]休谟:《人性论》,关文运译,商务印书馆 1980 年版。

85. [英]穆勒:《功用主义》,唐钺译,商务印书馆 1936 年版。

86. [英]西季威克:《伦理学方法》,廖申白译,中国社会科学出版社 1993 年版。

87. [英]哈耶克:《通往奴役之路》,王明毅等译,中国社会科学出版社 1997 年版。

88. [英]边沁:《道德与立法原理导论》,时殷弘译,商务印书馆 2000 年版。

89. [英]约瑟夫·拉兹:《自由的道德》,孙晓春等译,吉林人民出版社 2006 年版。

90. [英]埃里克·罗尔:《经济思想史》,陆元诚译,商务印书馆 1981 年版。

91. [英]约翰·梅纳德·凯恩斯:《就业、利息和货币通论》,高鸿业译,商务印书馆 1999 年版。

92. [英]庇古:《福利经济学》(上卷),朱泱等译,商务印书馆 2006 年版。

93. [英]庇古:《工业波动论》,高耀琪译,商务印书馆 1999 年版。

94. [英]马尔科姆·卢瑟福:《经济学中的制度》,陈建波等译,中国社会科学出版社 1999 年版。

95. [英]克里斯托弗·皮尔森:《新市场社会主义》,姜辉译,东方出版社 1999

年版。

96. [英]亚・沃尔夫:《十六、十七世纪科学、技术和哲学史》,周昌忠等译,商务印书馆 1985 年版。

97. [英]莱斯诺夫:《二十世纪的政治哲学家》,冯克利译,商务印书馆 2001 年版。

98. [英]戴维・麦克莱伦:《马克思以后的马克思主义》,李智译,中国人民大学出版社 2004 年版。

99. [英]亚当・斯密:《道德情操论》,蒋自强等译,商务印书馆 1997 年版。

100. [英]尼格尔・多德:《社会理论与现代性》,陶传进译,社会科学文献出版社 2002 年版。

101. [英]吉登斯:《现代性与自我认同:现代晚期的自我与社会》,赵旭东、方文译,生活・读书・新知三联书店 1998 年版。

102. [印]阿马蒂亚・森:《伦理学与经济学》,王宇等译,商务印书馆 2000 年版。

103. [印]阿马蒂亚・森:《以自由看待发展》,任赜、于真译,中国人民大学出版社 2002 年版。

后　记

本书是国家哲学社会科学基金项目“马克思主义经济伦理思想体系研究”的最终成果。通过资料搜集和梳理、理论构建、实践调研等课题研究工作,形成理论逻辑和历史线索,完成了本著作。在修改定稿过程中,许多专家学者提出了宝贵的建议,我从中汲取了非常有益的观点,提升了理论品质,非常感谢学界同仁不吝赐教！还要特别感谢人民出版社的鲁静主任,为本书的修改、编辑、校正、出版,付出了许多心血和巨大努力,我在此向她表达诚挚的谢意!

在课题研究期间,课题组克服了诸多困难,特别是克服在特殊时期由于时空阻隔,课题研讨会只能是云研讨的不利条件,积极采用多种信息手段及时沟通,增强理解,通力合作,为本书的按期完成打下坚实基础。我的几位博士生和硕士生参与了课题的资料搜集、整理、研究、校对等工作。全书各章内容框架体系由我所设计和确定,张传秀参与了第四章其中一部分内容的资料搜集、整理和创作工作,吴晨晟参与了第五章其中一部分内容的资料搜集、整理和创作工作,这两章最后是由我修改,部分内容重新撰写,其余各章皆由我独自撰写。全书各章内容皆由我进行了修改并定稿。吴晨晟、张嘉丽参与了全书初步的校对工作,秦毓灿和陈祖婧共同帮助我完成了后期的校对工作。由于学识水平的不足,本书难免存在疏漏和缺憾,恳请各位专家、学者不吝指点和赐教,也请广大读者批评指正。我们将持续努力,深化本书主题的实践价值研究,为走好中国式现代化道路提供思想资源和学理支撑。

本书还得到了万俊人教授、李建华教授、龚天平教授、王小锡教授、朱金瑞教授、余达淮教授、李志祥教授、姜晶花副教授的关心和支持,向他们表达衷心的感谢!还要特别感谢夏伟东教授,在参与由他主持的马克思主义理论建设工程重大项目的研究历程中,我逐步增长了学识,拓宽了学术视野,提升了科研能力。真诚感谢诸多师长的鼓励、培育、扶助,未来我将踔厉奋发、砥砺前行,以自身所学回馈社会,为创造更多社会价值贡献力量。

刘 琳

2024 年 9 月 10 日

于南京翠屏山

策划编辑：鲁　静
责任编辑：彭代琪格

图书在版编目(CIP)数据

马克思主义经济伦理思想体系研究 / 刘琳著. 北京 ：人民出版社，2024. 10. -- ISBN 978 - 7 - 01 - 026708 - 1

Ⅰ. A811. 63；B82-053

中国国家版本馆 CIP 数据核字第 20242JH295 号

马克思主义经济伦理思想体系研究

MAKESI ZHUYI JINGJI LUNLI SIXIANG TIXI YANJIU

刘　琳　著

人民出版社 出版发行
（100706　北京市东城区隆福寺街 99 号）

中煤(北京)印务有限公司印刷　新华书店经销

2024 年 10 月第 1 版　2024 年 10 月北京第 1 次印刷
开本:710 毫米×1000 毫米 1/16　印张:24.25
字数:342 千字

ISBN 978 - 7 - 01 - 026708 - 1　定价:88.00 元

邮购地址 100706　北京市东城区隆福寺街 99 号
人民东方图书销售中心　电话（010)65250042　65289539